あしなが運動と玉井義臣

あしなが運動と玉井義臣

歴史社会学的考察

副田義也

岩波書店

目　次

I　個人的体験

1　母の交通事故

玉井義臣は、二八歳の冬、かれの人生の転機に出会った。母親、玉井ていが交通事故に遭い、死んだのである。それもひどく酷たらしい死にかたであった。

事故は、一九六三年一二月二三日、夕方六時半、大阪府池田市の玉井家の自宅のまえ、二級国道、池田瑞穂線の路上でおこった。当時、七三歳のていは一一メートル幅の道路を横断していたところ、二四歳の若者が運転していた小型普通貨物自動車にはねとばされたのである。のちの調べでは車は時速六〇キロ以上を出していた。運転者は曇った窓ガラスをふいたさい、瞬間、前方の視界を失い、それから二〇メートルさきにていの姿を発見し、あわててブレーキを踏んだが間にあわず、車はスリップし、彼女をはねた。数メートル後から事故を目撃した歩行者によると、車と人体がぶつかった異様な衝撃音がして、彼女の軀は車より高くはねあがり、五、六メートルさきの道端に落下した。タイヤのスリップ痕は一六メートルにおよんでいた。車のフロント・ガラスが破れて細片が現場に散らばっていたのは、彼女の軀がそこに当ったからであろうか。

病院に運びこまれたとき、ていは、意識がなかった。これは、事故の瞬間からのことであったろうと思われた。原因は、おそらくは、車にはねあげられ、地面に叩きつけられたとき、頭を強打したためである。これはのちに脳内出血をひきおこした。ほかに大きい怪我としては、頭から頬にかけて大きい三日月型の裂傷があり、右脚の大腿部の付け根のところが骨折したうえ切れかけてぶらぶらになっており、ほかに大腿部が二ケ所で複雑骨折、下腿部も一ケ所、骨折していた。病院では、とりあえず、頭から頬にかけての裂傷を縫い、脚の骨折は手術してつなぐなどの外科的処置をおこなったが、強打した頭には手当の仕様がなかった。病院に脳外科の専門医がおらず、その治療の能力がなかったのである。これが三五日後のてぃの死亡の原因になる。顔と脚の怪我はひどいもので、手術に立ち会った玉井の長兄、寛一はそのあまりの酷たらしさに卒倒しかけた。

玉井は、そのころ、両親や兄夫婦からはなれて、東京の安アパートでひとり暮しをしていた。事故がおこった日の一〇時過ぎ、かれのところに電報がとどいた。〔一二月二三日〕ハハコウツウジ　コ／キトク／スグカエレ／チチ」。かれは、仕事は株式評論家であると自称していたが、実際は株式関連のジャーナリズムから不定期に注文をうける雑文書き稼業で、辛うじて食いつなぐ生活をしていた。そのときも、すぐ帰ろうにも旅費がなかった。アパートの住人仲間、数人に頼みこんで金を貸してもらい、旅費を辛うじてととのえると、一〇時四〇分になっていた。東京発大阪行の列車はすべて出てしまった時刻である。羽田発大阪行の飛行機の最終便、ムーン・ライトを当てにして、かれは、アパートをとび出すと、タクシーを拾い、羽田に向かった。渋谷の繁華街を通りぬけるとき、クリスマス・イヴの前夜ということで、人びとがとんがり帽子をかぶり、酔っぱらって肩を組み、歌をうたいながら練り歩いていた。

開通したばかりの高速道路をタクシーは一〇〇キロでとばしてくれた。当時の東京暮しではあまり経験しない速度なのだが、あせっている玉井には、それがひどくのろく感じられた。羽田空港につき、全日空のカウンターにかけつけたが、当夜のムーン・ライトの切符はすべて売り切れていた。あとはキャンセルが出るのを待つほかない。キャンセル待ちの客がすでに三人いて、かれの待機者番号は〝4〟であった。〝4〟は死に通じる。「お母ちゃん、死んだんやないやろか」。不断はかついだことがない玉井が、そんな他愛のない連想で、胸を締めつけられるような想いをした。待つ時間はとても長く感じられた。出発一〇分まえに四人目のキャンセルがようやく出て、かれはムーン・ライトに最後に搭乗する客となることができた。飛行機は午前一時四〇分に離陸した。

午前三時、伊丹空港着、タクシーで両親の家をまわって病院にとびこんだのが、三時二〇分であった。病室では兄たちがてぃの枕許についていた。玉井の第一声「どないや」――「朝までもたん、いうてはる」次兄・孝一が力のない声で答えた。彼女は顔の大部分に包帯をまかれ、氷枕を当てがわれ、酸素吸入をうけていた。枕許のタンクで酸素がポコポコと小さい音をあげており、母親はかすかに寝息をたてていた。まだ生きている。間にあった。その想いが最初にきた。ほっとしていた。それまで死に目に間にあわないことをひどく恐れていたためだろう。医師が朝まで生かすのは無理だと言っているという宣告の意味がまだ実感されなかった。

兄たちは、加害者の若者について玉井に語った。かれは、玉井家の隣家のかつての使用人で、隣家の主人とは従兄弟の仲であった。玉井家の息子たちは、隣家の家族とも、若者の家族とも二〇年以上、親しくつきあっていた。しかし、玉井自身は、大学に入ってからのちは生家をはなれて暮らしていたので、当の若者とも一〇年ちかく、ほとんど顔を合わせてこなかった。そのせいもあってか、かれは、兄たちよりも、自分のほうがその若者への怒りの感情がつよいようにおもった。兄たちのひとりが、加害者も辛いだろうと、お人好しの感想を洩らしたとき、玉井は、なにをいうんだ、ぼくはあいつを殴ってやりたい、と口走ったりした。

2　死を待つ日々

ところで、明け方ちかくになると、医師の判断とは逆に、母親の容態がわずかにだがよくなってきたようにみえた。蒼白かった頬にうすく血の気がさし、脈がしっかりしてきたと見まわりの看護婦がいった。あるいは助かるのではなかろうか。病室にいる息子たちは、その希望にとりすがり、おたがいにそれを言いあった。そのあと、気が弛んだせいだろう、玉井は病室のすみの椅子に坐ったまま、しばらくまどろんだ。しかし、朝になって回診にきた医師は、息子たちの期待をこめた質問にとりあおうとしなかった。今後の様子をみないと、なにも言えない。いまの状態だけでは、けっしてよくなってきているとは言えない。かれは慎重ないいまわしで、かれらに覚悟を迫るようであった。

医師が去ってしばらくすると、見舞客たちがつぎつぎに訪れはじめた。母親の死の予想に怯え、睡眠不足による疲労を重く感じながら、儀礼的な見舞いの言葉に対応するのは辛いものがあった。いらいらもした。そんな経験のくりかえしのうちに、玉井は、肉親が事故にあって瀕死の重症という状況にある人間にたいしては、見舞いにゆかず、そっとしておいてやるのが、本当に心のこもった見舞いなのだと、考えるようになった。

加害者の若者が見舞いにきた。謝罪の言葉も満足にいえず、涙を流しながら、頭を下げるばかりである。玉井は、兄たちから加害者がかれであると聞かされたときの怒りはどこかにいってしまい、困惑して、冷ややかな態度をとっているので精一杯であった。ところが、兄たちや父は、むしろ若者の気持をなだめるような対応をしていた。被害者の家族が加害者を責めるというような雰囲気はまったくなかった。若者には、かれが勤める会社の社長がつきそってきた。かれは、玉井の家族に自分の会社の従業員がおかした過失について、いんぎんに詫びを述べた。この社長と長兄の寛一は幼なじみであり、玉井は子ども時代にかれから遊んでもらった記憶があった。社長の丁重な挨拶にたいして、兄たちや姉たちは口々に気遣いに恐縮している、感謝しているなどと応じていた。

この日から、ていは三四日間、生きた。最初、治療の主なものは、一時間おきの看護婦による注射で、これは脳内出血を止め、脳の腫れをおさえるためのものだと説明された。しかし、脳外科の専門医がいなかった病院のことゆえ、この説明がどこまで正しかったかどうかは、わからない。ほかに静脈への点滴注射がずっと続けられており、リンゲルとブドウ糖の注射、何種類かの筋肉注射がまじった。それから、氷枕、氷のう、酸素吸入。病室に交代でつめている家族は、父親、五人の兄たち姉たち、四人のかれらの配偶者たち、玉井、三人の甥たち。しかし、家族にできることは、氷のつめかえ、酸素がなくならないか注意していること、見舞客の応接、それに意識がないままに「眠っている」母親に変化が生じないか、見守っていることだけである。医師によれば、最悪の容態がつづいていた。

ていの最初の変化は、あくびだった。その回数は時間がたつにつれて増えた。医師は、まえもって、彼女があくびをしはじめるかもしれないこと、それはよい兆候といえないことを家族に告げていた。かれらは、そのあくびに緊張し、不安をつよめた。玉井にもその心理はあったが、他方では、吐息とともにするあくびを、母親が生きているあかしのようにも感じた。

患者の身体は非常に頑健で、投与するすべての薬剤を完全に受けいれている。彼女の延命に意欲的にとりくみたい。医師がそんな表現をするようになった。鼻腔から胃に長いゴム管をとおし、それをつうじての栄養補給がはじまった。最初は重湯だった。のちに、それに牛乳、卵黄、果汁がくわえられた。栄養を多くとらせて、回復を速めたい。そう思って、重湯などの量を増したり、点滴の速度をあげると、食物がゴム管を逆流して戻ってきた。

年末ちかいある日、ていは高熱を出した。老人にありがちな肺炎併発の疑いがあった。抗生物質が流動食にまぜられ、注射にもつかわれる。大晦日か、元旦が危いと医師は言った。その夜、交通事故で脚を骨折した若者が同じ病室に入ってきた。その事故を起したタクシー会社からの見舞いがやってくる。若者の母親がかけつける。しかし、若者の生命に別条がないとわかって、人びとの声がはずみ、そこに喜色がにじんだ。客たちが帰ったあと、若者は、麻酔が切れたせいか、呻きはじめ、「痛い、痛い」と泣きはじめた。死とは無縁の泣き声は力強く感じられ、玉井はねたましさを感じた。

大晦日、ていの熱は下がった。彼女は二度目の生命の危機を乗り切った。年が明けた。入院期間が一〇日をすぎると、つきそっている家族たちに疲労が蓄積しはじめた。職場で仕事をし、家庭の家事も最小限はこなしながら、病院につめつづけるのである。それに、医師が「いつ容態が急変するかわからない」というので、家族たちの行動は大きい制約をうけていた。

3　象徴的敵討ち

一月半ば、ていの症状は小康状態に入った。医師はそれを看病が長期戦になるのを覚悟してくれという言いかたで表現した。家族たちの疲労は限界に達していた。かれらは相談して、付添婦をつかうことにし、とにかく職場では不断の勤務のしかたに戻った。玉井は帰京して、新年の挨拶まわりをし、仕事の打ち合わせなどをこなした。しかし、母親のことが気になってたまらず、頻繁に生家に電話をかけ、彼女の容態を問い合わせた。とくに変ったことはないという返事が、その都度もどってきた。

中旬のある日、玉井は、電話で兄から、母の頭部に手術をするかという話が医師から出たと聞かされた。

その手術によって、脳内出血をとりのぞけば、意識が回復するかもしれない。しかし、脳のレントゲン写真をとってみた結果、手術は無理だと、医師が判断したという。なぜ無理なのか、どんな危険があるのか。そのあたりになると、兄の説明は要領をえず、かれはもどかしかった。家族たちが一所懸命に看病してくれているのは、よくわかっていた。しかし、事態の打開のために、自分の判断力、決断力が必要とされているのではないか。

仕事の日程を強引にやりくりして、玉井は大阪にもう一度帰った。夜、かれはまっすぐ病院にゆき、病室にはいった。かれは、ぎょっとして立ちすくんだ。ベッドにいるていの右目だけがぱっちり開いていた。その目に意志のひかりがあると、かれは感じた。左目は閉じている。顔の左半分はデス・マスクのようだ。しかし、右目は息子につよく訴えているようであった。

「わかっている、お母ちゃん！　お母ちゃんの言いたいことはみんな、わかっている」。

敵《かたき》をとってくれ。母はそう言いたいのだと直感した。だれが、あるいはなにが敵なのか、わかっていた訳ではない。どうやったら敵討ちがはたせるのかも、はっきりわかっていた訳ではない。当時のかれの仕事からして、文筆活動という形式はみえていたように、のちになってからは思ったのだが、そのときは、敵をとってくれという切実な想いだけが、母親の心から息子の心へ、たがいに見交わす目差をつうじて入ってきた。

「わかっているから、いまは安心して眠ってちょうだい」。

玉井は、いいながら、右手で母の瞼を合わせた。しかし、もう一度、彼女は右目をゆっくり開いた。頼んだで！　義臣。

「わかっている！」

のちになって玉井は知るのだが、医学的にいうと、このときていの右目が開いたのは、瞳の周辺の筋肉がゆるんでしまった結果であり、ただの生理的現象であった。だから、彼女が敵をとってくれと念じたとはいえない。そこでおこった客観的事実は、母親の右目が開いたという生理的現象が、息子のなかで彼女の悲運への同情とその悲運をもたらしたものへの憤慨をかきたて、その激発した感情をかれは「敵討ち」という行為の理念へと向けていったという心理過程である。別の言いかたをすれば、息子はちかづいてくる母親の死の予感とそこから生じる深い悲しみに「敵討ち」という伝統的倫理規範に属するシンボルのひとつを想いうかべて、耐えようとしたのである。

このばあい、「敵討ち」というシンボルには二つの意味がある。ひとつは、一般的には、それは復讐を意味する。いくらか具体的に言えば、それは日本の武家時代における武士階級の倫理規範のひとつであり、この規範によれば、武士階級に属する男女は恩義がある人間が殺害されたり、名誉を傷つけられると、その加害者を殺害して復讐する義務があるとされた。この原義による倫理規範は、明治維新以後、刑法によって禁止されるが、その規範の気分は社会生活のなかで肯定されて現在にいたっている。新渡戸稲造は名著『武士道』(一八九九年)のなかで、親や主人の敵を討つ行為を論じて、端的に述べている。「復仇には人の正義感を満足せしむるものがある」。あるいは「この中に人間生まれながらの正確なる衡平感および平等なる正義感が現れている。『目には目を、歯には歯を』。吾人の復仇の感覚は数理力のごとくに正確であって、方程式の両項が満足されるまでは、何事かがいまだになされずして残っているとの感を除きえないのである」(新渡戸、矢内原忠雄訳『武士道』岩波文庫、一九九〇年、一〇七ページ)。

ルース・ベネディクトは、これも名著である『菊と刀』(一九四六年)のなかで、前掲の新渡戸の文章を引用しながら、やはり書いている。「復讐は、ひとから侮辱や敗北を蒙った場合には、『よいこと』として、日本の伝統の中で高い地位を占めている」。この説明のしかたは、新渡戸のそれに比較して、復讐という行為の範囲をひろげている。これによれば、ひとは自らの名誉を傷つけた相手にたいしても復讐の義務を負うことになる。さきの叙述につづいて、ベネディクトがくわしく紹介している事例も、自らの名誉を傷つけた主人を成功によって見返す男の物語である。なお、彼女が、「敵討ち」を肯定する新渡戸が「日本におけるもっとも博愛心に富む人間のひとり」であったといっているのに注意しておこう（ベネディクト、長谷川松治訳『菊と刀——日本文化の型』現代教養文庫、社会思想社、一九七七年、一八七ページ）。伝統的な日本文化のなかで、復讐の愛好と博愛の心情は、矛盾なく両立する。

「敵討ち」というシンボルのいまひとつの意味は、死者の死の意義づけである。玉井は、この母親の死をきっかけとして、交通事故と救急医療、その事故への補償制度などをラディカルに論じて、モータリゼーション批判、現代社会批判におよぶ交通評論家となり、のち交通遺児家庭の救済運動、遺児たちの教育運動を組織、展開する社会運動家になってゆく。この過程の論究は本書の主題であるが、玉井は、かれの評論家、運動家としての活動を、交通事故で死んだ母親の「敵討ち」としばしば説明している。このばあい、敵とは、母親の死をもたらしたものとしての交通事故、自動車、モータリゼーション、現代社会などであろう。そして、敵討ちとは、それらの社会的事象にたいする根源的批判である。その批判は言説によっておこなわれるから、その敵討ちは「象徴的敵討ち」である。それは、救済運動、教育運動へと展開することで、博愛の価値をもつものとなる。母の死は、息子によってそれらの批判と運動の推進力に転化し、意義があるものとなった。

私は玉井と識り合って四半世紀以上、親しく交わってきた者だが、かれの最初の著書で紹介されている瀕死の母親の病室で敵討ちの約束をしたという、このエピソードには長いあいだ違和感をもっていた。話が出来すぎているようにおもえ、大時代趣味をも感じていた。その私が、玉井の言い分をそのまま受け入れるように気持を変えたのは、玉井の愛弟子たちのひとり、金木正夫からかれ自身の体験を聞いたことによってである。

金木は交通遺児で父親を交通事故で亡くしており、交通遺児育英会の大学奨学生出身で、そのころ東京大学医学部講師で大学病院に勤務していた。いまはハーバード大学で講師をしている。かれは、東京大学での学生時代、はじめのうちは交通遺児育英会の運動に反発していたが、やがて玉井の人物に心酔し、その運動に深入りしてゆく。当時、同会は、交通遺児家庭の母親に労働条件のよい仕事を確保しようとして「母子家庭の母親の雇用促進法」の制定にとりくみ、またバイク事故の減少をめざしてバイクの運転免許証を交付する年齢の下限を一八歳に引き上げよというキャンペーンをおこなってきた。金木は達意の文章の書き手であり、判断力もすぐれていたので、運動の幹部として重用され、大学の教室へ出席する日数は少なかった。かれの母親は息子のそのような生活態度を悲しんだ。私は訊いた。

「どうして、そんなに運動に深入りしていったのかね」。

「父親の死を意義のあるものにしたい。無駄死にさせたくない。運動とその成果によって、父の死の記念碑を建てるような気持ですか、ね。それがぼくのグリーフ・ワークでした」。

グリーフ・ワークは直訳すれば悲しみの仕事である。心理学用語で、愛する者が死んださい、悲しみを充分に悲しんで、それを乗り越えることを意味する。この概念をめぐって、現在、私は金木や玉井と新しい研究課題にとりくみはじめたところだが、これは本書の最後ちかくに出てくる話題である。

金木が、父親の死を意義のあるものにしたいと言ったとき、私は、玉井のいう敵討ちの意味がはじめて全体的に了解できたと思った。私は、敵討ちという言葉の時代趣味にまどわされて、さきにいった二つの意味のうち、第一の復讐をつよく意識しすぎて、第二の死の意義づけにまったく気づかなかった訳ではないが、それを充分には認識していなかったのだ。私は、この第二の意味をなるべく私が感得するがままに読者に伝えようとして、さきの説明を工夫した。キイ・ワードは三つ、社会的事象にたいする根源的批判、「象徴的敵討ち」、そして、博愛の価値である。われわれは、はからずも、伝統的な日本文化における復讐の愛好と博愛の心情の両立を、両者が合致するというかたちで見出すことになったのである。

4　手術と死

叙述を玉井ていの病室にもどそう。

一月中旬、ていは次第にやせていった。毎日何本となく打つ注射のためか静脈が固くなり、点滴の針を入れるのに医師は苦労していた。意識はまったくないのだから、痛みは感じていないはずだ。そう思いながらも、玉井は、やせ衰えた母の腕に何度も針が入るのをみて辛かった。

母の主治医は大阪大学の医局から派遣されてきている外科医であった。そのころ関西では、大阪大学医学部は京都大学医学部についで優秀な医師たちがあつまっているところだと言われており、玉井もかれの家族たちも、そこからきた医師たちが診てくれるということで、心強く思っていた。玉井は、相談のための時間をとってもらって、ていの頭部の手術は可能なのか、その結果の見通しはどうなのかを、あらためて訊いてみた。医師は率直な口振りで答えた。脳の血管が傷ついて、頭蓋骨のなかに出血がたまっており、それが脳を圧迫して意識が回復しないのではないか。あるいは、生命の根源である脳幹部になにか異変があるのかもしれない。本当のところはよくわからない。最初の推測のとおりだとすると、頭蓋骨にドリルで孔をあけて、そこからたまっている血液を流し出すという手術が治療効果をもつことが考えられる。しかし、そのような手術は大阪大学医学部ではまだおこなわれたことがない。それをやるのならば、教授とよく相談して全力をつくすが、患者が助かる可能性はあまりないのではないか。もちろん、手術中に患者が死亡する事態もありうる。

玉井は翌日の夜、家族に集まってもらい、そこで、医師の説明をくわしくつたえ、そのうえで提案をした。「お母ちゃんがこのままやせ衰えて、死んでゆく姿はみていられない。頭の手術をしてみても九九パーセントは駄目かもしれない。しかし、一パーセントの助かる可能性があるとすれば、それに賭けて、手術をやるべきではないか」。

父も、兄たち姉たちも、重苦しい雰囲気のなかで、かれの提案に同意した。反対意見はまったくなかった。だれも、手術の結果には不安をもっていたが、このままでは母がかわいそうだという点では一致していた。

一月二一日はていの七四歳の誕生日であった。これが彼女の最後の誕生日になることだけは確実だろうと、玉井は考えた。子どもたちの誕生日と命日を一度も忘れたことがない彼女は、かつて自分の誕生日を祝ったことがなかった。親許をはなれて一〇年あまり、かれも母の誕生日に祝いの言葉や贈り物を贈ったことが一度もなかった。それをあらためて意識しつつ、おれは親不孝な息子だったのだなと、かれは思った。

一月二二日、ていの頭部の手術がおこなわれた。手術室に運びこまれる彼女は、頭髪と眉毛がすべて剃り落され、尼僧のようになっていた。手術は午後になってはじまり、二時間半かかった。今度は家族は手術室に入ることを許されず、手術室の外で待たされた。かれらは不安で、立ったり坐ったり、歩きまわったりしたが、ほとんど言葉はかわさなかった。

手術は終ったが、ていの意識は回復しなかった。病室にもどってきた彼女の頭には、二本のゴム管がつけられていた。医師の説明によると、頭蓋骨に二箇所で穴をあけ、そこから洗滌して血のかたまりを流した、しかし、流れ出た血の量はそれほどではなかったという。出血はわずかにつづいているので、それはゴム管をつうじて排出される。

夜に入ると、ていは高熱を出した。いままでまったく動かなかった彼女の左手がわずかに動いた。これが、さしあたっての手術によるマイナスとプラスの効果であった。翌日も高熱はつづき、体温計は四一度五分までを記録して、停まってしまった。息づかいがひどく荒くなった。その状態がさらに二日間つづき、手術から四日目の夜中に、彼女は全身で痙攣をおこし、苦しみはじめた。意識がないのだから、本人は苦しみを感知していないのだろうが、身体が全体で苦しみを表現していた。喉にタンがひっかかり、ゴロゴロと鳴った。間歇的に襲ってくる痙攣のたびに、彼女の身体はベッドのうえではねあがる。家族たちは涙を流しながら、彼女の肩や脚をおさえていた。彼女の最期が近づいていることを皆が識っていた。

一月二七日、午前五時半ごろ、ていは大きく身体をゆすりはじめ、呻き声をあげはじめた。もう見ているほかはなかった。玉井は、母親の生命が最後の訴えをしているように感じていた。八時五分、彼女は死んだ。

葬儀や初七日のことは、玉井の記憶にあまり残っていない。母親の死をみとどけるところまで気力をつかいはたし、あとは虚脱状態にいたのだろう。ただ、葬儀の席で、叔母たちのひとりから、ていがこのところ「義臣が嫁ハンをもらうまでは生きていてやりたい」と何度か言っていたと聞かされ、ショックをうけたのは鮮明に記憶に残った。母親にとって、自分は不出来な息子であった。そんな自分の将来を彼女は気遣ってくれていた。それなのに、自分は彼女に孝行の真似事もせずじまいであった。つよい後悔の気持があった。

5　損害補償

初七日がすんだあと、玉井家の人びとは、ていの交通事故死とそれにともなうさまざまな損害について、加害者側にどのような要求をおこなうかを、考えなければならなかった。まず、三五日間を苦しんで死んでいった母の被害があった。彼女のための損害賠償は妥当な金額でなければならない。それが不当に安いものであれば、彼女の苦しみや死がみくびられたことになる。ついで老境に入ってから、いきなり配偶者を奪われた父親の被害がある。かれは、これからはひとりで暮らしてゆかねばならない。それから母親を失った子どもたちへの慰謝料、治療費、葬儀費の一部など。

損害補償の内容の内訳については、いちおうそう考えてみたが、それぞれの金額をどう見積るかの見当がつかなかった。玉井は友人たちに頼んで、損害補償の実例を調べてもらったが、先例として参考になりそうなものは見つからなかった。そこで、かれは、数日まえの新聞でみた自動車強制保険の支払い限度額をめやすにすることにした。それによると、二月一日から支払い限度額が引き上げられて、死亡者には一律一〇〇万円、傷害をうけた者には三〇万円までが支払われることになっていた。もちろん、加害者の自動車が加入している保険は旧制度のものであったから、死亡者に支払われる限度額は五〇万円であることはわかっていたが、政府が新しく決めた交通事故死を補償する最低限度の金額がもっとも説得力に富むだろうと、玉井は考えたのである。

これにもとづき、母自身の苦しみと死の補償、父と子どもたちへの慰謝料を、玉井は一四八万円と計算した。これに、治療費二〇万円、葬儀費の一部五万円をくわえた。第一回目の示談交渉では、加害者側を代表してやってきたのは、加害者の若者が勤めている企業の社長であった。かれは、玉井から、請求金額とそれについての説明を聞き、「検討させてもらいます」とだけ言って、引き上げていった。

先方からの回答は、玉井家の人びとが期待していた期間内にはこなかった。回答を催促しても、はっきりした返事がかえってこない。いろいろうるさくいう玉井が東京に帰るまで回答を引きのばして、そのあと、おとなしい兄たち、姉たちを相手に交渉するつもりなのかと思われた。二週間ほど待ったが、それ以上は待ちきれず、玉井は東京に帰った。それを追うようにして、二回目の示談交渉の内容をつたえる兄からの報告がとどいた。相手方は、治療費など二五万円をふくめて総額七〇万円の回答をしてきたという。それでは慰謝料は四五万円ということになる。もし、これを、父母と六人の子ども、計八人で頭割りにすれば、六万円弱である。相手方は強制保険金の五〇万円は出るのだから、それ以外の実質的出費を二〇万円におさえて、ことを片付けようとしているのだ。「二〇万円でお母ちゃんを買うと言われて、怒らん奴がどこにいるか！」

三度目の示談には玉井も出た。不愉快きわまりない話し合いであった。この日、相手方の主役は加害者の兄で、かれは薄ら笑いをうかべながら、「弟も後悔しておりますから」とくり返し言った。死者を哀悼する気持などまったく感じられず、補償金をできるだけ値切るために「買い叩こう」という姿勢が露骨に出ていた。土地者の義理と人情をできるだけからませて、かれは交渉を有利に運ぼうとした。玉井がたまりかねて「裁判になるかもしれませんね」と言うと、相手はいきなりこわもての態度になり「受けて立ちましょう」とすごんだ。四度目の示談でも交渉はまったく進展しなかった。

玉井は裁判で決着をつける道を選ぶべきだと家族に主張した。しかし、かれの父親や義兄たちはそれにはつよく反対した。かれらにとって、裁判は忌み嫌うべき公事《くじ》であったし、まして同じ地域社会の住民を訴えることは人非人のスティグマを刻印される行為であった。玉井は、かれらの反対に会って、かれの主張をひっこめた。裁判を強行すれば、迷惑をうけるのは地元でくらす父や兄たちであって、遠い東京にいる自分ではない。かれらの意見こそが尊重されるべきだろう。玉井は兄たちに交渉の一切をゆだねて、東京に帰り、仕事に専念した。

その後も、相手方の強気はかわらず、交渉は難航していると、兄たちは伝えてきた。

「一〇万円、二〇万円ならともかく、お宅は無茶なことをいいはるから、話になりまへん」。

「ダンプにひかれたと思うてみなはれ」。

次第に露骨な暴言が吐かれるようになった。揚句のはてに、加害者の兄が言った。

「見方によればよ、厄介者のばあさんを片付けてやったともいえるわな」。

このときは、温厚な兄の寛一がたまりかねて怒鳴った。

「もういい！　金はいらんから、おふくろを返せ！」

そんな修羅場がつづいたあと、六月三日、急に示談がまとまった。先方が第三者の使者をたてて、治療費などの二五万円をふくむ総額一〇〇万円の提案をしてきて、兄たちがそれを受け入れたのである。事故発生から一六二日目、ていの死亡から一二七日目のことであった。あとからわかったことだが、先方は、加害者の若者の刑事裁判がはじまるので、示談を成立させておき、裁判官の心証をよくして、禁固刑を逃れようとねらったらしい。また、示談を成立させるタイム・リミットを刑事裁判の開始をにらみあわせて設定し、その直前まで法外の安い金額の補償金に固執しておき、そこで一気に金額を引き上げてみせるという演出をしたのかもしれない。

Ⅱ　時代の本質

1　高度成長期

玉井義臣は、母親の交通事故死という個人的体験をいわば原体験として、交通評論家、社会運動家として画期的な大きい仕事をした。その仕事の経過は次章以降でくわしく論じるが、すでにその性格の一端をモータリゼーション批判、現代社会批判といい、また、社会事象への根源的批判ともいっている。かれがすべてを意識して選択した結果ではないが、かれが象徴的敵討ちとして突き進んだ道は、結果として、時代の本質、かれが生きる社会の本質にたいする烈しい批判に通じていた。このことをあきらかにするためには、まず、その時代の本質をわれわれがどうとらえているかを示しておかねばならない。

次章以降の記述から一部をさきどりしていうことになるが、玉井の母親の事故死は一九六四年、かれの交通評論家としてのデビューが六五年、交通遺児育英会の創立が六九年の出来事であるから、ここでとりあげられる時代はまず六〇年代、ひいては、一九五〇年代半ばにはじまり七四年秋の第一次石油ショックまでつづく高度成長期である。玉井の仕事は、高度成長期という時代の本質への根源的批判であった。そうして、かれの仕事のその性格は、交通遺児育英会の運動の第一期一〇年をとおして持続する。そのかぎりでは、われわれが論じる時代は七〇年代一杯にまで延長されるべきであろう。なお、八〇年代以降については、ここでは比較対照のために必要とされるかぎりで統計データのみを示し、のちにあらためてそれ自体を論じることにする。

さて、一九五〇年代半ばから七〇年代終りまでの時代の本質はなにであるか。それを以下では、高度成長、自動車産業の発展、モータリゼーション、交通事故、大気汚染などの五点から論じる。

第一は高度成長である。

一九四五年八月、日本は、太平洋戦争に敗れ、アメリカ軍を機軸とした連合軍の占領下におかれた。日本経済は崩壊しており、都市の多くは焼失し、国土は荒廃していた。その年と翌年、国民の少なからぬ者が飢餓線上をさまよわねばならなかった。そののち、社会の復興が次第に進み、敗戦後一〇年たった五五年から日本経済の高度成長がはじまる。この経済変動をあとづける指標としては、実質国民総生産と実質経済成長率が最適であろう。表1をみられたい。一九五五年、実質国民総生産は、四七兆二四六〇億円である。表の注1でいう理由から同年の実質経済成長率はもとめられないが、別の方法で計算したばあい、それが一〇・〇%になるという試算がある。この一九五五年から五七年半ばまでの好況は当時、神武天皇以来の好景気ということで神武景気と呼ばれた。ついで、五八年半ばからの好景気は、実質経済成長率が五九年九・二%、六〇年一三・三%、六一年一一・八%とつづき、これは神武景気以上であるから、天の岩戸の出来事以来ということで岩戸景気と呼ばれた。さらに、実質経済成長率が六三年八・七%、六四年一一・一%のところはオリンピック景気である。東京オリンピックが開催されたのは六四年一〇月であった。そのあと、六六年から七一年まで五年間にわた

(単位：10 億円・%)

成長率	年次	国民総生産	成長率
10.3	1980	290,454	2.7
4.5	81	299,124	3.0
8.6	82	308,999	3.3
8.1	83	316,448	2.4
△1.4	84	329,032	4.0
3.2	85	344,166	4.6
4.0	86	354,171	2.9
4.4	87	369,714	4.4
5.4	88	392,733	6.2
5.6	89	412,097	4.9

い.

1998, p. 5

表 1　実質国民総生産と実質経済成長率の年次推移

年次	国民総生産	成長率	年次	国民総生産	成長率	年次	国民総生産
1950	16,240	12.2	1960	71,631	13.3	1970	187,918
51	18,430	13.5	61	80,051	11.8	71	196,320
52	10,506	—	62	86,902	8.6	72	213,139
53	11,101	5.7	63	94,495	8.7	73	230,299
54	11,783	6.1	64	104,970	11.1	74	227,014
55	47,246	—	65	110,978	5.7	75	234,203
56	50,738	7.4	66	122,379	10.3	76	243,542
57	53,981	6.4	67	135,971	11.1	77	254,349
58	57,892	7.2	68	152,087	11.9	78	267,985
59	63,232	9.2	69	170,302	12.0	79	282,945

注 1）1955 年以降で遡及推計を採用（歴年），したがって，1955 年の前年比はな
2）実質価格は 1990 年の歴年価格による．
資料出所：経済企画庁調査局編『経済要覧・平成 10 年版（1998）』大蔵省印刷局，

る長期の好況、いざなぎ景気がくる。実質経済成長率は、六六年一〇・三％、六七年一一・一％、六八年一一・九％、六九年一二・〇％、七〇年一〇・三％と、五年とおして二桁台が記録された。国民総生産の金額の推移でいえば、一九五五年のそれが四七兆二四六〇億円、七三年のそれが二三〇兆二九九〇億円であるから、高度成長期をとおして、日本社会が年間に生産する富は約五倍になったことになる。また、六〇年に時の池田内閣が「国民所得倍増計画」を閣議決定して、一九七〇年の国民総生産を六〇年のそれの二倍にすると約束していた。六〇年の国民総生産は七一兆六三一〇億円、七〇年のそれは一八七兆九一八〇億円、後者は前者の二・六倍である。政府の約束は過剰に達成されたのであった。

一九七三年一〇月の第一次石油危機によって高度成長期は終ったといわれた。七四年の実質経済成長率は、表が示す四〇年のあいだで唯一のマイナス値、マイナス一・四％を記録する。翌七五年からの時期は低成長期と呼ばれた。しかし、つぎにみるように、一九五〇年代から七〇年代にかけての先進資本主義諸国の経済成長の実情からいえば、実質経済成長率の四％台、五％台は高度成長とみなされる。そのかぎりでは、日本経済の

高度成長は、七四、五年で中断されながらも、七〇年代一杯までつづいていたとみるべきだろう。

この日本経済の高度成長を可能にした要因はなにか。経済史家・中村隆英が説くところから、やや恣意的に、われわれの関心を惹きつけるところを抜き書きしておこう。中村はその要因を国際的環境と国内的条件に二分している。

国際的環境の主要特性はつぎのとおりである。(1)第二次世界大戦後の世界の国内総生産の成長率の相対的な高さ。一九一三年から一九五〇年にかけてのその成長率は一・三%程度であったが、五〇年以降のそれは約五%となっていた。(2)前項の事実がもたらした結果のひとつとしての、世界貿易の数量の成長率の相対的な高さ。一九一三年から五〇年にかけてのその成長率は一・三%であったが、五五年から七〇年にかけてのそれは七・六%であった。(3)世界の国内総生産の高成長の背後には技術の進歩と産業の発展があり、それらをアメリカ合衆国の世界政策が支えていた。以上の三要因を背景に、戦後の日本は、一九四九年に世界経済に復帰して以来、国際競争力を強化し、輸出によってえた外貨をほとんどすべて輸入に投入して、生産を拡大し、高度成長を達成していった。日本は輸出においては、戦前からの加工貿易国の性格をいっそう濃厚にし、七〇年代には輸出商品の九五%が工業製品であり、その主要部分は機械に特化され、自動車、船舶などが主力となっていった(中村隆英『日本経済——その成長と構造』東京大学出版会、一九九七年、二六七—七三ページ)。

また、国内的条件の主要特性はつぎのとおりである。(1)積極的な企業行動。敗戦後の日本企業では、雇用型の専門経営者が登場して、所有型経営者と交代した。かれらは企業間の競争の激化によって積極的な経営をおこない、生産の拡大、売り上げの増加のために、新分野への進出をたえず企てた。この経営を成功させた条件として、労使関係の安定、政府の企業保護政策があった。(2)技術の進歩。一九五〇年頃から欧米諸国より先進的な工業技術がいっせいに日本に流入してきた。それらを受容するために、日本では戦時中、軍需生産によって形成された技術と熟練が役立った。素材中心の産業、加工中心の産業、そして新興の組立工業の順に、日本の技術進歩は展開していった。(3)経済政策と経済計画。経済成長は産業界を中心とした国民の努力により達成されたものである。しかし、吉田茂以降の軍備抑制と経済発展をあわせめざす基本路線は重要な前提条件であった。また、そのうえに立って、歴代政府の経済政策は成長を支持し、それをはばむ障害をとりのぞくことに努めてきた(中村、前掲書、一七六―一八一、一八二―一八三、一八九―一九〇ページ)。

この日本経済の高度成長は日本社会になにをもたらしたか。もっとも端的にいえば、日本人のすべてとはいわないが、多数部分が、実質的に次第に高くなる収入をえるようになり、より豊かな生活を送るようになった。その収入水準の向上に注目してみよう。このための指標としては実質賃金指数が最適である。表2をみられたい。一九六〇年を一〇〇・〇としてその後の指数の動きを追うと、六五年まではゆるやかな上昇がみられるが、その後は急角度の上昇が第一次石油危機の年、七三年までつづく。この八年間での指数の上昇幅の年平均は一三・九である。そのあいだの七二年に、実質賃金指数は六〇年のそれの二倍を越えた。七四年からは、指数の上昇はふたたびゆるやかなものに転じるが、七九年にはそれが二六四・三に達してい

表2　実質賃金指数の年次推移

年次	指数	年次	指数	年次	指数	年次	指数
		1960	100.0	1970	177.3	1980	259.0
		61	105.7	71	191.6	81	259.6
		62	109.1	72	212.7	82	263.7
		63	112.2	73	231.1	83	265.9
		64	119.3	74	236.2	84	269.6
		65	121.9	75	242.5	85	271.5
1956	88.0	66	129.3	76	249.7	86	277.7
57	89.3	67	139.2	77	250.9	87	283.6
58	92.4	68	150.1	78	257.1	88	292.1
59	96.9	69	164.6	79	263.1	89	297.4

資料出所 1) 1956年から1966年までは，総理府統計局『家計調査年報　昭和41年』p. 29
2) 1967年から1975年までは，総理府統計局『家計調査年報　昭和51年』p. 35の指数をつかって副田が再計算した.
3) 1976年から1989年までは，総務庁統計局『家計調査年報　平成8年』p. 73の指数をつかって副田が再計算した.

た。六〇年代、七〇年代をとおして、日本の労働者の賃金は実質的に二・六倍に上昇したのである。五六年の指数八八・〇を起点に考えると、七九年のそれはちょうど三倍になる。この実質賃金の上昇を基本的要因として、日本の労働者階級を機軸にした民衆階層の購買力は大きく伸びた。その購買力の大きい部分は耐久消費財に向けられてゆく。主要な耐久消費財として、電化製品、住宅、自動車があいついで登場する。豊かな社会の実現である。

総じていえば、資本主義社会における本質的な社会関係は資本—賃労働関係である。この関係がいとなむ経済活動の結果として、前者は利潤を後者は賃金をうけとる。図式的にいえば、一九世紀の資本主義経済は、より大きな利潤をもとめて賃金を圧下する傾向があった。カール・マルクスの『資本論』はその時代の経済学である。これにたいして、二〇世紀の後半には主要資本主義国の工業分野で、最大限の生産性をあげて大量生産をおこない、労働者には高賃金を支払ってその購買力を伸ばし、かれらに工業生産物を大量販売して、利潤を拡大するというシステムが一般化する(山田鋭夫『20世紀資本主義——レギュラシオンで読む』有斐閣、一九九四年、七一—七四ページ)。わが国の高度成長期にみられた前述の事態はその一例である。ただし、生産性を最大化するにあたって、採用された方法は国によって異なった。アメリカ合衆国では、職務を徹底的に細分化した分業体制によって生産性を高めるテーラー主義と高給が組合わされた。このシステムは、自動車産業とくにフォード社で採用されたのでフォード主義ともいわれる。日本では、被用者のつよい企業帰属意識にもとづく生産性の向上、資本主義的競争と共同体的関係が精妙に結合した会社主義と上昇する賃金が組合わされた。それは長期にわたる経営戦略の確立、従業員の経営参加、労使関係の安定などを可能にし、日本企業の国際競争力をたかめた(馬場宏二「現代世界と日本会社主義」東京大学社会科学研究所編『現代日本社会　1課題と視角』東京大学出版会、一九九一年、七一—七四ページ)。

2 自動車産業の発展

第二は自動車産業の発展である。

一九五五年以降、六〇年代、七〇年代をとおして四半世紀のあいだの日本経済の成長のダイナミックスを、その各産業分野の関係においてとらえてみよう。この時代、日本経済の全産業分野のなかで、富の生産にもっとも大きい貢献をしたのは製造業の分野であった。表3をごらんいただきたい。経済活動別国内総生産(名目)の年次推移で、製造業の比率はつねに首位を占めている。一九五五年二八・四%、六〇年三四・六%、六五年三三・七%、七〇年三六・〇%、七五年三〇・二%、八〇年二九・二%。この四半世紀で、日本経済における富の生産のほぼ三割、ときには四割ちかくを、製造業が担ってきたのであった。それにつぐのは卸売・小売り業、サービス業などであるが、八〇年のデータでも、富の生産で製造業にたいして、卸売・小売業は約半分、サービス業は約三分の一の成果しかあげていない。

いま少し立ち入って、日本経済の成長のダイナミックスをみてみよう。経済史家・山崎広明は、一九二九年、四三年、五五年、七三年、八七年の五時点で、日本における「純利益でみた最大五〇社のランキングの変化を示す表」によって、各産業分野の勢力の消長をつぎの二点にまとめた。(1)五時点をつうじて電力業と銀行を中心とした金融業が一貫して優位を占めている。(2)これにたいして鉱工業では上位業種がはげしく交代している。それは、軽工業(綿糸紡績中心)・鉱山業→レーヨン工業→鉄鋼業・石油精製業→電機・自動車工業の順であった。山崎はこれらの産業を「主導産業」と呼んでいる。交代する主導産業のうち、鉄鋼業・石油精製業→電機・自動車工業が高度成長期に属する。戦前期、当時の日本の主導産業は、太平洋戦争開戦まえに生産量で世界で第一位あるいはそれに準じる地位を占めていた。戦後では、日本の主導産業の生産量

の年次推移

不動産業	運輸通信業	サービス業	政府サービス生産者	対家計民間非営利サービス	輸入税	(控除)帰属利子	国内総生産
464.5	610.8	844.9	642.4	81.7	28.3	322.3	8,369.5
1,215.3	1,187.8	1,205.4	1,017.5	138.6	111.3	541.9	16,009.7
2,817.0	2,461.9	2,570.3	2,288.2	353.6	237.3	1,381.0	32,866.0
5,899.0	5,044.3	7,074.3	4,642.2	729.8	498.1	2,822.0	73,344.9
12,138.0	9,546.0	16,251.4	13,128.4	2,362.6	547.0	7,008.1	148,327.1
22,654.3	14,786.8	28,063.3	20,499.5	4,285.2	1,312.5	10,412.7	240,175.9
32,358.5	21,086.7	46,390.9	26,284.5	6,218.4	1,353.2	14,773.5	320,418.7
46,792.2	28,474.8	63,624.2	32,688.0	8,524.3	2,732.6	22,605.9	430.039.8
5.5	7.3	10.1	7.7	1.0	0.3	3.9	100.0
7.6	7.4	7.5	6.4	0.9	0.7	3.4	100.0
8.6	7.5	7.8	7.0	1.1	0.7	4.2	100.0
8.0	6.9	9.6	6.3	1.0	0.7	3.8	100.0
8.2	6.4	11.0	8.9	1.6	0.4	4.7	100.0
9.4	6.2	11.7	8.5	1.8	0.5	4.3	100.0
10.1	6.6	14.5	8.2	1.9	0.4	4.6	100.0
10.9	6.6	14.8	7.6	2.0	0.6	5.3	100.0

和 30 年～平成 6 年)』pp. 104–113.

が世界で第一位となるのは、白黒テレビで一九六七年、カラー・テレビで七五年、鉄鋼業の粗鋼生産で八二年、半導体で八六年、乗用車で八七年である（山崎広明「日本企業史序説――大企業ランキングの安定と変動」東京大学社会科学研究所編『現代日本社会　5構造』東京大学出版会、一九九一年、三〇―四六ページ）。

主導産業とは leading industry の訳語である。自動車産業を論じる経済学文献でその用例がしばしば見受けられる。しかし各種の経済学辞典などから判断するかぎり、それは学術用語として完全に承認されているものではなく、むしろ日常用語のひとつであって学術文献にもつかわれるものらしい。私がみた経済学辞典での定義は二例あり、ひとつは「正確には主導的輸出産業 (leading export industry)、輸出面で主導的役割をはたす産業のことである」、いまひとつは、「経済成長あるいは経済変動を主導する産業をいう」とある。第一の定義は主導的

表 3　経済活動別国内総生産(名目)

	年次	農林水産業	鉱業	製造業	建設業	電気ガス水道業	卸売小売業	金融保険業
金額(10億円)	1955	1,655.5	164.7	2,381.0	377.7	198.3	893.7	340.0
	60	2,101.0	246.3	5,535.4	893.1	406.8	1,860.1	565.3
	65	3,229.4	331.0	11,085.6	2,159.2	887.4	4,173.2	1,474.7
	70	4,488.0	620.3	26,402.3	5,650.2	1,557.7	10,531.3	3,120.5
	75	8,141.1	776.2	44,800.9	14,322.4	3,001.7	21,934.1	7,795.8
	80	8,847.2	1,363.0	70,232.3	22,506.1	6,580.3	36,792.4	12,440.4
	85	10,213.7	958.5	94,672.6	25,381.3	10,305.4	42,835.8	16,971.9
	90	10,920.5	1,121.6	121,218.9	43,427.5	11,242.0	58,358.0	25,545.6
構成比	1955	19.9	2.0	28.4	4.5	2.4	10.7	4.1
	60	13.1	1.5	34.6	5.6	2.5	11.6	3.5
	65	9.8	1.0	33.7	6.6	2.7	12.7	4.5
	70	6.1	0.8	36.0	7.7	2.1	14.4	4.3
	75	5.5	0.5	30.2	9.7	2.0	14.8	5.3
	80	3.7	0.6	29.2	9.4	2.7	15.3	5.2
	85	3.2	0.3	29.5	7.9	3.2	13.4	5.3
	90	2.5	0.3	28.2	10.1	2.6	13.6	5.9

資料出所：経済企画庁編『長期遡及主要系列　国民経済計算報告――平成 2 年基準――(昭

役割を輸出面にかぎっているが、第二の定義はその役割を輸出をふくむ経済全体においてとらえており、両者のあいだに狭義と広義の違いがあるようにみえる。しかし、すでにみたように日本経済の高度成長は活発な輸出活動、輸出商品量の伸びに基礎づけられていたのであるから、二つの定義は実質的には同一であるとみるべきか。

自動車産業の急速な成長、自動車産業が製造業において占める比重、自動車産業が主導産業であることなどを示すデータを紹介しておこう。

まず、自動車産業の急速な成長であるが、それを端的に示すデータのひとつは、自動車生産台数の推移であろう。表4をごらんいただきたい。それは、一九五五年にわずか六万八九三二台であったが、七九年には九六三万五五四六台に達している。後者の前者にたいする倍率は、約一四〇倍になる。その間の生産台数の上昇は、六〇年代では六〇年の四八万台余が六九年には四

伸び率の年次推移

年次	生産台数	対前年伸び率	年次	生産台数	対前年伸び率
1970	5,289,157	13.1	1980	11,042,884	14.6
71	5,810,774	9.9	81	11,179,962	1.2
72	6,294,483	8.3	82	10,731,794	△4.0
73	7,082,757	12.5	83	11,111,659	3.5
74	6,551,840	△7.5	84	11,464,920	3.2
75	6,941,591	5.9	85	12,271,095	7.0
76	7,841,447	13.0	86	12,259,817	△0.1
77	8,514,522	8.6	87	12,249,174	△0.1
78	9,269,153	8.9	88	12,699,807	3.7
79	9,635,546	7.8	89	13,025,735	2.6
年平均	7,323,127	8.1	年平均	11,803,685	3.2

『自動車工業ハンドブック 1971 年版』p. 216.

ック 1984 年版』p. 339.
ック 1990 年版』p. 229.

の推移(単位：億円)

全製造業＝B	A/B×100	年次	自動車産業＝A	全製造業＝B	A/B×100
617,833	8.7	1980	207,038	2,178,825	9.5
645,394	9.1	81	238,337	2,256,654	10.6
703,714	9.4	82	242,494	2,305,353	10.5
906,064	8.9	83	254,879	2,354,232	10.8
1,145,405	8.1	84	277,094	2,540,573	10.9
1,280,331	8.1	85	315,303	2,658,930	11.9
1,197,130	10.1	86	313,447	2,536,197	12.4
1,573,637	8.9	87	316,876	2,527,934	12.5
1,640,815	9.6	88	340,759	2,744,007	12.4
1,854,461	9.6	89	381,790	2,988,931	12.8
	9.1	年平均	288,802		11.4

業ハンドブック 1971 年版』p. 380-381.

p. 52-53.
1990 年版』p. 58-59.

表 4　日本の自動車生産台数と対前年

年次	生産台数	対前年伸び率	年次	生産台数	対前年伸び率
1950	31,579		1960	481,551	83.2
51	38,490	21.9	61	813,879	69.0
52	38,966	1.2	62	990,706	21.7
53	49,778	27.7	63	1,283,531	29.6
54	70,073	40.8	64	1,702,475	32.6
55	68,932	△1.7	65	1,875,614	10.2
56	111,066	61.1	66	2,286,399	21.9
57	181,977	63.8	67	3,146,486	37.6
58	188,303	3.5	68	4,085,826	29.8
59	262,814	39.6	69	4,674,932	14.4
年平均	104,198	28.7	年平均	2,134,140	35.0

資料出所 1）1950 年より 1957 年までは，日産自動車株式会社広報部広報課
ただし，生産台数のみ．対前年伸び率は副田が算出．
2）1958 年より 1970 年までは，前掲書 p. 199.
3）1971 年より 1983 年までは，前掲広報課『自動車工業ハンドブ
4）1984 年より 1989 年までは，前掲広報課『自動車工業ハンドブ

表 5　自動車産業と全製造業の生産金額

年次	自動車産業＝A	全製造業＝B	A/B×100	年次	自動車産業＝A
1960	8,608	140,566	6.1	1970	53,829
61	11,296	174,046	6.5	71	59,006
62	12,923	188,885	6.8	72	66,175
63	14,364	212,144	6.8	73	80,441
64	18,065	250,081	7.2	74	93,004
65	19,672	260,037	7.6	75	103,203
66	23,108	302,007	7.7	76	120,354
67	29,739	367,512	8.1	77	139,930
68	37,601	430,474	8.7	78	157,976
69	44,647	492,189	9.1	79	178,026
年平均	22,002		7.5	年平均	105,194

資料出所 1）1960 年より 1969 年までは，日産自動車株式会社広報部広報課『自動車工
2）1970 年，71 年は，前掲『自動車工業ハンドブック 1975 年版』p. 378–379.
3）1972 年から 1979 年までは，前掲『自動車工業ハンドブック 1984 年版』
4）1980 年から 1987 年までは，日刊自動車新聞社『自動車産業ハンドブック
5）1988 年，89 年は前掲『自動車産業ハンドブック 1997 年版』p. 60–61.
6）年平均欄は副田が算出した．

六七万台余とほぼ一〇倍になっており、一〇年間の年平均が生産台数で二一三万四一四〇台、対前年伸び率で三五・〇%となる。七〇年代では七〇年の約五二九万台が七九年には九六三万台と二倍ちかくになっており、一〇年間の年平均が生産台数で七三二万三一二七台、対前年伸び率では八・一%である。

つぎに自動車産業が製造業において占める比重を確認しよう。表5をごらんいただきたい。これは、一九六〇年から八九年までの三〇年のあいだで自動車産業の生産金額およびそれが全製造業の生産金額において占める構成比の年次推移を示すものである。一九六〇年、自動車産業の生産金額は八六〇八億円、それが全製造業の生産金額において占める構成比は六・一%であった。それらが一九七九年には、一七兆八〇二六億円、九・六%に達している。生産金額(名目)で約二〇倍、構成比で約一・五倍の増加である。二〇年間の推移を大づかみに知るためには、ここでも、一〇年ごとに年平均値をもとめるのがひとつの方法であろう。六〇年代、自動車産業の生産金額の年平均値は二兆二〇〇二億円、それが全製造業の生産金額に占める構成比の年平均値は七・五%であった。それぞれの数字は、七〇年代には一〇兆五一九四億円、九・一%に上昇してゆく。

さいごに高度成長期以降の日本でいつごろから自動車産業が代表的主導産業のひとつであったのかを示そう。まず、自動車および部品の輸出金額、それが総輸出金額において占める構成比を手がかりにしてみよう。表6をみてほしい。一九六〇年代の年平均値は、自動車および部品の輸出金額が五億三〇〇〇万ドル、それが総輸出金額に占める構成比は四・六%であった。この程度の比率では主導産業と呼ばれるほどの存在ではあるまい。それらの数字が七〇年代には八二億一〇〇〇万ドル、一一・九%、八〇年代には四三五億九四〇〇万ドル、二二・九%と急上昇してゆく。自動車産業が主導産業のひとつとなるのは七〇年代、とくにその後半で自動車および部品の輸出金額が総輸出金額の一四%を越えた七六年あたりからであろう。あるいは、別の観点にたてば、七五年、日本の輸出において、自動車および部品、鉄鋼、一般機械、テレビ、精密機械、テープレコーダーの六品目の輸出金額が、総輸出金額の五一・〇％を占めるに到っており、六品目のなかでは自動車および部品の輸出金額が鉄鋼のそれについで二位であったのに注目してもよい。この順位は七七年に逆転し、自動車および部品が一位、鉄鋼が二位となる。さきの六品目の輸出金額の総輸出金額に占める構成比は八〇年代に入ってさらに大きくなり六〇％前後で経過する。自動車および部品の一位は七七年から八八年までつづき、八九年に一般機械が一位、自動車および部品が二位になる。

以上にみてきた自動車産業の急成長、それにともなう全製造業におけるその比重のたかまり、さらには主導産業の代表的存在のひとつになっていた経過は、なにによって可能になったのだろうか。それは多くの研究者たちが説いているところだが、私にとってもっとも説得力をつよく感じさせられた、経営史学者・下川浩一の所説を要約・紹介しておこう。講和条約発効後、一九五〇年代をとおして、通産省の自動車産業政策は、自動車産業を戦略産業として育成することをめざして、つぎの五点を主内容とした。(1)自動車外資の日本進出の制限、(2)外国からの完成車の輸入の制限、(3)国内の自動車メーカーと外国のメーカーとの技術提携による技術導入は外貨を優先的に割り当てて推進、(4)国民車構想により一社のみに量産させる、(5)機械工業振興臨時措置法を制定して自動車部品工業を合理化、育成する。(1)、(2)、(3)、(5)はそれぞれそれなりの効果をあげたが、(4)は自動車業界の反発により失敗した。これをきっかけに各メーカーは、競って小型車の開発と生産に向かった。一九六〇年代に入ると、国内の自動車メーカーの企業活動が積極的に展開して、通産省の産業政策の枠のなかにおさまっていなくなった。その後、六〇年代の終りごろから欠陥車や排気ガス公害が問題化し、自動車業界は安全対策、公害対策に総力をあげてとりくんだ。これは困難な仕事であったが、それが遂行されると、結果として、日本の自動車産業は品質・コストの両面で国際競争力を確立し、それが

輸出金額，および総輸出金額の推移(単位：百万ドル)

年次	自動車及び部品＝A	総額＝B	A/B ×100	年次	自動車及び部品＝A	総額＝B	A/B ×100
1970	1,462	19,318	7.6	1980	28,467	129,807	21.9
71	2,563	24,019	10.7	81	32,899	152,030	21.6
72	3,203	28,591	11.2	82	30,185	138,831	21.7
73	3,945	36,930	10.7	83	32,213	146,927	21.9
74	5,814	55,536	10.5	84	36,932	170,114	21.7
75	6,828	55,753	12.2	85	42,231	175,638	24.0
76	9,687	67,225	14.4	86	53,615	209,151	25.6
77	12,679	80,495	15.8	87	58,284	229,221	25.4
78	17,154	97,543	17.6	88	60,286	264,917	22.8
79	18,764	103,032	18.2	89	60,829	275,175	22.1
年平均	8,210		12.9	年平均	43,594		22.9

日産自動車株式会社広報部広報課『自動車工業ハンドブック 1971 年版』p. 382–383.
前掲広報課『自動車工業ハンドブック 1980 年版』p. 388–389.
刊自動車新聞社『自動車産業ハンドブック 1990 年版』p. 60–61.
1960 年代の構成比は 6 年分の平均値であり，Bの年平均値に占める A の年平均値の構成比

その後の自動車の輸出量を伸ばしてゆくことになった(下川浩一『世界自動車産業の興亡』講談社、一九九二年、二〇二―二〇六ページ)。

日本の自動車産業が急速に成長した構造的要因を、下川は六点に整理している。そのうち自動車産業に直接かかわりがあるのはつぎの四点である。(1)寡占化しなかったこと。欧米では乗用車の量産メーカーは寡占化し、一国で二、三社程度である。たとえば、アメリカ合衆国ではGM、フォード、クライスラー。ところが日本では乗用車メーカーだけでトヨタ、日産、マツダ、三菱、本田をはじめとして九社、トラック専業メーカー二社をいれると、一一社が激烈な競争をしている。(2)高い部品外注率と効率的生産を支えてきた部品メーカーのレベルの高さ。部品メーカーは製品のレベルが高い。各自動車メーカーは部品メーカーをかなりの程度まで系列化しており、両者は効率的に分業して、多品種小量生産に応じられるフレクシビリティを維持している。(3)安定した労使関係と効率的生産システム。経営側は組合側に、

表6　自動車及び部品の

年次	自動車及び部品＝A	総額＝B	A/B ×100
1960	不明	4,055	
61	〃	4,236	
62	〃	4,916	
63	〃	5,452	
64	204	6,673	3.1
65	265	8,452	3.1
66	347	9,776	3.5
67	486	10,442	4.7
68	791	12,972	6.1
69	1,089	15,990	6.8
年平均	530	8,296	4.6

資料出所 1)　1960年より1969年までは，
2)　1970年より1979年までは，
3)　1980年より1989年までは日
4)　年平均は副田が算出した．
ではない．

経営計画、設備計画、生産計画などを事前に提示し、徹底的に協議することをつうじて、安定した労使関係を構築してきた。また、労使が一体となって、労働力の陶冶と労働生産性の上昇を実現させ、現場の小集団の創意工夫によって能率の向上と品質の向上を両立させた。(4)石油危機と日本的合理化。第一次石油危機にはじまる急激な物価上昇にたいして、政府は総需要抑制政策をとった。その結果のひとつとして、国内の自動車需要は激減した。日本の自動車産業は減産を余儀なくされたが、減産しても採算がとれ、かつ多様化したニーズに対応できる日本的合理化に成功した。その機軸は生産現場の全員参加による生産管理である。これによって、日本の自動車産業の国際競争力は飛躍的に向上した。このほか下川は、(5)顧客重複のマーケティングとサービス、(6)日本における鉄鋼、ゴム、プラスチックなど素材供給産業の国際競争力の高さをあげている(下川、前掲書、二二七―二三七ページ)。

3　自動車関連産業

日本自動車工業会は、自動車メーカー一一社とほか二社、計一三社が会員となっている、自動車産業の業界団体である。この会は一九六七年に設立された。会の目的は「本会は、我が国自動車工業の健全な発展を図り、もって経済の発展と国民生活の向上に寄与することを目的とする」と定められている。同会は『日本の自動車工業』という年次刊行物を刊行しており、日本と世界の自動車産業にかんする主要統計とその解説を発表している。この刊行物には一九六九年版から九九年版まで「関連産業／広範な関連産業をもつ自動車産業」という見出しのページが一貫して設けられており、その位置は、七三年版以降は目次の次の次のページ、つまり本文の最初のページである。六九年版から七二年版までは、目次の次の次のページにおかれていた。見出しの下のキャプションは、六九年版から八〇版年までは、つねに「自動車工業に関連をもつ産業といえば、ほとんどすべてのものが含まれてきます。自動車工業の発展は、とりもなおさず社会全体の繁栄であり、国家経済を支える基幹産業であります」であった。これは自動車産業が自らを主導産業であると主張する宣言文である。

八一年版にはこのキャプションが一部変更されて、つぎのようになる。「自動車工業に関連をもつ産業といえば、ほとんどすべてのものがふくまれてきます。それはまた雇用面でも大きな雇用機会を創出しております。自動車関連産業の就業人口は約四九三万人で、これは全就業人口の一〇％強、一〇人に一人が自動車関連の産業に従事していることになります」。この文章は、その後、多少の手直しをうけながら、現在までつづけてつかわれている。これも自動車産業が自らを主導産業であると主張する宣言文である。『日本の自動車工業』の六九年版にこのページがはじめて設けられたのは、前年に「大気汚染防止法」が公布されて、自動車の排出ガスが規制されるようになり、同年には自動車メーカー全社に欠陥車があることがあきらかになり、欠陥車総数は二四五万台を越えることなどで、自動車と自動車産業界のイメージが悪化したことへの対抗措置であったと思われる。

しかし、自動車産業界の思惑は思惑として、それとは別に、このページの内容は、時代の本質として自動車産業の発展を考えるわれわれにとって、興味深いものである。そこには自動車産業とそれに関連する産業の各分野を一括して自動車関連産業と呼び、それぞれで働く就業人口の統計値あるいは推計値が示されて、それらの合計がもとめられている。ただし、自動車産業に関連する産業の各分野として、どこまでをとりあげるかは時代によって変化しており、総じていえばその範囲は次第に拡がってきている。たとえば、自動車交通のための道路の建設や補修のために働く建築・土木産業の就業人口は一九九二年以降とりあげられるようになった。しかし、一九六〇年代の名神高速道路、東名高速道路、中央高速道路の建設、七〇年代の東北縦貫自動車道、中国縦貫自動車道、九州縦貫自動車道の建設をはじめとする高速自動車国道網の建設を考えると、それらではたらいた労働者たちが、当時の自動車関連産業の就業人口にふくまれていないのは理解に苦しむところである。自動車産業界の主導産業宣言は当初、きわめて控え目のつつましやかなものであったというべきか。

そこで『日本の自動車工業』の一九九八年版によって自動車関連産業の範囲をもっとも広くとったものを枠組としてつかうことにする。その範囲の一部、あるいは全部について、六六年から九二年にかけて、ほぼ五年おきにどのような統計値、推計値、合計値があげられているかを一表にまとめてみよう。表7をみられたい。九〇年代のデータまでを出すのは、そこでしか、さきに言及した自動車道路の建設・補修ではたらく就業人口があらわれないからである。

一九六九年版の六六年のデータを一例として紹介すると、自動車製造部門はそこでの就業人口の合計が出されているが、他の四部門はそれぞれの合計が出されていない。販売・整備部門、利用部門、関連部門では一ないし三の業種の就業人口が示されているが、合計がないので、それらは例示の意味のものであろう。また、資材部門では、①基礎資材工業、鉄鋼、アルミニウム、銅、プラスチックなど、②自動車関連部品工業、タイヤ、バッテリー、ガラスなど、という説明がつけられているのみで、就業人口の数字はいっさいない。

これは、全体として、自動車関連産業の範囲の広さのイメージをつくりだして、自動車産業の経済的・社会的重要性を認識させることをねらっているものであろう。

自動車関連産業のすべての就業人口を推計する現行の方法は、さきにふれたように、一九八一年版から採用されている。そこでは、資材部門、関連部門の多くの業種で、就業人口は推計値をつかわなければならない。たとえば鉄鋼業の就業人口は統計値があっても、そのどれほどの部分が自動車産業のためにはたらいているとみるかは推計するほかない。その方法については八一年版ではつぎの説明がつけられていた。「資材部門等の従業者数については、当該各業種の自動車関連部門に対する依存度によって推算」。この依存度の判定が、特定の業種では年度によって、かなりぶれるのではないか。たとえば、資材部門の「その他(プラスチック…)」では、八七年の四〇万が九二年には一四万に激減したり、関連部門の「サービス業(広告・宣伝…)」では、八七年の一六万七〇〇〇が九二年には六三万九〇〇〇に激増したり、している。しかし、これらについては、最終的には、依存度の判定のぶれによるのか、それとも現実の変化を反映しているのか、判断しがたい。

1987	1992
746,000	921,000
189,819	302,556
504,732	556,783
51,667	62,141
1,127,000	1,136,000
612,783	581,600
318,949	326,526
110,401	114,005
84,948	114,077
2,605,000	3,009,000
1,129,586	1,410,065
689,324	661,415
398,664	481,079
69,414	77,716
18,013	29,844
—	27,800*
300,000	321,000
498,000	1,003,000
—	216,000*
14,000*	120,000*
45,000*	95,000*
—	93,000*
—	176,000*
26,179	163,000*
400,000*	140,000*
547,000	1,151,000
257,516	351,702
98,000*	160,000*
167,000*	639,000*
5,520,000	7,220,000
54,370,000	65,780,000
10.2	11.0

のそれぞれの p. 2 から作成.

表 7　自動車関連産業の就業人口

	1966	1972	1977	1982
自動車製造部門	455,641	537,505	609,359	696,223
自動車製造業	116,606	174,957	177,128	192,620
自動車部品・付属品製造業	292,629	310,485	383,680	455,995
自動車車体・付随車製造業	46,406	52,063	48,551	47,608
販売・整備部門	—	—	—	1,167,272
自動車小売業	271,509	363,869	424,615	615,584
自動車整備業	258,000	300,903	309,585	340,310
自動車卸売業	—	—	—	119,208
自動車部分品・付属品卸売業	74,510	57,518	79,739	92,170
利用部門	—	—	—	2,431,749
道路貨物運送業	492,195	803,034	711,650	962,104
道路旅客運送業	577,797	672,210	638,200	712,956
道路に付帯するサービス業	—	—	—	378,827
駐車場業	—	—	—	65,232
自動車賃貸業	—	—	—	12,630
建築・土木(道路建設・補修)	—	—	—	—
その他(自家用運転手等)	—	—	—	300,000
資材部門	—	—	—	571,721
電気機械器具製造業	—	—	—	—
非鉄金属製造業	—	—	—	26,294*
鉄鋼業	—	—	—	103,954*
産業用機械製造業，事務用・サービス用機器製造業	—	—	—	—
化学工業・繊維工業・石油精製業	—	—	—	—
その他の製造業	—	—	—	41,473*
その他(プラスチック・塗料・バッテリー・ベアリング製造業等)	—	—	—	400,000*
関連部門	—	—	—	715,381
ガソリン・ステーション	226,666	264,225	328,519	261,024
金融・保険業等	—	—	—	277,865*
サービス業(広告・宣伝，自動車教習所)	—	—	—	150,000*
合計＝A	—	—	—	5,580,000
わが国の全就業人口＝B	—	—	—	51,550,000
A/B×100	—	—	—	10.8

資料出所：日本自動車工業会『日本の自動車工業』1969 年版 p. 3, 74, 79, 84, 89, 94 年版
各年版は，おおむね 2 年前の資料で統計値を出している．＊印は推計値である．

それでも、自動車関連産業の半数以上の業種では就業人口の統計値がつかわれていること、その全体の就業人口の増加は主として関連産業の範囲の拡大によっていること、その拡大は八〇年代からの新しい業種の追加をみるかぎり説得力があると総合的に判定されることなどによって、自動車関連産業が全就業人口の一〇%強に雇用機会を提供しているという主張は認めてよいのではないか。このかぎりで現代日本の産業構造は自動車産業を不可欠の重要な構成部門としている。それはまさに主導産業であり、基幹産業である。しかし、その事態は文明論的観点に立つとき、どのような意味をもつのであろうか。つづく三つの節でそれを考えてみよう。

4 モータリゼーション

第三はモータリゼーションである。

それは、人間と物質が移動する交通において、利用される輸送機械として、自動車が鉄道に優越する社会的傾向をさすと理解される。戦後日本の高度成長期はモータリゼーションの急速な進行によって特徴づけられる。それは自動車産業が主導産業として高度成長を牽引したことのひとつの帰結であった。一九六〇年代、七〇年代をとおして、日本の自動車産業が生産台数をどのように急激に伸ばしていったかはすでにみた。それはおおまかにいって、国内で販売されるか、海外に輸出される。最初は国内で販売される車の割合が大きかった。生産台数のなかで輸出台数が占める構成比を輸出比率というが、日本のばあい、それは六五年で一〇・四%、七〇年で二〇・五%、七五年で三八・六%、それが五〇%をはじめて超えるのは、七七年の五一・一%からであ

計	
億人キロ	%
2,433	100.0
3,824	100.0
5,871	100.0
7,107	100.0
7,820	100.0
8,583	100.0
12,985	100.0

85 年までのデー

る（日刊自動車新聞社『自動車産業ハンドブック一九九七年版』二三〇ページ、日産自動車調査部『自動車工業ハンドブック一九八二年版』一八一、三一七ページ）。

高度成長期におけるモータリゼーションの進行をデータで確認しておこう。まず、人間の移動であるが、輸送機械別に運んだ人員数と距離数の積（億人キロ）の統計がある。表8をごらんいただきたい。これから読みとれる主要な傾向は四つである。(1)高度成長期をとおして、人びとの交通量が大きく伸びた。計欄でみると、一九六〇年の二四三三億人キロが、七五年には七一〇七億人キロとなり、約三倍になっている。(2)全交通量のなかで各輸送機械がうけもった構成比をみると、一九六〇年から八〇年までのあいだで、自動車の構成比はほぼ上昇しつづけ、鉄道のそれは低下しつづけている。両者の関係は、最初は鉄道の構成比が自動車のそれを上まわっていたが、七〇年代前半にそれが逆転した。これらの構成比の動態がモータリゼーションである。(3)自動車欄をみると、一九六〇年五五五億人キロ、二二・八%が、八〇年四三一七億人キロ、五五・二%となっている。交通量で八倍、構成比で二・四倍の増加である。(4)ただし、鉄道欄からよみとれるように、鉄道もひきうけた交通量は一・七倍ほどに増加させているのである。

表8 国内旅客輸送人キロ（億人キロ）

	自動車		鉄道		旅客船		航空	
	億人キロ	%	億人キロ	%	億人キロ	%	億人キロ	%
1960	555	22.8	1,843	75.8	27	1.1	7	0.3
65	1,208	31.6	2,555	66.8	34	0.9	29	0.8
70	2,842	48.4	2,888	49.2	48	0.8	93	1.6
75	3,609	50.8	3,238	45.6	69	1.0	191	2.7
80	4,317	55,2	3,145	40,2	61	0.8	297	3.8
85	4,893	57.0	3,301	38.5	58	0.7	331	3.9
90	8,531	65.7	3,875	29.8	63	0.5	516	4.0

資料出所：日刊自動車新聞社編『自動車産業ハンドブック 1997 年版』p. 492
注 1) 1990 年度の自動車には軽自動車および貨物自動車が加えられているので，タと連続しない．

つぎに物資の移動であるが、輸送機械別に運んだ貨物のトン数と距離数の積(億トンキロ)の統計がある。表9をごらんいただきたい。これから読みとれる主要な傾向は四つである。(1)高度成長期をとおして、貨物の輸送量は大きく伸びた。計欄でみると、一九六〇年の一三八三億トンキロが八〇年には四三八八億トンキロとなり、約三・二倍になっている。(2)全輸送量のなかで各輸送機械がうけもつ構成比をみると、内航海運が四〇%台から五〇%強の構成比を一貫してもっている。日本は海岸線が長い国なので、産業上の貨物輸送では海運への依存度が高い。(3)一九六〇年から八〇年までのあいだで、自動車の構成比はほぼ上昇しつづけ、鉄道のそれは一貫して下降しつづけている。両者の関係は、最初は鉄道の構成比が自動車のそれを上まわったが、人員のばあいより早く、六〇年代後半にはそれが逆転している。これらの動態がモータリゼーションである。(4)自動車欄をみると、一九六〇年二〇八億トンキロ、一五・〇%が、八〇年には一七八九億トンキロ、四〇・八%になっている。輸送量で八・六倍、構成比で約二・七倍の増加である。

このように確認されるモータリゼーションの進行を可能にしたものとして、自動車の保有台数の増加がある。表10をごらんいただきたい。さきの二表との関連でみるために一九六〇年から八〇年までのあいだの変化の主要な四点に注目する。

(1)四輪車計欄でみると、一九六〇年一三五万三五二六台、八〇年三七八五万六一七四台、二〇年間で台数は約二八倍に増加している。同じ期間に自動車による輸送量の増加は、人員で八倍、貨物で八・六倍であった。これを基準にして考えれば、自動車の輸送量が増加する範囲を超えて、自動車の保有台数が増加していることになる。自動車産業は走るための自動車をつくるより、売るための自動車をつくる傾向をつよめたというべきか。(2)その帰結として可住面積当りの自動車の台数がある。可住面積とは国土の全面積から森林面積をさしひいたものである。その可住面積あたりの自動車台数は、六〇年一〇・七台、六五年四九・八台、七

表 9　国内貨物輸送トンキロ (億トンキロ)

	自動車		鉄道		内航海運		航空		計	
	億トンキロ	%	億トンキロ	%	億トンキロ	%	億トンキロ	%	億トンキロ	%
1960	208	15.0	539	39.0	636	46.0	0.06	0.0	1,383	100.0
65	484	26.1	567	30.5	807	43.4	0.21	0.0	1,858	100.0
70	1,359	38.8	630	18.0	1,512	43.2	0.74	0.0	3,502	100.0
75	1,297	36.0	471	13.1	1,836	50.9	1.52	0.0	3,606	100.0
80	1,789	40.8	374	8.5	2,222	50.6	2.90	0.1	4,388	100.0
85	2,059	47.4	219	5.0	2,058	47.4	4.82	0.1	4,341	100.0
90	2,742	50.2	272	5.0	2,445	44.7	7.99	0.1	5.467	100.0

資料出所：前掲『自動車産業ハンドブック 1997 年版』p. 495

注 1) 1990 年度の自動車には軽自動車が加えられているので，85 年までのデータと連続しない．

表 10　日本の自動車保有台数

	乗用車	トラック	バス	特殊用途車	四輪車計	人口千人当り	可住面積当り
1950	42,588	152,109	18,306	12,494	225,497	2.7	1.8
55	153,325	250,988	34,421	32,572	471,360	5.2	3.7
60	457,333	775,715	56,192	64,286	1,353,526	14.4	10.7
65	2,181,275	3,865,478	102,695	150,572	6,300,020	63.5	49.8
70	8,778,972	8,281,759	187,980	333,132	17,581,843	168.0	139.1
75	17,236,321	10,043,853	226,284	584,100	28,090,558	250.9	222.2
80	23,659,520	13,177,479	230,020	789,155	37,856,174	323.4	299.5
85	27,844,580	17,139,806	231,228	941,647	46,157,261	381.3	365.2
90	34,924,172	21,321,439	245,668	1,206,390	57,697,710	466.7	456.5
95	44,680,037	20,430,149	243,095	1,500,219	66,853,500	532.4	528.9

資料出所：日刊自動車新聞社編『自動車産業ハンドブック 1997 年版』p. 394–395.

注 1) 乗用車のうち軽四輪車，トラックのうち軽四輪車では 1975 年 10 月で車検未了車輌が抹消された．したがって 74 年以前と 75 年以降のデータは厳密には連続しない．その他，50 年代，60 年代にも若干の定義の変更があるが，ここでは，大まかな傾向性をみればよいことにする．

2) 人口 1000 人当り，および可住面積当りは副田が算出した．

○年一三九・一台、七五年二三二・二台、八〇年二九九・五台となる。これらをどう評価するか。国際比較によれば、七〇年代初頭でアメリカ合衆国二六台、イギリス一二〇台、西ドイツ一〇二台などにたいして、日本は自動車密度が異常に高い国であるといわれていた(宇沢弘文『自動車の社会的費用』岩波新書、一九九七年、五〇ページ)。

(3)自動車の種類別の構成比をもとめてみると、六〇年では第一位、トラック五七・三%、第二位、乗用車三三・八%であった。これが八〇年には、第一位、乗用車六二・五%、第二位、トラック三四・八%となる。両者の関係の逆転は早く六〇年代後半におきている。わが国における自動車の保有台数がその必要を上まわって上昇していること、自動車密度の異常な高さの原因は乗用車の急増を主原因としたとみてよかろう。(4)乗用車欄をみると、六〇年四五万七三三三台、八〇年二三六五万九五二〇台、二〇年間で保有台数はなんと約五二倍の増加である。この増加は各世帯がもつ自家用車、いわゆるマイ・カーの急増によっている。

高度成長期をとおして、モータリゼーションはなぜ進行したのか。その要因は無数に予想されるが、主要なものはつぎの四つであろう。(1)自動車とくに乗用車は主として鉄道にたいして、決定的に便利であった。出発したい場所から到着したい場所への、いわゆるドアからドアへの移動、望ましいときに利用できる、運行時刻の制約からの解放は、乗用車のみがもつ利点であった。これらに、さらに、乗用車内部の個室性、快適性がくわわる。したがって、乗用車の使用は、上流階層、権力階層ではじまり、次第に下位の階層、民衆階層におよんでいった。(2)さきに実質賃金指数の上昇にふれて述べたように、労働者階級を機軸とする民衆階層の購買力の大幅な伸びがあった。かれらは、それを耐久消費財の購入に向けた。もとめられた耐久消費財は電化製品、住宅、そして自動車であった。(3)自動車産業は高度成長期をとおして自動車の生産台数を伸ばしてゆき、その大きい部分を国内で販売した。自動車の輸出比率が五〇%を超えるのは七〇年代後半に入ってからである。国内で大衆的規模で乗用車の大量生産―大量販売―大量消費のサイクルが成立し、八〇年には日本人は二世帯に一世帯が自家用車を保有していた。(4)政府は都市間高速道路網を建設し、さらに地方自治体などと協同して都市内高速道路の建設をも進め、モータリゼーションの基礎条件を整備した。高度成長期の後半に入ると、各地で高速道建設に反対する住民運動がおこったが、その多くはめざす成果をあげることができなかった。

5　交通事故

経済の高度成長にともなって進行したモータリゼーションは、社会生活、国民生活に破壊的影響をおよぼし、その主要な諸位相は社会問題として次第に認識されていった。それらは、(1)交通事故、(2)大気汚染、騒音、振動など、(3)犯罪の増加、(4)危険で不便な道路、(5)公共交通のサービスの低下、(6)観光道路と自動車交通による自然破壊、(7)自動車運転者の反社会的エゴイズム、などであった。これらのうち、もっとも早く社会的注目をあつめたのは交通事故であった。

わが国において交通事故によって発生する死者数および負傷者数の統計としてひろくつかわれているのは警察庁交通局が作成している『交通統計』である。この資料は死者、負傷者の属性別の集計などもくわしくおこなわれている。したがって、これをつかって、まず大づかみに概況を示そう。表11をみられたい。高度成長期をこれまでのように、一九五五年から七〇年代までとみると、五〇年代後半に発生した交通事故の件数は七三万三五九六、それによる死者数は三万九〇三二、負傷者数六二万四四八六であった。六〇年代は、発生した交通事故の件数五三八万三二三一、それによる死者数一三万二五一三、負傷者数五〇六万五七六一、死者数ではこの六〇年代が史上最悪の一〇年ということになる。死者数は毎年一万人を超えており、六九年

表 11　交通事故による死者数，負傷者数

年次	件数	死者数	負傷者数	年次	件数	死者数	負傷者数
1950	33,212	4,202	25,450	1970	718,080	16,765	981,096
51	41,423	4,429	31,274	71	700,290	16,278	949,689
52	58,487	4,696	43,321	72	659,283	15,918	889,198
53	80,019	5,544	59,280	73	586,713	14,574	789,948
54	93,869	6,374	72,390	74	490,452	11,432	651,420
55	93,981	6,379	76,501	75	472,938	10,792	622,467
56	122,691	6,751	102,072	76	471,041	9,734	613,957
57	146,833	7,575	124,530	77	460,649	8,945	593,211
58	168,799	8,248	145,432	78	464,037	8,783	594,116
59	201,292	10,079	175,951	79	471,573	8,466	596,282
小計	1,040,606	64,277	856,201	小計	5,495,056	121,687	7,281,384
1960	449,917	12,055	289,156	1980	476,677	8,760	598,719
61	493,693	12,865	308,697	81	485,578	8,719	607,346
62	479,825	11,455	313,813	82	502,261	9,073	626,192
63	531,966	12,301	359,089	83	526,362	9,520	654,822
64	557,183	13,318	401,117	84	518,642	9,262	644,321
65	567,286	12,484	425,666	85	552,788	9,261	681,346
66	425,944	13,904	517,775	86	579,190	9,317	712,330
67	521,481	13,618	655,377	87	590,723	9,347	722,179
68	635,056	14,256	828,071	88	614,481	10,344	752,845
69	720,880	16,257	967,000	89	661,363	11,086	814,832
小計	5,383,231	132,513	5,065,761	小計	5,508,065	94,689	6,814,932

資料出所：警察庁交通局『交通統計　平成 9 年版』p. 11.
注 1）小計は副田が算出した.

には一万六二五七の最高値に達している。負傷者数は対前年でつねに増加をつづけ、六〇年には二八万九一五六であったものが、六九年には九六万七〇〇〇に達した。この状況は広く社会的注目をあつめて、交通事故は代表的な社会問題として認識されることになった。七〇年代に入って、七〇年が単年の記録では最悪の年である。交通事故の件数は七一万八〇八〇、それによる死者数一万六七六五、負傷者数九八万一〇九六。七〇年代全体では、発生した交通事故の件数は五四九万五〇五六、それによる死者数は一二万一六八七、負傷者数は七二八万

一三八四であった。死者数は七〇年の最高値のあと対前年でつねに減少をつづけ、七九年には八四六六と、一〇年前の約半分にまで減少している。そのかぎりでは問題状況がやや沈静化したとみられよう。ただし、交通事故の件数、負傷者数では、七〇年代は六〇年代を上まわる。一九五五年から七九年までの二五年間、四半世紀で、交通事故の死者数の合計は二九万三三二、負傷者数の合計は一二九七万一六三一である。

ところで、わが国では、交通事故の死者数にかんしては二とおりの統計がある。ひとつはさきに示した警察庁交通局の『交通統計』における「交通事故」による死者数の統計であり、いまひとつは厚生省統計情報部の『人口動態統計』における「自動車事故」による死者数の統計である。これら二とおりの死者は定義が異なっており、それによってそれぞれの統計値も違っている(総務庁編『交通安全白書平成3年版』大蔵省印刷局、一九九一年、一一ページ)。前者は、交通事故によって事故発生後二四時間以内に死亡した者である。この定義によれば、前章であつかった玉井ていは、交通事故の負傷者であるが、死者ではないということになる。後者は、自動車事故を直接の原因として死亡した者で、ただし、事故発生後一年以上経過して死亡した者、および事故の後遺症によって死亡した者はのぞくとされる。この定義によれば、玉井ていは自動車事故による死者のうちに入ることになる。

前出の『交通安全白書』は『交通統計』を「警察庁統計」、『人口動態統計』を「厚生省統計」と呼んでいる。これはわかりやすいので、ここでもその呼びかたに習うことにする。以上の定義によれば、「警察庁統計」の交通事故の死者数より、「厚生省統計」の自動車事故の死者数が大きいはずである。実際につくられた統計をみても、前者を一〇〇%とすると、後者は、一九六〇年代では一二四・三%、七〇年代では一三一・一%、八〇年代では一三四・三%となっている(表12参照)。このため、社会問題としての交通事故の深刻さを「警察庁統計」は過少評価しているとか、その深刻さを正しくつたえるために「厚生省統計」の自動車事故

表 12　自動車事故死者数と交通事故死者数の推移

	自動車事故死者数＝A	交通事故死者数＝B	A/B ×100		自動車事故死者数＝A	交通事故死者数＝B	A/B ×100
1950	3,046	4,202	72.5	1970	21,535	16,765	128.5
51	3,388	4,429	76.5	71	21,101	16,278	129.6
52	3,901	4,696	83.1	72	20,494	15,918	128.7
53	4,923	5,544	88.8	73	19,068	14,574	130.8
54	5,873	6,374	92.1	74	15,448	11,432	135.1
55	5,973	6,379	93.6	75	14,206	10,792	131.6
56	6,668	6,751	98.8	76	13,006	9,734	133.6
57	7,798	7,575	102.9	77	12,095	8,945	135.2
58	8,883	8,248	107.7	78	12,030	8,783	137.0
59	11,040	10,079	109.5	79	11,778	8,466	139.1
小計	61,493	64,277	95.7	小計	160,761	121,687	132.1
1960	13,429	12,055	111.4	1980	11,752	8,760	134.2
61	14,808	12,865	115.1	81	11,874	8,719	136.2
62	13,756	11,455	120.1	82	12,377	9,073	136.4
63	15,132	12,301	123.0	83	12,919	9,520	135.7
64	16,764	13,318	125.9	84	12,432	9,262	134.2
65	16,257	12,484	130.2	85	12,660	9,261	136.7
66	17,979	13,904	129.3	86	12,458	9,317	133.7
67	17,492	13,618	128.4	87	12,544	9,347	134.2
68	18,454	14,256	129.4	88	13,617	10,344	131.6
69	20,624	16,257	126.9	89	14,512	11,086	130.9
小計	164,695	132,513	124.3	小計	127,145	94,689	134.3

資料出所 1) 自動車事故死者数は厚生省大臣官房統計情報部『自動車事故死亡統計―人口動態統計特殊報告』1992 年, p. 33.

2) 交通事故死者数(再掲)は警察庁交通局『交通統計平成 9 年版』1998 年, p. 11.

3) 小計および A/B は副田が算出.

の死者数をつかうべきだという主張がおこなわれることがある。

私はその主張が基本的に正しいことを認める。広くつかわれている「警察庁統計」による交通事故の死者数にたいして、実際はその一・二倍から一・三倍の死者数が出ているという注釈をくわえることは有意義である。そのうえで、二点をさらにいいそえたい。(1)「厚生省統計」は元来が人口動態をあきらかにすることをめざすものであるから、自動車事故による死者数・負傷者数は正確にとらえようとするが、その事故の全体像をあきらかにするためのその他の属性、たとえば、事故の原因(運転者の飲酒運転、歩行者の路上への飛び出しなど)、事故の形態(人対車、自転車対車など)、事故がおこった場所や時間帯などを調査しない。それらの属性を知るために「警察庁統計」は有益である。(2)「厚生省統計」の自動車事故による死者数が「警察庁統計」の交通事故による死者数を上まわるのは、一九五七年以降である。それ以前の時期では、両者の大小の関係は逆になっている。私はこれについて説得的な説明をおこなった文献を知らない。また、私自身、そのような説明を工夫することができない。厚生省統計情報部人口動態統計課の藤田真弓氏からは「警察庁統計」は日本国内にいる日本人と外国人を対象にしているが、「厚生省統計」は日本国内にいる日本人のみを対象とする。また、一九五〇年代までは自動車保有者は外国人で多く、日本人で少なかった。これらの差異によって、さきの数字の関係の一部は説明することができるのではないかという示唆をいただいた。しかし、それですべてが説明されるとは思えない。

ともあれ「厚生省統計」によれば、自動車事故による死者数は一九五〇年代後半で四万三六二、六〇年代で一六万四六九五、七〇年代一六万七六一、以上の合計は三六万五八三六となる。これは、同じ期間の「警察庁統計」の交通事故による死者数を、七万二六〇四、上まわる。この死者数は「警察庁統計」では負傷者数にふくめられていたはずである。したがって、「厚生省統計」の死者数をつかうのであれば、「警察庁統計」の負傷者数からさきの数字を減じておかねばならないことになる。

修正値によってあらためていうと、一九五五年から七九年までの二五年間、四半世紀で、日本人は交通事故によって三六万五八三六人が死亡し、一二八九万九〇二七人が負傷している。これらの数字をどう評価するか。まず、死者数についていえば、一九五五年の時点で東京都品川区の区民数、宮城県仙台市の市民数がそれぞれ約三七万人である。高度成長期の交通事故は、中規模の都市ひとつの全住民にあたる人口の生命を抹殺したことになる。あるいは、ややセンセーショナルにいえば、前記の『人口動態統計』によると、さきの二五年間で、「他殺・法的介入・戦争行為」を死因とする者は三万八五四八人である。くわしく述べるゆとりはないが、このほとんどは殺人犯罪の被害者とみてよい。これは同期間の交通事故による死者数の九分の一強にあたる。モータリゼーションは、現実の犯罪者である殺人者の約九倍にあたる自動車もしくは運転者という殺人者を野放しにしたのであった。あるいは、交通事故による死者数と負傷者数の合計、一三二六万四八六三人については、日本人の一〇人に一人が交通事故にあったことになるという表現が、当時の交通事故にかんする論評でしばしばあらわれていた。

『交通統計』にもどって、一点の指摘をつけくわえておく。いずれも経年比較は可能であるが、表が膨大なものになるので、交通事故の死者数、負傷者数がいずれも史上最高を記録した一九七〇年のデータをつかい、高度成長期の交通事故の特性の一端を示して、その全体傾向をうかがうことにする。

そのひとつは、交通事故の死傷者の属性別分析である。そのさい、もっとも注目するべき属性は年齢である。表13をごらんいただきたい。これは、歩行中に交通事故にあった者にかぎって、年齢別の対人口比をもとめたものである。死者のばあい、人口一〇万あたりで、それが一〇を越えるのは、三歳、四歳の年齢層と六〇歳以上の年齢層である。とくに七〇歳以上で二九・四におよぶ。つまり、学齢未満の幼児たちと老人た

表 13　歩行者の被害状況

年齢層別	人口	死者		負傷者		死傷者		
		人数	人口10万当たり	人数	人口10万当たり	人数	構成率	人口10万当たり
	人	人	人	人	人	人	%	人
1 歳未満	1,908,164	18	0.9	273	14.3	291	0.2	15.2
1 歳台	1,882,192	99	5.3	1,929	102.5	2,028	1.1	107.8
2 歳台	1,827,328	180	9.9	7,023	384.3	7,203	4.0	394.2
3 歳台	1,833,143	230	12.5	10,647	580.8	10,877	6.1	593.3
4 歳台	1,416,634	217	15.3	10,865	767.0	11,082	6.2	782.3
計	8,867,461	744	8.4	30,737	346.6	31,481	17.6	355.0
5歳-9歳	8,095,592	580	7.2	35,368	436.9	35,948	20.1	444.1
10歳-14歳	7,833,998	86	1.1	7,332	93.6	7,418	4.1	94.7
15歳-19歳	9,182,447	97	1.1	9,266	100.9	9,363	5.2	102.0
20歳-24歳	10,812,496	178	1.6	13,009	120.3	13,187	7.4	121.9
25歳-29歳	9,005,516	187	2.1	9,467	105.1	9,654	5.4	107.2
30歳-34歳	8,299,992	224	2.7	8,148	98.2	8,372	4.7	100.9
35歳-39歳	8,184,160	262	3.2	8,489	103.7	8,751	4.9	106.9
40歳-44歳	7,409,887	294	4.0	7,705	104.0	7,999	4.5	108.0
45歳-49歳	5,861,361	290	4.9	6,979	119.1	7,269	4.1	124.0
50歳-54歳	4,796,314	316	6.6	6,436	134.2	6,752	3.8	140.8
55歳-59歳	4,469,740	401	9.0	7,066	158.1	7,467	4.2	167.1
60歳-64歳	3,735,698	459	12.3	6,873	184.0	7,332	4.1	196.3
65歳-69歳	2,982,166	547	18.3	6,416	215.1	6,963	3.9	233.4
70歳以上	4,329,584	1,274	29.4	9,785	226.0	11,059	6.2	255.4
合計	103,866,682	5,939	5.7	173,076	166.6	179,015	100.0	172.3

注：人口は，昭和 45 年 10 月 1 日現在の推計人口である．
資料出所：総理府『交通安全白書(昭和 46 年版)』p. 36.

表 14　事故原因別発生件数

事故原因別 ＼ 年		45 件数	45 構成率	44 件数	44 構成率	対前年比較 増減数	対前年比較 増減率
車両の運転者	酒酔い運転	件 1,261	% 8.0	件 1,336	% 8.7	件 △75	% △ 5.6
	無免許運転	404	2.6	446	2.9	△42	△ 9.4
	最高速度違反	1,381	8.7	1,156	7.5	225	19.5
	歩行者保護違反	405	2.6	422	2.7	△17	△ 4.0
	通行区分違反	316	2.0	363	2.4	△47	△12.9
	追越し違反	1,101	7.0	1,021	6.6	80	7.8
	信号違反	182	1.1	210	1.4	△28	△13.3
	交差点の徐行・一時停止違反	560	3.5	553	3.6	7	1.3
	交差点以外の法定場所徐行違反	189	1.2	198	1.3	△ 9	△ 4.5
	右折違反	310	2.0	284	1.8	26	9.2
	左折違反	136	0.9	146	0.9	△10	△ 6.8
	踏切における安全確認・一時停止違反	420	2.7	476	3.1	△56	△11.8
	整備不良車両運転	31	0.2	33	0.2	△ 2	△ 6.1
	車間距離不保持	97	0.6	103	0.7	△ 6	△ 5.8
	わき見運転	1,843	11.7	1,850	12.0	△ 7	△ 0.4
	運転操作不適当	118	0.7	169	1.1	△51	△30.2
	後退不適当	264	1.7	281	1.8	△17	△ 6.0
	その他	5,730	36.3	5,331	34.6	399	7.5
歩行者	路上へのとびだし	260	1.6	210	1.4	50	23.8
	幼児のひとり歩き	36	0.2	32	0.2	4	12.5
	車の直前直後の横断	244	1.5	221	1.4	23	10.4
	めいていはいかい	48	0.3	42	0.3	6	14.3
	その他	140	0.9	218	1.4	△78	△35.8
不明		325	2.0	295	1.9	30	10.2
計		15,801	100.0	15,396	100.0	405	2.6

資料出所：表 13 と同じ，p. 41.

ちがもっとも高い頻度で交通事故にあい死亡しているのである。負傷者のばあいでも、子ども全体のうちではその対人口比は三歳、四歳がもっとも高く、成人全体では六五歳以上でそれがきわだって高い。判断能力、行動能力のいずれもが、まだ十分に成長していない幼児たち、しばしば衰退傾向にある老人たちが、より高い頻度で交通事故にあい、死亡したり負傷したりする。モータリゼーションは弱い者に残酷な文明である。ほかに、このころから、交通事故が大都市の住民より地方都市の住民に増加してきたこと、成人では女性より男性ではるかに多いことなどが一般に注目されていた。

いまひとつは、交通事故の個別的・具体的な直接的原因の分析である。表14をみていただきたい。死亡事故のばあい、それが自動車の運転者にあるもの九四・〇%、歩行者にあるもの四・〇%、不明二・〇%、となる。圧倒的多数で運転者＝自動車のがわに原因がある。そのうちから目ぼしいものをひろうと、わき見運転、最高速度違反、酒酔い運転、追い越し違反、交差点の徐行・一時停止違反などがある。

6 大気汚染など

モータリゼーションがつくりだす社会問題として、交通事故のつぎに社会的注目をあつめたのは、大気汚染である。六〇年代までは公害としての大気汚染は、主として工場の排煙から発生するものであった。これにたいして、モータリゼーションの進行は、七〇年代に入って、自動車から排出するガスによる大気汚染を深刻化させた。いくらか具体的に言うと、走行する自動車は、一酸化炭素、窒素酸化物、炭化水素、鉛などを排出し、それらが大気を汚染する。さらに、窒素酸化物と炭化水素が原料となり、それらが日光の紫外線の作用をうけ、光化学反応によって二次的に特異な物質、光化学スモッグが生成される。モータリゼーションによる大気汚染に一挙に社会的注目が集まったのは、一九七〇年、東京において、光化学スモッグの被害例が出現してからであった。

一九七二年、東京都における大気汚染物質の発生源別排出量および汚染寄与率の推計は表15のとおりである。汚染寄与率でみると、自動車は光化学スモッグの原料となる窒素酸化物の六八・一%、炭化水素の六六・五%を排出している。光化学スモッグの約七割はモータリゼーションの産物ということになる。ほかにも自動車が一酸化炭素の九四・四%、アルデヒドの八七・〇%を排出しているのが目につく。大気汚染の元凶の主役は自動車になったと言わざるをえない。

大気汚染の被害状況は、因果関係の特定が困難なケースがあることは確かであり、疫学的手法によって調査がおこなわれることも多い。確認されているかぎりのことを言えば、光化学スモッグによる人体被害には、眼にたいする刺激、呼吸障害、さらにはけいれん、しびれの重症被害もある。七〇年代、この被害例としてしばしば登場したのは、学校の運動場で体育の授業をうけている生徒たちが光化学スモッグに襲われて前記の苦痛を訴えるというものであった。東京都は、光化学スモッグが〇・一五ppmを越えると光化学スモッグ注意報、〇・三ppmを越えると光化学スモッグ警報を出して、この状況に対応したが、その結果、四月下旬から梅雨明けまで、戸外運動がで

単位：排出量トン/年，汚染寄与率%

ばいじん		アルデヒド	
排出量	汚染寄与率	排出量	汚染寄与率
2,905	12.7	11	0.8
13,191	57.8	74	5.6
3,836	16.8	14	1.1
1,864	8.2	72	5.5
—	—	—	—
—	—	—	—
21,796	95.5	171	13.0
115	0.5	536	40.8
914	4.0	608	46.2
—	—	—	—
1,029	4.5	1,144	87.0
22,825	100.0	1,315	100.0

じて求めた.
中に放出されるものと仮定した. ま

じて求めた.

本の交通問題』有斐閣, 1975, 250

表 15　大気汚染物質の発生源別排出量及び汚染寄与率(昭和 47 年)

発生源 ＼ 汚染物質		いおう酸化物 排出量	いおう酸化物 汚染寄与率	窒素酸化物 排出量	窒素酸化物 汚染寄与率	一酸化炭素 排出量	一酸化炭素 汚染寄与率	炭化水素 排出量	炭化水素 汚染寄与率
固定発生源	発電	11,955	14.7	15,735	16.3	0	0.1	171	0.1
	工業	48,174	59.0	10,392	10.8	10,474	1.8	1,934	0.9
	清掃工場	2,713	3.3	1,437	1.5	4,779	0.8	180	0.1
	事業場	15,194	18.6	2,342	2.4	16,491	2.8	322	0.1
	油槽所 ガソリンスタンド	—	—	—	—	—	—	5,584	2.5
	有機溶剤	—	—	—	—	—	—	64,029	29.2
	合計	78,036	95.6	29,906	31.0	31,744	5.4	72,220	32.9
移動発生源	乗用車	610	0.8	37,470	38.9	279,207	47.1	67,559	30.8
	貨物車	2,953	3.6	28,160	29.2	280,902	47.3	78,363	35.7
	航空機	—	—	828	0.9	1,368	0.2	1,332	0.6
	合計	3,563	4.4	66,458	69.0	561,477	94.6	147,254	67.1
総計		81,599	10.0	96,364	100.0	593,221	100.0	219,474	100.0

(注)　油槽所・ガソリンスタンド：都内ガソリン販売量に今回実測して得た排出係数を乗
有機溶剤：通産省発表の「昭和 48 年度溶剤生産見通し」をもとに，溶剤はいずれも大気た全国生産量の 1/10 が東京で消費されるものとして求めた．
航空機：東京国際空港及び横田基地に離着陸する航空機について，米国の排出係数を乗
ばいじん：移動発生源のうち，ガソリン車から排出される分は含まれていない．
資料出所：柴田徳衛「交通と環境問題——交通公害総論」『ジュリスト総合特集，現代日ページ．

きる晴天の日には、かならずといってよいほど光化学スモッグ注意報が出されて、体育の授業は休止されることが多かった。光化学スモッグの原料となる窒素酸化物、炭化水素は、それぞれ単独でも人体に被害をあたえる。前者は肺に組織的変化をひきおこし、細胞の異常増殖、はく離現象を生じさせる。後者には発ガン性のある三・四ベンツパイレンが相当量ふくまれている(柴田徳衛「交通と環境問題——交通公害総論」『ジュリスト増刊総合特集、現代日本の交通問題』有斐閣、一九七五年、二五一ページ)。

モータリゼーションから派生するその他の社会問題については、紙幅の制約があるのでてみじかな説明にとどめる(柴田、前掲論文二五一ページ。宇沢、前掲書、三〇、五九、六一—六二、七四—七五ページ。宇沢「車社会の悪夢」『宇沢弘文著作集I　社会的共通資本と社会的費用』岩波書店、一九九四年、二二三—二二四ページなど)。

騒音。一九七三年、東京都公害研究所が都内二三区でおこなった「環境騒音実態調査」によれば、環境騒音における騒音発生寄与率は、自動車四四・九%、一般三六・七%、工場六・九%、幹線道路沿線では自動車のみで七〇%を超えるところもあった。

犯罪の増加。交通犯罪としての業務上過失致死傷が、交通事故の増加にほぼみあって増加する。また、自動車を逃走手段として利用する強盗、殺人、傷害などの凶悪犯罪が増加した。

危険で不便な道路。道路が自動車本位に設計されており、歩行者の権利が侵害されている。幹線道路ですら、歩道はせまく、自動信号機は自動車の都合を優先しており、歩道橋は歩行者のみに負担を負わせている。車道と歩道の区別がない狭い街路に自動車の進入が許されている。

公共交通のサービスの低下。自動車による道路の効率的な利用のために、大都市では路面電車が廃止されていった。それは低廉な価格で提供される安定した交通サービスの消失であり、低所得者、老人、子どもにとって都市を住みにくくした。

観光道路と自動車交通による自然破壊。美しい自然の景観をもつが、有力な産業をもたない地方は観光事業に希望を託した。観光道路が建設されて、そこに多くの自動車が走るようになり、自然の景観は破壊され、生態系のバランスは失われていった。

自動車運転者の反社会的エゴイズム。自動車は交通機関のなかでもっとも個人主義的な存在である。それは個人の欲望にもっともよく奉仕する。そのため、自動車は、運転者から歩行者や地域住民にたいする敵意や無関心に特徴づけられたエゴイズムをひきだしたのであった。

この章全体を約言して、考察をくわえよう。日本経済の高度成長は、大衆の購買力を引きあげ、豊かな社会を出現させた。その成長にとって、とくに七〇年代以降、自動車産業は主導産業であり、その帰結のひとつとしてモータリゼーションの進行があった。それは、交通事故、大気汚染などで国民生活、社会生活に破壊的影響をおよぼし、それらは次第に社会問題として認識されていった。一九世紀以来、社会思想や社会科学では、社会問題は階級支配が産出するものだと考えられてきた。つまり、経済的支配階級(たとえば資本家階級)と政治的支配階級(たとえば国家官僚)が、被支配階級(労働者階級、農民階級など)を収奪し、抑圧する過程から、社会問題が出現するとみられてきた。ところが、二〇世紀後半、豊かな社会においては、そのような古典的理解が通用しなくなった。交通事故、大気汚染などでいえば、それらは自動車産業と大衆、民衆、市民、生活者など呼び名はいろいろ考えられるが、一九世紀的な意味で支配階級でない人びとが、いっしょになって作りだしたものだった。そのさい、自動車産業を分析すれば、そこから資本と資本家階級を析出することはできる。しかし、大衆は自動車関連産業ではたらき高い賃金をえており、また、自らの生活の便宜をもとめて、自動車を購入し、利用していた。全就業人口のうち自動車関連産業ではたらくものの比率、全世帯のうち自家用車をもつものの比率を思いうかべてほしい。モータリゼーションがもたらす社会問題をめぐる構造的文脈において、大衆は加害者と被害者の二つの顔をもつことになった。この構造はゴミ問題、生活排水の問題など、ほかの代表的社会問題についても共通してみいだされるものである。

Ⅲ　交通評論家の誕生

1　「交通犠牲者は救われていない」

玉井義臣は、一九六五年、『朝日ジャーナル』七月一八日号に「交通犠牲者は救われていない――頭部外傷者への対策を急げ」を発表して、論壇にデビューした。かれは、これにひきつづき、同誌九月二六日号に「ひかれ損の交通犠牲者―損害補償の現状と打開策」を発表する。この論文は、都留重人が執筆した「朝日新聞」の「論壇時評」で激賞され、その月に発表された論文のベスト・スリーに入れられた。この二作品をよんだ弘文堂編集部長の田村勝夫は、玉井にこの二論文を骨組みにして、さらに事例と統計などを補充して肉付けをおこなった単行本『交通犠牲者――恐怖の実態を追跡する』を書かせ、同社のフロンティア・ブックス・シリーズの一冊として、一二月に刊行した。これは、社会問題としての交通事故を主題にした単行本が商業出版社から刊行された最初の例となった。多くのマス・メディアが、この書物に注目し、たかい評価をあたえた。急速にモータリゼーションが進行し、交通事故が増加する時代、社会はこのような仕事を必要としていたのである。「朝日新聞」の記者・小松錬平は、玉井を「交通評論家」第一号と呼んだ。

玉井が発表した二つの論文の主題、交通事故の頭部外傷と損害補償は、かれの母親が交通事故で死亡したさいの、かれの体験のなかでもっとも強烈な印象をともなった事実である。かれは、それらの事実をとりあげ、綿密な取材と調査をつみあげたうえで、独創的な論考を書いた。そこでは、頭部外傷にたいする脳外科の医療制度の現状、損害補償のための示談、裁判、保険の諸制度の現状がきびしく告発されたうえで、説得力に富んだ政策提言がおこなわれていた。かれは、まず、そのようなかたちで母の死を弔う象徴的敵討ちをはたしたのであった。この二論文は、玉井の仕事のなかでも、学術的完成度がもっとも高い。のちの評論には、運動遂行のための啓蒙的性格やアジテーションの性格がくわわるが、この二論文は問題の現状分析と政策提言がひたすら実証的、論理的に追求されており、玉井が研究者となる道を選んだとしても、ひとかどの存在になったであろうとおもわせる出来栄えになっている。その内容をかいつまんで紹介する。

「交通犠牲者は救われていない」は、交通事故の死者の七割から八割が頭部の外傷によるという事実から説きおこしている。交通事故にあった人びとの四割から五割は頭部を負傷する。歩行者が自動車にはねられた事故に限定すれば、その比率は八、九割に上昇する。頭部の負傷には、絶対に助からないものと治療次第で助かるものとがある。前者は脳挫傷(脳のキズ)が脳の広範囲にわたっているものと生命の中枢である脳幹をやられているものである。後者は頭蓋内出血で血腫(血のカタマリ)ができたばあいで、時期を失せず手術をして血腫をとりのぞけば、救命することができる。また、脳挫傷でもかぎられた範囲のものであれば、放置すれば脳浮腫(脳のハレ)によって脳幹が圧迫されて一〇〇%死亡するが、ステロイド、マニトールなどの薬剤で浮種をとれば助かるものもある。頭蓋内出血にたいする手術では、手術に入るまでの必要最小時間である受傷後一時間の生存が最初の必要条件である。そのうえで、血腫の有無と場所の的確な判断、それをとりのぞく適切な手術がいずれも迅速におこなわれなければならない。これらの判断と手術は、脳外科医によってのみ成功する。脳外科医でない外科医がそれらをおこなうことはきわめて危険である。東京都監察医務院の剖検記録から頭部外傷死連続五〇〇例を選んで死因分析をおこなった調査によれば、血腫が直接の死因である者の三四・二%は確実に救命可能であったとされる。つまり、脳外科医による的確・適切な治療が施されていれば、死者の三割は助かるはずであった。

一九六四年、交通事故による全死者数は一万六七六四、そのうち頭部の負傷によるものを七割とみれば約一万二〇〇〇、そのうちの三割、約三六〇〇は医療次第で助かるはずが「犬死」させられた。なぜか。脳外科医の絶対数が不足しており、しかもかれらが有効につかわれていない救急体制の欠陥もある。脳外科医は全国で一二〇〜一三〇人か、多くみつもっても二〇〇人しかおらず、かれらのほとんどは大都市の大学病院か官公立の大病院に属している。これにたいして、頭部外傷者は年間約五二万人発生するのである。脳外科医の不足の原因は三つである。①わずか五大学に脳神経外科の講座があるのみで、ほかの大学医学部、医科大学にはそれがない。②脳神経外科が診療科目として認められておらず、広告されることができない。③脳外科医になるには長期のハード・トレーニングが必要であり、一人前になっても低医療費でもうけが少なく、他分野への「ツブシ」がきかないので不人気である。このうち、②、③の原因は不充分でも解消されてきたが、①にたいする文部省の反応はきわめてにぶい。

厚生省による救急病院の基準は、救急医療に対処できる医師の常時待機、手術などの処置ができる施設、設備の完備、空きベッドの常備などを規定している。しかし、現在の病院経営では、くるかこないかわからない救急患者のために、当直料をはらって外科医を待機させ、ベッドを遊ばせておくことは不可能である。行政は本来採算があわない救急医療を、なんの補助もなしに病院に押しつけている。その結果、さきの基準をみたしている救急病院はほとんどなく、そのシワよせは患者にきている。

こんな救急体制のなかで、われわれが交通事故にあえば、最寄りの救急指定病院にかつぎこまれる。そこには脳外科医はおらず、検査設備も完備していないのがふつうである。医療次第で助かるはずの頭蓋内出血でも、われわれをまちかまえる運命はつぎの三つのいずれかである。①医師が脳外科医がいる病院への転送を指示する。②医師が脳外科医を招いて出張手術をしてもらう。③医師がそのまま自分で治療をする。救命の確率は①がもっとも高く、②がそれにつぐ。③はもっとも危険である。しかし、われわれが出会う公算がもっとも大きいのは③である。「救急指定病院と脳外科医のいる病院を結ぶパイプはつまっている。いやないといったほうがよいかもしれない」と玉井は書いた。

この論文を書くため、玉井は、母の死のあと一年半をかけて取材と調査をくり返している。多勢の医師たちにインタビューし、伝手をもとめて、白衣を着て救急車に乗りこみ、交通事故の負傷者が救急病院に運ばれるところから、手術室の手術現場を観察することまでした。しかし、医師たちは救急医療について医療ギルドの外部者である玉井には、「タテマエ」以上のことをなかなか喋ろうとしなかった。そのうち、かれは、救急医療の内幕を喋ってくれる医師にようやく出会った。その医師は東京大学病院の脳外科の講師たちのひとりで、野人タイプの男だったが、つぎのように語った。交通事故による頭部外傷者のほとんどは、脳外科医がいない救急指定病院に運ばれる。病院は、その患者には、交通事故による損害を補償する自倍責保険による保険金が出るので、それをつかいきらせるまでは、その患者を手放さない。つまり脳外科医の許に転送しない。玉井君、町医者が治療費をしぼりとるまで患者を手放さないから、死なないですむはずの三割の頭部外傷者が死ぬのだよ。

この衝撃的な事実を、玉井は、第一論文では、さきの引用文のように「パイプはつまっている。いやないといったほうがよいかもしれない」と、比喩的表現でのみ書いて、それ以上踏みこまなかった。しかし、半年後に刊行した単行本『交通犠牲者』では、交通事故の頭部外傷者は一般外科医にとってドル箱であるという実態をかなり突込んで描いた。「交通事故負傷者は自動車強制保険から、重症の場合は三〇万円まで、後遺症害が残れば最高一〇〇万円まで保険金が下りる。その範囲でかなり思い切った治療ができるという。一日三万円から五万円くらいの薬剤治療が行われているというのだ。そこで五日なり一〇日なりの治療後に死んでもかなりの治療費になる。また死ぬような患者ほど高い治療のいいわけが立つともいう。身の毛のよだつ話である」(同書、五八ページ)。

第一論文にもどると、玉井は救急体制の現状を告発したあと、当時の脳外科医の代表的存在であった三人の教授がそれぞれに提唱した救急センターの理想案を紹介している。そのうち、名古屋大学の橋本義雄教授たちによるTACC(東海災害コントロール・センター)は実動の日がちかづいており、それによって、頭部外傷による死者、後遺症者は半減する見込みであった。三案のいずれを採用するかは、地域社会の特性との関連で判断されるべきである。しかし、いずれにしても、国または地方自治体の強力な予算措置と救急センターと救急指定病院の緊密な協力体制が必要である。

さいごに、交通事故による頭部外傷による後遺症の実態とその治療やリハビリテーションがとりあげられている。その後遺症の主要なものは、手足のマヒ、発語障害、視力障害、聴力障害、頭痛と頭重、外傷性てんかん、知能および精神の障害などである。頭部に外傷を負ったが生命はとりとめた者のうち、約半数は後遺症を訴え、約一割は重症の後遺症で独力で日常生活をいとなむことができず、家族に依存してくらしている。当時で重症の後遺症者は約二四万人いると推計されていた。かれらのうち三分の二は、適切な時期に脳外科医の治療をうけていれば後遺症者にならずにすんだ。また、かれらの半数は、脳外科医による治療とリハビリテーションをうけられるなら、健康を回復して、社会に復帰することができる。そのためには、総合リハビリテーション・センターの設置が必要である。

2 「ひかれ損の交通犠牲者」

第一論文は『朝日ジャーナル』編集部のなかで好評であった。つぎの作品も書いたら載せますよと、玉井は言われた。他のメディアもその衝撃的な内容に注目した。NHKテレビはかれにインタビューして、交通事故の恐怖の実態に迫るという番組をつくった。かれは、第二作の主題は補償だと早くから決めており、伝手をもとめて、東京地方裁判所の交通裁判専門部から前年度に判決が出たすべての判例を借り出して読んだ。昼間は調査と取材にとびまわり、夜は判例にひたすら読み耽る。その年の七月、八月は、かれは布団をしいて寝たことがなかった。判例を読んでいて、睡魔にうちまかされると、畳のうえに転がってそのまま眠ってしまう。目ざめると、また読みつづける。こうやってかいた第二論文が決定的な成功をおさめたのは、さきに述べたとおりである。その内容もかいつまんで紹介しておこう。

「ひかれ損の交通犠牲者」は、示談、裁判、補償の三部構成になっている。第一部は、交通事故被害者は、損害賠償の解決法として、その九割以上が示談によるか、示談さえしておらず、裁判所を利用する者は四％内外であるという事実からはじめている。過去一一年間のデータでは、示談の不成立、交渉中・交渉難航、未交渉の合計が三割前後あり、これは補償金を一銭もえていなかった。示談が成立したケースは示談金をうけとる。自動車損害賠償責任保険は一九五六年から施行されており、保険金の支払い限度額は、死亡者のばあいで、六〇年八月までは三〇万円、六四年一月までは五〇万円、それ以後は一〇〇万円と引き上げられてきていた。示談金の金額は、死亡者のばあい、限度額以上四四・七％、限度額と保険受領額の中間一七・七％、受領額と同額かそれを下まわるもの三七・七％、であった。この示談金額についての遺家族の感想は、「不満足である」六二・九％が最頻値で、「してやられたと思っている」一七・二％がこれにつぎ、「まあまあと思っている」はわずかに一・九%、「満足している」の比率はゼロであった。示談の過程で、遺家族は、法律と保険についての知識がないことで、加害者や示談屋につけこまれがちである。

第二部は、交通事故被害者が損害賠償請求事件で加害者と裁判で争う交通裁判を、迅速、安価、判決の適正さの三つの観点から論じている。一般に裁判に時間がかかるのは周知の事実であるが、そのなかでも交通裁判はさらに長びく。地裁第一審事件で、判決事件のみをみると、原告勝訴事件に要した平均審理期間は、全通常事件で一〇・四ケ月、交通事件で一八・二ケ月である。しかも、原告勝訴事件の約半数は、被告(加害者)が上訴するため、最高裁までひきずられて、決着までに数年がかかるのがふつうである。この間に、インフレによる通貨の減価、加害者側の資産隠匿や計画倒産、判決の不履行などがおこる。裁判の費用でなによりも問題となるのは、弁護士の手数料(着手金)の高さである。日本弁護士連合会の規定によると、手数料は請求金額の一〇〇分の五、謝金(成功報酬)はその一〇〇分の一〇となっている。示談交渉のあいだに経済的に困窮してきた被害者にとって、五〇〇万円を請求するのに二五万円の手数料をまず支払うのは、かなりの負担である。さらに、東京地裁で処理された交通事故死にたいする損害賠償の金額をみると、六四年では、五三%が一〇〇万円以下で、五〇〇万円以上は一件もない。のちにみる損害賠償の金額の国際比較からもいえるのであるが、日本人の生命は安すぎる。とくに慰謝料が安すぎる。これは法曹関係が一様に認めるところである。これらの実態をあきらかにしたうえで、迅速、安価、適正な裁判を実現するための具体的で詳細な政策提案がつけられた。

第三部は、示談でも裁判でも、被害者への補償金の金額は、結局のところ、加害者側の支払能力によって決まる。だから、被害者救済のただひとつの道は加害者に支払能力をつけることであり、それは保険制度を利用するほかはないというところから説きおこしている。ここでは、自動車保険の制度運用、加入率、保険料、死亡のさいの保険金限度額などについて、アメリカ合衆国、イギリス、西ドイツ、フランス、イタリア、フィンランドなどと日本の国際比較が徹底的におこなわれており、玉井の猛勉強振りがしのばれる。データは、日本で生命尊重の思想がきわだって低く、それが基本原因となって、補償制度がはなはだしい低水準にあることを示した。一例として死亡時の保険金限度額をあげる。日本の一〇〇万円にたいして、アメリカ三六〇万円以上、イギリス一五一二万円以上、西ドイツ九〇〇万円以上、フランス三六〇〇万円、イタリア一八〇〇万円、フィンランド一八〇〇万円。

玉井の結論は、強制保険である自倍責保険の支払限度額を引き上げよ、であった。任意保険の加入率の引き上げは望ましいが、保険思想の発達がおくれている日本では当面は多くを期待することができない。この結論にたいする各業界の反応を玉井はつぎのようにまとめている。損害保険業界は任意保険の営業をやりにくくするといって反対していた。トラック業界、タクシー業界は、保険料が上がるのは経営上のマイナスだと反対していた。これらを、玉井は、人命より経営を重視する理念は絶対に許されるべきではないと批判したうえで、交通災害を単なる「事故」としてではなく「公害」に近いものとしてとらえることによって、保険料に国庫補助を導入するべきだと提言した。そのさい、交通事故の大多数は、アメリカでは車対車の衝突によって生じるが、日本では一般道路で歩行者が車によってはねられて生じる。一般道路の管理責任は行政にある。また、行政は自動車産業の保護育成策をとり、自動車の生産台数、保有台数を無制限に増加させている。だから交通災害は行政責任を問うべき公害なのだという論法がとられていた。

3　テレビによる交通キャンペーン

一九六六年三月二八日から六八年九月三〇日まで、約二年半、玉井義臣は、NET(日本教育テレビ)で、

「桂小金治アフタヌーン・ショー」の週一回の交通キャンペーンにレギュラー出演した。出演回数の総計は一二四回におよんだ。

このショー番組は、落語家の桂小金治がその年の春のワイド・ショーで、交通事故の体験記を泣きながら喋っているのをみた、NETのプロデューサーが、かれのキャラクターにつよい印象をうけて、かれを司会者に迎えようとおもいたって発足した。その体験というのは、小金治夫妻が車で遠出をしたおり、横断歩道にさしかかったら、子どもが道端で車の往来がとぎれるのを待っていた。そこで小金治は、車を停止させて、子どもに車のまえを横切るように手で合図をした。それをみて、子どもが車のまえを通りぬけたとき、小金治の車の右側を追い抜いていった車があり、子どもがはねとばされた。小金治は倒れた子どもにかけより、夢中で抱きあげた。子どもは大怪我はしたが生命はとりとめた。自分が不注意な合図をしたために、子どもに怪我をさせてしまった。喋りながら、小金治は声をあげて泣いていた。その正義感のつよさ、感情表現の率直さに、プロデューサーは惚れこんだのである。

司会者としての出演交渉をうけた小金治は、番組のなかで交通事故防止のキャンペーンを週に一回やらせてもらえるなら、出演すると回答した。その条件は認められて番組ははじまった。芸能人やアフタヌーン・ショーでも、交通事故が社会問題として生々しく意識されている、そんな時代であった。しかし、「桂小金治アフタヌーン・ショー」の交通キャンペーンは二、三回やると、たちまち材料がつきてしまった。小金治もプロデューサーも、交通事故をなくそうという善意はもっていたが、交通事故の調査・研究については専門的知識はまったくもちあわせていなかった。玉井はその少しまえ、交通評論家として「木島則夫モーニング・ショー」に出ていた。それをみていたひとが、「桂小金治アフタヌーン・ショー」のスタッフのなかにいて、玉井は交通キャンペーンのためのレギュラー出演者に起用されることになった。

玉井の仕事は、毎週一回のキャンペーンのためにテーマを決めて材料を集め、台本をつくり、番組では、小金治と二人の司会者、ゲストに話をまわしてもらいながら、最後に専門家としてコメントをつけるというものだった。玉井はこの仕事ではじめて定収入をえることになり、生活が安定するのだが、その経済的効果とは別に、仕事自体がかれにはとても面白かった。かれはその仕事に打ちこんだ。それは、かれに三つの点で大きい影響をあたえた。すなわち、第一には、この仕事によって、かれが多様な交通問題に精通するようになり、交通評論家として大きく成長し、また知名度も上がり、名実ともに第一人者の地位を獲得したことである。第二には、番組に政治家、官僚、財界人、医師、学者たちがゲストとして招かれてきたが、玉井はかれらと面識をえて、各界に人脈を広げたことである。そのさい、玉井はゲストにおもねるようなことは一切しなかった。専門家として自分が信じるところを率直に述べ、かれより年長のゲストとときに烈しく意見が対立することもあったが、そのうえで相手の信頼をえたのである。永野重雄たちを相手にしたダンプ論争はその好例のひとつで、つぎに紹介する。第三は、番組のキャンペーンで交通にかんする特定の制度、政策の新設や改善を玉井が訴え、それが実現するという体験をしたことである。そのさい、政治家や官僚をゲストとして番組に招き、かれの提案に同意させたり、反論をさせ、それにかれが再反論するという手法がとられた。この体験をつうじて、かれは社会運動家として訓練されていった。刑法二一一条改正はその好例のひとつだが、これものちに紹介したい。

「桂小金治アフタヌーン・ショー」の交通安全キャンペーンの全回、一二四回の主題とゲストの記録は残っている。その主題を私なりに分類、集計してみると、一位、政府・各政党の交通政策三三、二位、交通事故および被害者二九、三位、交通安全対策二三、四位、運転と運転手問題一五、五位、自動車保険と補償一一、六位、救急医療七などが主なところである。「政府・各政党の交通政策」が一位にきていることは、交通問題はなによりも政治問題であるという認識が、このキャンペーンの基調になっていたことをうかがわせる。これは五回連続のシリーズを二度ふくむが、一度目は各党の政策担当責任者を順に呼んでそれぞれの交通政策を語らせ、かれと玉井、全国紙のコラムニストなどが討論している。二度目は、各党の代表的政治家たちと交通政策を所管する大臣たちを順に集めて、交通政策や主要な交通問題について、かれらと玉井や専門家たちが討論している。主要問題としてとりあげられたのは、刑法二一一条改正、交通安全施設、救急医療、ダンプ・カーの事故などであった。

4 ダンプ論争

一九六七年一月二一日「朝日新聞」の「声」欄に、投書者たちの顔ぶれからみて異例の人目を惹く投書が掲載された。

「運転席を低くしたら――暴走ダンプカー防止に提案

東京瓦斯副社長　安西　浩
昭和電工社長　安西正夫
八幡製鉄社長　稲山嘉寛
富士銀行頭取　岩佐凱実
三井不動産社長　江戸英雄
富士製鉄社長　永野重雄

昨年十二月、愛知県でダンプカーが横断歩道で園児たち十一人の命を奪い、十数人にけがをさせるという事故があった。これはその一例だが、最近ダンプカーなど大型車による事故が非常に多い。その対策についてては、関係諸機関でいろいろと検討されていることと思うが、先日、ある会合でこの問題について話し合っているうちに、次のような案に皆の意見が一致した。

ダンプカーは運転席が高い位置にあり、しかも大きな車体は厚い鉄板でおおわれている。このため、衝突で相手の車は破損しても、自分の車は平気なので、運転者は戦車にでも乗って突進しているような感じなのであろう。このことが、若い運転者に、なんとなく他を見下すような気持にさせ、相手の車をおびえさせていい気持になるのではないだろうか。

そこでダンプカーの運転席を最近のバスのように、できるだけ前に出し、しかも乗用車なみの低さに置く。車体の強度も運転台だけは普通車なみにし、小型乗用車と衝突しても、同じ運命になるようにすれば、ダンプ暴走も減ることだろう。つまり裏返せば他人の安全が即自分の安全につながるという意識を高めることである。

こうした問題は、一部専門関係者に任せるだけでなく、われわれ社会人の一人一人が積極的に解決に参加しなければならないと痛感する。とくに交通事故対策具体化のために、われわれは全面協力を惜しまないつもりである」。

投書者として当時の財界を代表する六人が連署している。かれらの提案の水準は別にして、有力財界人たちもかれらなりに社会問題としての交通事故を憂慮しており、それについて語りあい、対策を新聞に投書してくる。これも、そんな時代であったということだろう。一月二七日、「朝日新聞」の同欄に、玉井義臣はてきびしい反論を寄せた。

「〝運転席改造〟に疑問――根本的なダンプ事故防止策を
玉井義臣（交通評論家　三一歳）

財界の六氏が、暴走ダンプ防止策として『運転席を普通車なみの低さと強度に』との提案をされたが、私は次の諸点で疑問を感ずる。

その一つは、ダンプ暴走の主原因が果して戦車に乗っているような安定感と優越感によるものかどうかについてだ。建設業者が砂利の値段をたたき、砂利業者はそれを運転者の酷使というかたちで補い、それが道路づくり、オリンピック工事、新幹線、都会のビル・ラッシュを可能にしたともいえる。こう考えれば、提案に見られるように、運転者だけを悪者扱いにする発想には賛成できない。

いま一つの疑問は、『小型乗用車と衝突しても同じ運命になるようにすれば、暴走も減ることだろう』という考え方についてだ。周知のように、いま欧米の自動車技術はあげて安全自動車の研究に没頭し、事故対策も車内の人間の安全に向けられている。この世界の指向の中で、提案にあるような〝不安全自動車〟による事故防止対策は、いかにも後ろ向きであり、人間不信の悲しい発想だといえよう。

では、われわれはなにをすればよいのか。警察とダンプ業者の五年間の安全運動で、死亡事故を半分から三分の一に減らした実例がある。愛知県警では三十六年、それまでバラバラだった県下のダンプ業者を各警察署単位で組織化し、『愛されるダンプ』を合言葉に、自主的な安全運動のムードづくりをはじめた。この作戦は図に当り、近年、愛知県下のダンプによる死亡事故は、一般事故が二倍以上になっているのに、こちらは逆に半分以下に激減した。また組織で建設業者と話し合った結果、砂利価格と運賃の引き上げに成功し、おかげで県下の全ダンプがサイド・ラップ(山盛りに積むために使う側板)の完全撤廃に踏み切ることができた。(幼稚園児をなぎ倒した猿投事故のダンプは岐阜県のもの。)

そこで提案したい。こんな立派な実績をあげているのだから、全国の県警が愛知県警方式を実行してはどうだろう。(後略)」

このあと、玉井は、愛知県警方式の特徴をもう一度整理し、「経済界の内部にある事故の遠因」の研究と除去を財界人たちに願って、文章を結んでいる。

二つの投書を公平な目で読みくらべれば、だれがみても、論争の勝負の行方はあきらかである。財界人たちの通俗的心理による悪者探しと運転者の生命軽視をともなう他罰的発想にたいして、玉井は、主原因は建設企業の過剰な利潤追求にあるとし、安全な自動車を追求する国際志向へ逆行する愚かしさを戒めた。そのうえで、効果が実証されている政策提言をして、財界人たちには経済界内部の反省を望んだのである。論争は、財界人たちの完敗、若い交通評論家の完勝であった。論争参加者の顔ぶれの珍しさのせいもあってか、多くのメディアがこれをとりあげた。玉井自身も、一九六七年二月六日の「桂小金治アフタヌーン・ショー」の交通キャンペーンに投書者の財界人たちのうちの四人、永野、江戸、岩佐、安西と、専門家として日本自動車工業会公害対策委員会・家元潔、全日本交通安全協会顧問・富永誠美をまねき、論議をつづけた。短い時間なので、論戦は決着がつかないままであったが、勝負は実質上は、新聞の二つの投書だけでついていた。

玉井はかなり激しく発言したらしい。後年かれは、そのおりの永野にとっての自分を「狂犬のように嚙みついてきた〝若造評論家〟」といっている。しかし、論争とは別に、その出会いで、玉井は永野の人物の器量の大きさに惹きつけられた。出演まえのうちあわせで、永野はかれの息子くらいの年齢の玉井ににこやかに話しかけ、論争での対立にこだわる風情はまったくなかった。私も、このように不利な論争をはじめながら、論敵が作成している番組にまねかれると出てくる永野たち財界人のこだわりのなさは見事だと思い、かれらの年齢や地位に一見ふさわしくない一種の青年の客気をも感じるのである。永野も玉井の人物の器量を認めた。また、かれは、これを機会に交通問題についてより深く考えるようになった。二年後、玉井が交通遺児育英会をつくるとき、永野は会長を頼まれ、快諾して就任する。ほかの五人の財界人たちもみな同会の役員になった。

5　刑法二一一条改正キャンペーン

話は二年ほどまえに戻るが、玉井義臣が『朝日ジャーナル』に書いた三つ目の論文は、「時代遅れの自動車運転者の制裁——刑罰・行政処分の問題」である。これは同誌の一九六五年一二月二六日号に掲載された。交通遺児家庭の救済運動の観点からみれば、やや二義的にみえる主題をあつかっているかにみえるこの論文は、おそらくそのせいで、これまでの運動史では先行する二論文にくらべていくらか軽くあつかわれてきているが、社会運動家としての玉井の出自を考えるにあたっては、重要な手がかりのひとつをあたえる作品である。これについてはのちに多少くわしく述べる。また、過失による死亡事故をおこした自動車運転者にたいする制裁は、玉井個人にとっては、母の死にさいして、頭部外傷、損害賠償につぐ三つ目の主題であった。かれは、この論文を書き、その主張を実現してゆく過程で、三つ目の「象徴的敵討ち」をはたすことになる。

この論文における最重要の論点は、できるかぎり圧縮して言えばつぎのとおりである。被害者を死亡させた交通事故の加害者をさばくのにつかわれる刑法第二一一条の業務上(重)過失致死傷の処罰規定については、六五年二月に国会に改正案が提出されて、審議未了で流れたが、玉井はその案を支持する。その改正案は刑を重くすることをめざし、従来「三年以下の禁固」であったものを「五年以下の懲役若しくは禁固」に改めていた。念のために言うが、禁固は監獄に拘置するだけで定役＝労役には服させない刑であり、懲役は監獄に拘置して一定の定役に服させる刑である。玉井はその支持の理由として、劣悪な道路事情のもとで歩行者を守る必要、自動車事故の被害の大きさ、人命軽視の社会風潮を戒めることなどをあげた。なお、改正案への反対の主要意見としては交通労働者の労働組合の言い分がとりあげられている。組合は、劣悪な労働条件のもとで居眠り運転などにより事故がおこったとき、運転手だけが厳罰に処せられるのは困ると抗議をした。玉井はそれをきちんと紹介したうえで、労働強化による事故の犠牲が歩行者に転嫁されてよい理由はどこにもないと退けている。そのほか、この論文は、業務上過失致死傷害罪の実刑率、量刑基準が、関東地方と近畿地方ではちがうことの統計にもとづく証明や道路交通法違反の処理にかんする批判でも注目をあつめた。

その注目者たちのひとりに法務省の刑事課長であった伊藤英樹がいた。かれはのちに最高検察庁の検事総長となる人物だが、当時はその職位にいて、法務省が刑法第二一一条改正案を国会に提出し、審議未了で敗退したさいの、同省の実務責任者であった。敗退の主要な原因は、野党である日本社会党と日本共産党が労働組合側の主張を支持して頑強に抵抗したこと、与党の日本自由民主党がその改正案にあまり熱意をもたず、同党にとってのほかの重要法案を通過させるために、野党との取り引き材料としてその改正案を放棄したこと、などであった。伊藤は玉井のこの第三論文を読んで、法改正を支持する論旨の明晰さと説得力に打たれ、交通事犯への量刑における東西の較差の指摘に感心した。かれは玉井と会って、法改正の実現のためジャーナリズムでの助力を乞い、玉井はそれに応じて、六八年の改正の成功にいたるまで文字通り伊藤のパートナーとしてはたらいた。

この会見の直後からはじまる「桂小金治アフタヌーン・ショー」の交通キャンペーンでは、刑法第二一一条改正問題はくり返しとりあげられた。第一八回から第二三回まで六回にわたった「各党の交通政策を聞く」では、毎回それがとりあげられ、共産党の米原昶や社会党の横路節雄を呼んだときなど、最後はニュース・キャスターたちがゲストをつるしあげるような険悪な雰囲気になった。第三四回には、東京地方検察庁次席検事の河合信太郎をゲストに呼んで、「刑罰は甘すぎる」というタイトルでその改正の必要を訴えさせている。また、第五五回の「政府・各党に交通政策を聞く」シリーズの二回目は、法務大臣の田中伊佐次と自民党の浜野清吾、社会党の横山利秋などを呼んで、話題を刑法第二一一条改正一本にしぼって論争させた。その改正が実現する六八年にも、改正案が国会で審議される時期に合わせて、第九八回に「刑法二一一条改正論争」というタイトルで、社会党から横山、民主社会党から岡沢完治を呼んだ。いずれのばあいも、玉井は、改正支持の主張をはっきり打ち出し、改正に反対するゲストたちと烈しく論争した。

この間、法務省は国会に刑法第二一一条改正案を毎年提出しつづけた。しかし、それは六六年は祝日法案のあおりで審議未了となり、六七年は野党の時間かせぎの質問作戦によって廃案となった。この六七年七月一三日には、「朝日新聞」の「天声人語」、「毎日新聞」の「余録」、「読売新聞」の「編集手帳」という三大全国紙のコラムが、いっせいに二一一条改正問題をとりあげ、政府案を支持し、社会党の対案や労働組合の言い分を批判して、ジャーナリズムの話題となった。これは、玉井が仕掛けた企てであった。すなわち、その三日まえ、かれは交通キャンペーンの第六三回「社共両党はなぜ刑法二一一条改正に反対するのか」に、三つのコラムの執筆者、いずれも論説委員である「朝日」の入江徳郎、「毎日」の藤田信勝、「読売」の加藤祥二をゲストとして呼んで、番組収録後に、その企てを提案して、かれらの同意をとりつけたのである。七月一三日の三紙のコラムに目を通す、三二歳の交通評論家の内心の得意や、おもうべしである。伊藤英樹はまことに強腕の頼もしいパートナーに恵まれていたというべきだろう。六八年、政府は四度目の刑法第二一一条改正案を国会に提出し、これがようやく可決され、成立した。法務省とジャーナリストの連合軍が、野党の反対、与党の不熱心をついに押し切ったという印象である。このときは、玉井は、衆議院の法務委員会に参考人として呼ばれ、改正案の可決に大きく貢献する証言も述べた。

このキャンペーンの経過を社会運動論の観点からみていると、このあたりが、日本の社会運動のひとつの転機であったと感じられる。高度成長期が一〇年あまり経過し、モータリゼーションの進展と交通事故の増加は、新しい大きな政策課題の出現を告げていた。しかし、伝統的な労働運動やそれと連動する社会主義運動、共産主義運動は、階級闘争史観にもとづき、交通労働者の利益を擁護することのみに目をうばわれ、その政策課題を正しく認識し、それに的確に対応する能力を欠いていた。交通事故の防止やその被害者救済をめざす運動は、それまでに例をみない新しい社会運動でなければならなかった。玉井はその運動の有力な指導者として頭角をあらわしつつあったが、かれが社会運動家として訓練をうけていた場は、第一にジャーナリズムであり、第二に法務官僚との協働関係であった。かれは、労働運動、社会主義運動などの主張に否といいつつ運動家として登場してきたのである。

6 「殺人機械」

玉井義臣が純粋に評論家として活動した期間はきわめて短い。見方によれば、それは、かれが、これまでに紹介してきた三論文を『朝日ジャーナル』に発表した一九六五年だけともいえる。翌年、「桂小金治アフタヌーン・ショー」に出演するようになってからは、かれは評論家であったが、運動家の側面を次第につよめていく。この移行期が一九六八年一杯までつづくとみることができるが、同年半ばに交通遺児のための育英団体の設立が考えられはじめたころには、玉井の存在はすでに評論家であるよりは運動家であった。それまでの間、かれは、交通評論家として、さらに二つ、独自性のある作品を発表している。すなわち、いずれも一九六七年一〇月の発表であるが、著書『示談』(潮出版社)と論文「殺人機械」(『朝日ジャーナル』一〇月一五日号)である。前者は、交通事故の被害者救済をめざして示談の進めかたのノウ・ハウをくわしく教えるものであり、公明党の地方議員たちが地域社会で交通相談活動をするさいによくつかわれた。この時期、玉井は、刑法第二一一条改正問題への協力をもとめて、矢野絢也など公明党首脳部と親しく交わっていた。後者は、掲載誌が「文明破壊者としての自動車」という特集をくんださいの第四論文であり、運動史のなかでは「日本での反自動車キャンペーンの始まり」と位置づけられる作品である。交通遺児家庭の救済運動に参加してくる人びとは、その運動の文明論的基礎づけをこの論文にもとめてきた。また、この論文からかれの評論活動の第二期がはじまり、その頂点に一九七三年の著書、『ゆっくり歩こう日本』(サイマル出版会)がくるという見方もあるが、これはのちにとりあげる。

「殺人機械」を要約する。アメリカ合衆国の自動車事故の歴史をみると、記録に残っているかぎり事故による死者の第一号は一八九九年、ニューヨークで出ている。一九一三年、ヘンリー・フォードがコンベヤー・システムによって自動車の大量生産、大量販売をはじめ、自動車が大衆の交通手段となると、交通事故は激増しはじめた。昨年、一九六六年、全米の交通事故による死者は約五万三〇〇〇人、負傷者は約一九〇万人、そのうち約二〇万人が身体障害者になった。経済的損害は収入の損失、物損額、医療費と保険金の支払いなどを合計して、一〇〇億ドル(三兆六〇〇〇億円)になる。

死者にしぼっていえば、全米の交通事故による死者の累計は、一八九九年から一九六六年までの六八年間で、一六〇万人を超える。これを戦死者と比較すると、アメリカ合衆国は一七七六年の建国前後から、独立戦争、米英戦争、メキシコ戦争、南北戦争、米西戦争、第一次世界大戦、第二次世界大戦、朝鮮戦争、ベトナム戦争をたたかってきたが、それらによる戦死者の合計は約一一〇万人である。交通事故の死者数は、すべての戦争の戦死者数を五〇万人も上まわっているのである。

自動車事故による死者数の日米比較をみよう。いずれにおいても、自動車の台数が増えつづけており、死者数も増えつづけている。日本では人口一〇万人あたりの死者数が多少の凸凹があるものの漸増をつづけており、六六年は史上最高の一四・〇に達し、米国の半ばちかくまできている。

自動車はわれわれの生活にさまざまな便益をあたえる。人や物をいつでも高速で運んでくれる便利性、戸口から戸口への自在性、プライベイト・ルームを提供してくれる独立性など。また、自動車は経済成長の大きな原動力である。先進資本主義国では、自動車産業は、生産の波及効果の大きさ、雇用吸収力の大きさ、輸出拡大への貢献度の高さなどにより有力な戦略産業のひとつである。アメリカでも日本でも自動車の売れゆきが景気の動向を左右する。自動車が売れると、多くの産業がうるおい、国民の所得水準が上がり、それが新規の需要層を形成し、自動車は大量生産によってコスト・ダウンから値下げがおこなわれ、それがさらに需要を拡大する。「もはや、自動車が事故の元凶であると否とにかかわらず、自動車それ自身が独自の増殖運動を続けていくかにみえる。ここに問題の根がある」。

自動車がもたらす便益と国民経済への貢献度から、自動車事故は「必要悪」であるという見方がある。しかし、必要悪と是認してよいか。

運動のエネルギーは、$(1/2)mv^2$(m＝重量，v＝速さ)であらわされる。この式によれば、小型乗用車が時速四〇キロで走行中の破壊力は、歩いているおとなの約二〇〇〇倍になる。それは、重量に比例して大きくなり、速さはその二乗に比例して大きくなる。ダンプ・カー、スポーツ・カーの破壊力のすさまじさがわかるというものである。このようなエネルギーをもつ自動車が歩行者、自転車をはねとばしたり、自動車同士あるいは固定物と衝突するとどうなるか。前者のばあいは、車の外にいた人間を死傷させ、後者のばあいは車の中の人間を死傷させる。自動車事故による死者は、日本では八割弱が車の外の歩行者や自転車乗りなどであり、アメリカでは八割弱が車の中の運転者、同乗者などである。だから、自動車は、日本では〝走る凶器〟であり、アメリカでは〝走る棺おけ〟と呼ばれる。総じていえば、それは「殺人機械」である。

この「殺人機械」にたいして、人間はどんな対策を打ってきたか。アメリカ合衆国のばあい、一九三〇年代には、大量生産、大量販売によって自動車は激増したが、それに人びとが慣れておらず、路上の弱者としての歩行者が事故にあい、死んでいった。これは六〇年代の日本によく似ている。そこで、被害者となることが多い子どもたちに交通安全教育を入念におこない、交通安全施設を整備した。その結果、子どもの交通事故は半減した。一方、都市づくり、道路づくりは、自動車交通を交通の代表的形態として想定しつつ、進められていった。

一九四〇年代に入り、アメリカにおける交通事故の死者は一〇〇万人を突破した。そこで、ようやく、交通安全対策の「三E対策」が確立された。「交通違反の指導取締まり」(Enforcement)、「交通安全施設の設備改善」(Engineering)、「交通安全教育」(Education)である。これらによって、確かに自動車事故は減少し、死者は一万台当り五人台まではさがった。しかし、それ以下への低下はみられず、近年、それがふたたび上昇しはじめている。この「三E対策」の特徴は、事故の原因を人間と道路・施設にもっぱらもとめて、車の構造を問題外としたところにある。これを端的に指摘したのが、ラルフ・ネイダーであった。かれは著書『どんなスピードでも安全ではない』のなかで、「ハイ・ウェイ殺人の犯人は、運転者よりも自動車自身である」と述べ、車が安全性を無視してつくられている事例を沢山あげて、自動車メーカーをはげしく批判した。メーカーはこれにたいして、事故の大半は運転者のミスだと主張してゆずらず、けわしい論争がおこなわれた。しかし、最終的には、メーカーは世論に屈した。

一九六六年、アメリカでは、自動車の安全装置の基準をさだめた「交通安全法」が発効し、衝撃吸収ハンドル、積層ガラスなど二三項目の安全装置の仮基準が発表された。これは六七年九月から実施が義務づけられているが、内外の自動車メーカーの反発はすさまじく、農商務省は六七年一月には二三項目から三項目をけずり、実施時期は四ケ月おくらせると発表するところに追いこまれている。自動車という殺人者のキバを抜きとろうとすると、資本はつよく抵抗するのである。日本の自動車メーカーもおくればせながら安全自動車づくりにとりくんでいるが、それは輸出向けのものであり、国内向けのものではない。政府は、日本人のための安全自動車対策をとるように、メーカーにつよい指導をおこなうべきである。

トヨタ自動車の予想数字により、一〇年後の一九七七年の日本人の自動車保有台数を推計し、いまの割合で交通事故がおこりつづけるとすると、国民は九人にひとりが交通事故で死傷することになる。事故率をヨーロッパ並みに引き下げても、一二人にひとりが死傷する。これで、自動車は文明の利器といえるか。いっそう根源的なところから発想すれば、自動車文明はいま最大の岐路にたっている。自動車を「殺人機械」として正しく認識しなければならない。人類は、自動車にたいして、核兵器にたいするような厳しい姿勢をとるべきである。

玉井は、交通評論家としての自己の作品のなかで、この「殺人機械」をもっとも高く評価している。たしかに、これは自動車文明批判としてよくまとまっており、説得力に富み、現在、学生たちに読ませても、かれらを感心させ、同意させる力をもっている。しかし、自動車事故の多発を告発し、自動車を「殺人機械」であると決めつけ、ネイダーを引用して「安全自動車」志向を推奨するあたり、われわれが考える時代の本質の最深部が微妙なところでとらえそこねられたという印象がある。玉井は自動車メーカーをきびしく批判し、あわせて政府の責任をも追及している。しかし、かれは、われわれがいう加害者としての大衆の存在に明示的にふれることはしない。「ハイ・ウェイ殺人の犯人は、運転者より自動車自身である」というネイダーの言葉は、安全性を欠いた車への批判としてもっともである。しかし、玉井もいうように、日本の交通事故の大多数は車が歩行者や自転車の乗り手をはねるばあいである。そのような車を自己の便益のために購入し利用していた人びとが、交通事故をおこしたとき、犯人は運転者より車だといえるだろうか。また、玉井は自動車を核兵器とならべて双方にきびしい態度をとれという。この論法もわからない訳ではないのだが、これではやはり大衆の責任があいまいになる。核兵器の使用は少数の政治的・軍事的権力エリートが決定するのであるが、自動車の使用は大衆が日常生活のなかでおこなうのである。大衆は自動車の使用を部分的にあるいは全面的に断念することができるだろうか。これが最後の問いであるべきであった。これについては、玉井の七四年の著作『ゆっくり歩こう日本』で、もう一度、論じることにする。

Ⅳ　社会運動家への変身

1　岡嶋信治の体験

玉井義臣は、母の交通事故死という出来事によって株式評論家から交通評論家に転身した。交通評論家としてのかれは、短い期間によい仕事を沢山したが、わずか三年あまりで、交通遺児の救済運動家に再度、転身する。すでに述べたように、交通評論家としての仕事のなかで、かれの社会運動家としての資質はわずかずつだが、あらわれてきていた。しかし、それが交通遺児家庭の救済運動に焦点をしぼって一気に全面に出てきたきっかけは、九歳年下の青年、岡嶋信治との出会いである。玉井にとって、かれのライフ・コースの方向を定めた重要な他者は、第一に母親のていであり、第二に岡嶋であった。

玉井と出会うまでの岡嶋のライフ・コースをかいつまんで記しておく。岡嶋は一九四四年、新潟県柏崎市に生まれた。父親はかれの誕生直前に他界している。かれには二人の兄と二人の姉がいたが、長兄はかれの幼児であったころ死去、次兄もかれが小学校四年生のとき心臓病で死亡した。次姉は東京ではたらいていたが、かれが高校二年生のとき、急性肺炎で亡くなった。一九六〇年、岡嶋家では高校三年生の信治と老母・フミがいっしょに暮らしており、ただひとり残っている長姉・美代子は長岡市で新婚生活をはじめていた。美代子は中学を卒業したあと、岐阜県の紡績工場につとめ、自分は定時制高校に通い、実家に仕送りして、弟の信治が全日制の新潟県立柏崎農業高校に進学するための学資をつくってくれた。彼女は、かれにとってまさに親代わりの存在であった。翌年の六一年正月、美代子に長子、重明が誕生した。そして、一一月一七日、美代子と重明は酔っぱらい運転で暴走する小型トラックにひき殺された。岡嶋は、同月三〇日、「朝日新聞」の「声」欄に投書をよせ、引き逃げの絶滅と犯人の厳罰を訴えた。

「走る凶器に姉を奪われて

柏崎市　岡嶋信治　18

こんなことがあってよいのでしょうか。

私は、十七日夜、長岡市で起こった長部美代子、重明の母子引き逃げ事件の被害者、美代子のたった一人の弟です。あのむごたらしい残酷な仕業は同じ人間のすることでしょうか。私はいま深い暗い谷間に突き落とされた気持です。

生まれながらに父を知らない私は、善行と良心と神とを信じてきました。しかし、私は小学校四年の時兄を失い、昨年は姉が亡くなりました。そしていま、去年の春、長岡に嫁いだばかりの姉が、こんなにもみじめな姿に変わりはてたのです。神はいるのでしょうか。

姉は交通事故で死んだのではありません。小型トラックが残忍な人間のために『走る凶器』と化し、それに殺されたのです。ぶっつけられた時は姉はまだ生きていたのです。その時、車をとめていてくれたら死にはしなかったでしょう。いっしょにいた義兄はトラックのドアにしがみつき『止めてくれ』と何度も絶叫したのです。しかし彼等は姉と背中の重明ちゃんを四百メートルもひきずり、自動車がみぞに突っこんで動かなくなったので逃げたのです。

殺人行為となんら変らない、いや、それ以上に残酷な行為が交通事故という名で軽減され、甘くみられてよいものでしょうか。そして、酔っぱらい運転なのです。これは故意犯ではありませんか。だが、いくら重刑に処せられても私の姉は帰って来ないのです。私の悩みを、だれに聞いていただいたらいいのでしょう。

私は再びこのような残酷な犠牲者が出ないよう、ひき逃げの絶滅と犯人の厳罰を訴えるものです。そして皆様にお願いします。交通事故でもっとも悪質な、酔っぱらい運転やひき逃げの絶滅と厳罰に向かって目的達成まで署名運動を続けようではありませんか。『走る凶器』を追放し、明るい社会を作りあげるために立ち上がってください。

私は知っています。万人の力の偉大さを。(高校生)」

この事故を伝えたその翌日の「新潟日報」は、目撃者の談話をつぎのように伝えた。「あれは事故なんてものじゃない、完全に殺人だ。……被害者の悲鳴は、車から、事故現場から百メートル先の追廻橋付近へ行くまで聞こえた。すぐ止めていれば助かったろうに」。

長岡署では、事故が生じた状況から判断して、単なるひき逃げではそれを処理できないとみて、新潟大学医学部の山内教授に遺体解剖のうえでの判断をもとめた。その結果、最初、引っかけられたときは美代子の膝にかすり傷が生じた程度であったが、その後引きずったために、彼女は頭を路面にぶっつけて脳震盪をおこし、やがて頭部左側を欠損して死亡、重明も左頭部を欠損し脳挫傷で死亡したと判明した。事故の翌々日、長岡署は加害者を、業務上過失傷害、傷害致死、道交法違反の三点で送検し、その後の調べ次第では未必の故意による殺人、死体遺棄容疑もあるとみて捜索を進めると発表した。一二月九日、新潟地検は加害者を殺人罪で起訴した。これはわが国で交通事故の加害に殺人罪が適用された最初の例となった。新潟地裁長岡支部で開かれた公判では、弁護側は「殺意はなかった」と主張したが、実地検証を二回おこなってから、検察側は「母子をはねたさいにただちに停車していれば二人は死亡せずにすんだのに、逃げたい一心で三二八メートルも引きずって死亡させたのは、単なるひき逃げでなく、交通殺人だ。同情の余地はない」と主張して、懲役一〇年を求刑した。九月二五日、新潟地裁は、量刑の面では情状酌量の余地があるとしつつ、殺人罪は認め、懲役五年の判決を下した。被告は控訴したが、控訴審の東京高裁も一九六三年六月二七日、この一審判決を支持して、刑が確定した。

2　交通事故遺児を励ます会

長部美代子と重明の事故死の電報をうけとり、母のフミは一晩、泣き狂った。翌朝、彼女の頭髪はほとんど白髪になってしまっていた。岡嶋は、その日、就職試験を受験するために上京することになっていた。かれは予定を変更して長岡で途中下車をし、長部家に立ち寄り、全身に包帯をまかれた姉と甥の死に顔に対面した。姉が甥を生んだあと、その喜びと生命の尊さを実感していると書いてきた手紙を、かれは思いだした。その幼い生命は一〇ケ月でこの世を去ってしまった。かれのなかで憤怒が煮えかえった。岡嶋は、持参した香典袋の裏に、小さな字で、その感情を記した。受験がおわって帰郷してから、かれはその文章を書きなおして「朝日新聞」に投書した。それが前項で紹介した文章である。

この投書への反響は早くはじまり、大きくひろがった。三日目から励ましや同情の手紙がとどきはじめ、多い日は一〇通前後、最終的には全国各地から一三一人の人びとが手紙を送ってきた。一例のみ紹介する。

「新聞を見て、たった一人のお姉さまを亡くしたあなたのせつない気持に胸を打たれ、もう泣けて泣けて仕方がありません。私も九月に四人の子供を残され、交通事故で夫を亡くした四十歳の女です。事故以来一日として忘れることができず、四人の子どもを見つめ、毎日泣き暮らしております。農業するのに働きざかりの夫に死なれ、余りにも夢のような出来事に、何の希望も失い、気も狂いそうな私です。

元気に朝家を出て一時間後に死の報せ、全くびっくりいたしました。牛を運ぶ途中、道が余り悪くもない所で、運転手のまちがいから大切な命をなくし、それで気の毒だから子供でも預って育てようなんて、そんなそんな軽い気持では私はとてもとてもすみません。大切な大切な夫の命がほしいのです。（中略）あなたのお姉様のあまりにも残酷な死、この間の記事で見て自分の事のように泣きました。そしてまたくわしい今日の記事を見て、もうたまらなくなり、とりとめもない文を書きました。ね、共に共に元気を出して生きて行きましょうね。父の亡い子供、どうか良い子になってほしい。そして、私の様なかなしい運命にならぬようにそれのみ祈っております。これを機会にどうかはげましあって、子供たちのお兄様としておつきあい下さいませ」。

こんなに沢山の人びとや家族が、自分に親愛の感情をもち、同情をよせ、励ましてくれる。交通事故を憂えている。神はいるのだ。岡嶋少年は、そう思った。かれは、一三一人の人びとすべてに、励ましに礼を述べる返事を書いた。その返事にまた返事がきて、文通がつづくことになるばあいがしばしばあった。山形県鶴岡市の女性は、岡嶋の姉と同年齢であったが、最初の一年で一五通の手紙をくれた。また、文通相手のひとりに福島県会津若松市の高校生、大竹ヨシ子がいたが、岡嶋は九年のち、会社員となっていた彼女と結婚をすることになる。これらの手紙のやりとりのなかで、かれの気持はいやされてゆき、かれは生きる意欲をとりもどしていった。

岡嶋は、高校を卒業後、八洲測量株式会社に入社して、測量部に配属された。仕事の現場は全国各地にあった。黒部渓谷のダム建設予定地、北海道の上湧別の測量現場。行くさきざきで、かれは、土地の住民たちの善意にもとづく行為にふれ、あらためて、かつての一三一人の手紙を思いだすことがあった。たとえば、晩秋の北海道の出張先でかれが仲間と地面に坐って弁当を食べていると、通りかかった見ず知らずの開拓農家の婦人がかれらを自宅にまねいて、暖かい味噌汁を御馳走してくれた。開拓農家の住居の様子は、厳しい自然、押しよせる災害のなかで、ぎりぎりの線で生活を維持しているらしいのをうかがわせた。その生活のなかで示される、報いをもとめない善意に、かれは心を深く打たれた。人間はよいものだ、えらいものだ。かれは「朝日新聞」への投書に目をとめて、励ましの手紙を送ってきてくれた人びとのことを連想した。自分は生きてきた日々に、実に多くの人びとから恩をうけてきた。人びとと社会に、測量以外のことでも役立ち、恩返しをしたい。そのような想いが、かれの内部で芽生え、次第に、明確なものになっていった。

岡嶋が八洲測量に入社して六年がたった。その最初の二年間で、かれは、夜間の学校である工学院大学専修学院土木科に入学して、測量士となるために勉強した。そして七年目、六七年四月、かれは昼間の学校である日本測量専門学校に入学し、会社を一年間休職して勉強することにした。一年間の学費と生活費のかなりの部分は、それまでの六年間で貯金していた。あとはアルバイトでおぎなうつもりであった。また、かれは、この休職を機会に、測量の勉強とあわせて、かねてから考えていた「交通事故遺児を励ます会」を結成し、その活動をおこなおうと決心していた。かれは、六七年四月一六日の「朝日新聞」東京版の「読者のひろば」に呼びかけをよせた。

「連日おびただしい死傷者を出している交通事故。私も六年前に姉を走る凶器に奪われました。その際、多くの方々の暖い愛の手により元気に立ち上ることができました。そこで私にさしのべて下さった愛の手を、もう一度より広く生かしていただきたいのです。『交通事故遺児を励ます会』をつくり、遺児に進学の機会を与え、激励の手紙を定期的に送るなど暖かく援助していきませんか。ご賛同下さる方、ご連絡下さい」。

この呼びかけを読んで、一六人の人びとが会への参加を申し込んできた。そのうちの八人が四月三〇日、岡嶋の下宿の六畳の居室に集まり、「交通事故遺児を励ます会」は発足した。当日の話し合いによって、会の活動の五つの柱がさだめられた。

(1)交通事故遺児を手紙や訪問によって励まそう。
(2)遺児の高校進学を経済的に援助するために街頭募金をおこなおう。
(3)地方の遺児たちと交歓会をやろう。
(4)交通事故ゼロへの討論会をやろう。
(5)遺児の作文集を出すなどして、交通事故は公害であるという世論を喚起しよう。

岡嶋はこのとき二三歳、集まってきた仲間もほとんどが二〇歳前後の若者たちであった。第二回の会合は、五月二八日にひらかれた。そこでは、活動の具体的な方法が話し合われたが、最初の難関がたちあらわれた。交通事故遺児とかれらが呼ぶ子どもたちが、どこにいるのか、何人いるのか、どういう生活をしているか、まったくつかめないのだ。岡嶋は、六年前に、全日本交通安全協会が主催し、警視庁などが後援した「交通安全中央大会」に遺族代表として招かれ、交通安全の世論の盛りあがりを一過性のものにしないように、と訴えたのを思いだした。そのとき、協会が被害者たちの名簿をつくり、かれらの連帯をはかりたいといっていた。岡嶋はさっそく協会に連絡してみたが、名簿つくりはまったく進んでいなかった。つぎに、かれは東京都内の小中学校一九校に交通事故遺児たちの名簿をつくってほしいと依頼したが、とりあってもらえなかった。さらに、かれは一一府県の交通事故の被害者の会に、かれらの活動のねらいを述べて会員名簿をみせてほしいと頼んだが、すべての会がそれを拒否してきた。交通事故遺児を励ます会の活動は、出足でつまずき、まもなく会員の半数は脱落していった。

交通事故遺児を励ます会の最初期の記録を読んでいると、気づかれる事実が二つある。ひとつは、さきの五つの活動方針はのちに交通遺児育英会が本格的に展開する運動の主要局面のすべてを、萌芽的な形態にせよふくんでいるということである。交通遺児を励ます会、交通遺児への奨学金の貸与、そのための募金活動、各地方の交通遺児との交流、交通遺児の作文集の刊行、交通事故は公害のひとつであると世論に訴えること。これらの最初のアイディアは、すべてさきの活動方針に入っている。いまひとつは、交通事故遺児を励ます会がまずぶつかった難問、交通事故遺児の名簿をどうやって作成あるいは入手するかということは、のちに交通遺児育英会が本格的に運動を展開するにあたっても、つねに第一の実践課題であったということである。玉井と同会がそれをどのように解決していったかはのちに紹介する。

3　玉井と岡嶋の出会い

交通事故遺児を励ます会の活動は最初から難航していたが、その主宰者である岡嶋の活動への意欲はすこしも衰えなかった。会の発足から二ケ月ほどたったある日、かれは、立ちよった書店の棚で、玉井義臣の著書『交通犠牲者』を偶然みかけた。題名に惹かれてそれを買いもとめ、かれはその日のうちにそれを読了する。母の交通事故死の体験をプロローグにおき、交通事故を社会問題としてとらえ、頭部外傷と損害賠償を集中的に論じたその書物は、著者が問題を分析した内容とそれにとりくむ情熱の烈しさで、かれを魅了した。岡嶋は会の活動に玉井の協力をえたいと、心が痛くなるほどおもった。

岡嶋は玉井に面会して話をきいてもらいたいという手紙をかいた。玉井からは、七月三日午後一時、NETの正面玄関にきてくれという返事がきた。玉井は「桂小金治アフタヌーン・ショー」の録画どりのあと、岡嶋と会うつもりであった。ところが、岡嶋は昼間は学校に通っておりテレビを見る習慣がなく、なぜテレビ局の玄関に呼び出されるのかなと、いぶかしがりながら出向いたという。岡嶋は、玉井を一目みたとき、おもい描いていたとおりの人物だ、このひとは自分の気持をわかってくれるはずだ、このひとを指導者にするべきだ、と直感した。玉井のほうは、交通事故遺児を励ます会という会の名称を聞くのもはじめてだし、交通評論家としてテレビ番組で売り出してからは、あやしげな売り込みや依頼も少なくないので、最初のうちは、岡嶋の話を適当にあしらって聞いていた。しかし、話を聞いているうちに、玉井は岡嶋が交通事故遺児を励ます会をやってゆこうとする動機の純粋さ、真摯さがよくわかり、自分とかれのあいだに精神の同質性とでもいうべきものを感じはじめた。それは、愛する者を奪った交通事故への怒りであり、交通事故の被害者や遺児たちへの共感をともなう同情、かれらの救済のための意欲などであった。

玉井は、交通事故遺児を励ます会の相談役をひきうけた。かれの指導のもとに、会は、まず、七月三〇日から遺児名簿の作成にとりくんだ。新聞各紙に毎日出る交通事故の記事をもとに、亡くなったひとの御遺族様という宛名で手紙を書き、それへの返事を材料として名簿をつくってゆくのである。つぎに、秋の交通安全運動にあわせて、一〇月二二日から八日間、数寄屋橋と池袋の二ケ所で、第一回街頭募金がおこなわれた。これにさきだって、玉井は、会の会員の若者たちの活動によせる熱意を社会に知ってもらうために、かれらをアフタヌーン・ショーに出演させた。交通事故遺児という言葉がテレビにはじめて登場した。その番組の反響はよかった。また、募金の初日には、募金者として桂小金治などアフタヌーン・ショーの司会トリオを立たせるなど、テレビ界の人脈を最大限に活用した。しかし、主力は、もちろん、岡嶋とその仲間たちだった。岡嶋はこのころをつぎのように回顧している。

「当時私は、昼間は午前八時半から午後四時半まで学校に行っておりました。そして、会社は休職のため無給でお金がないので、夜五時半から一一時半ころまで赤坂プリンス・ホテルで皿洗いをしていました。帰宅は深夜一時。一時間勉強して、二時に床につく。その間をぬって仲間といっしょに励ます会の活動にとりくんでいた訳です。そして、一〇月二二日からの八日間は、玉井先生とお会いしたときと同じような気持で、街頭にぶっとおしで立った訳です。仲間はすでに八人に減っていましたが、それまで、昼休みや日曜日に出勤して(その代わりに)休みをもらって(立っ)た訳です。仲間の気持はただひとつ、人間としてがんばるという気持だったのです。本当にそれ以外の何ものもなかった」。

岡嶋信治が交通事故遺児を励ます会の活動にこのように打ちこんでいったのは、かれなりのグリーフ・ワークの延長であったとみることができる。かれは愛していた姉を交通事故で殺され、その悲しみを新聞に投書して訴えると、多勢の人びとが同情と励ましを寄せてくれた。かれは、かれらに支えられて立ちなおり、その支えをかれらからうけた恩として意識し、恩返しとして交通事故遺児を励ます会をはじめる。かれ自身はそれを当時明瞭に意識していたとは思わないが、それはグリーフ・ワークが発展したボランティア・ワークであり、のちに段々にみるように、日本文化の深層に根ざすボランティア活動の一形態である。玉井義臣は、交通評論家として華々しい活動をしつつ、次第に社会運動家としての資質をめざめさせつつあったが、この岡嶋の生きかたに出会って、交通遺児家庭の救済運動、交通遺児の教育運動ではたらくように決定的に方向づけられた。

社会運動家としての器量でみるなら、玉井と岡嶋はまったく較べものにならない。玉井のその器量を描き出し、分析することは本書の課題のひとつであり、それは本書を最後まで書きおえて、はじめて完了する。しかし、いま、便宜的にいうなら、かつて『朝日ジャーナル』編集長をつとめた伊藤正孝は、晩年、玉井の伝記を書こうという志をもっていたが、癌に倒れてそれをはたせなかった。その伊藤は、私のインタビューをうけて玉井論を語ってくれたが、それは私が聞き、あるいは読んだ玉井論のうちでもっとも明晰なもののひとつであった。その全体の紹介はのちにおこなう。ここで引用しておきたいのは、玉井が交通遺児育英会によって動員した資金量の巨額さにふれての、伊藤の玉井評である。「かれは日本のＮＧＯ史上、最大の成果をあげた人物でしょう」。

これにたいして岡嶋は、会員一八人の交通事故遺児を励ます会をつくり、活動の最初からつまずき、たちまち会員の半数が脱落してしまうという有様であった。このひとには、社会運動家としての力量はまったくないといってよいだろう。岡嶋が玉井を発見せず、かれを指導者として迎えなかったならば、率直にいって、交通事故遺児を励ます会は会員のほとんどを失って、遅かれ早かれ消滅していたにちがいない。しかし、現実には、同会は交通遺児育英会の創立にたいして原動力のひとつになることができた。岡嶋が、運動のなかでかれ自身がはたすべき役割を、よく認識してはたしたためである。岡嶋は、運動従事者としては献身的にはたらいたが、それとは別に適切な指導者を発見し、かれに忠誠をつくすという才能をもっていたのである。組織的活動においては、首領になるのはある才能を必要とするが、首領を見つけ出し、かれに仕えるのは別の才能を必要とする。第二の才能は、第一の才能ほどに論じられないのがふつうである。これらの二とおりの才能は、いずれも運動の成功のために必要である。その二とおりの才能について、私は、これから機会があるたびに考えてゆきたい。

交通事故遺児を励ます会の第一回街頭募金の総額は三〇万四九九九円になった。これが、のちに交通遺児育英会が発足するさいの資金の最初の核となった。

4　世論の大きいうねり

あけて一九六八年、この年、前年にささやかな活動をはじめた交通事故遺児を励ます会は、玉井の指導のもとにマス・メディアを全面的に動員して、交通遺児育英会の創立に向かって、世論の大きいうねりをつくりだした。まず、一月二九日、玉井はアフタヌーン・ショーに出演中の田中龍夫総理府総務長官に交通事故遺児の実態調査をおこなってほしいと頼み、東京都の全公立小・中学校にかぎってであるがそれをおこなうという回答を引き出した。総理府はこの調査を都教育庁に委託し、実施させた。その結果、都の全公立小・中学校には遺児が一一五二人いることが判明し、かれらの名簿が作成された。また、かれらの三七%が貧困家庭に属すると判断された。

交通事故遺児を励ます会は、この総理府がつくった名簿を入手し、そのうちの六〇世帯を会員が直接訪問し、母親と遺児の声を聞く調査をおこなった。そこで発見された交通事故遺児家庭の特性は、つぎの五つであった。(1)平均二人の子どもをかかえている、(2)母親は日給賃金やパート・タイマーなどの不安定な労働条件の職業についている、(3)約六〇%は貧困家庭である、(4)しかし、多くの母親たちは遺児たちについて「せめて高校には進学させたい」と訴える、(5)多くの母親たちが健康の不調、病気寸前の体調を感じている。

また、同会はこの調査とは別に、前年の秋から、手製の遺児名簿によって、会員が家庭訪問をおこない、遺児に作文や詩を書いてもらっていた。玉井は、そのうちから一〇歳の中村穣が書いた詩「天国にいるおとうさま」をえらび、四月一五日のアフタヌーン・ショーで本人に朗読させ、田中総理府総務長官に立ち合わせるという演出をした。

天国にいるおとうさま
ぼくの大好きだったおとうさま
ぼくとキャッチボールをしたが
死んでしまった　おとうさま

もう一度あいたい　おとうさま
ぼくは
おとうさまのしゃしんをみると
ときどきなく事もある
だけど
もう一度会いたい　おとうさま
おとうさまと呼びたい
けれど呼べない

どこにいるの　おとうさま
もう一度ぼくをだいて　おとうさま
ぼくがいくまで　まってて
もう一度ぼくとあそんで　おとうさま
おとうさま　ぼくといっしょに勉強してよ
ぼくにおしえてよ
おとうさま　どうして三人おいて死んだの

ぼくは
今までしゅっちょうしていると思っていた

おとうさま　まってて　ぼくが行くまで
おとうさま　おとうさま
もう一度「みのる」って呼んで
ぼく「はい」と返事するよ
ぼくは　かなしい
おとうさまがいないと

お世辞にも上手とはいいかねる詩である。連呼されるおとうさまという言葉もわざとらしい。しかし、このさい、文学的表現の巧拙は問題にならない。これを読みながら、読み手の子どもが泣きじゃくる。司会の桂小金治は男泣きをする。田中長官ももらい泣きする。スタジオで見学中の女性たちも泣く。感動した視聴者の電話が放送局に殺到する。後年、玉井は、この場面を「全国の茶の間からスタジオに涙が逆流してくるかのごとくだった」という名文句で回想した。可憐な子役の悲運を描いて観客を泣かせるのは大衆演劇の古典的手法のひとつであるが、その手法があざといまでに徹底してつかわれている。観客だけでなく、当の子役も、共演する役者も大泣きに泣いた。泣かなかったのは、玉井ひとりだったのではないか。かれは、その場で田中長官に交通事故遺児の全国調査を迫り、それを確約させた。これが五月一日現在の総理府による「交通事故で保護者を失った全国の児童・生徒の実態調査」である。

なお、社会調査の実務家としていえば、五月一日現在の全国調査は五月上旬かおそくとも中旬におこなわれたとおもわれるが、それがこのアフタヌーン・ショーの放送日の四月一五日に実施がはじめて決定されて、おこなわれたということは、かなり疑わしい。全国規模の調査は、通常、準備にもっと時間がかかるものである。これはかなり早くから準備が進められていたもので、泣かせる演出は、調査に注目を集めるためにおこなわれたのではないか。それは、玉井と交通事故遺児を励ます会にとっては運動の効果をたかめるのに役立つとおもわれ、総理府には政策への評価をたかめるのに役立つと思われたはずである。

交通事故遺児を励ます会は、この年の春から秋にかけて、交通遺児にかんする世論の喚起と育英財団の設立をめざして、多彩な募金活動をおこなった。四月の東京・新宿の厚生年金会館のチャリティ・ショー、五月の第二回街頭募金、一〇月の第三回街頭募金。募金は回をかさねるごとに募金者として立つ芸能人たち、政治家たちの顔ぶれが多彩になり、それを報道するマス・メディアのあつかいも大きくなっていった。これらの一連の報道では、それまでの交通事故遺児にかわって、交通遺児という名称がつかわれるようになっている。記述の時間的順序がわずかに前後するが、交通事故遺児を励ます会が会長・岡嶋信治と相談役・玉井義臣の連署で九月に発表したアッピール「財団法人『交通遺児育英会』(仮称)設立についてのお願い」でも、同会自身が、交通遺児という名称をつかうようになっている。なお、このアッピールで、仮称にせよ、交通遺児育英会という団体名がはじめて登場した。この文書は、前出の東京都における調査データによる分析にもとづき起草されている。

5　政治を動かす

さて総理府は、一一月一五日、「交通事故で保護者を失った全国の児童・生徒の実態調査」の結果を発表した。翌日の全国紙各紙はこれを大々的に報道した。これによると、五月一日現在、全国の小・中学校に在学する交通遺児は二万七七六六人、その約九〇%は父親を失った子どもであり、かれらの三八・三%は、生活保護を必要とする世帯、あるいはそれに準じる生活水準の世帯に属しているとのことであった。「毎日新聞」の「余録」は、この調査が対象に学齢未満の乳幼児、高校生までをふくめたら、遺児の数は二倍から三倍ちかくにふくれあがるにちがいない。また、交通事故によって死亡しなくても、生活能力を失うような重症を負った者の子弟をくわえると、その数はさらに増すだろうと述べていた。

この調査結果は、交通遺児の数の多さ、かれらのうち極貧の家庭の子どもの比率がはなはだしく高いことで、社会の各界につよい衝撃をあたえた。「読売新聞」一一月二六日の夕刊は、同日の閣議で田中総務長官が調査結果を報告したところ、出席していた閣僚たちはひとしく大きいショックをうけ、なんらかの方法で救済にのりだす必要があるとの認識では一致したが、具体的なその財源にかんしては交通反則金をつかうという案が出ただけであると報道している。

この調査結果の発表をきっかけに、交通事故遺児を励ます会は、交通遺児の救済を世論に訴えるアッピールをつぎつぎに打ち出し、一二月一〇日から召集された第六〇回国会における交通遺児育英会の創立をめぐる論議に結びつけていった。励ます会の側の動きと、国会内の動きの主要なものを整理しておこう。

交通事故遺児を励ます会では、まもなくはじまる国会の論議で出てくる問題点のほとんどが予測されていた。玉井義臣は、その問題点にまえもって回答し、あわせて交通遺児育英会の組織と活動の青写真を示す談話を、一二月六日の「朝日新聞」朝刊のインタビューに応じる形式で発表した。その要点はつぎのとおりであった。(1)政府は交通遺児だけを特別あつかいすることはできないという均衡論をすぐに持ち出す。しかし、交通遺児は毎週平均一〇〇人ずつ生まれ、社会問題としての重要性は高まる一方である。交通遺児をまず救済し、それをほかの遺児の救済に広げてゆくのが政治の任務だろう。(2)交通遺児の救済は当面のところ、義務教育化しつつある高校への進学の援助にしぼってもよい。優秀な人材で将来交通問題を専攻したいものにかぎって、大学への進学を援助することをも考えてみたい。(3)毎年、高校に進学させる交通遺児を一〇〇〇人とすれば、三学年で三〇〇〇人、かれらに毎月五〇〇〇円の奨学金を出すとすれば、年間一億八〇〇〇万円が必要である。これに大学生への奨学金をあわせて、約二億円が必要とみる。それを毎年うみだすための必要原資は約二〇億円くらいか。(4)財源としては、政府からは自動車事故賠償責任保険の余剰金、財界からは自動車メーカーを中心とした各企業の寄付、国民各層からの一円寄付、などを期待する。(5)交通遺児育英会の会長には充分な見識をもつ財界人が就任して、その資金を公正に運用してもらいたい。

国会が召集された日の四日後、一二月一四日、交通事故遺児を励ます会は、『天国にいるおとうさま――聞こう！　交通遺児のこの訴え！（第一集）』一〇万部を刊行した。内容は、さきに紹介した中島穣の詩をふくむ交通遺児の作品一二篇、交通遺児家庭の母親の作品一二篇である。いずれも励ます会の会員たちが、勤務がおわったあと、午後八時から一〇時くらいまで家庭訪問をくりかえして、集めてきた作品であった。表紙は交通安全をあらわすシンボル・カラーの青、題字は中島に書かせた。この刊行が一二日に新聞各紙に発表されると、春先のアフタヌーン・ショーの出演者が大泣きに泣いた場面や中島の詩が引用されて、大きい反響をひきおこした。励ます会の会長として岡嶋の氏名、勤務さきも紹介されたので、かれが住んでいた会社の寮の電話は、冊子を入手したいという問い合わせで鳴りっぱなしの状態になり、かれは管理人からひどく怒られたという。文部省はこの小冊子を買い上げ、全国の小・中・高等学校、公民館などに無料配付をおこない、一〇万部はたちまちなくなった。この冊子は国会の論議のなかでもつかわれて、交通遺児育英会の創立を支持する世論の形成に大きい役割をはたした。

第六〇回国会は、まず、一二月一一日、衆議院交通安全対策特別委員会で理事会をひらき、交通遺児のための育英制度について、(1)特殊法人組織を設けて国が助成する、(2)民間で立案されている財団を側面から助成する、という二案をこれから検討してゆこうということになった。玉井たちが予想していたように、国家が交通遺児だけを特別にあつかうのは不公平であるという主張がつよく出てきて、⑴案にたいしては否定的な意見が多かった。以後の国会論議の基本的な流れは、しかし交通遺児の育英制度は是非必要なものであるから、⑵案でゆくべきだという方向に向かっていった。三日後の一二月一四日、衆議院予算委員会では、日本社会党の横山利秋議員が「交通遺児育英会法」をつくり、同会を特殊法人として、政府の資金援助、各方面からの寄付、自動車事故賠償責任保険勘定の余剰金などによって財源をつくったらどうか、と質問した。これにたいして、床次徳二総理府総務長官は、民間の運動を支援する形式で進みたいと答弁し、佐藤栄作総理大臣は、その支援の検討は総理府におこなわせたいと答弁した。

このとき、横山は、前日刊行されたばかりの作文集『天国にいるおとうさま』を、質問者席で小手にかざして紹介し、そこに収録されている交通遺児・石川陽子の「お願い総理大臣さま」という作文を朗読してから、質問に入った。かれが、交通事故遺児を励ます会や玉井と緊密な連絡をとっていたのはあきらかである。その朗読は、玉井が示唆し、横山もそれを得策とみた演出であったにちがいない。横山は、玉井が「桂小金治アフタヌーン・ショー」で刑法二一一条改正キャンペーンを展開したときには、労働運動の意向を代弁する、改正反対の敵役として、再三登場してきて、玉井とはげしくやりあった人物である。その横山が、ここでは、玉井を援助する政府答弁を引き出す役割をはたしている。それは同時に、横山の議員活動の見せ場のひとつをつくることでもあった。玉井の政界人脈の形成と機能の一例である。

以後、一二月一六日の参議院予算委員会、一九日の衆議院交通安全対策特別委員会などで、交通遺児の育英制度について論議がかさねられ、そこへの政府の財政的支援策がより具体的になっていった。一二月二〇日、衆議院交通安全対策特別委員会は、「交通事故により親等を失った児童・生徒等の進学援護に関する件」という決議をおこなった。その案文はつぎのとおりであった。

「最近、自動車による交通事故は激増しており、交通事故により親等を失った児童・生徒の救済措置、特に生活困窮家庭にあるこれらの者への援護及びその高等学校への進学に関する問題は、大きな社会問題となっている。こうして、民間においては、自発的にこれらの者の救済を目的とした財団法人を設立する気運が高まりつつある。

この際、政府は、すみやかに、交通事故により親等を失い、生活困窮家庭にある児童・生徒の援護及び高等学校等での就学資金を貸与する業務を行う財団法人の設立及びその財団法人の健全な事業活動を促進するため、必要な助成措置について配慮すべきである。

右決議する」。

これにたいして、所信表明を求められた床次総務長官は、「御決議の各事項につきましては、政府といたしましては、御趣旨に沿って十分検討し、努力したいと存じます」と述べた。なお、この日の議事録冒頭には、出席者全員、出席国務大臣の氏名にひきつづき、出席政府委員として、内閣総理大臣官房陸上交通安全室長、宮崎清文の名前がある。読者はこの人物に本書第Ⅻ章でもう一度出会うことになる。

6　交通遺児育英会の創立

この国会での決議の結果、翌一九六九年三月三一日、東京の丸の内東京会館において、財団法人交通遺児育英会が創立された。すなわち、財団法人交通遺児育英会発起人会が開催され、発起人代表・永野重雄が議長となり、設立趣意書を決定し、あわせて第一号議案の満場一致の議決により、財団法人交通遺児育英会の設立を決定したのである。設立趣意書は、これまでの記述と重複するところもあるが、交通遺児育英会の運動の基盤となる思想をまとまりよく述べており、重要度が第一級の文書であるので、あえて全文を引用する。

「財団法人　交通遺児育英会設立趣意書

近年、モータリゼーションの進展は、日本経済の成長に大きな役割をはたすと同時に、国民生活に大きな利便と快適さとを与えてくれたが、一方、それは、われわれに悲惨な交通事故と排気ガス・騒音などの交通公害をもたらした。

とくに、交通事故は、年々激増の一途をたどり、警察庁の推計によると、ことし昭和四四年の死傷者合計は、史上初の一〇〇万人の大台を突破するものとみられているが、これは実に国民一〇〇人に一人が、ことしじゅうに交通事故被害者になる勘定である。うち死者は、受傷後二四時間後のものも含めると約二万人が予想され、ケガのために不具廃疾者になるものは無数である。しかも、この結果、親や親にかわる保護者をなくしたいわゆる交通遺児や後遺症によって働けなくなったり、著しく収入が減った被害者の子弟、いわば準交通遺児が、多数生まれていることを看過してはならない。

この交通遺児たちを経済的に助けて、精神的に励まそうと訴えた一青年の投書によって、昭和四二年五月、勤労青年・学生・主婦などからなる『交通事故遺児を励ます会』が誕生し、会員たちはこの二年間、街頭募金、チャリティショー、チャリティバザーなどで交通遺児の窮状を訴え、その救済策の一つとして育英事業の実現を目標に献身的に活動してきた。

昭和四三年一一月発表の総理府調査は、『励ます会』の運動目標である育英事業の必要を裏付ける結果となった。すなわち、同調査では、全国約一四五〇万人の小・中学生のうちに二万八〇〇〇余人の交通遺児がおり、彼らの八八％が父親を失い、三八％が生活保護や就学援助を受ける貧困層に転落していることが判明した。さらに、NHKの調査では一八歳未満の交通遺児は、毎週一〇〇人前後生まれているという。これから推測すれば零歳から一八歳までの交通遺児は、約六万人、準交通遺児を含めると一〇万人は下らず、うち半数は、貧困遺児ということになる。

これら一連の報告は、政府や国民に大きなショックを与えた。国会においても再三論議され、焦点は遺族の切なる願いである『高校進学のための育英事業』にしぼられた。昭和四三年一二月二〇日の衆議院交通安全対策特別委員会では、『政府はすみやかに交通遺児の修学資金貸与などを行う財団法人の設立およびその法人の健全な事業活動を促進するため、必要な助成措置等について配慮すべき』旨の決議がなされ、これに対し、政府は、決議の趣旨に沿って十分検討し、努力することを言明した。その後、昭和四四年一月三一日の閣議は、この政府の方針を了承した。

そこで、本会では、資金を広く国民に求め、この日本経済発展と文化発展の裏目である交通事故によって、一家の大黒柱を失った貧困遺児などのために、せめてこんにち義務教育化しつつある高等学校へ進学する機会を与え、さらに、専門的な学問を修め将来交通問題に一生取り組みたいというものや、とくに学力優秀なものに対しては大学進学への道も開くことによって、社会有用の人材を育成せんとすることが、本会設立の趣旨である」。

第六号議案の役員選任で、会長、理事長、専務理事、常任理事、理事、監事などがつぎのように決定された。

会長、永野重雄(富士製鉄社長)。

理事長、石井栄三(元警察庁長官、全日本指定自動車教習所協会連合会理事長)。

専務理事、玉井義臣(交通事故遺児を励ます会相談役)。

常任理事、安西浩(東京瓦斯社長)、今里廣記(日本精工社長)、川又克二(日本自動車工業会会長)、緒方富雄(東大名誉教授)、大山正(元厚生事務次官、環境衛生金融公庫理事長)、斉藤正(元文部事務次官)、佐藤光夫

(元運輸事務次官、運輸経済研究センター理事長)、岡嶋信治(交通事故遺児を励ます会会長)。

理事、芦原義重(関西電力社長)、江戸英雄(三井不動産社長)、田口利八(西濃運輸社長)、豊田英二(トヨタ自動車工業社長)、中山素平(日本興業銀行会長)、山本源左衛門(東京海上火災社長)、秋山ちえ子(評論家)、西村三郎(全国高校校長協会会長)、佐藤淑徳(交通事故遺児を励ます会副会長)、坂本みゆき(同前)、石井勇(東海交通事故遺児を励ます会会長)、森敬(全日本交通安全協会事務局長)。

監事、岩佐凱実(富士銀行頭取)、奥村綱雄(野村證券取締役)、弘世現(日本生命社長)。

会長から監事までの二六人の顔ぶれを経歴別でわけると、財界人が永野以下一三人で半数を占め、元高級官僚が石井以下四人、交通事故遺児を励ます会の役員などが玉井以下六人、学者・評論家などが緒方以下三人となる。全体としては、財界人が優位を占める構成になっているが、これは資金集めをつよく意識したためだろう。しかし、常任理事以上でみると、財界人四、元高級官僚四、励ます会の役員など二、学者一となる。こちらでは、元高級官僚の優位がみてとれる。財界人および元高級官僚にたいして、交通事故遺児を励ます会の役員などは、大雑把なくくりかたをすれば、民衆、国民などの代表ということになろう。

前出の伊藤正孝は、玉井を論じたおり、交通遺児育英会を創立したころ、玉井は、財・官・民の三方向をほぼ等分ににらんでいたと語った。それは、さきの役員構成にもみてとれる。しかし、民の代表として、交通事故遺児を励ます会の役員は入っていても、交通遺児育英会の設立に向かって、玉井をあれほどに支援したマス・メディアのジャーナリストたちがまったく入っていないのは奇異な印象をあたえる。全国紙の論説委員が三、四人入っていて、むしろ当然であった。どうして、このような結果になったのか。

この役員構成は総理府陸上交通安全対策室と交通事故遺児を励ます会の合作であり、いっそう具体的にいえば、前者の室長の宮崎と後者の相談役の玉井が相談しつつつくったものであった。ほぼ確実にいえることは、この合作は全体としては官の主導で進み、それによって、ジャーナリストたちが理事などにまったく入らないという結果になったのではないか。もちろん、さきに述べたように、玉井はダンプ論争以来旧知の永野を会長に、安西などを常任理事にのぞんで、その要望はかなえられたのであるが。のちに玉井は、交通遺児育英会を創立したころ、自分は財団法人づくりのノウ・ハウをまったく知らず、規約づくりなどは総理府の役人にまかせきりであったと語っている。

伊藤正孝によれば、交通遺児育英会の創立後、玉井は、官・財・民の三者を等分に重視する姿勢から、次第に民をもっとも重視する姿勢に変化してゆき、華々しい成功を収めた。それは官の側におけるかれにたいする反感をつよめた。その反感は、総理府、運輸省でとくにつよかった。官にとって、玉井は、所詮はいかがわしい民に属する存在であった。例外として、警察庁は玉井に好意的であったが、これはかれが予算獲得でおおいに役立ったからである。官・財・民の三者の緊張関係のなかで、玉井は徹底して民のひとであった。かれの栄光も悲劇もすべてはそこに由来すると伊藤は力説した。玉井がひきいてきた交通遺児育英会の二〇年余の歴史を鳥瞰するにあたって、これはまことに的確な構図原理である。しかし、これを歴史的事実で裏付けるのは、さきの作業である。交通遺児育英会の物語はまだはじまったばかりである。

V　資本の論理・民衆の論理

1　資本の論理・民衆の論理

玉井義臣が、一九六八年末の「朝日新聞」のインタビューに答えて、交通遺児に奨学金を出すための原資は約二〇億円、財源は政府からは自賠責保険の余剰金、財界からは自動車メーカーを中心とした各企業の寄付、それに国民各層からの寄付を考えているといったのはさきにみた。しかし、現実には、政府補助金は、交通遺児育英会が創立された六九年はゼロで、七〇年にようやく四〇〇〇万円が支出されるという有様であった。玉井はこの事態の展開を早くから察知しており、育英会の発足にさきだち、三〇億円を目標とする募金計画をつくり、一〇億円を日本自動車工業会から、一〇億円を財界の各業界団体から、一〇億円を国民募金によって集めようとした。

交通遺児育英会が発足したとき、寄付が決定していたのは、交通事故遺児を励ます会からの一〇〇〇万円と、トヨタ自動車工業からの一億円だけであった。励ます会は三回にわたる街頭募金とチャリティ・ショーなどでその寄付金をつくった。トヨタ自動車は生産台数五〇〇万台突破を記念して総理府にその寄付金を寄託していた。

玉井が、さきの計画にもとづき、日本自動車工業会に一〇億円の寄付を申しこんだが、自動車工業会側の反応は、その金額は巨額すぎる、申しこみは非現実的で問題にならないというものだった。六九年四月六日、

ＮＨＫ教養特集「交通遺児――被害者救済への道」で、自動車工業会の副会長である豊田英二（トヨタ自動車工業社長）は、インタビューにつぎのように答えている。

「（交通遺児問題にたいする社会的責任について、自動車メーカーは）いちがいに責任があるというふうには思っていないわけです。（被害者救済に、自動車メーカーは乗り出すべきだという声には）そういう感情的な議論もあるようですが、結局は乗っている方、あるいは歩いておられる方の問題であってですね、私物である自動車それ自身の問題とは直接いえないと思うのです。（一〇億円の寄付の申しこみについて）工業会においてその話は議せられておるわけですね。もちろん、各社とも応分のことは考えるという気持は十分あると思うんですけれど、まあ今おっしゃったような金額はちょっと無理じゃないかと思うんですけれど。（後略）」

資本の論理を露骨に示す発言である。社会問題としての交通事故に自動車メーカーが責任があるとは思っていない。メーカーに責任があるというのは感情的な主張である。その直接の責任は運転者と歩行者にある。私物である自動車という限定は少しわかりにくいが、事故はそれを起こした人間の責任に属し、自動車それ自体に罪がある訳ではない。まして、その自動車は購買者の所有物＝私物になっているので、それを制作したメーカーとは無縁の存在になっており、メーカーの責任など二重の理由で問えるはずがないということか。豊田は玉井の要求を素気なく拒否している。かれらの拠って立つ論理は正面切って対立している。玉井は資本の責任を告発し、豊田は資本の責任はないとそれを拒否する。この二人が、この番組が放映される六日まえ、交通遺児育英会の設立総会で同席しており、永野重雄は役員選考で玉井を専務理事に、豊田を理事たちのひとりに指名したのである。この事情まで知って設立総会の議事録をよめば、満場一致の決定と議長一任がつづく議事進行の底流で、資本の論理と民衆の論理がはげしく葛藤するドラマが演じられていたことがわかる。永野はそれを知りつつ議長席にいて、会長を引きうけ、全体のとりまとめに動いた。この人物の器量の大きさは格段のものである。

さきの番組の放映後、日本自動車工業会は交通遺児育英会に、二億円を寄付する、ただし、そこにすでに決定しているトヨタ自動車工業の一億円をふくめるという回答をしてきた。玉井は、これを押し返して、再度、一〇億円の寄付を要請する。両者の対立はぬきさしならぬものになるかにみえたが、六月一九日にいたって自動車工業会が交通遺児育英会の要請を全面的に受けいれ、一挙に解決をみた。その有力なきっかけとなったのは、六月一日からはじまった「朝日新聞」による欠陥車キャンペーンであった。同日の同紙の社会面のヘッドラインと見出しには、「欠陥なぜ隠す日本の自動車、日産・トヨタを米紙が批判、国内でも極秘の修理、安全性より〝営業優先〟」などとある。この特集記事は、福岡の支局から東京本社にもどってきたばかりの伊藤正孝が書いた。伊藤は記事の末尾に、ユーザーの安全のために、欠陥車回収の事実をメーカーはアメリカ流に公表すべきだという玉井の談話と、日本には車体検査制度があるので、秘密はけしからんと一概にいえないという運輸省自動車局の談話を載せた。この記事は広い範囲で注目を集め、これをめぐって各紙が連日報道をつづけ、国会でも論議がくり返され、メーカーの責任者がそこに呼び出された。このキャンペーンをつうじて、日本自動車工業会と各自動車メーカーへの批判がたかまり、それらのイメージ・ダウンが生じた。

玉井は、この状況の推移をみきわめて、六月一七日の「朝日新聞」に、交通遺児育英会と日本自動車工業会の寄付をめぐる対立の記事を六段の大きさで出してもらった。今度のヘッド・ラインは、「交通遺児には冷たく、基金出ししぶる、自動車メーカー一〇億の要望に二億円」、の三行である。この記事の末尾についたかれの談話は烈しい。それは相手の善意に訴えて寄付を依頼するというようなものではなく、相手の所業を告発して義務としての寄付を要求するものである。これは民衆の論理の戦闘的表現であり、玉井の民のひととしての社会運動家の本質をよくあらわしている。豊田はこれをよんで、どのような心境であったろうか。

「(交通遺児育英会の)玉井義臣専務理事は『自動車メーカーは、これまで交通事故を運転者や歩行者のせいにし、政府の過保護の下に〝走る凶器〟をつくってもうけて来た』と交通遺児へのメーカーの義務を強調し、『二億円の回答は、とてものめない』といっている」。

日本自動車工業会は翌々日の一九日の午後、理事会を開き、交通遺児育英会に一〇億円を贈ることを決定した。その納入の時期などは、川又克二会長と豊田副会長に一任された。同会がこれによって、自らと傘下の各自動車メーカーへの批判をやわらげることを意図していたのはあきらかである。豊田は二週間たらずまえにテレビで喋った「まあ今おっしゃったような金額はちょっと無理じゃないかと思っているんですけれど」という言明をひっくりかえさせられることになった。玉井は、欠陥車キャンペーンの機会に乗じて、自動車工業会を力ずくで押し切り、完勝をおさめた。この一〇億円は、六九年度中に支払われた。

2　学生募金の論理(一)

先述の三〇億円の募金計画のなかで言われた国民募金のうち、交通遺児育英会の最初の一〇年でもっとも大きい部分を占めたのは学生募金であった。その歴史的経過をみると、発端は、一九六九年の二学生全国縦断募金、一九七〇年の秋田大学大学祭募金である。後者は、全国学生交通遺児育英募金という永続的な社会運動に発展した。

二学生全国縦断募金の経過はつぎのとおりである。青山学院大学三年の長原昌弘と東京理科大学三年の松本茂雄は、ともに巣鴨高校出身の友人で、交通事故とその防止を研究課題としていた。かれらが集めた資料のなかに前出の『天国にいるおとうさま』があった。かれらはそれを読んで心をつよく打たれ、幼い交通遺児たちのために、なにかをしてやりたいと思った。そのなにかとして、交通遺児のために二人で日本を一周して募金活動をするというアイディアが浮かんだ。かれらは、このアイディアを交通遺児育英会の玉井義臣のもとにもちこみ、同会事務局や全国未亡人団体連絡協議会の事務局が協力して実行計画がつくられた。それに沿って、二人は交代で運転する自動車で移動しながら、東京都の四地点、その他のすべての道府県では道府県庁の所在地の駅前で、七月半ばから九月上旬にかけて二ヶ月ちかく連日街頭募金をおこない、一六九万五三九三円を集め、その全額を交通遺児育英会に贈った。

長原はこの募金の直後、その動機をつぎのように語っている。

「この幼い遺児たちの文集を読んだその夜、ついに一睡もできなかったですね。体制だ、制度だなんてノンビリ時間がかかることを言っていられない気分になったんです。早く少しでもかれらのためになってやろうと決心したんです」。

この短い談話は、時代の動きにたいする若者の反応のひとつのタイプを示唆する。そこでは、いっぽうで交通遺児たちのためになるべく速く役立つ行為をしようという決意があり、たほうでは体制や制度を時間をかけて変革する行為が否定されている。この否定は、当時の大学紛争の主役である全共闘・新左翼系の学生たちの行為と思想に向けられたものであった。くわしく言うゆとりはないが、一九六〇年後半に入り、多くの国公私立大学ではげしい紛争がおこり、六八年からの日大紛争と東大紛争はその極限的性格を示すものになった。東京大学では六九年一月に警察機動隊を導入して、全共闘がたてこもる安田講堂の封鎖の解除が強行された。これをひとつの契機として、学外者をくわえた暴力的傾向がつよい紛争が全国の大学に広がっていった。これらの紛争を主導した全共闘の新左翼系の学生たちの思想の中核は「体制」の否定であった。その体制とは、大きくは資本主義、帝国主義、国家独占資本主義などのシステム、さらには政府、議会、政党から大学それ自身まで既成の権威をもつすべてのシステムをさす言葉であった。もちろん、共産党や社会党など既成の左翼政党も体制とみなされていた。その新左翼系の学生活動家たちは、学生たちのなかで数のうえでは少数派であり、その他の学生は一般学生と呼ばれていた。この一般学生のかなりの部分が活動家たちに共感をおぼえたからこそ、大学紛争は全国のほとんどの大学に広がったのだという説明のしかたが、大学紛争をめぐる論議のなかでは、しばしば採用されている(大崎仁「戦後大学の歩みと『大学紛争』」大崎編『「大学紛争」を語る』有信堂、一九九一年、二八九ページ)。

それはおそらく正しい説明のしかたである。しかし、さきの長原の談話は、一般学生のなかには活動家に異和感をもつ者もいたことを示している。かれらは、社会的関心をもつが、体制を暴力によって否定する志向をもっていない。かれらも少数派ではなかった。それは、秋田大学大学祭募金から全国学生交通遺児育英募金が成立し、そこに約一万人の学生たちが参加してきたことにあらわれている。そこで、この二つの募金の経過も紹介しておこう。

秋田大学では一九七〇年の大学祭の準備が六九年の末からはじまった。鉱山学部三年生の山本五郎を委員長とする、大学祭実行委員会は、大学紛争から影響をうけつつ、それに距離をとろうとして、社会に向かって「開かれた大学の具現化」というテーマを掲げ、そのための企画のひとつとして、全国各地の大学の学生が車を乗りついで交通安全のための募金をおこなう「日本縦断チャリティ・ラリー」を考えた。これを担当したのが、鉱山学部三年生の桜井芳雄である。七〇年一月七日、桜井は募金の寄付先を決めるために、上京して警視庁交通部をおとずれ、交通遺児育英会を紹介された。かれは翌八日、同会をたずねて玉井義臣に会い、『天国にいるおとうさま』を渡された。かれはそれを一読してその内容にひきこまれ、募金を交通遺児たちのためにおこなうことを決めた。この企画は各地の大学の自動車部とタイ・アップしておこなわれることになっていたが、直前に、車社会の犠牲者である交通遺児のための募金と車をつかって楽しむラリーとは矛盾しているという意見が有力になり、ラリーは止めて募金のみをおこなうことになった。五月四日の募金に協力してくれたのは三九大学で、募金総額は一二五万九五四八円になった。五月二八日、玉井に秋田市にきてもらい、その寄付金の贈呈式がおこなわれた。

この経過について三点に留意しておきたい。ひとつは、桜井たちの募金活動の最初の動機が学生たちの社会参加の志向であり、それは全共闘による大学紛争に影響されつつ、それとは別の形式をとろうとするものであったということである。桜井自身は、中核派に近づいた時期があり、そこから遠ざかったのち、社会的関心をなくす後ろめたさから募金活動に入っていったという。また、かれは大学祭募金を学生運動のアンチ・テーゼとして位置づけ、大学生なりの社会的なもののとらえかたであったともいっている。いまひとつは、秋田大学の大学祭実行委員会の呼びかけに応じて協力したのが各大学の自動車部であったということである。自動車部に呼びかけたのは、当初の企画でラリーが考えられていたからであった。しかし、自動車部は体育会系のクラブである。大学紛争のなかで、体育会系のクラブは全共闘にたいする対抗勢力として、大学当局からつかわれることが多かった。その部員たちの多くは政治的・社会的無関心層に属し、権力・権威に無批判的に服従しがちであるとみられていた。しかし、かれらはかれらなりに社会的関心をもち、自動車を運転する人間の社会にたいする責任のとりかたのひとつとして、交通遺児のための募金活動に参加していったのである。三つ目としては、さきの二点とかかわるが、学生たちの募金活動を交通遺児育英会に結びつけたのが、警視庁交通部であったということである。桜井は募金の寄付先を決定するためにそこを訪れている。そのときのかれにとって、警察機構は相談の相手であって警戒の対象ではなかった。これは、学生運動参加者のセンスではなく、市民運動参加者のセンスである。同様のセンスは、交通法規にしたがって運転をする自動車部員たちも共有していたとおもわれる。

3 学生募金の論理(二)

玉井義臣は、この秋田大学大学祭募金に漠然とではあるが発展の可能性を感じた。贈呈式の翌日、かれは、秋田空港まで送ってきた桜井と山本に、ロビーで別れの握手をしてから、この募金活動をもう一度、全国規模でさらに本格的にやってみないかと誘った。『交通遺児育英会二十年史』は、桜井が「考えておきます」とだけ答えたが、胸のうちでは、「この募金をこのままで終らせたくない」と思っていたと書いている。しかし、後年、私がインタビューしたおりには、かれは、大学にすでに五年いて留年つづきでまだ三年生だったし、大学祭募金でかなり苦しい想いもしたので、その活動はそれで一区切りにしたいと考えていたと語っている。また、玉井に誘われたときには「ちらっと悪い予感がしたのですけどもね」ともいっている。いずれも真実の一面であっただろう。

結果としては、桜井と山本は玉井の誘いに乗った。かれらは、大学祭実行委員会の四人の仲間、佐藤信幸、飯島明、阿部哲志、生路幸生といっしょに東京に出てきて、夏から秋にかけて第一回の全国学生交通遺児育英募金のために献身的にはたらくことになる。四人も、桜井、山本と同じように、鉱山学部の三年生であった。桜井は、そのおりの動機を、玉井さんの魅力にとりつかれてしまった、うまく乗せられたという感じもありますが、と語っている。あとの五人も同じであったろう。

一九七〇年七月四日、東京のコマ旅行会館で第一回学生募金会議が開催され、秋田大学の大学祭募金に参加した大学のうち二〇の大学が代表を送ってきた。秋田大学以外の一九大学の代表は自動車部員であった。

交通問題、交通遺児などについての討議のあと、事務局役員として秋田大学の六人が選任された。山本が事務局長、桜井以下の五人が事務局次長となった。

一〇月六日の全国での街頭募金の体制づくりのために、四〇〇大学の参加を目標にして、六人の役員が七、八、九月のあいだ、手分けして各大学を訪問していった。全国をブロックで区分して、佐藤は北海道・東北、阿部は東京、桜井は関東・北陸、飯島は東海、生路は関西、山本が中四国・九州を担当した。かれらはリュックサックに『天国にいるおとうさま』をはじめとする資料をつめこみ、大学受験雑誌からコピーしてつくった大学、短期大学、専門学校の名簿をたよりに、訪問をつづけた。その訪問の多くはいわゆるとびこみで、大学にゆき、目についたクラブの部室や自治会の役員室をたずねて、居合わせた学生に交通遺児育英会の趣旨を話して協力を頼むのである。自動車部があるところでは自動車部をまずたずねるようにしたが、それがないところでは、ほかの体育系のクラブでもかまわなかったし、生物部でも茶道部でもかまわなかった。寝るのは移動するための列車のなか、昼間はじめてあった学生の下宿、安宿。

このような活動を、六人は当時「オルグ」と呼んでいた。これは戦前期から当時にかけてつかわれた左翼運動の用語のひとつで、組織化を意味した。かれらは、その夏から秋のはじめにかけて、ひとり平均で七〇校程度の大学などをオルグしたことになる。四〇〇校という目標値は山本が言いだしたものであった。しかし、実際に地方を歩きはじめると、それは大きすぎると思う者も出てきた。元来は人前で喋ること自体が苦手で、ひとづきあいの下手な桜井は、その想いがとくにつよいほうで、六人で合計二〇〇校をまわったあたりから、もう限界だと思うことが再三であった。ときに打ち合わせで東京に帰り、六人が顔を合わせると、目標値を維持するか、切り下げるかで意見が対立し、疲労のせいもあって、たがいに口をききたくないほど、気持がとげとげしくなることもあった。それでも、結局はかれらはオルグを止めなかった。九月一五日、東京で第二回学生募金会議が開催され、運動の「基本姿勢」と呼ばれる綱領が採択された。

「『全国学生交通遺児育英募金』運動基本姿勢

交通戦争という言葉を私達が自ら作り出してから長い年月がたちます。その間私達は一回もこの戦争に勝っておりません。しかし、少なくともこれからの五〇年、六〇年は我々の時代であります。我々自身が生きて行かねばならない年月であります。その時代が様々な公害を始めとする文明の歪みによって汚れた世界であったとして、それの解決を責任のなすり合いによって怠ったとしたならば、それはとりもなおさず我々自身の破滅へとつながるであろうことは明白であります。

一〇月六日から始まる四〇〇大学、一万人の学生による交通遺児育英募金は零からの出発でありました。しかし私達はこの運動を大学から他の大学へ、大学から市民団体へと呼びかけ、単に交通遺児育英だけの問題にとどめず、交通公害を本質的に解消し、更に文明を我々若者自身、そして遺児たち自身が強く生きる力へと発展させて行く事を念願とする。

昭和四五年九月一五日

『全国学生交通遺児育英募金』運動第一回募金全国会議にて採択」

綱領の前半は、学生たちがもつ社会の現状認識を示している。それは交通戦争をはじめとする様々な公害、文明の歪みによって汚れた世界である。そこで人びとは責任のなすりあいをかさねており、自ら問題の解決にとりくもうとしていない。これは大学紛争が世代闘争であって、葛藤する両世代がたがいに相手を一方的に非難・告発する事態を批判しているのである。後半は、学生たちがおこなおうとする運動の基本的性格の宣言である。それは最終的には文明をかれらが生きてゆく力へ発展させることをめざすものである。他者の責任を問うより、自己の責任をはたすことが重要である。その文明の創造のなかで公害の解消、交通遺児との共生、かれらの教育なども可能になる。この論理構成には、玉井が「殺人機械」以下一連の論文で提起した自動車文明へのラディカルな批判と新しい文明の模索の要求の影響が色濃く出ている。

一〇月六日から一五日にかけて、全国各地で第一回学生募金がおこなわれた。四七五大学、短期大学などの学生が募金者として街頭に立ち、募金額総計は二二八六万三五四八円に達した。参加大学数が当初の目標値の四〇〇大学を大きく上まわったのは、六人の事務局役員や八大学自動車部が直接オルグした大学以外に、オルグされた大学の学生たちがほかの大学に出かけてゆき、さらに新しくそこをオルグするというようなケースもあったためらしい。募金者については正確な記録が残っていないが、当初四〇〇大学、約一万人をめざしていたので、大学数の伸びから考えると、一万人というその数字を大きく上まわった可能性も考えられる。

玉井義臣は、交通遺児育英会の組織とかれ個人の総力をあげて、この学生たちの運動を支援した。かれは、学生募金会議のたびに出席して学生たちを激励し、かれらの運動が新しい文明の創造に向かう第一歩だと説いた。募金の初日には、東京の数寄屋橋に学生たちの募金者にまじって永野重雄や後藤田正晴(警察庁長官)に立ってもらった。さらに、全国紙、地方紙の各紙に募金にかんする記事をなるべく大きくと頼んで書いてもらった。「毎日新聞」は四段の写真入り記事で募金開始を、「日本経済新聞」は三段の写真入り記事で募金の成果の贈呈の様子を報じている。

第一回の学生募金を成功させて、秋田大学の六人は東京から引き上げ、大学にもどっていった。帰郷のまえ、山本と桜井は、全国の大学自動車部が加盟する全日本学生自動車連盟の次期役員に内定していた高橋重範、佐藤信機、山口英夫(いずれも早稲田大学三年)をたずね、募金事務局の継承を依頼した。三人は、車を愛する若者の責任をはたしたいといって、これを快諾した。事務局長には高橋が選任され、局次長には佐藤、山口、ほか四人が選任されたが、そのうちに連盟役員以外から大阪交通遺児を励ます会の代表、山本孝史（立命館大四年）が入っている。この事務局は、七一年の春の第二回学生募金で九四九団体を動員して、二〇一一万一四七七円を集め、秋の第三回学生募金では三七四四団体を動員して三三九七万八七三一円を集めた。二年間に約五四〇〇万円を集めたのである。全日本学生自動車連盟は、団体数が急増したのは、一大学から複数の部やクラブが募金者を出すようになったためである。こののち、八三年春の第二六回学生募金まで事務局を担当し（ただし、第六回のみは宇都宮交通遺児を励ます会が担当した）、第二七回からは交通遺児育英会の大学奨学生たちがそれを継承した。

4　交通遺児育英会の財政構造

一九七〇年の第一回学生募金が二三〇〇万円ちかくを集めたことは、玉井義臣につよい印象をあたえた。交通遺児育英会を創立したころ、かれが作成していた募金計画のなかではまったく想定していなかった、しかし歓迎するべき新しい資源が発見されたのである。それは、第一に秋田大学の六人の学生たちというオーガナイザーであり、第二にかれらが開拓した一万人をおそらく超えた募金者としての学生たちであり、第三にその募金者たちが獲得し贈与してきた二三〇〇万円という金銭であり、第四にこの学生募金と交通遺児育英会にたいする社会の好意的な関心とムードであり、第五にその関心・ムードから触発される民衆からの新しい寄付金、であった。もちろん、当初から、かれはそこまで分析的に考えていた訳ではない。かれがうけたつよい印象を段々に整理してゆけば、そのような認識がえられることになったというのが事実であろう。

翌七一年、春と秋の第二回学生募金、第三回学生募金が約五四〇〇万円を集めるにおよんで、新しい資源のありかたに一部で変化が生じた。前年の新しい資源の初発条件は、秋田大学の六人の学生たちであり、かれらの長期にわたる、本人たちに言わせると「身も心もボロボロになった」オルグ活動であった。かれらにそれをくり返しもとめることはできない。また、かれらのような献身的存在が毎年あらわれることも期待できない。しかし、全日本学生自動車連盟という安定した全国組織が初発条件に入ることで、この新しい資源は継続性を保障された。その組織をひとつの契機として、玉井は社会運動家としての姿勢を変化させはじめた。伊藤正孝が、交通遺児育英会を創立したころ、玉井は官、財、民を等距離でみていたが、のち民の方向に移っていったというのは、その変化である。もちろん、この変化は、急激に人目につくように生じたのではない。私のみるところ、それは最初の一〇年間にわずかずつ進行し、一九七九年の交通遺児育英会の財政危機と「あしながおじさん」制度の創設と成功によって、はじめて顕在化するのである。

『交通遺児育英会十年史』や『交通遺児育英会二十年史』では、同会の成立や性格のわかりやすい比喩的説明として、交通事故遺児を励ます会が〝産みの親〟で、学生募金が〝育ての親〟とか、若者立の交通遺児育英会とか言われている。後者は、政府立の日本育英会と一対になる表現である。それらの説明は事実のポジティブな一面を言いあてている。しかし、さきにみた玉井の社会運動家としての姿勢の変化を充分に説明するためには、もうひとつの契機として、事実のネガティブな一面、最初の一〇年間の交通遺児育英会の財政構造にかんする見通しで生じた二つの大きい齟齬にふれなければならない。

交通遺児育英会の最初の募金計画は、その後の教育費の高騰にともなう奨学金の引き上げ、高校奨学生の増加、大学奨学金制度の新設などによって、目標額をつぎつぎに高くしていった。しかし、インフレーションが常態の日本経済のなかでは、原資の利子の枠内で奨学金を出すという古典的な基金構想は、制度の発展的運用を考えるかぎり、実現不可能であるということがあきらかになった。その認識は一九七三年あたりから、育英会からマス・メディアにもらされはじめている。そこで、同会は、一方では寄付されたものを事業に直接つかいながら、他方で募金をつづけるという財政方式をとることになった。すでに七二年までに、同会は三〇億円を大きく上まわる金額を集めていた。

交通遺児育英会が最初の一〇年間(一九六九年〜一九七八年)に集めた金額は約七二億三六四九万円である。同会はこれを⑴企業からの寄付金、⑵国民からの寄付金、⑶政府などの補助金・助成金にわけている。企業からの寄付金は三九億七八二九万円で、全体の五五・〇%にあたる。このうち、金額がもっとも多いのは自動車産業からの一三億円で、これにつぐのが損害保険業からの一二億六五〇〇万円である。後者は、日本損害保険業会が自賠責保険の運用益からおこなう寄付と、各保険会社からの寄付である。財界一〇億円募金は、一〇年たっても、五億七〇〇〇万円余に達したのみであった。国民からの寄付金は一七億一五九四万円で、全体の二三・七%にあたる。このうち、金額がもっとも大きいのは全国学生募金で五億二五三五万円である。政府などからの補助金・助成金は一五億四二二五万円で、全体の二一・三%にあたる。そのうち、政府からの補助金は七億四一二一万円、全体の一〇・二%である(表16)。

以上から客観的に判断すれば、交通遺児育英会の最初の一〇年間の財政の収入面は、企業が半ば以上を支え、残りをおおまかにいって、国民からの寄付と政府などからの補助金・助成金が半々で支えたことになる。

この財政構造において、二つの大きい齟齬とは、ひとつは、財界一〇億円募金がはなはだしく不充分な成果しかあげなかったということである。これは、経団連、日商、日経連、経済同友会の経済四団体に全面支援の態勢をとってもらい、四〇業界団体にそれぞれ依頼額を割り振って募金を依頼するという方法をとった。最終的には、それらの団体のうち一六団体が寄付に応じた。寄付に応じなかった業界団体の事務局の代表的言い分は、交通遺児救済は自動車業界がやるべきことで、われわれがやる必要はない。交通遺児救済は政府がやるべきもので、われわれが引きうけるべき筋合いのものではない、などであった。永野重雄は、交通遺

表 16　交通遺児育英会への寄付金・補助金等一覧表　(昭和 54 年 3 月末現在)

			寄付・補助額	備　考
寄付金	企業	自動車産業	130,000万円	日本自動車工業会は44年10億円1回.
		損害保険	126,500	53 年度寄付分 2 億 5000 万円は 54 年度払いに.
		財界 10 億円募金	57,296	寄付要請41業界団体中, 16業界が寄付.
		銀行	19,332	他に「財界10億円募金」中に1億円.
		会社・事業団体	29,701	会社記念事業, 中小企業, 小さな業界団体等.
		全国共済農業協同組合連合会(1)	35,000	他に, 街頭・組合内募金の全共連(2)と合算すると 4 億 7000 万円
	(小計)		(397,829 万円)	寄付の 69.9%, 全体の 55.0%
	国民	交通遺児を励ます会	1,310	42 年からの募金 1000 万円を育英会発足資金に.
		全国学生募金	52,535	3 万校参加. 30 万学生街頭へ. 4000 万国民寄付.
		自動車総連	11,639	このほか学生募金経由で1億3000万円.
		全共連募金(2)	12,396	全共連(1)と合算.
		自動車教習所	23,871	ハンドル献金. 免許もらって無事故の誓い.
		報道関係募金	8,042	新聞・テレビ・ラジオの募金キャンペーン.
		その他団体等	33,757	銀行店頭・警察署・ライオンズクラブほか.
		個人	28,038	計9283件. 匿名で104回52万5000円.
	(小計)		(171,594 万円)	寄付の 30.1%. 全体の 23.7%
	合　計		(569,424 万円)	全体の 78.7%.
補助金・助成金	政府		74,121	高校奨学金の 1/3 補助. 育英会予算の 1/6.
	日本船舶振興会		30,000	基本財産に助成.
	日本自転車振興会		24,302	つどい補助.
	日本小型自動車振興会		15,802	大学奨学金の補助.
	日本宝くじ協会		10,000	基本財産に助成.
	合　計		(154,225 万円)	全体の 21.3%. 政府補助金は 10.2%
総　合　計			723,649 万円	

(注) 各寄付額は 1,000 円以下切り捨てて記載しているので, 小計・合計に多少の誤差が出ている.

資料出所：玉井義臣「庶民は暖かく, 政府・企業は冷たかった」
朝日新聞『朝日ジャーナル』1979 年 5 月 25 日号, p. 104

児育英会の会長就任にあたり、玉井に、金集めはしないよと断わっていたが、実際には同会の発足がちかづくと、この財界募金にかなり熱心にとりくんだ。四団体の長へのはたらきかけも、永野が直接におこなった。それにもかかわらず、一〇年たっても当初の目標額の半分強の寄付しかえられなかった。集めた金の総額は、当初めざしたものの倍以上になっているのである。玉井は、財界募金を有力な財源のひとつであるという考えを放棄するほかないと思うようになっていった。

いまひとつは、自動車産業からの寄付でそのさき多くを望むことができないという見通しがたったことである。こちらは当初の目標額の一〇億円を初年度に獲得していた。しかし、これは、さきにみたように、欠陥車問題キャンペーンに乗じて、交通遺児育英会が日本自動車工業会からかなり強引にとりたてたものであった。少なくとも、後者の側はそのような印象をもったであろう。両者のあいだに友好的関係があるという訳にはゆかなかった。最初の一〇年間では、日本自動車工業会からの寄付はその一〇億円のみである。ほかに、トヨタ自動車工業とトヨタ自動車販売より、生産台数二〇〇〇万台突破を記念して、一九七六年に三億円の寄付があった。また、自動車の販売会社からの小口の寄付は沢山あったが、これは一覧表では「会社・事業団体」の項に入っている。以上の実績から判断して、玉井は、自動車産業からの寄付も将来にわたって主要な財源のひとつとして期待することはできないと思うようになった。

この二つの齟齬が、学生募金の思いがけない成功と相乗効果をあげて、玉井を、財・官・民の三者のうちで民の存在を重視する発想にみちびいていったのである。

5 奨学金制度(一)

交通遺児育英会の運動は、経済面で抽象化していえば、資金を集めては費やす運動である。それは、ほかに教育運動、ボランティア運動、企業や行政への要求運動などさまざまな性格をもつが、その根幹部分には、同会が財源をいっぽうで調達しつつ、たほうで消費するという運動がある。同会がおこなった運動の規模や水準を規定する重要な要因のひとつは、それが集める資金の大きさである。そこで最初の一〇年間で同会が集めた七二億円余について、その集めかたを分析した。ついで、重要な要因はその資金のつかいかたである。そのつかいかたを使途の費目からみれば、そのもっとも主要なものは、あらためていうまでもなく、交通遺児に貸与される奨学金および私立入学一時金である。

交通遺児育英会の奨学金制度のうち、もっとも早く発足したのは、高等学校奨学金である。これは、同会が設立された一九六九年の九月から貸与が開始された。この奨学金の性格の第一の特徴は、月額五〇〇〇円という金額の高さにあった。同時期の日本育英会の高等学校奨学金が月額一五〇〇円であったから、交通遺児育英会のそれは月額でその三倍以上の高水準のものであった。この金額の算定の根拠は、六七年に文部省がおこなった全日制高校生の学校教育費にかんする調査が、年間五万一二七〇円、月額平均四二七三円という結果を出しているところにもとめられた。その学校教育費は授業料のみならず、通学に要する交通費、教科書や文房具の費用、弁当代、制服・制帽などの費用までを含んでいた。玉井は、この調査結果をいちおうの論拠として月額五〇〇〇円を決定したのであるが、かれの真意は、なるべく高額の奨学金を出して、その一部が、交通遺児家庭の九割を占める母子家庭の低収入にもとづく生活費不足の解消に役立つなら、それはそれでよいというところにあった。

交通遺児育英会の最初の一〇年間で、高等学校奨学金の水準が引き上げられていった経過はつぎのとおりである。まず、制度の発足から五年目の一九七三年四月から、本人の願い出があれば、その月額を一万円にすることができることにした。ついで七六年には、月額を一律に一万円とし、翌七七年には公立高校生には一万円、私立高校生には一万五〇〇〇円とした。

この奨学金の水準の推移を評価するにあたって二つの方法がある。ひとつは、さきにわずかにふれた日本育英会の高等学校奨学金との比較である。そこで述べたとおり、一九六九年、交通遺児育英会の高等学校奨学金が月額五〇〇〇円で発足したとき、日本育英会のそれは一五〇〇円で、後者にたいして前者は三倍以上であった。ただし、いっそう正確にいうと、後者には特別貸与の制度があり、これは六九年で三〇〇〇円であった。これと比較すれば、前者は一・七倍程度である。その後の両会の高等学校奨学金の月額の年次推移は表17に示すとおりであり、七八年において、交通遺児育英会のそれは日本育英会のそれの一・四倍から一・五倍程度の水準を依然として維持していた。

表17　交通遺児育英会と日本育英会の高校奨学金の金額

	交通遺児育英会		日本育英会	
	一律の金額	願出による金額	一般貸与	特別貸与
1969	5,000		1,500	3,000
70	〃		〃	〃
71	〃		〃	〃
72	〃		3,000	4,000
73	〃	10,000	〃	〃
74	〃	〃	〃	〃
75	〃	〃	国公立 3,000 私立 4,000	国公立 4,000 私立 6,000
76	10,000		国公立 5,000 私立 6,000	国公立 5,000 私立 6,000
77	公立 10,000 私立 15,000		国公立 5,000 私立 7,000	国公立 6,000 私立 9,000
78	〃		国公立 6,000 私立 8,000	国公立 7,000 私立 10,000

いまひとつは、当時の交通遺児家庭の現実の家計にとって、これらの奨学金の金額がどれほどの意味をもっていたかを考えることである。本人の願い出があれば高等学校奨学金を月額一万円に引き上げることができるようになったのは、一九七三年であった。七四年、私が交通遺児育英会の委嘱により「交通遺児家庭の生活実態」という調査をおこなったおり、その一環として、その年と前年の七三年の交通遺児家庭の家計調

査をおこなった。この家計調査の実務を担当したのは故・吉田恭爾(当時、白梅学園短期大学助教授、のち筑波大学助教授)である。かれは、東京都と地方都市、町村の三地域で交通遺児家庭の四、五、六月の家計簿を収集して、その記載された収入・支出の金額を集計・分析した。東京都のばあい、平均の数値が世帯員数三、以下月額で実収入八万五二四四円、実支出八万七四二二円、赤字二一七八円。この実収入にとって一万円の高等学校奨学金は一一・七%にあたる。つまり、奨学金は一割強の収入の増加をもたらすものであった。ただし、実支出のうちの教育費は一万四八六一円であるので、一万円の高等学校奨学金のみでは、それはまかないきれていない。

地方都市のばあい、さきの平均の数値は、世帯員数四・二七、実収入五万三六一八円、実支出九万四六四六円、赤字四万一〇二八円。この実収入にとって一万円の高等学校奨学金は一八・七%にあたる。そのかぎりでは、奨学金は二割ちかい収入増をもたらすことになる。実支出のうちの教育費は約三八八〇円である。また、町村のばあい、世帯員数は三・九二、実収入は六万五三四六円、実支出七万二七四四円、赤字七三九七円。この実収入にとって一万円の高校奨学金は一五・三%にあたる。この比率は、すでにみた東京都のそれと地方都市のそれのほぼ中間にある。教育費は実支出のうちで約三七八〇円であった。

収集・集計された家計簿の冊数がかならずしも多くないので、決定的なことをいうのは困難であるが、当時の交通遺児家庭にとって、交通遺児育英会の高等学校奨学金は一割から二割程度の増収をもたらすものであったと推定される。なお、交通遺児家庭の調査に二〇年ちかく従事してきた私の体験から判断すると、それらのうち家計簿を記入する習慣をもつ世帯は、相対的には経済的にゆとりがある世帯が多い。極貧層では、窮乏に心理的に追いつめられて、家計簿を日々記入しつづけるのが困難らしいのだ。これを考えあわせると、交通遺児家庭の家計にたいして高等学校奨学金がもたらす増収の比率は、さきに示した数値をさらに上まわった可能性もおおいにありそうである。

交通遺児育英会の大学奨学金は、高等学校奨学金が発足して五年目、一九七三年度から発足した。大学奨学金は最初、月額二万円であった。翌七四年には、とくに困窮している学生には三万円を貸与することにした。七八年にはこれらを、それぞれ一万円ずつ引き上げて、三万円と四万円にした。さらに、大学院奨学金制度が七七年に発足した。これは月額五万円であった。また、政府は同年、「進学ローン構想」を打ち出し、低所得世帯向けとうたったが、その実態は母子家庭が利用することができない、きびしい条件がついていた。玉井はこれを批判し、後述するように七八年度は資金ぐりがもっとも苦しく財政的に窮迫した年度であったが交通遺児育英会独自の入学一時金制度を発足させた。これは私立高等学校、私立大学の入学者に入学一時金を貸与するもので、私立高校入学者には二〇万円、私立大学入学者には二五万円を貸与するものであった。

6　奨学金制度(二)

前項では、交通遺児育英会の最初の一〇年間に創設され、水準を引き上げられていった各種の奨学金制度などを、高等学校奨学金を中心に概説した。つぎに、これらの制度をどれほどの交通遺児たちが利用したのかをみることにしよう。

まず、もっとも基本的なデータとして、最初の一〇年間の年度別奨学生採用者数とその累計をみる(表18)。高等学校と高等専門学校の奨学生採用者数は、最初の一九六九年度を例外として、つづく四年間は毎年一二〇〇人前後から一三〇〇人、後半の五年間はやや増えて一五〇〇人余から一八〇〇人余までのあいだで推移している。一〇年間の累計は一万三八八九人におよぶ。

このデータについて特記するべきコメントは、制度が発足した六九年度の採用者数の少なさについてである。交通遺児育英会は、初年度、高等学校奨学金の貸与を希望する交通遺児が全国の高等学校で各学年で約一〇〇〇人、計約三〇〇〇人あらわれると予想していた。その推計はつぎのようにしておこなわれた。前年度の総理府による交通遺児にかんする全国調査は、小学生と中学生を対象におこなわれた。これによれば、中学生の交通遺児は三学年で一万一二七五人おり、そのうち被保護世帯かそれに準じる世帯にいるものが三九七五人であった。これにもとづき考えると、高校生の交通遺児のうち貧困層に属するものは、この最後の数字に高校進学率を乗じ、さらに貧困ゆえの進学率の低下をいくらか見込んで、えられよう。さきの数字に前年の高校進学率は七六・七%であるから、〇・七六七を乗じると、三〇四八人となる。そのうえで、貧困ゆえの進学率の低下を一〇%とみて、その数字に〇・九を乗じると、約二七〇〇人の貧困層に属する交通遺児が高等学校に在学中であると推定された。また、くわしい推計の手続きの紹介は省略するが、第三級以上の後遺障害をもつもので、自賠責保険の給付をうける壮年期の人びとの数を割り出し、それをつかってほかの条件をくわえ、貧困層に属する準交通遺児で高等学校に在学中のものは三〇〇人と推定された。これをさきの二七〇〇人にくわえると、三〇〇〇人となる。

ところが、制度を発足させたのち充分な広報をおこなったにもかかわらず、全国の高等学校長、高等専門学校長に、この制度の対象となる資格をもつ生徒たち、そのうちで奨学生となることを志望する生徒たちの調査を依頼したが、その回答結果は予想と大きく異なるものであった。すなわち、照会した学校数四八九五校、このうち調査に応じたのは、回答期日をすぎた七月一七日で、九五〇校、回答率一八・九%、対象となる資格をもつ生徒たちがいる学校は三七九校、奨学生となることを志望する生徒たちは五六五人にとどまった。交通遺児育英会は出願期限を延長し、未回答校に回答してもらうはたらきかけなどをしたが、八月二〇日現在でも志望者は六五四人までしか伸びなかった。結局、願書を提出し、書類審査に合格した四九五人が、九月一日、交通遺児育英会の最初の高校奨学生となった。なお、その後も在学生からの随時の申し出におうじて奨学生の採用をおこなったので、年度末には、高校奨学生は合わせて六〇四人になった。

各学年約一〇〇〇人、合計約三〇〇〇人の高校奨学生の採用をみこんでいたのに、現実には約六〇〇人の採用に終ったのである。この事態については、二とおりの解釈が考えられた。さきに紹介した交通遺児育英会の推計と予想が誤っており、交通遺児のための高等学校奨学金の社会的必要はそれほど大きくないのではないか。それとも、交通遺児育英会の推計と予想は正しいのだが、六九年度の高等学校在校生では、なにか別の事情がはたらいていて、その社会的必要の大きさが抑えられているのではないか。玉井義臣は、五月におこなった、貧困層に属する、中学三年生の子どもがいる交通遺児家庭の保護者を対象とした調査の結果をみて、後者の解釈が正しいとみていた。

すなわち、その調査は前年の総理府による実態調査の結果から標本一二〇二を抽出しておこなわれたのだが、交通遺児育英会が月額五〇〇〇円の奨学金を貸与すれば、中学三年の遺児を高等学校へ進学させるかという設問にたいして、回答者六四〇人のうち四九三人(約七七%)が進学させると回答したのである。無回答者も、同じ回答傾向をもつと想定すれば、一二〇二人の七七

(単位：人)

専修・各種学校		合計	
採用者数	採用者数累計	採用者数	採用者数累計
		604	
		1,243	1,847
		1,328	3,175
		1,227	4,402
		1,241	5,643
		1,631	7,274
		2,002	9,276
		1,964	11,240
		1,796	13,036
		1,877	14,913
		1,650	16,563
		1,764	18,327
48		2,121	20,448
53	101	1,820	22,268
65	166	1,934	24,202
74	240	1,977	26,179
60	300	1,802	27,981
60	360	1,728	29,709
70	430	1,720	31,429
66	496	1,664	33,093

表 18　年度別奨学生採用数および累計

年度	高校・高専		大学		大学院	
	採用者数	採用者数累計	採用者数	採用者数累計	採用者数	採用者数累計
1969	604					
70	1,243	1,847				
71	1,328	3,175				
72	1,227	4,402				
73	1,191	5,593	50			
74	1,506	7,099	125	175		
75	1,820	8,919	182	357		
76	1,751	10,670	213	570		
77	1,596	12,266	197	767	3	
78	1,623	13,889	251	1,018	3	6
79	1,368	15,257	281	1,299	1	7
80	1,474	16,731	288	1,587	2	9
81	1,752	18,483	318	1,905	3	12
82	1,455	19,938	310	2,215	2	14
83	1,555	21,493	308	2,523	6	20
84	1,545	23,038	351	2,874	7	27
85	1,455	24,493	282	3,156	5	32
86	1,335	25,828	331	3,487	2	34
87	1,329	27,157	314	3,801	7	41
88	1,302	28,459	290	4,091	6	47

%、つまり九二六人が遺児を高等学校に進学させるはずだと、玉井は考えた。

この予想は、高等学校の在学奨学生の採用を追うようにしておこなわれた、中学三年生の交通遺児を対象とした、高校奨学生の予約募集の結果によって、証明された。八月から、全国の知事、教育長へのはたらきかけをはじめ、一〇月末の締め切りでは、照会した中学校一万一五七二校、そのうち回答をよせてきたもの三三八七校(回答率約二九%)、奨学生となることを志望するもの一二九四人、このうち願書を実際に提出したもの一一七八人、うち貸与条件を欠いた三人をのぞき、一一七五人の採用予約が決定された。六九年度の在学採用者数は予定数の五分の一にとどまり、七〇年度の予約採用者数は予定数を上まわったのである。これは

貸与額および累計(単位千円)

各種学校	奨学金合計		私立入学一時金		合　計	
貸与額累計	貸与額	貸与額累計	貸与額	貸与額累計	貸与額	貸与額累計
	19,760	19,760			19,760	19,760
	101,560	121,320			101,560	121,320
	164,160	285,480			164,160	285,480
	214,815	500,295			214,815	500,295
	259,380	759,675			259,380	759,675
	338,525	1,098,200			338,525	1,098,200
	545,950	1,644,150			545,950	1,644,150
	676,775	2,320,925			676,775	2,320,925
	736,175	3,057,100			736,175	3,057,100
	774,705	3,831,805	17,500	17,500	792,205	3,849,305
	854,900	4,686,705	26,250	43,750	881,150	4,730,455
	981,665	5,668,370	40,900	84,650	1,022,565	5,753,020
16,800	1,169,620	6,837,990	42,200	126,850	1,211,820	6,964,840
50,280	1,286,835	8,124,825	50,100	176,950	1,336,935	8,301,775
92,370	1,417,890	9,542,715	54,000	230,950	1,471,890	9,773,665
140,430	1,504,450	11,047,165	64,400	295,350	1,568,850	11,342,515
190,920	1,494,715	12,541,880	63,300	358,650	1,558,015	12,900,530
238,980	1,441,345	13,983,225	68,100	426,750	1,509,445	14,409,975
289,230	1,422,975	15,406,200	69,850	496,600	1,492,825	15,902,800
346,750	1,501,745	16,907,945	95,300	591,900	1,597,045	17,499,845

奨学金の予約が多くの交通遺児とその保護者に高等学校への進学を決意させる有力なきっかけとなったことを示唆する。逆にいえば、六九年度までは多くの交通遺児とその保護者がそのきっかけがないままに高等学校への進学を断念してきたのではないか。さきの数字だけからいくらかの強弁をあえてすれば、交通遺児育英会の高等学校奨学金制度の創設は、交通遺児の高等学校への進学率を五倍ちかくにまで一挙に伸ばしたといえないことはない。もちろん、実際は、その倍数はそれよりは低く想定されるべきであろうが。しかし、それにしても、交通遺児たちの高等学校における教育機会の保障にとって、この制度の創設は非常に大きな効果をあげたのであった。

なお、大学(短期大学をふくむ)奨学生の採用は一九七三年度の五〇人からはじ

表 19　年度別奨学金・入学一時金

年度	高校・高専		大　学		大学院		専修・
	貸与額	貸与額累計	貸与額	貸与額累計	貸与額	貸与額累計	貸与額
1969	19,760	19,760					
70	101,560	121,320					
71	164,160	285,480					
72	214,815	500,295					
73	247,380	747,675	12,000	12,000			
74	296,985	1,044,660	41,540	53,540			
75	463,590	1,508,250	82,360	135,900			
76	548,355	2,056,605	128,420	264,320			
77	587,395	2,644,000	146,980	411,300	1,800	1,800	
78	592,085	3,236,085	179,020	590,320	3,600	5,400	
79	643,070	3,879,155	209,430	799,750	2,400	7,800	
80	715,305	4,594,460	264,560	1,064,310	1,800	9,600	
81	825,620	5,420,080	324,200	1,388,510	3,000	12,600	16,800
82	908,315	6,328,395	342,290	1,730,800	2,750	15,350	33,480
83	1,010,140	7,338,535	361,210	2,092,010	4,450	19,800	42,090
84	1,065,130	8,403,665	383,710	2,475,720	7,550	27,350	48,060
85	1,075,155	9,478,820	361,720	2,837,440	7,350	34,700	50,490
86	1,012,745	10,491,565	375,740	3,213,180	4,800	39,500	48,060
87	970,895	11,462,460	396,430	3,609,610	5,400	44,900	50,250
88	1,002,595	12,465,055	430,470	4,040,080	11,160	56,060	57,520

まり、翌年度からは一〇〇人台か二〇〇人台で、一九七八年に累計数が一〇一八となっている。大学院奨学生は、七七年度、七八年度、各三人が採用された。入学一時金は、七八年度に、私立高校入学者五〇人、私立大学入学者四〇人に貸与してはじまった。

年度別の各奨学金・入学一時金貸与額および累計は、参考に表を掲げるが、くわしい解説は必要はないだろう(表19)。ただし、最右欄、合計のうちの貸与額が一九七九年度、交通遺児育英会の発足一一年目で八億八一一五万円となっているところは、記憶にとどめておいてほしい。これはⅧ章冒頭でもう一度思いだしてもらうことになる。

VI　時代を撃つ

1　二六項目の要望

玉井義臣は、交通遺児育英会を設立したのち、そこを拠点として、交通遺児家庭の救済、ひいてはすべての死別母子家庭からすべての生別母子家庭までの救済、さらには自動車文明批判をめざす数々の社会運動を展開した。そのさい、運動の主要なスタッフとしてかれを助けてはたらいたのは、かれが育英会事務局に集めた若い局員たちであった。かれらは、各地の学生募金運動や交通遺児を励ます会運動のなかで頭角をあらわしてきた連中であった。玉井は各地の運動をくわしくみていて、運動家として成長する可能性を感じさせる人材を、かれの手許に集めていったのである。そのうちの主要な七人については、次章で論じる。さらに、かれの有力な協力者たちとして、好意的な記事・番組などをつうじて運動を支援してくれるジャーナリストたち、運動の要求を妥当なもの、正当なものとして裏付ける社会調査をひきうける大学人たちがいた。

交通遺児育英会が発足したのち最初の一〇年にかぎって、玉井が指導した主要な運動の展開過程をみてみよう。

交通事故遺児を励ます会という小さなボランティア団体が、玉井の指導のもとに交通遺児育英会の創立に大きい貢献をしたいきさつは、さきに述べた。これが刺激となって、各地で交通遺児を励ます会(以下では励ます会と略記する)が結成され、活動するようになった。なかでも一九七〇年九月、京都で誕生した励ます会は学生募金に参加した団体を中核にしており、玉井はその活動力に期待することができると考えた。これ以降、同種の励ます会の誕生がつづく。同年一二月、大阪で励ます会がつくられると、励ます会は全国で八つになった。この大阪の会の代表は前出の山本孝史である。七一年一月、玉井は山本といっしょに中国、九州の各地に励ます会の結成を訴えるオルグ活動に出て、多くの成果をあげた。広島の励ます会、福岡の励ます会はこのとき発足している。広島の会の副代表は藤村修(広島大学三年)、福岡の会の代表は山北洋二(福岡工業大学四年)、山本、山北、藤村は、のちに大学卒業後、いずれも交通遺児育英会の事務局に入り、玉井の有力なスタッフとなって、はたらくことになる。

七一年に入っても各地で励ます会の結成があいついだ。六月から八月にかけて、山本が中心となってオルグ活動が集中的におこなわれ、新しく二一の励ます会が発足している。そのなかに帯広の会があったが、その中心メンバーのひとりが、吉川明(帯広畜産大学一年)で、かれも大学卒業後、交通遺児育英会の事務局に入った。九月五日、玉井は全国で三五組織になった励ます会の全国組織、交通遺児を励ます会全国協議会を組織し、その会長に岡嶋信治を据えた。そうして九月二五日には、この会が主催し、交通遺児育英会が後援する、交通遺児と母親の全国大会が東京・虎ノ門のニッショウ・ホールで開催された。大会の実質的な組織者は玉井であり、その運営のために裏方としてはたらいていたのは、まだ学生であった山本、山北、藤村、吉川たちであった。全国から交通遺児家庭の母親たちと遺児たち約四〇〇人が参集した。ゲストの顔ぶれは、床次徳二・総理府総務長官、原健三郎・労働大臣、登坂重次郎・厚生政務次官、与野党各党の交通問題に関心をよせる議員たち、永野重雄・交通遺児育英会会長などであった。

交通遺児と母親の全国大会は、このあと二年をおいて、七四年に第二回大会をおこない、以後、毎年おこなわれるようになる。そのプログラムの原型は、この第一回のおりにできていたように思われるので、それを簡単に紹介しておこう。来賓挨拶のあと、遺児四人、母親二人が、交通事故で父母や夫を奪われた悲しみ、現在の生活の苦しさ、交通事故の防止を訴えた。ひきつづき、前日おこなわれた分科会の報告、広島の励ます会がおこなった交通遺児家庭の生活実態にかんする調査の報告などがあり、最後に、岡嶋が政府と地方自治体にたいする二六項目の要望をふくむ「交通遺児救済に関する要望書」を提案して、それが満場一致で採択された。この要望は、交通遺児家庭の救済を第一義的な目的とするものであったが、部分的には全母子家庭の救済に通じてゆくものをふくんでいた。とくに、「母親のしごと」にかんする要望がそれで、これは第二回大会以降、「母子家庭の母親の雇用促進法」制定の要求にひきつがれてゆくことになる。運動体としての交通遺児育英会の当時の要求の全体を知るために、二六項目のすべてを紹介しておく。

国や地方自治体への要望

I　生活について

ア　くらしの保障

1　交通遺児手当の全国での支給と充実を。／〈一八歳未満に月額五〇〇〇円を〉

2　交通遺児家庭の生活つなぎ資金の全国での貸与と充実を。／〈補償額受領までの長期貸付増額〉

3　生活保護基準の改善を。

4　就学援助費の引き上げと支給の拡大を。

5　貸付金の増額、手続きの簡素化とPRを。／〈母子福祉資金、世帯更生資金など〉

6　交通遺児家庭に税金の軽減を。

7　公営住宅への優先入居を。

イ　母親のしごと

8　母親に有給の職業訓練を。

9　公の職場への優先採用を。

10　保育所の増設と優先入園を。／〈○歳幼児完全保育の実現で母親が安心して働けるように〉

ウ　子ども

11　中卒交通遺児に就職支度金を。

Ⅱ　教育(進学)について

12　財団法人「交通遺児育英会」に助成の強化、永続化を。

13　交通遺児にも大学進学の機会を。／〈大学生への奨学資金貸与の早期実現、学生寮の建設〉

14　就学支度金の支給を。

Ⅲ　交通事故対策について

ア　事故防止対策

15　免許年齢を二〇歳に引き上げ、悪質事故者から一生免許の取り上げを。

16　歩道、ガードレールのない住宅地に車を入れないで。

17　補償能力を高め、道路や安全施設の費用を負担させて、手軽に遊びの車を増やさないように。

イ　事後対策

①　補償

18　車の保険を強制保険一本にまとめ最低一五〇〇万円に引き上げを。

19　補償事務、裁判を早く簡単に。支払いを確実にするための損害賠償の肩代わり機関を！

②　救急医療

20　いつ誰がどこで事故にあっても迅速的確な医療がうけられるように二四時間専門医待機の救急センターの拡充強化を。

21　あいまいな現在の救急告示制度の廃止を！

22　国・地方自治体の大幅な予算づけを！

IV　その他

ア　相談所など

23　気楽に相談でき親身に相談してくれる相談所の設置を。／〈補償、裁判や生活、教育、進学、就職などに関する相談所〉

24　交通遺児家庭の訪問相談員を多く。

25　交通遺児家庭に奉仕員の派遣を。／〈引っ越しの時の手伝いや母親の傷病時にヘルパーを〉

イ　交通遺児名簿

26　励ます会にも名簿の公開を。／〈一日に三〇人生まれる交通遺児のリスト・アップの継続〉

2　自損事故保険制度の創設

一九七二年から七三年にかけてはじめられた、玉井が主導したキャンペーン、社会運動のうち、主だったものは、自動車事故対策センター設立キャンペーン、自損事故保険制度創設キャンペーン、ゆっくり歩こう運動である。これらのうち前二者は交通遺児家庭の生活保障を直接にめざすものであり、三番目のものはモータリゼーション批判をめざすものであった。目的の達成という観点からは、まえの二つは完勝であるが、三つ目のものは目的の理解のしかた次第で評価がわかれよう。玉井自身は、これは失敗に終った運動とつきはなしてみている。

自動車事故対策センター設立キャンペーンは、短期決戦の見本のようなキャンペーンであった。運輸省は一九六五年ごろから、外郭団体として全国組織のセンターをひとつもちたいと予算要求をつづけていた。当初はそのセンターの仕事として自動車運転者の適性検査などが考えられていたようである。しかし、その要求を大蔵省は認めなかった。一九七三年度の予算要求では、運輸省は、交通遺児家庭への社会的関心のひろがりに着眼し、中学生までの遺児がいる交通遺児家庭にたいして、生活費や奨学金を貸しつける事業をおこなう自動車事故対策センターの設立をめざした。貸付金の財源としては、自賠責保険の保険事業会計からの取りくずし、つまり運用利子の一部の使用が予定されていた。しかし、大蔵省はこれに絶対反対で、大蔵省首脳と運輸省首脳のあいだでは、七三年度のセンター設立は認めないという合意が成立していた。この合意に、運輸官僚の中堅クラスが反発し、玉井にセンター設立を推奨するキャンペーンを展開してほしいという依頼がきた。

依頼の使者は自動車局保障課長であった。保障課は、政府が交通遺児育英会に助成金を交付するさいの窓口である。運輸省の省益と育英会の会益が合致するように工夫された依頼のしかたであった。しかし、玉井には、その二とおりの利益とは別につぎのような判断があった。当時、自賠責保険の死亡事故にたいする支払い限度額は五〇〇万円であった。かれはその大幅引き上げを機会があるごとに提唱していた。しかし、それは過去においてはもっと低かった。二年あまりまえの六九年一〇月三〇日までは三〇〇万円、四年あまりまえの六七年七月三〇日までは一〇〇万円であった。現在の交通遺児家庭の経済的窮乏の主要な原因は、これまでの自賠責保険の水準の低さにある。したがって、自賠責保険の財政が大幅黒字に転じたのであれば、その果実の一部は交通遺児家庭によって当然利用されるべきである。

玉井は「朝日新聞」の社会部に、このセンター設立にかんするそれまでの経過について情報を提供し、一月七日の朝刊の三面トップで七段見出しの記事を出してもらった。「交通遺児ら救済計画、大蔵案からバッサリ／国鉄運賃審議のじゃま／『値上げ列車』が『福祉』をはねる」、などが見出しに並んだ。記事の内容は、自賠責保険の大幅黒字、交通遺児家庭の窮状と救済の必要を具体的に語ってから、自動車事故対策センターの構想を紹介し、大蔵省も最初はこれに賛成していたが、予算編成の最終段階で「交通遺児だけを優遇するのは公平性の点からみて問題がある」と反対にまわったという。その真意は、国鉄の運賃値上げ法案を最優先させるために、運輸関係のその他の法案は国会審議のじゃまにならないように、そぎ落しておくというところにある。値上げ列車という至上命令のまえでは、ささやかな福祉予算などかまっていられないのか。交通事故の被害者の団体ははげしい絶望感におそわれている。

この記事への反響は大きかった。国鉄運賃の値上げというそれだけでも敵役である事柄に、福祉の抹殺というもうひとつの憎まれ役をつけくわえたのである。これはまことに巧みな世論への訴えかたであった。運輸省はこの世論を背景に復活折衝で、自動車事故対策センターの設立をつよく要求した。その結果、一月一三日未明、大蔵省はその要求を認め、同センターのために四億五〇〇〇万円の予算がついた。一月七日の記事以来、六日間の逆転劇であった。

これと対比すると、自損事故保険制度創設キャンペーンは長丁場のものとなった。交通事故のなかに自損事故という範疇がある。それは、きわめて一般的にいえば、自動車の運転者の過失によっておこされた自らが死亡あるいは負傷した事故である。これは、わが国では、一九七五年一二月までは自動車保険による補償の対象にならなかった。この事情から、自損事故は厳密には自動車保険制度との関連でくわしく定義されるのだが、ここでは運転者が自動車を誤って電柱にぶっつけたり、崖から落したり、センター・ラインを越えて対向車と衝突した事故などを考えてもらえば充分だろう。それは保険による補償をうけられないので、交通遺児家庭のうちでも自損事故による家庭は、経済的窮乏がとくにいちじるしかった。玉井は、交通事故遺児を励ます会に関係してまもなく、この問題の所在に気づいていた。

交通遺児家庭の遺児にとっては、親が死亡した交通事故が他人の過失によるものであろうが自損事故であろうが、それによってこうむる経済面での被害はまったく変わらない。それなのにいっぽうには補償があり、たほうにはない。交通遺児の立場からいえば、自損事故も補償されるべきなのだ。玉井はそう考えて、最初は自賠責保険の強制保険が自損事故をも対象とする制度改善を模索していた。かれは一九七二年にアメリカ合衆国とヨーロッパ諸国の交通事情を視察する旅行に出て、ワシントン市でノーフォルト保険法の原案を書いたシャープ弁護士に面談し、その原案の思想につよく共感した。それは過失の有無にかかわらず、交通事故の被害者に補償する保険制度の連邦法案となって、当時、議会で審議をうけていた。

帰国してから、玉井は、自損事故を補償する保険制度の必要を主張し、ノーフォルト保険がアメリカの数州で実施されている状況やそれをめぐる論議を精力的に紹介した。かれの主張は次第に社会的注目を集めるようになり、二度にわたって、影響力がつよい公的な場でかれはその主張を述べる機会をえた。その一回目は、一九七三年一〇月一九日、大蔵省でひらかれた自賠責保険審議会である。かれは参考人としてそこで多くの提案をおこなったが、その最重要部分はつぎの三点であった。(1)自賠責保険の死亡事故にたいする支払い限度額を五〇〇万円から一〇〇〇万円に引き上げよ。(2)自損事故の遺族にも自賠責保険から一〇〇〇万円を支払え。(3)民営の自動車保険も強制加入として、死亡事故には支払い限度額を二〇〇〇万円とせよ。こちらは過失相殺とする。

「朝日新聞」がつたえるところでは、運輸・大蔵両省事務局は、「玉井構想」の(2)と(3)について、いますぐ実行するのは無理だとしても、将来の政策化については充分に検討する価値があると積極的な姿勢を示しているということであった。(1)の支払い限度額の一〇〇〇万円への引き上げは、その年の一一月二七日に実現している。

玉井は、その後も、マス・メディアで、自損事故にも保険によって補償をおこなうべきだと説きつづけた。二回目の影響力がつよい公的な場における発言は、一回目から約一年半あまりのち、一九七五年一月二〇日、大蔵省でひらかれた保険審議会損害保険部会でおこなわれた。玉井はそこで参考人として、つぎの三項目を主内容とする提案をおこなっている。(1)自賠責保険の死亡事故への支払い限度額を一〇〇〇万円から二〇〇〇万円に引き上げ、任意加入となっている民営保険への加入を保険金三〇〇〇万円まで義務づけよ。(2)補償金をもらってもインフレによる「目減り」がはなはだしいので、遺児が一八歳になるまで物価とスライドする年金形式の補償制度を新設せよ。(3)自損事故の遺族にも民営保険から一五〇〇万円が補償されるようにせよ。自損事故への補償にかんしては、一回目の発言では、自賠責保険から自損ではない事故と同額の限度額を支払えといっていたのにたいして、二回目の発言では、民営保険から自損ではない事故の半額の減度額を支払えというように変化している。また、遺族を苦境から救済するために、自損保険は、酔っぱらい運転や無免許運転による事故にも適用されるべきだと主張されていた。

この提言にたいして、大蔵省は、六月に予定されている同審議会の答申までに、自損事故保険制度の具体案を練りあげておきたいと反応した。損害保険業界では、玉井がいう(3)の大筋にそって、制度構想が作られつつあった。運輸省や自動車業界にもとくに異論はなかった。最終的には七六年一月一日、任意加入の自動車保険によって自損事故は補償されるようになった。その死亡事故への支払い限度額は一〇〇〇万円とされた。当時、自賠責保険の死亡事故への支払い限度額は一五〇〇万円であったから、その三分の二が自損事故でも支払われるようになった訳である。しかし、それまでは補償金ゼロであったものが、一挙に一〇〇〇万円が支払われるようになったのであるから、交通遺児家庭の救済の観点からみれば、この制度新設は長足の進歩をとげたことになった。ただし、酒酔い運転、無免許運転の自損事故には、この保険制度は適用されないという問題はのこった。なお、この自損事故保険は、損害保険業界では、主唱者の名を冠して、玉井保険と長く呼ばれていた。

3　ゆっくり歩こう運動

玉井義臣が一九六七年に発表した「殺人機械」は、かれが発表した論考のなかで、もっともラディカルなモータリゼーション批判を展開したものであった。しかし、われわれは、その仕事が自動車と自動車メーカー、それらを規制する政府などの責任のみを問うのにたいして、自動車を利用する大衆の責任はどうなるのか、かれらがその利用をどれほどに断念することができるかと問うことが必要だろうといった。玉井に、一九七三年にはじまる「ゆっくり歩こう運動」のなかで、この課題にとりくむことになった。

この運動の前身は、前年秋に交通遺児を励ます会全国協議会がおこなった「東京の道路にいのちと自然のふれあいをとり戻す運動」であった。玉井は、その運動の実行委員会の委員長となり、「宣言／道路を人間の手に！／歩こう！　自転車に乗ろう！」にはじまる、「車社会」に反対し、ゆっくり歩こうと呼びかけるアッピールを出し、一一月二日・文化の日の深夜零時に日比谷公園を出発して、都内二七キロメートルを歩いて同公園にもどる歩きへの参加を呼びかけた。この運動の主旨とアッピールを紹介してくれたマス・メディアは朝日新聞だけで、玉井をはじめとする主催者たちは経験的に判断して三〇〇人から五〇〇人の参加者をみこんでいたら、二六〇〇人の人びとが集まってきて、かれらを驚かせた。この催しは広い範囲の世論の支持を集める可能性をもっている。これを全国各地で定期的におこなって、モータリゼーション反対の社会運動を展開しよう。それが翌年からの「ゆっくり歩こう運動」になっていった。

七三年三月二七日、励ます会全国協議会・ゆっくり歩こう運動実行委員会委員長として、玉井は、「ゆっくり歩こう(声明文)」を発表する。これは時代の核心を射ぬく狙撃手の面目が躍如とする文章であった。全文を紹介する。

「いま地球と人類は滅亡の危機に直面している。現代文明の『技術』と『速度』がその元凶である。

産業革命以後の科学技術の進歩は、驚くべきスピードで古代からの人間の夢を次々と実現し、物質生活を豊かで便利なものとした。そして技術進歩を促進させた『資本』は、飽くなき利益を求めてさらに技術の進歩に拍車をかけ、大量生産―大量消費―大量廃棄の浪費経済社会をつくりあげてしまった。その結果、有限の資源は食いつぶされ、公害で環境は汚染破壊され、人間は経済の下僕となった。その危機的状況は刻々に加速され、いまや絶望的である。

自動車はその典型である。自動車は経済を豊かにし、生活を便利で快適なものにしてきたが、いまや最大の地球破壊者である。

この鉄の塊りは、できあがるまでに、大量の水を汚し、大量の石油を消費する。いったん、道路に出れば、再び石油をがぶ呑みし、その排気ガスは、大気汚染をもたらす。自動車道路は、それ自体で大量の資材をつかい、しかも、緑をズタズタに切りさいてゆく。事故、騒音、振動による人間破壊にいたっては、もはやだれのための自動車かと言わざるをえない。

人類が、自らの滅亡と地球破壊を回避するため必要なものは、『ＹＵＫＫＵＲＩＳＭ(ゆっくりの哲学)』である。スピード化された現代文明を減速させることである。それは一言でいえば、暴走する『技術と速度と経済』の論理を『人間と地球』という本来の論理に引き戻すことである。GNP万能主義を脱し『高度経済成長から〝ゼロ成長〟へ』、速度万能主義を脱し、『スピードからゆっくりへ』、技術万能主義を反省して『進歩から反進歩へ』と大きく舵を切り替え、地球征服者としての驕りを捨てて生態系の一員である『人』という種にかえり、自然への回帰をはかることである。

この『ユックリズム』という行動哲学を体現するために、まず人間の行動の原点に帰って二本の足で大地を蹴ってゆっくり歩き、ゆっくり考えてみよう。『ゆっくり』こそ人間の速度であり、地球を守る速度である。

ゆっくり歩こう！　日本人!!
ゆっくり歩こう！　日本!!
ゆっくり歩こう！　地球!!」

この声明文は内外のマス・メディアによって、好意的に大きくとりあげられた。国内の主な新聞メディアは、「読売新聞」が「よみうり寸評」と「サイドライト」で、「サンケイ新聞」は「サンケイ抄」で、「朝日新聞」は「今日の問題」で、「毎日新聞」は「社説」で、ユックリズムの主張を紹介し、支持した。また、海外の主な新聞メディアとしては、「シカゴ・トリビューン」、「クリスチャン・プレス」(いずれもアメリカ合衆国)、「ヴィクトリア・タイムス」(カナダ)などがあった。

「ゆっくり歩こう運動」は、全国で計四回おこなわれた。その第一回目は、運動史ではユックリズム・第一弾と呼ばれているが、七三年五月三日か五日に、(例外的に四月、七月にやったところもあったが)全国三九都道府県四一コースでおこなわれた。コースの総距離は二〇数キロ程度が多かった。「サンケイ新聞」の調査によれば、全国で約五万の人びとがこの運動に参加して歩き、その半数が女性であった。東京のコースには六〇〇〇人が参加した。参加者たちのうち最高齢者は八〇歳、最年少者は五歳。そこに参加したイラストレイターの真鍋博は、当夜の体験を「ユックリズムとバイコロジー」という秀抜なエッセイで描いている。二節を引用する。

「ゆっくり歩こう大会は、ゆっくり歩くのが目的だから、できるだけ歩きながら、ずいぶんいろんな人と話した。／予備校の学生と話したし、下駄ばきのおじさんとも話しながら歩いた。栃木からきた青年は、田舎の夜空は真っ暗なのに、東京の夜空がうす暗いのはスモッグがかかっているからかなあと、不思議そうに空を見上げた。元陸軍のおじさんは、飴をしゃぶりながら歩くと疲れないですよと行軍の知恵を得意気に披瀝した。裾をはしょったお遍路さんスタイルのおばさんは追いこしざまにお先に失礼と通りすぎた」。

「しかし、すべてのコースをゆっくり歩けたわけではない。／歩道がないにひとしいところさえあるのである。／御徒町を過ぎて池袋に向かう頃から歩道が急に狭くなった。／ガードレールで仕切られた歩道は二人並んでやっと通れる程度だが、そこにあちこち電柱が立っているから人の流れがはみだしてガードレールの外、つまり車道を歩く人まで出る始末、歩道があったところで、その歩道にゴミが積み上げてあるから歩きにくいことおびただしい。／その現実のなかで「歩行文明」などないにひとしいのを痛感させられた」。

ユックリズム運動・第一弾は、さきの声明文に劣らず、マス・メディアで大きく報道された。その主張を社会の広い範囲に知らせたという点では、この運動は大成功であった。つづいて、ユックリズム運動・第二弾は、七三年の六月から九月にかけて、交通遺児たちが自転車「赤とんぼ号」をのりついで、全国を一周するという試みであった。この一周旅行では、各地での車公害の告発、自然の美しさの再発見、自治体の首長への交通安全メッセージの手渡しなどが目的とされた。また、ユックリズム運動・第三弾は、同年一一月三日、全国一八都市で、「弱者のための町づくり」運動としておこなわれた。健常な市民が身体障害者や老人といっしょに街路を歩いて、弱者の歩行にとっての障害を点検し、その除去を訴えた。この第二弾、第三弾は、第一弾とは、基本的ねらいは同一であっても、具体的目標はかなり異なったものであったが、それぞれ一定の成果をあげた。

しかし、翌七四年六月三〇日を中心にしておこなわれたユックリズム運動・第四弾で、運動はめだって失速する。この第四弾は、「日本に土と心を─政治にユックリズムを」という主題をかかげ、声明文などでみるかぎり、第一弾とねらいも性格もほぼ同一のものであった。しかし、参加者は激減した。その数字はのこっていないが、第一弾が三九都道府県でおこなわれたのに、第四弾は一三都道府県のみでおこなわれたというところだけでも、失速ぶりはあきらかである。第三弾の直後に生じた第一次石油危機とそれがともなった不況が、多くの日本人の関心を現実の利害のみに集中させ、ユックリズムの文明論、哲学論から遠ざけたのだと、玉井はみている。マス・メディアも、大広告主である自動車メーカーなどの意向をおもんぱかって、ユックリズム運動の報道に消極的になった。それも運動の失速の一因になった、とかれはみていた。

4　宇沢弘文『自動車の社会的費用』

人びとにゆっくり歩こうと勧めることは、そのかぎりで車をつかわないでほしいと呼びかけることである。生活空間における移動を自動車によってではなく、自らの両足によっておこなうこと。これは反モータリゼーション運動の原思想である。その原思想は、モータリゼーション文明において、自動車の利用者としての民衆は、自動車産業、自動車資本の共犯者であるというラディカルな告発を含意している。ゆっくり歩こう運動を提唱して、玉井義臣は、その原思想に到達したのであった。しかし、その運動は、第一次石油危機の直前にいわば一瞬の高揚を示して、たちまち失速してしまう。失速の原因にかんする玉井の見解はさきに紹介したとおりである。私はその原因論議に深入りしない。失速の事実それ自体から、現代社会とモータリゼーションの結びつきはほとんど必然的にみえること、人びとに車に乗らないでほしいと呼びかけることの決定的困難さを思い知らされるのである。

玉井がこの運動でとりくんだ課題について、同時代の経済学者たちのうちでもっとも集中的な取組みをおこなったのは、宇沢弘文であった。宇沢は玉井の運動に関心をよせ、玉井は宇沢の仕事に注目して、かれらはやがて交流するようになる。

ゆっくり歩こう運動が第四弾で終った一九七四年、宇沢は『自動車の社会的費用』(岩波新書)を刊行した。それまでの日本におけるモータリゼーションの急速な進展にかんしては、宇沢は玉井と基本的には共通する危機感をもっていた。モータリゼーションがひきおこす社会問題のうち、交通遺児家庭の生活問題については、宇沢は交通遺児育英会の初期の調査結果をそのまま引用している。日本のモータリゼーションにたいする宇沢の批判は、つぎの文章に集約されている。

「日本における自動車通行の特徴を一言にいえば、人々の市民的権利を侵害するようなかたちで自動車通行が社会的に認められ、許されているということである」(前出書、iiページ)。

さまざまな社会問題を生じさせながら、つぎつぎに道路が拡張され、あるいは建設されて、自動車の保有台数がふえてきたのはなぜか。そのもっとも大きい要因は、自動車通行が第三者に大きな被害をあたえ、希少な社会資源をつかいながら、それらにたいして代価をほとんどはらわなくてよかったということである。

宇沢は、この事態の抜本的解決は、「自動車通行によって発生する社会的費用を自動車を利用する人々が負担するという本来的立場にたち返ること」によってのみ可能となると主張する。この主張におけるキイ・コンセプトは「社会的費用」である。それはつぎのように定義される。

「ある経済活動が、第三者あるいは社会全体に対して、直接的あるいは間接的に影響を及ぼし、さまざまなかたちで被害を与えるとき、外部不経済(external dis-economies)が発生しているという。(中略)このような外部不経済をともなう現象について、第三者あるいは社会全体に及ぼす悪影響のうち、発生者が負担していない部分をなんらかの方法で計測して、集計した額を社会的費用と呼ぶ」(同書、七八―七九ページ)。

宇沢の著作が刊行されたときまでに、年間の一台の自動車の社会的費用の主要な試算例が三つあった。試算の主体別にいうと、運輸省約一二万円、日本自動車工業会六六二二円、野村総合研究所約一八万円、である。運輸省試算にくらべて日本自動車工業会のそれが異常に低いのは、歩道橋などの交通安全施設、交通警察などの費用は自動車のみに起因するものではないとして含めず、交通事故による死者・負傷者の人命・健康の損失には保険金が支払われるので、それらは考慮しないでさしつかえないとするからである。野村総合研究所の試算がほかより高いのは、公害の社会的費用を算入したからである。宇沢はこの三つの試算例を、人命・健康や自然環境の破壊は、「不可逆的な現象」であり、社会的費用の概念では計測されないものであるという理由で、すべて退けている。

宇沢自身は地域を東京都に限定して、つぎのような試算をおこなった。自動車通行が認められている二万キロの道路を「幅を拡げて歩道と緩衝地帯をつくり、市民の基本的権利を侵害しないような構造をもった道路に変える」。幅は現状より八メートル拡張、並木を植えて……と具体的プランが一々述べられているが、それらは省略する。その総費用二四兆円、この道路網を二〇〇万台の自動車が利用するとすれば一台あたりの費用は一二〇〇万円となる。いま二四兆円を投資しておけば、この道路を自動車が利用しても、市民の権利は侵害されない。自動車通行者は自動車一台あたり一二〇〇万円の投資額の年々の利息分、当時の金利で計算すると約二〇〇万円を毎年支払うことになる。これは、社会的費用を発生させないための、社会的費用の前払いとでもいうべきか。この方式が採用されれば、自動車保有台数はいちじるしく減少するだろう（同書、一五九―一六八ページ）。

玉井の「ゆっくり歩こう運動」も宇沢の『自動車の社会的費用』も、時代の核心を射抜く言説であったが、この国におけるモータリゼーションはその後も圧倒的に展開する。表10（三九ページ）で示しておいたように、日本の自動車保有台数は人口一〇〇〇人あたりで、七五年二五〇・九台、八〇年三二三・四台、八五年三八一・三台、九〇年四六六・七台、九五年五三二・四台と、その伸びがとどまるところを知らないのだ。いまとなってみれば、一九七四年のかれらの言説は、この半世紀にわたってうねりつつ進行してきたモータリゼーションの凶相を、その中間点あたりで一瞬、照し出した二条の光芒であったというべきか。

ただし、玉井はかれの運動のなかで歩くことに執着しつづけている。交通遺児育英会の学生寮・心塾の学生たちの学習活動でも歩くことは大事なレッスンであったし、あしなが育英会の毎年おこなうPウォーク10（各地で一〇月一〇日一〇時に出発して、一〇キロメートルを歩きながら、人間愛にみちた社会のありかたを考える行事、Pはフィランソロピーのイニシャル）、一九八八年のガン遺児救済のための日本列島行進など、人びとが歩くことはかれが率いる運動ではつねに不可欠の方法のひとつである。また、宇沢は反モータリゼーションの主張を機会あるごとにくり返して、今日にいたっている。そのなかで『自動車の社会的費用』以後にあらわれた新しい論点の一部はつぎのとおりである。(1)現代の大都市は、自動車依存の交通体系を前提にして構想されており、歩行者が住みにくい非人間的世界である（宇沢弘文「自動車の社会的費用再論」『著作集I』岩波書店、一九九四年、二九五—三〇九ページ)。(2)モータリゼーションを前提とした国鉄解体は、国鉄の社会的共通資本としての機能を大きく阻害し、僻地の住民の移動を困難にする。社会的共通資本に独立採算性をもとめるべきでない(宇沢「国鉄解体と近代経済学—私的モータリゼーションとの関連で」『著作集I』二七五—二八八ページ)。(3)自動車通行は、人命を損傷し、生活環境を破壊する。その状況下で自らの利益をもとめて自動車を運転することは、文化的・倫理的な頽廃を運転者にもたらさざるをえない(宇沢「車社会の悪夢」『著作集I』二二三—二二四ページ)。

5 調査とキャンペーン

ゆっくり歩こう運動は、反モータリゼーションの思想を、成長至上主義、技術万能主義への批判、エコロジー的発想の尊重と関連づけつつ、社会的にいちおう認知させた。しかし、その運動自体はオイル・ショック後の不況のなかで急激に失速した。交通遺児育英会と励ます会全国協議会は、運動のエネルギーを別の方向に向かわせ、そのボルテージをたかめる必要があった。玉井義臣は、三つの具体的方向を選んだ。すなわち、(1)交通遺児家庭の生活実態調査とそのキャンペーン、(2)交通遺児の高校生の授業料減免制度の創設の要求運動、(3)「母子家庭の母親の雇用促進法」制度の要求運動である。

ただし、これらの三つの方向を選んだというのは、その後の運動の展開過程をみてからいえることであって、玉井がその撰択を、ゆっくり歩こう運動が失速する状況のなかで、明確に自覚しつつおこなったということではない。すぐれた社会運動家の勘と想像力が、偶然に生じたひとや出来事との出会いに触発されて、半ばは自覚しつつ、半ばは自覚しないままに、それらの三つの方向をさぐりあてていたということか。

交通遺児家庭の生活実態調査とそのキャンペーンは、一九七四年春、玉井が私を、調査の企画、実施の担当者として起用してはじまった。われわれは、六八年ごろ、玉井が理事をしていた交通安全科学協議会が交通事故の重度後遺症者の調査をおこなったとき、私がその企画・実施をひきうけたことで識りあっていた。この調査結果の分析にかかる七〇年ごろ、私の勤務先の東京女子大学は大学紛争の渦中にあり、私はそこで学生部長代理をつとめていて、そのせいで仕事がおくれにおくれたことは覚えている。その事態の処理で玉井は苦労したはずなのだが、動じる風情をまったくみせず、私は、これはなかなかの器量人だと思っていた。ただし、私は社会運動には馴染めない個人主義者であったので、当時は玉井がひきいる交通遺児育英会の運動にはほとんど関心をもっていなかった。(もっとも、全共闘運動の女性闘士たちを相手に連日・連夜の団交をくりかえす学生部長の仕事をしながら、社会運動に好意をもつひとがいたら、そのひとはよほどの大人物か、あるいはマゾヒズム的嗜好の持ち主かだと思うが。私はどちらでもなかった。)

七四年春の仕事を依頼されたおりの記憶はなくなっている。憶えているのは、その場で、交通遺児家庭の生活実態を郵送調査と事例調査、家計調査の三つの手法をくみあわせてあきらかにしよう、家計調査は家計簿をつけている遺児家庭をみつけてその家計簿を借りて集計することにしよう、と決めたことだけである。私は二〇代のころから事例調査に関心をよせており、その生活史＝物語の調査が同時代の社会学でほとんどかえりみられないのを残念に思っていた。また、七一年には、青井和夫、松原治郎の両先達と共編著『生活構造の理論』(有斐閣)を刊行して、生活水準と家計調査にかんする考えかたをいちおうまとめていた。これらのいきさつがあって、さきの方法の着想となったのだろう。この方法はその後、育英会の調査で長くつかわれることになる。

七四年の調査とキャンペーンは、事前には予想もしていなかった大きい成功をおさめた。調査は交通遺児家庭の生活問題の深刻さ、その悲哀と苦悩の心理をまざまざと描き出した。一〇月二四日、交通遺児育英会はプレス発表をおこない、私に調査結果を報告させた。いま残っている資料でみても、「朝日」「毎日」「読売」「サンケイ」「日経」の五大全国紙、「東京」「山陽」「四国」「西日本」など主要地方紙、「公明」「赤旗」などの政党機関紙が、それを大々的に報告している。たとえば「朝日」は、版によっては違いがあるが最大は九段ぬきで、主要調査結果と玉井や私のコメントをのせ、あわせて「ひと」欄で調査担当者としての私へのインタビュー記事をのせている。世論はこれらの報道につよく反応し、二六日からはじまった育英会の街頭募金にたいしても各地で道ゆく人びとの反応は熱っぽかった。夏に「ゆっくり歩こう」運動がきわだって不振で、秋に「生活実態調査」が大成功する。端的にいえば、不況時には、文明批評の哲学よりも貧困問題の報告のほうが人びとの関心をつよく惹きつけるということか。

その年から二〇〇〇年まで、二七年間、私は、交通遺児育英会、ひきつづいてあしなが育英会がおこなうすべての調査の企画・実施を担当してきた。最初の五年間の調査とキャンペーンは、つねに初年度同様の大々的報道と育英会の運動への幅広い支持をうみだしつづけた。以下、まず、その五年間の調査の名称、共同研究者の氏名、主要な発見の一部を紹介する。これによって、七〇年代の交通遺児家庭の生活実態と生活問題はほぼ全体的にあきらかになる。

一九七四年、「交通遺児家庭の生活実態調査」、共同研究者・吉田恭爾。

調査対象となった交通遺児家庭は、約三万世帯で有効回収票数は六二三九であった。それは、母子世帯約九〇%、父子世帯約一〇%にわかれた。典型的な交通遺児家庭は、三〇代か四〇代の父親が事故死して、あとに母親と子ども二人が残されたというものである。調査時点での母親の年齢は四〇代が五〇%あまり、三〇代が二〇%あまりであった。母親の職業は、専門技術をもたない賃金労働者が約四〇%、自営業者約二〇%、内職・家業の手伝い約一〇%などである。その職業収入の最頻値は四万円台であった。その時点の常用労働者の平均月収は九万円弱であったが、彼女たちの収入は約七五%がそれを下まわっていた。これを基本的原因として、交通遺児家庭の五〇%強が極限的貧困状況にある。事故にたいする補償金がまったくなかった自損事故ケースは二七・四%あった。この貧困は、母親の健康破壊、遺児の進路変更、高い生活保護受給率をもたらしていた。

一九七五年、「交通遺児の教育調査」、共同研究者、吉田、小林捷哉(当時、白梅学園短期大学講師、のち同教授、一九九四年逝去)、野島正也(当時、東京教育大学大学院学生、現在文教大学教授)。

調査対象は中学三年生、高校一年生、同三年生、大学一年生の交通遺児をもつ約一万七〇〇〇世帯で、約七〇〇〇世帯が有効回答をよせた。高校一年生のばあいの主要結果はつぎのとおりである。進学先は、公立普通高校約四〇%、公立実業高校約三二%、私立普通高校約一四%、私立実業高校約八%、定時制高校約四%、低い経済階層の遺児ほど実業高校、定時制高校に入学しがちである。入学時の費用と毎月の学費はいずれも私立で高く、たとえば私立普通高校では入学時一四万—一八万円台、毎月約一万七〇〇〇円となる。それらは母親のとぼしい勤労収入を中心に、補償金、兄姉の収入など一家総がかりで支払われている。受験準備の塾や予備校の授業は、「うけた」約二四%、「うけない」約七〇%、低い経済階層になるほど、「うけた」の比率が低下する。「費用がなくて受験参考書が買えなかった」の比率でも、同様の傾向がみられる。貧困は学力不足の原因のひとつである。

一九七六年、「交通遺児の母親の職業調査」、共同研究者、吉田、小林、野島。

調査対象は母子世帯の交通遺児家庭約一万六〇〇〇世帯、約四四〇〇世帯が有効回答をよせた。母親の年齢は四〇代が約七〇%で最頻値となった。学歴は義務教育のみ約六〇%、高等学校・旧制高等女学校約三〇%、であった。収入のある仕事を「している」約八六%、「していない」約一二%、「していない」のほぼ半数の理由は病気か病弱である。母親たちの職業構成では、技能工・生産工・単純労働などが約三〇％で、サービス職業、事務、販売などがつづく。雇われている者のうちでは、常雇約七〇％、臨時雇い、日雇い、パートなどの不安定就労約三〇％とわかれる。常雇いの約八〇％は中小・零細企業に集中する。労働条件が安定した大企業、官公庁に勤務する者は二〇％弱であった。この時点の大卒女子の地方公務員の初任給は八万円余であったが、交通遺児家庭の母親の約六〇％はそれ以下の平均月収しかえていなかった。独身女性ひとりの生活費以下の生活費で母子三人がくらすのである。早朝あるいは深夜に二つ目の仕事をもって収入を補うものが一三％いた。長時間労働、低収入、日給月給、昇級制度がないものは、いずれも零細企業に多かった。

一九七七年、「交通遺児の母親の疾病と医療」、共同研究者、吉田、小林、野島、牧園清子（当時、東京都老人総合研究所助手、現在松山大学教授）。

調査対象は母子世帯の交通遺児家庭約一万四〇〇〇世帯で、約六六〇〇世帯が有効回答をよせた。母親の年齢、職業、収入などの実態は前年度の調査とかわらない。父親の事故死前後の母親の健康歴を追うと、事故後三年のあいだに病弱、病気の比率が倍増する。その期間の精神的苦悩としては、「不眠症」三〇％、「神経性の疾病」二〇％、「家に閉じこもりがち」一六％、「親子心中を考えた」一二％、「自殺を考えた」一一％などがある。この一年間の健康にかんする自己判定は、「どちらかといえば病弱」二二％、「病弱」八％である。経済階層がさがるほど、この両者の比率の小計は大きくなる。通院経験は「ある」四〇％、入院経験は「ある」五％、通院・入院にさいして困ったことでは、「仕事ができない」約四〇％、「生活費の不足」約三四％、「子どもの世話ができない」約一四％などがあった。また、心身に異常・苦痛をおぼえながら医師の治療をうけられなかった経験は「ある」が一七％あり、低収入層、不安定就労層でその比率が上昇した。

一九七八年、「交通遺児家庭の補償調査」、共同研究者、吉田、小林、樽川典子(当時、東京都老人総合研究所助手、現在筑波大学助教授)。

調査対象となったのは交通遺児家庭一万三〇〇〇世帯あまりで五三〇〇世帯あまりが有効回答をよせた。交通事故死にたいする補償金の有無では「出た」約六三%、「自損事故だったので出ない」約二六%、「わからない」と無回答約一一%、であった。「わからない」などは、補償の交渉を死亡した父親の親などにまかせて、補償金が出たかどうかも知らないというケースである。補償の交渉をしたものにかぎってその方法をきくと、「示談で解決した」約七〇%、「裁判所で調停か和解で解決した」約一〇%、「裁判所で判決で解決した」約四%、などである。補償金額は、それを支払われたものにかぎってきくと、一〇〇〇万円未満に約七八%が、五〇〇〇万円未満に約五三%が集中した。その金額は近年の事故になるほど上昇する。補償金は事故後の交通遺児家庭の階層的下降をほとんど防止しない。しかし、その金額の低さと母親の健康をそこねているものの比率の高さは相関する。

一九七八年、「交通事故による重度後遺症者調査」、共同研究者、副田あけみ(当時、東京大学大学院学生、現在東京都立大学教授)。

重度後遺症とは交通事故後遺症等級第一級から第三級までをいう。その具体的規定はきわめて多岐にわたるが、例示風にいえば、両眼か片眼の失明、言語機能の喪失、両手か両足がつかえない、神経か精神にいちじるしい障害があって、つねに介護が必要か生涯はたらけない、などである。重度後遺症者家庭八三例の事例調査をおこなった。「入院している」約一七%、「自宅にいる」約八三%。精神か神経の障害は「ある」約五一%、「ない」約四九%。肉体面の障害では「寝たきり」約三一%、「介助・器具などにより歩ける」四七%、「自力で歩ける」約二二%。自宅にいるケースでは、主な介護者は妻が約九四%である。彼女たちの多くは睡眠時間をきりつめ、介護、家事、仕事の三重負担に苦しんでいる。その結果、妻の三人に一人は病気中か、病気がちである。対象家庭の九〇%以上が平均以下の生活水準にあり、生活保護を受給する世帯は一四・五%におよぶ。

6　授業料減免制度の獲得

交通遺児の高校生のための授業料減免制度は、公立高校の授業料の全額免除、私立高校の授業料の半額免除で、最初、一九七四年、福岡県で獲得されたので「福岡県方式」と運動のなかで呼ばれた。七六年には全国で実施されることになった。そのいきさつはつぎのとおりである。

一九七四年一一月四日、福岡市で、九州各地の励ます会が連合して主催し、交通遺児と母親の九州大会を開催した。そこに出席した亀井光福岡県知事は、採択された要望にたいして、つぎのように回答した。「交通事故をなくし、交通遺児をなくすことが基本であるが、万一、事故がおこったばあいには遺児やその家庭の救済が大事だ」。「交通遺児の授業料は、県立高校では来年度から減免措置を実施する。私学については今年度三二億円の私学振興費を計上して父兄負担の軽減をはかっているが、その一環として遺児の授業料の減免をつよく指導する」。「母子家庭への援助については、全国知事会をつうじて国に要望する。その母親の県庁への雇用については、要望があれば検討する」。「私の決意を、みなさんは九州各県の知事にも訴え、各地で実現をはかってほしい」。

この確約に会場は沸いた。玉井はその会場にいたが、終了後、「読売新聞」記者のインタビューに答えて、知事の発言をたかく評価し、「これまで八年間、遺児救済活動をつづけてきたが、はじめての成果だ」と語った。励ます会の全国協議会は、九州大会につづいておこなわれた近畿大会、中四国大会でも、出席した知事たちに「福岡県方式」の実施を要望した。しかし、かれらの要望は実質的に拒否された。

一九七四年一二月二日、励ます会全国協議会は、第二回「交通遺児と母親の全国大会」を開催し、「福岡県方式を全都道府県に」という要望を決定し、全都道府県知事に送った。翌七五年の夏休みには、全日本自動車連盟に加盟する大学自動車部が遠征で通過する三三県の知事に「福岡県方式」の実施をふくむ要望書を提出した。その年一一月八日、九日の学生募金も、サブ・テーマに「福岡県方式を全都道府県に」をえらび、三〇〇拠点で、一〇〇〇団体、二万人の学生を動員した。八日の東京数寄屋橋のオープニング・セレモニーには各党の党首格の政治家たちが並んだが、中曾根康弘自民党幹事長は、学生たちの念願をかなえさせてあげたいと決意したといい、交通遺児の奨学財源に自動車税やガソリン税をまわしてもよいという踏みこんだ発言をして注目をひいた。これらはその都度、マス・メディアで大きく報道された。

しかし、七五年末の七六年度予算案では、大蔵省は、「福岡県方式」の全国での実施のための財源をとっていなかった。玉井は、励ます会全国協議会や学生募金事務局の活動家たちをつれて「読売新聞」社会部に頼みこみ、一二月二八日、復活折衝が最終場面に入ったところで、同紙朝刊社会面のトップに八段ぬきで「中曾根さん、あの約束を……。授業料減免、復活予算にぜひ」という見出しの記事を書いてもらった。こうやられると、自民党は幹事長の面子を守るためにも、「福岡県方式」の全国での実施を復活折衝の重点項目にせざるをえない。三〇日、運輸省自動車局に、そのための予算、三億五〇〇〇万円がつけられた。

ここまでのところは運動の完勝であったが、そのあと、もう一度、運動は危機的状況を乗り越えねばならなかった。七六年度に「福岡県方式」を実施したのは二八都道府県で、約一万人の交通遺児がこの制度を利用すると予想していたのに、実際は二五六七人しか利用せず、予算のうちの二億円がいわゆる死に金になってしまった。その原因と当時みられたのは、つぎの六点であった。(1)減免分の負担は政府と地方自治体が折

表 20　授業料減免者数および国庫補助額(年度別)

年度	減免者数(人)	国庫補助額(千円)
1976	2,567	39,631
77	3,698	72,310 (運輸省 36,155 総理府 36,155)
78	3,813	97,153
79	3,761	108,539
80	3,615	118,533
81	3,508	116,960
82	3,269	118,834
83	3,022	111,454
84	2,832	108,998
85	2,711	106,411
86	2,471	97,757
87	2,327	96,486
88	2,286	100,680
計	39,880	1,293,746 うち総理府 36,155

半でもつことになっていた。これ自体は直接の原因ではないが、これがつぎの三点を誘発した。⑵運輸省が地方自治体にこの予算を七六年度かぎりの単年度予算であるという含みがある情報を流した形跡がある。⑶運輸省から地方自治体への「交通遺児授業料減免事業」の要綱の通達が九月に入っておこなわれた。⑷地方自治体から運輸省への補助金の交付申請の締め切りは一二月二〇日に設定された。⑸地方自治体のなかには年度途中で新しい制度をつくるのはわずらわしいという反応があった。⑹また、地方自治体のなかには、交通遺児だけを優遇するのは行政の公平を欠くという意見が少なくなかった。

原因の⑵、⑶、⑷は、運輸省自動車局のやる気のなさを露骨に示している。その結果生じた二億円のつかい残しは国庫に返還されることになり、七七年度のこの事業の予算は一億二〇〇〇万円と半分以下に減らされてしまった。玉井はこの事態を重視し、行政の怠慢を批判する記事をもう一度「読売新聞」に書いてもらった。見出しは「二億円も〝死に金〟！　交通遺児に冷たい行政、国、地方、責任なすり合い」となり、玉井は「国の誠意を疑う」という見出しの談話をよせた。あわせて交通遺児育英会の若手局員に各都道府県庁をたずねさせ、事業のうけいれの実情を調査させ、その積極的実施を依頼させた。また、同会の高校奨学生にたいしても、機関紙やつどい(奨学生の集会、のちにくわしく述べる)をつうじて、減免制度をPRし、その利用を勧めた。これらの努力の結果、七七年度は全国で四二都道府県がこの事業を実施し、これは軌道に乗った。

それにしても、運輸省自動車局のはなはだしいやる気のなさは、どこからきたものだろうか。自動車事故対策センターの新設の予算要求で自動車局と玉井が呼吸のあったコンビネーション・プレイをつうじて、六日間の逆転劇を演じたのは、一九七三年一月である。それから三年あまりの七六年の夏から秋にかけて、これほどの手抜きをする。玉井はいう。「役所というところは、ひとを利用するときにはとことん利用しますけど、そうしてその礼はきちんとしますけど。しかし、余計な仕事をつくってくれたということになれば、徹底したサボタージュで対応してくる。授業料減免制度の創設はそれだったのでしょう」。

ただし、公平さを欠かないためにいえば、交通遺児育英会の側には、政策提言にあたってニーズの過大な見積があった。すでにみたように、同会は、減免制度が発足すれば、約一万人の交通遺児がそれを利用するだろうとみていた。それが七六年度には二五六七人しか出なかったので、同会は、その結果は運輸省の怠慢のせいだと烈しい批判をおこなった。同省にサボタージュの気味合いがあったのは事実である。しかし、翌年以降、事業が軌道に乗っても、減免制度を利用する交通遺児は、初年度よりは確かに増加したが、それでも最大値が七八年度の三八一三人であった。国庫補助額も一億二〇〇〇万円以内で足りていた。表20をみられたい。一般に社会運動はニーズの大きさ、問題の深刻さを誇張していう傾向があるが、このばあいの交通遺児育英会の最初の要求はその一例であったといわざるをえない。

7 雇用促進法の挫折

「5 調査とキャンペーン」であきらかにしたように、交通遺児家庭の生活問題の根幹部分は貧困問題であり、その根本原因は母親の職業生活でしいられている労働条件の劣悪さにあった。ほかに交通遺児家庭の生活問題としては、母親の疾病問題、遺児の教育問題なども重要であるが、それらのかなりの部分は貧困問題から派生したものである。したがって、交通遺児家庭の生活問題を解決するための社会的方策の機軸部分は、その母親に良好で安定した労働条件の職業につく機会を保障することにある。玉井義臣は、この保障を「母子家庭の母親の雇用促進法」を成立させることではたそうとした。その法の骨子は、労働条件が比較的には高水準の大企業や官庁にたいして、そこではたらく労働者のうちに、一定の比率で母子家庭の母親を雇用することを義務づけるというものであった。この法案のモデルは、あらためて言うまでもないが、一九六〇年に制定された「障害者の雇用の促進等に関する法律」(通称、「身体障害者雇用促進法」)であった。

この法の制定を要求する社会運動の意義は、第一に、法が対象とする「母子家庭の母」でいう母子家庭が、交通遺児家庭のみならず、病気遺児家庭、災害遺児家庭などの全死別母子家庭、さらには離婚、遺棄などによる全生別母子家庭までをふくんでいるところにあった。この法が制定されれば、わが国の母子福祉政策ははじめて実質的なものとなり、画期的な進歩をとげるはずであった。それは、さきに述べた交通遺児家庭の生活問題の構造と成立が、すべての母子家庭の生活問題に共通してみいだされるからである。その背後には、職業労働の世界における根強い女性差別がある。当時の「母子福祉法」も、その後身の現在の「母子及び寡婦福祉法」も、政策的効果という観点からいえば、ほとんど無内容な法律である。そこでは、わずかに実効がある制度としては、はなはだしく時代おくれの母子福祉資金の貸し付け制度の規定があるのみであった。

交通遺児育英会が発足するにあたって、交通遺児家庭のみを優遇するのは、そのほかの死別母子家庭にたいして公平を欠くという根強い反対論があった。玉井がこれにたいして、行政当局はその公平論によって不作為の弁明をしているだけだ、交通遺児家庭をまず救済して、それを突破口に全遺児家庭の救済をはかるのが政治の責務であろうと反論していたのはさきにみたとおりである。「母子家庭の母親の雇用促進法」の制定を要求する運動は、そのかれの主張のとおり、全遺児家庭の救済をねらい、そのうえに、離婚などによる生別母子家庭の救済までを一挙におこなおうとするものであった。この運動の担い手となることで、玉井と交通遺児育英会、交通遺児を励ます会、およびそれらと連携する諸団体は、すべての母子家庭のための運動団体の代表選手的存在になったのであった。

「母子家庭の母親の雇用促進法」の制定を要求する社会運動が展開された期間はいつからいつまでであったか。玉井自身のこれに関連する発言でもっとも早いものは一九七〇年にみられるが、そこでは「交通未亡人に職業訓練と職場解放を望む」と言うのみで、法の必要までは言っていない。七一年の第一回の「交通遺児と母親の全国大会」における二六項目の要求でも同じである。法の制定要求がはっきりあらわれるのは七四年からである。その年一一月一〇日、玉井は「朝日新聞」論壇で、「寡婦雇用促進法」の必要を訴えた。一二月二日には第二回の全国大会が「寡婦雇用促進法」の法制化を要望して、出席している各政党の政治家たちに回答を求めた。自民党の加藤六月交通部会長は「過度のモータリゼーションの失敗は認める。交通遺児家庭のために新しい社会道徳、社会政策が必要である」と抽象的に述べるにとどまった。野党の政治家たちは、みな、その法制化を支持すると回答した。

国会で「母子家庭の母親の雇用促進法」をめぐって論議がおこなわれたのは一九七五年から七八年にかけての三年間余である。玉井と交通遺児育英会などは、その間、全国大会での要望、有力政治家たちへの陳情、マス・メディアの動員などで、精力的に要求運動を展開した。政党のなかでは公明党がもっとも熱心で、七五年四月一日には衆議院で「母子家庭の母等の雇用の促進に関する特別措置法案」を議員提案したが、四月一六日にこれは審議未了で廃案になっている。また、七七年五月一九日には衆議院の社会労働委員会に社会党、公明党、共産党などにより「母子家庭の母等である勤労婦人の雇用の促進に関する特別措置法案」が共同提出され、これは継続審議となり、七八年三月一日、予算委員会で審議されたが、結局、同年末に廃案となった。自由民主党は、最初はこの法案に消極的であったが、途中から支持の姿勢をうちだした。しかし、肝心のところで腰くだけになって、法の制定にたどりつくことができなかった。すなわち、七五年一二月八日の第三回全国大会には中曾根康弘幹事長が出席して、「野党とも相談して法制定に努力する」と確約した。ところが、七六年、第七八回国会の衆議院本会議で、矢野公明党書記長が代表質問をおこない、この法の制定について問うと、三木首相は「現状に即し対処したい」と答えて、その制定にふれなかった。また、七七年五月一八日には、橋本龍太郎・衆議院社会労働委員会委員長が、交通遺児育英会、励ます会全国協議会などが翌日提出される前出の特別措置法案について陳情したのにたいして、「会期もあとわずかで、今国会での成立はむずかしいが、促進法を早期に実現させる」と約束した。しかし、これも、翌年の廃案ではたされなかった。

「母子家庭の母親の雇用促進法」の制定を一貫してはばんだのは労働省である。七五年二月五日、衆議院予算委員会で公明党議員がはじめてこの法案に言及したさい、長谷川労働大臣はそれについて消極的な姿勢しか示さなかった。これは労働省の事務局が言わせたのだろう。七六年一〇月一九日の衆議院社会労働委員会では、野党議員の質問にたいして、浦野労働大臣が「雇用促進法をつくるからには的確でよいものが望ましい」とめずらしく積極的姿勢を示す答弁をすると、そのすぐあとに政府委員の遠藤政夫労働省職業安定局長が、いんぎんな前置きをしながらも、母子家庭の母親の雇用は「法律で強制しても片づく問題ではない」と言いはなつ始末であった。日本の政治は、政治家がやっているのではない。国家官僚がやっているのである。大臣は官僚の振りつけどおりに喋らなくてはならない。その演出に背いて発言すれば、このように、ただちに下僚からそれを訂正されるのである。また、その委員会では、政府委員の森山真弓労働省婦人少年局長は、翌年、大規模な母子家庭の総合調査をやって、そのデータにもとづいて、雇用促進法の扱いを決めたいともいった。これは、労働省がこの法の制定を避けるための時間かせぎであり、口実づくりであったことが、のちにあきらかになる。

労働省のこの法案についての態度は、その調査以前に決まっていた。七六年一二月七日「日本経済新聞」は「寡婦の雇用促進法見送り、労働省」、「企業への強制見送り、代わりに職業訓練手助け」といった見出しの六段の記事をのせた。労働省がその意向をわざともらして書かせたのであろう。そのなかには、「一〇月から民間企業は従業員総数の一・五％の身体障害者の雇用を義務づけられ、六％の中高年齢者(四五歳以上)雇用を努力目標とするよう要求されている。減量経営をめざしている企業にはこれだけでもかなり重荷である。このうえ、寡婦まで押しつけられてはかなわない」という日経連首脳の発言まで紹介されていた。

「母子家庭の母親の雇用促進法」をめぐる交通遺児育英会と労働省の対決が最高潮に達したのは、一九七七年の後半であった。この年一二月一一日、第五回交通遺児と母親の全国大会は、同法の次期通常国会での成立を要望書の首位においた。労働省はその前日、一二月一〇日に、自省がおこなった「寡婦等就業実態調査」の発表をぶっつけてきて、その結果によれば同法の必要はないと主張していた。その結果にもとづく反対理由は、(1)寡婦の九〇％はすでに就労している、(2)法の対象となる寡婦の立場が確定されていない。再婚すれば寡婦でなくなるし、末子が一八歳になったときも同様である。この点、障害が固定している身体障害者と寡婦はちがう。立法技術上、身体障害者雇用促進法はありえても、寡婦雇用促進法はありえない、(3)雇用率を設定しても、寡婦の雇用の量的拡大はできるかもしれないが、質的向上は期待できない、であった。

玉井は大会で労働省の主張をはげしく攻撃した。同省の反対理由の(1)については、私のおこなった調査などによって、就労している九〇％を労働条件面からみると、そのかなりの部分が不安定な状況にあるのだ。

(2)については、当時、社会党、公明党、共産党などが共同提案している促進法案が衆議院法制局の審査をとおっているのだから、立法技術上、寡婦雇用促進法が無理とはいえない。(3)については、官公庁や大企業に常雇いの労働者として採用されるならば、安定した労働条件をあたえられるはずで、それがそのまま雇用の質的向上ではないか、と一々筋のとおった反論を述べた。私もこの大会にはゲストとして招かれており、玉井に促されて、交通遺児家庭の母親たちの大多数が仕事でどのように苦労しているかを語った。ゲストの労働省婦人少年局の課長補佐は、私たちの正論に論理的に対抗できずに、自省の主張を金切り声でくりかえすばかりであった。

それにしても、労働省は、「母子家庭の母親の雇用促進法」を、なぜあれほどに拒んだのであろうか。その法案を主要野党が共同提案しており、与党の要職にいる政治家たちもそれに賛成している。ジャーナリズムもこぞってその法の制定を歓迎している。労働省だけがそれを阻止しようとしていた。さきにあげた同省の三つの反対理由は、いちおうの口実であって、本当の反対理由とは思えない。本当の反対理由は、労働省としては切実なものであるが、口に出すのははばかられるものであったのだろう。それはなにであったのかと、私はその後ずっと考えてきた。今回、この稿を書くので、労働省の若いキャリア官僚のひとりに、ひとを介して、それを訊いてみた。かれは推測の形式で答えてきた。「身体障害者雇用促進法」をつくってはみたが、実際の効果はほとんどあがらない「ザル法」になっていた。このうえ、もうひとつ「ザル法」をつくられるのはいやだ、ということだったのではないか。私はこの回答に充分に納得することはできないでいる。

Ⅶ　若い運動家たち

1　事務局の構成

この書物の全体をとおしてあきらかにするように、玉井義臣は社会運動家として大きい仕事をした。それを可能にした条件を大づかみに考えてみると、(1)かれの社会運動家としての才能、(2)その運動を必要とした時代にあわせて、(3)かれのために献身的にはたらいた若い運動家たちの存在がある。その運動家たちには、学生時代にボランティアの運動家としてはたらいた人びとと、それからさらに進んで交通遺児育英会あるいはそこから分立したあしなが育英会の事務局に入って、職業的運動家としてはたらいた人びとがいる。玉井には、運動家としての可能性をもつ若者たちを見つけ、惹きつけ、育ててゆく才能があった。つまり、かれは社会運動家としてはたらきながら、その運動をつうじて人材を育てるという教育運動家としての自分を発見してゆくのだが、その最初の教育対象は若い運動家たちであった。

さしあたって職業的運動家の範疇に属する人びとに注目すると、かれらには二つないし三つの世代が区分される。第一の世代は、交通遺児育英会が創立された直後から数年のあいだに各地の励ます会や学生募金ではたらき、同会の事務局に入局してきた連中である。かれらのうち、玉井が「七人の侍」とよんでとくに重用したのは、すでに名前が出ている山本孝史、山北洋二、桜井芳雄、藤村修、吉川明、それに林田吉司、工藤長彦である。山本、山北、桜井は一九七二年、藤村は七三年、吉川と林田は七五年、工藤は七六年に入局している。

第二世代以降は、大多数が交通遺児育英会の奨学生出身で、のちに述べる同会の学生寮・心塾の卒塾者となる。まず、第二世代は、八〇年代に同会事務局に入局した柳瀬和夫、西田正弘、茂津目敦夫、富岡誠、渡辺善夫、大沢秀樹などである。このうち、茂津目、大沢以外は、のちにあしなが育英会に移った。第三世代は、九〇年代に入ってからあしなが育英会事務局に入局してきた小河光治、寺山智雄、岡崎祐吉、樋口和広、三宅美奈子、堀田まゆみ、伊藤道男、八木俊介、桑野公孝、田中敏、若宮紀章、東田健一などである。かれらのうち、奨学生出身者は、すべて学生時代に学生募金や恩返し運動でボランティア運動家としてよくはたらいていた。また、柳瀬、樋口、伊藤ほか四名は、大学卒業後、一度は学校や企業などに就職したが、社会的意義と緊張感がある職場を求めて、交通遺児育英会やあしなが育英会にもどってきている。

第一世代の運動家たちの仕事ぶりは、これまでに機会があるたびにふれてきた。このあとは、かれらにあわせて、第二世代、第三世代の仕事ぶりにもその都度ふれてゆくことになろう。この章では、それとは別に、まとまったかたちで、第一世代の七人がどのようなライフ・コースを歩んで、社会運動家になったか、また、かれらにとって玉井はどのような存在であったかをみておきたい。それは、同会の運動と玉井の肖像を、玉井ひとりのライフ・コースをたどるばあいより、より多面的にあきらかにすることになるだろう。

しかし、それにさきだち、七人がはたらいていた七〇年代の交通遺児育英会の事務局の構成と事務局長であった久木義雄についててみじかに紹介しておくことが必要である。玉井にとって、交通遺児救済のための社会運動のナンバー・ツーが岡嶋であったとすれば、その育英業務のナンバー・ツーは久木であった。しかし、久木はのちに述べるように、多くの点で岡嶋と対照的な存在であり、それが玉井のライフ・コースに少なからぬ影響をおよぼすことになる。

まず、事務局の構成であるが、発足時からしばらくのあいだ、局員の主力は、関係省庁すなわち運輸省、文部省、警察庁、総理府などのノン・キャリアで定年退職し、育英会に再就職してきた人びとであった。運動出身の若手は入局すると、それらの中高年組のしたに配置された。事務局でおこなわれる仕事ははっきり二層化していた。ひとつは交通遺児育英会の奨学金の貸与と返還を機軸とした事務的な仕事であり、いまひとつは交通遺児育英会を拠点として展開する募金を機軸とするが多様な社会運動の活動であった。若手は中高年組のしたにいて、昼間は主として第一の仕事に従事する。それはステロ・タイプのサラリーマンの仕事であると感じられた。事務局の構成は総務、会計、業務第一・第二・第三の五課構成であった。そして夕方五時になると、中高年組はいっせいに退出する。若手はほとんどつねに全員が残り、深夜一二時すぎまで、募金運動、機関紙作成、つどいの準備、政治とかかわるソーシャル・アクションなどの活動にうちこむ。かれらは、昼間は事務員としてはたらき、夜になると運動家として生きていると思っていた。

玉井は専務理事として事務局全体をかたちのうえでは統括していたが、実質的には自らの仕事を運動の指導に限定していた。資金と人員と世論の動員、つまり金集めと人集めと人びとの関心集めがかれの仕事であった。だから、かれは正午ちかくか午後になって出勤するのがつねで、午後は外まわりをしていることも多く、事務局にいるときは客のような存在で、事務の業務には一切手を出さなかった。しかし、かれは中高年組の職員たちにたいして礼儀正しく振舞い、こまかく気を遣うので、かれらからも親しまれていた。かれが張り切るのは五時以降、若手といっしょにはたらくようになってからである。その仕事ぶりは完璧主義で、ほどほどのところで妥協するということがなく、ひと使いは荒かった。徹夜仕事を命じるのもまれではなかった。それでも若手は嬉々として競いあってはたらいた。徹夜にならないときは、深夜の零時前後から、ほとんど毎晩、かれは若手をつれて居酒屋にくりだした。若手たちは酔うと、軍歌「艦隊勤務」の替えうたをがなりたてた。

馬鹿な男の育英勤務

月、月、火水、木、金金

終電車はなくなり、タクシーで帰宅する。後年、桜井は私に語った。育英会時代は給料は飲み代とタクシー代でみな消えていました。家族の生活費は小学校の教員をしていた女房まかせでした。玉井は親分肌で、しかもそのころは独身だったので、若手に飲ませるのにずいぶん身銭を切ったようだが、それでも若い連中のふところはそんな具合であった。こんな生活がつづくので、かれらのなかには恋びとがなかなかできなかったり、結婚しても細君が亭主不在の家庭生活に不満をつのらせる例がほとんどであった。七人の若手のうち二人がそのせいで離婚・再婚を経験している。

玉井は、こうやって運動の陣頭指揮をとりながら、事務局の奨学金の貸付を中心とする日常業務の管理を久木義雄にまかせていた。久木は玉井の滋賀大学時代の友人で、卒業後、ある商社に勤務していたのを、育英会創立時に玉井がとくに乞うて入局してもらったのである。しかし、かれは中間管理職として若い部下たちとトラブルをおこしがちであった。若手は玉井に傾倒しつつ、久木に反発し、玉井は若手にたいして久木をかばわねばならないという人間関係図式が一貫してつづいた。交通遺児育英会に拠ってその運動を展開した玉井の、組織人としての最大の不幸は、組織の内部を安心してまかすことができる、ナンバー・ツーをえなかったことである。かれが「七人の侍」と呼んだ若者たちは優秀であったが、ナンバー・ツーになるまで成長するには時間が必要であった。そのあいだ、玉井は、飽きたりないまま久木をナンバー・ツーに据えておくほかなかった。この事態から二つの悲劇的事件が生じたのだが、そのひとつはこの章の第四節で、いまひとつは本書の終りちかくでくわしく述べる。

ただし、玉井に言わせると、大学時代、久木は学業成績がすぐれ、柔道部の主将で、全学のスター的存在であり、玉井自身は凡庸な学生であったという。だから、かれらの卒業後の進路も、久木は商社に入社し、玉井は株式市場関連の雑文書きジャーナリストになるという岐かれかたをした。玉井が、育英会創立時に、旧友たちのなかでいちおう有望な存在であるとみえた久木を、スタッフのヘッド格としてむかえたのは、理解しうることである。久木のほうにもそれなりの自負はあったにちがいない。しかし、玉井が、社会運動家としての直感やひらめきによって、刻々にうつる状況をにらみつつ、スタッフに指示をくだす。その指示は的確なものであっても、昨日までの指示と大きくちがう、ときによっては正反対のものであることがある。その喰い違いは、育英会の組織内で、あるいは他組織とのあいだで、厄介な調整の仕事の必要を生じさせる。その仕事は久木にまかされることが多かった。久木は、玉井のわがまま、勝手の後始末のために、自分が頭をさげてまわらねばならないと思う。そのようなかれの不平・不満のつぶやきは、私も、間接に何度かきいたことがある。

久木はナンバー・ツーであったが、玉井の期待どおりには動かなかった。その根本的要因は、かれがナンバー・ツーに徹しきれなかったところにあった。組織のなかで、とくに躍進する組織のなかで、よいナンバー・ツーは、ナンバー・ワンにたいして絶対的忠誠心をもち、自己主張をするさいにも、ナンバー・ワンをそれ自身であらしめるためにのみ自己主張をするのである。久木はそうではなかった。

2　山本孝史

交通遺児育英会の最初の二〇年の歴史のなかで、七人の若者たちのうち玉井義臣がもっとも重用したのは山本孝史である。山本の社会運動家としてのライフ・コースを略歴風にまず言えば、学生時代に大阪交通遺児を励ます会の組織者として頭角をあらわし、玉井と全国を歩いて各地に励ます会をつくっている。育英会入局後は、励ます会の全国協議会の事務局長をつとめながら、機関紙の作成、募金の指導にあたった。一九七九年から八一年にかけてアメリカに留学、ミシガン州立大学大学院で児童福祉、老人福祉、死の教育を学び、修士号取得。帰国後、九〇年、交通遺児育英会事務局長、九三年、衆議院議員選挙で玉井のつよい勧めもあり、旧大阪四区より日本新党から立候補して初当選、その後、臓器移植法の制定、エイズ薬害の真相追及などで活躍してきた。衆議院厚生委員会理事、民主党政策調査会副会長などをつとめる。二〇〇〇年六月の衆議院議員選挙では、大阪一四区で惜しくも次点におわったが、ただちにつぎの選挙の準備に入って、二〇〇一年、参議院議員選挙で、大阪選挙区で立候補、当選をはたした。主著『議員立法――日本政治活性化への道』(第一書林、一九九八年)は、福祉社会学、政治社会学の学術文献として充分に評価にたえる。日本社会学会会員。日本の政界にめずらしい知性派政治家たちのひとりである。

山本は一九四九年の生まれで、大阪市船場の裕福な商家で育った。大ぼん、小ぼんの二人兄弟で、かれは小ぼん、次男であったが、かれが幼稚園児であったころ、兄は自宅のまえでトラックに轢かれて亡くなり、それからはひとり息子として育てられた。

地元で小、中、高等学校に通って卒業している。中学生時代、社会科研究会に入り、熱心に活動して、他校の研究会との対抗競技では船場の商家の分布にかんする調査や京阪電車の地下鉄乗り入れについての調査を報告して、高い評価をうけた。このあたり、後年の調査研究者としての才能がすでにあらわれていたようである。また、父親がロータリー・クラブの会員で、その仲間の子どもたちのキャンプ活動に参加する機会があり、これによって、かれは野外生活の楽しさにめざめた。社会調査への関心と余暇指導への志向は、その後、高校時代、大学時代とつづいた。高校時代は、クラス新聞をつくったり、高教組の系列を気にしたりしつつ、ワンダーフォーゲル部の熱心な会員だった。

山本は、一九六八年、立命館大学産業社会学部に入学する。その年から大学紛争がはじまり、同学部の校舎は封鎖されてしまった。立命館は全学を民青がおさえていたが、他大学から社学同、革マルがおしかけてきて、衝突をくりかえしていた。かれは、闘争学生たちの言い分には理解しうるところもあったが、封鎖と暴力にはまったく共感していなかった。大学の講義もかれにはまったく影響しなかった。当時の立命館の社会学では真田是、清野正義などが教条主義的マルクス主義を講じていたが、かれらがいう体制はあまりに観念的にかんじられた。山本は一年生のときから京都ＹＭＣＡに通い、ボランティア活動に打ちこんだ。夏は四、五〇日間、琵琶湖のキャンプ場で、障害児や中高生のグループが入れかわり立ちかわりくるのを相手に、キャンプ・カウンセラーや裏方のスタッフをつとめた。その活動のなかでは、子どもたちとゲームをやったり、歌をうたったりしなければならない。それらの技能を習得するために、かれは大阪ボランティア協会の養成講座、ゲーム講座にかよった。その協会で、かれは、前記の秋田大学の学生募金の準備で関西地域を担当していた生路に会って話を聞き、協力をたのまれ、交通遺児の問題に出会うことになる。かれが大学三年生の夏のことであった。

生路はかれに『天国にいるお父さま』を読ませた。交通遺児家庭の生活の貧しさ、母親たちの苦労、遺児たちの健気さの叙述は、かれの心を打った。これを放っておくわけにはゆかない。献身的にオルグ活動をする秋田大学の学生たちへの尊敬の想いもあった。幼くして交通事故で死んだ兄のことも思い出された。スタート・ラインは情に訴えられたリアクションでした、モータリゼーション批判などの理屈はあとからきましたと、後年の山本は率直に語っている。山本は街頭募金に参加して、夢中ではたらいた。募金が終って、東京で贈呈式がおこなわれたとき、山本はそこに呼ばれて、玉井とはじめて会っている。山本のほうは玉井を、

「これが噂の玉井さんか」と思った程度であったが、玉井のほうは山本をつかえる若者だと見定めたらしい。山本が大阪に帰ると、すぐに玉井から電話がきて、大阪に交通遺児を励ます会をつくってくれといわれた。その会をつくり、交通遺児家庭に生活問題にかんするメイル・サーヴェイを実施し、結果をプレス発表する。交通遺児家庭を訪問し、遺児たちに作文を書かせ、作文集『お父ちゃんを返せ』を刊行した。これはとても好評で、一〇万部以上出て、収録作品の一篇「車なんかなくなってしまえ」は英訳され、ストックホルムの国際環境会議で発表された。これらの出来事はそのつどマス・メディアで華々しく報道され、山本は「時の人」になっていった。この励ます会の活動のアイディアのほとんどすべては玉井が出したものであり、この後、各地の励ます会がくり返しつかって成功をおさめることになる。

翌年春の学生募金では山本が事務局次長のひとりに推されたのは、さきに述べたとおりである。その年の一月から三月にかけて山本は玉井と広島から九州にかけて各地を歩き、励ます会を組織していった。広島大学の桂敏真、藤村修が正副の代表となった広島交通遺児を励ます会、福岡工業大学の山北洋二が代表となった福岡交通遺児を励ます会はこのときに誕生している。また、山本は六月にひとりで、北海道各地から東北各地を歩き、浦和、東京にいたっている。吉川明はこのころ帯広畜産大学にいたが、初夏の昼下りの帯広駅に降り立った山本が、長身、端正な顔立ちの青年で、真紅のポロ・シャツを着ていたのを、三〇年後のいまも鮮明に記憶している。その夜、吉川は友人といっしょに山本と痛飲し、翌朝、二人がひどい宿酔い状態でめざめたときには、山本は札幌にむかって出発したあとだった。かれらの枕許には、励ます会の結成趣意書の束がおかれていた。数日後に帯広交通遺児を励ます会が発足している。

山本にライフ・コースについてインタビューをしたおり、励ます会づくりで全国を行脚をすることになったとき、玉井から「頼む」と言われたのかと私は訊いた。いや、「いっしょにやろう」と言われたのを憶えていますと、かれは答えた。大学三年の秋ごろから、山本は、授業にはほとんど出席していない。ゼミナールの出席日数が不足して、担任の野久尾徳美に呼び出されたが、野久尾は新聞報道などで山本の励ます会づくりの活動を識っており、「君は実地にやっているのだからいいよ」といってくれた。励ます会づくりだけでなく、夏のつどい、九月半ばの全国大会、その子ども集会と、玉井は山本を重宝につかった。交通遺児家庭の母親の悩みは玉井でも聞けたが、子ども相手の歌、ゲーム、キャンプ・ファイヤーは山本にしかできない。最初期のつどいのスタイルは、ほとんどを山本がつくった。

全国大会のあと、玉井は山本にうちに来ればいろいろ面白い仕事ができるぞという言いかたで、入局をさそった。山本のほうにも半分はそのさそいを待っていたような気持があったので、それはすんなり決まった。そのおり、かれは玉井に先生はお母さんを交通事故で亡くしています、ぼくは兄を交通事故で亡くしました。こういう運動には、そのような不幸な体験をしている人間が必要かもしれませんね、と言っている。ただし、かれの父親は息子が好きなようにしたらよいといういさぎよい態度を一貫してとったが、母親は家業を継がせようとして息子の決心にかなり抵抗した。

交通遺児育英会に入ってからは、七八年末に留学のために休職するまで、山本は業務第三課を振り出しに、同第一課、同第二課などで勤務している。各課の仕事は時代によって変化しているが、七七年度のばあいでいうと、第一課は奨学生にたいする奨学金の貸与と送金、第二課は奨学生の補導、第三課は奨学金の返還、調査および研究、広報、であった。私は、さきに記したように、交通遺児育英会の第一回目の委託調査「交通遺児家庭の生活実態」を一九七四年にひきうけているが、そのとき育英会の担当職員になったのが山本であった。かれは、最初の調査を担当することになって名誉に思いますが、重い責任を感じていますと私に挨拶したあと、それにしても本でしか名前を知らなかった副田先生といっしょに仕事をすることになるとは思いませんでしたと初々しいことをいって、私を照れさせた。

それから何年かたって、夏のある日の午後、郊外の私鉄の駅ちかくで、私は偶然、山本と出会ったことがある。どこにゆくんだいと何気なく問うと、かれは、今日は、奨学金の返還がとどこおっている元奨学生をたずねて、返還を頼んで歩いているのですとさらりと答えた。私は不断は山本を玉井の秘蔵っ子である若手の運動家として意識しており、実際につきあうのも調査の企画や結果のプレス発表など比較的派手な場面でのことが多かったので、育英団体の職員としての地味な仕事を着実にこなしているかれの一面にふれて、まず思いがけなさを感じ、それからあらためて、かれの人間像の奥行きを感じたものである。その後、次第によく識ってみると、山本は育英業務の万般でてがたい実務能力を発揮する人物であった。

入局以後、運動家としての山本の主な仕事は、この節の最初に記したように、交通遺児を励ます会全国協議会の事務局長であり、ほかに機関紙の作成、募金の指導などがあった。これらの仕事の一部はのちに職員の正規の仕事にくりこまれていった。しかし、ほかにゆっくり歩こう運動だとか、赤とんぼ号全国一周だとか、つぎつぎに新しい運動がおこされるので、それらのための活動時間が業務の時間にくいこみがちになる。そうすると、山本たちの上にいる中高年組がよい顔をしない。かれらの機嫌を悪くしないためには、運動の仕事は夜中にやるほかなかった。当時、育英会事務局が入っていたビルは二四時間開いて泊りこみができた。山本は同期入局の山北、桜井たちと徹夜仕事をして、朝になると、地階の喫茶室から届けられたトーストを食べる。忙しくこきつかわれるのは同じだが、学生時代にボランティアで出入りしていたころは玉井のつけでこれを食べたのだが、入局してからは自分の金で食べなければいけなくなった。違いはそんなものかと、かれらはぼやきあった。

山本は、留学するまでの六年間では、年間に平均して一〇〇日以上、自宅以外で寝泊りしていたという。

入局後、三年ほどたったとき、かれの父親がかれに、このままずっと育英会にいるのかとたずねた。かれはいるつもりだと答えた。それをのちに玉井に喋ると、「ここにいるほうがおもろいで。やめとけ、やめとけ、ちっちゃな会社を継いでも、つぶすのがおちやから」といった。しかし、玉井は山本たちが最後まで育英会にいる必要はないとも考えていた。おまえたちが成長して、育英会以外のよい場所がみつかったら、そこにどんどん移ってゆけばよい。育英会を土台にして、おまえたちが伸びてゆくのが一番うれしいんだ。玉井はくり返しそう語っていた。そうして、山本のばあいには研究者の道を進ませようかと考え、本人にはときに「学者もええもんやで」といい、私にはもし本人がそう決断したら大学にポストをえるための人事の世話をしてくれるかという相談までをしてきたことがある。私はできるかぎり協力しようと答えた。

山本の留学は玉井が力をつくして推進してくれた結果であった。山本は育英会入局直後に結婚したが、三年ほどたったころから夫婦仲がうまくゆかなくなり、七九年に離婚して、気分が滅入っていた。その気分を転換させたい、それと学者への転進の機会があれば、それはそれで結構だと玉井は考えていた。事務局の中高年組では、留学期間が二年を越えるのであれば、退職してゆくべきだという意見がつよかったが、玉井はそれにとりあわず、休職処分で山本を送り出した。帰るべき職場をもって留学するのは心強いことでした、玉井さんの配慮に感謝していましたと、山本は語っている。留学中に山本は一度帰国して、私のところに相談にきた。大学にポストをもとめようとすれば、研究テーマを変更したほうがよいだろうかという話だったと記憶している。しかし、かれが留学を了えて帰国した直後、手ごろな空きポストがみつかったので、そこに山本を推挙しようかと玉井にもちかけたところ、いま山本を引き抜かれては事務局の体制がくずれてしまうということで、その提案は実らなかった。

3 山北洋二

山北洋二は福岡交通遺児を励ます会の代表として、募金活動で大きい成果をあげ、玉井から注目されるのだが、それにさきだって、高校生時代、大学生時代をとおして、ＪＲＣ・青年赤十字奉仕団の代表として、福岡市から福岡県、九州一円で知られた存在であった。励ます会の代表となったあとは、かれは、玉井をつれて九州各県をまわり、各地に励ます会を組織していった。交通遺児育英会には、さきの山本、つぎにとりあげる桜井芳雄といっしょに入局し、運動面では最初の一〇年は高校奨学生、大学奨学生のつどいの組織と指導に力をつくしている。同期三人組のなかでは、桜井が一〇年目に退職し、二〇年目に山本が代議士になったあと、山北が玉井の子飼いの運動家の最古参であり、玉井があしなが育英会を設立すると、その初代の事務局長になった。運動家としても実務家としてもすぐれ、玉井門下の城代家老的存在というべきか。

山北は一九四九年の生まれで、父親は教員であった。兄と姉がいて、三人兄弟の末子になる。兄も姉も高校生時代からＪＲＣのボランティア活動をやっており、山北がＪＲＣで奉仕活動に入っていったのは、ひとつはかれらに影響をうけたからであった。しかし、活動そのものの魅力も大きく作用していた。高校一年生のとき、かれは、障害者の車椅子バスケット・ボール大会で介護ボランティアとしてはたらいた。段差のところで車椅子をかかえて出すなど、ほとんどが力仕事であった。そのおり、障害者の選手から直接感謝されて味わった感動は、いまでも記憶にのこっているという。自分の行為が直接相手につたわって、相手の感謝の気持が直接自分に返ってくる。社会のなかで生きるとはこういうことなんだ。山北少年は、その体験のなかに自己の存在証明を感得したのであった。この活動にもっと本気でとりくんでゆこうと、かれは決心した。

大学進学では福岡工業大学通信工学科を推薦で受験し合格した。高校生時代、ボランティア活動とならんでアマチュア無線に打ちこんでおり、九州大学工学部にゆくには学力が足りなかったので、その選択になった。ところが入学してみたら、アマチュア無線の能力など通信工学の専門家のあいだではとるに足りないということがすぐにわかり、授業への興味をなくしてしまった。そこで山北の大学生生活は、ボランティア活動とアルバイトに二分されることになった。ボランティア活動のほうは、大学のJRCに入り、視覚障害者への奉仕活動に主力を注いだ。本を読んで奉仕するリーディング・サービス、山登りやキャンプにつれてゆく、パチンコ屋につれてゆく。障害者に町の生活を体験させようというのが一貫したテーマであった。盲学校への訪問活動も週一回であったのを、全員がローテーションを組んで毎日ゆくようにした。当時、福岡青年赤十字奉仕団には五〇人前後の会員がいた。アルバイトのほうでは、山北は商才に富んでおり、金儲けがうまい学生であった。牛乳の宅配と契約取り、ダスキンの訪問販売、倒産した会社から在庫のクリーナーを一万ケース買いとって、学生アルバイトを動員して売りつくさせ、大きい利益をあげたこともある。ほかに長距離トラックのドライバーなど。山北のボランティア志向と金づくりの才能とは、交通遺児を励ます会の活動で結びつき、交通遺児育英会入局後は、つどいと募金運動で大きく開花した。

当時は大学紛争の季節であったが、福岡工業大学では紛争はおこらなかった。入学者の偏差値が低くて、政治的な問題意識がなかったんですよと、後年のかれはこともなげにいっている。しかし、それは事態の一面であろう。かれが二年生のとき、九州大学のキャンパスに米軍機が落ちて、その残骸の撤去が政治問題化し、学生運動がもりあがった。福岡工業大学の自治会の連中も、はやりのことだから、九大、米軍基地、アメリカ領事館にいって、インターナショナルをうたっていた。私はそれを結構なことだと思っていましたが、いっしょにやろうとはまったく思いませんでした。私のばあい、反米的な政治活動とボランティア活動にはいっさい接点がなかったですねとも、かれは語っている。

一九七〇年秋の交通遺児育英募金運動では、山北は福岡青年赤十字奉仕団の代表として、五〇人の団員を動員して協力した。翌年一月二七日、かれは玉井とはじめて会っている。玉井が交通遺児を励ます会づくりの全国行脚で福岡市にやってきて、九州大学自動車部が世話役になり準備会がひらかれ、山北もそこに招かれたのである。しかし、その会合は難航した。励ます会の代表の引き受け手が出なかったのである。会の冒頭、玉井は交通遺児家庭の窮状をうったえ、励ます会の必要を熱っぽく語った。山北はそれに感銘したが、自分にはJRCの仕事があるので代表は引きうけられないと思っていた。玉井のほうにはその日すでに記者会見をして、明日は福岡市交通遺児を励ます会を発足させますといい、各紙は代表者の名前のところだけ空欄にして、記事を組んでしまっているという事情があった。二時間ほどたったころ、玉井についてやってきていた大阪府立大学の飯野俊男がたまりかねて怒鳴った。「お前ら、それでも九州男児か！　たったこれだけの交通遺児を励ます会の精神的な励ましを、どうして引きうけられないのか。できないというなら、おれがやる。大阪から通ってきてやってやる」。

山北はその言葉をあびせられて、かっとした。おれは福岡県JRCの代表だ、福岡市の青少年団体連絡協議会の幹事でもあり、県の青少年教育の代表にもなっている。沢山の仲間たち、友人たちがボーイスカウト、BBS、YMCAなどでボランティアとしてはたらいている。そこに大阪から飯野が乗りこんでくるという。恥しい、許せない。「それなら、ぼくがやる」いいかえしていた。私は山北より一五歳年上だが、同じ福岡県で一〇代半ばまでを過したので、そのときのかれの気分がよくわかり、ほほえましい。すくなくとも当時までは、その地方の男の子たちには、九州男児の名誉などという規範が自尊心と深くかかわる大事なものという実感をともなって、いきていたのである。

山北が率いた福岡交通遺児を励ます会は、三ヶ月後の春の募金で一三〇万円余をあつめ、東京都の一七〇万円余についで二位の成績をおさめた。大阪府は九〇万円余であった。これには、かれがＪＲＣ活動などでつちかってきた人脈が大きく役立ったのだが、玉井は、その成果で山北の存在に注目することになった。山北は励ます会の活動を一年やって、上京、交通遺児育英会に入局する。励ます会の活動そのもののメニューは、すでに述べた大阪府のばあいと似通っているので一々くり返さないが、それらを支えた山北の組織運営、人集め、金集めの腕前は玉井につよい印象をあたえた。山北自身は、励ます会による交通遺児家庭の訪問活動で、いくつかの極貧家庭の生活実態にはじめてふれ、心理的ショックをうけ、貧困の意味とそれに対抗する運動の力を実感してゆくことになった。父親が交通事故で死亡し、母親は農薬をつかって自殺しようとしたが未遂におわり、気丈な祖母がその母の面倒をみつつ、三人の孫を世話している家庭があった。山北がはじめて訪問したとき、お茶菓子が出たら、それをみた子どもが「あ、すごい」と言った。かれはその菓子を食べられなかった。冬でもこたつがない貧窮ぶりで、励ます会からこたつを急いで届けた。この家庭の子どもたちが、のちに、交通遺児育英会の奨学金で高校に進学し、上の二人は大学にまで進学するのである。

交通遺児育英会に入局後、最初の一〇年間、山北が手がけた主な仕事は高校奨学生、大学奨学生のつどいの運営であった。かれは、それが権威主義的な補導連絡会という名称でおこなわれているのにおどろき、それをつどいに変更した。かれは、野外活動、レクリエーションを中心につどいの楽しいありかたを追求しつつ、なるべく多くの遺児奨学生がなるべく多くの回数、出席することができるように、つどいを運営していった。そのころ、組織運営者としての山北の卓越性について語りつがれているエピソードがいくつかある。かれは全国各地方の遺児の大学奨学生たちのすべての氏名を覚えていて、つどいにゆくとそれを出席者の顔とたちまち結びつけてしまい、親しげにひとりひとりの名を呼ぶことができると言われていた。その氏名を覚える方法をきくと、山中湖のつどいにゆくまえに参加者名簿を手作りして、それを覚えてしまっていたということであった。

つぎの一〇年間は、山北は返還業務、募金業務などを担当して、財政の技術的合理化に多くの貢献をしている。返還業務では滞納の督促システムをあたらしくつくり、募金業務では初代の募金課長として、募金活動に営業的センスにもとづく積極性をもちこんだ。かれは、玉井門下のなかで組織担当者・経理担当者としての才能・資質にもっとも恵まれた人物であるらしい。かれ自身、それを認めて、前出の山本は広報担当者、後続の桜井は理論担当者としてそれぞれすぐれ、三者が分業体制で初期の運動を支えていたといっている。

その山北の玉井評の一部はつぎのとおり。玉井がいろいろな人間をあつめて、各人の能力を引き出し、伸ばし、はたらかせてゆくことができるのはなぜか。ひとつには、玉井があまり細かいことを言わないからだと思う。それは、かれ自身が細かいことをやったことがないからだ。かれには実務経験がない。だから、かれは大筋で指示をあたえて、指示を受けた側がそれにちかづく努力をするほかない。しかも、玉井は指示を出すとき、受ける側がことわれないような大義名分、高い理想を打ち出してくる。高い目標を強調して、方法、準備のことは知らない、とにかく目標までゆけという。また、山北の久木評の一部はつぎのとおり。「私はあのひとが嫌いですけど、唯一の取り柄は悪いことをしないということですね。お金に潔癖です。ただし、財政その他の実務にかんしては、問題がありました。しかし、実務は、山本さんにしても、私にしても、吉川君にしてもよくできますから、久木さんの分を完全にカバーしていました」。

4　桜井芳雄

桜井芳雄は、学生募金の活動家たちのひとりとして玉井に認められ、交通遺児育英会ではたらくことになった。若手のほかの六人が交通遺児を励ます会の活動と学生募金の活動をあわせて経験しているのにたいして、桜井だけは励ます会の経験がない。

桜井の学生時代については、学生募金の成立にかかわらせてくわしく述べたので、それを一々くりかえさない。要点のみをいえば、交通遺児育英会の最初の一〇年間の財政で、学生募金はその収入の主要な一部をもたらしたが、それは一九七〇年、秋田大学の六人の学生たちが大学祭の活動の一環として、交通遺児の育英資金を一二〇万円余をあつめたことからはじまった。翌年、かれらは全国規模の学生募金を組織化し、四七五の大学、短期大学、専門学校などから一万人以上の学生たちを募金者として動員し、三二〇〇万円余をあつめるのに成功した。桜井はその六人の学生たちのひとりであった。

この学生募金の成立は二重の意味で時代の産物である。ひとつには、それは、交通事故が代表的な社会問題として広く認識された時代の産物であった。モータリゼーションが急速に進行し、交通事故が激増し、それによる年間の死者数は、年々、史上の最高値を更新していた。いまひとつには、それは、大学紛争が各地にひろがり、学生たちの社会への関心がつよまった時代の産物であった。かれらのうちで、紛争の担い手である学生たちは体制の否定をめざしたが、その志向に同調せず、社会改良に惹きつけられる学生たちも多かった。当時のジャーナリズムは、前者にもっぱら注目していたが、後者が多数存在したからこそ、学生募金の成功があったのである。桜井自身は一時的にであるが中核派に近づいたことがあるが、やがてそこから遠ざかり、そのせいで感じる後ろめたさを埋めあわせるために、学生募金に深入りしていった。

桜井は、大学の卒業まぢかになって、指導教官から提示された就職口を断わり、玉井から誘われて、交通遺児育英会に入局する。後年、かれは、断わったほうがさきだったか、誘われたほうがさきだったか、いまとなってははっきりしないが、あらかじめ仕組まれていたような感じで入局していたと語っている。かれはそれから一〇年間、育英会ではたらいて、悲劇的な辞めかたに追いこまれるのだが、それは最後にふれたい。

かれは、学生時代の募金運動で青春期のエネルギーをつかいはたしており、育英会ではとくによい仕事をしたといいがたいと自己評価している。当時は若手の数が少なかったので、桜井は送金、審査、つどい、総務などひととおりの仕事は経験している。しかし、同期の山本、山北や一期あとに入局した藤村がいずれもタフでしなやかな社会運動家でありつつ、事務局員としての実務能力にも非常にたけていたのにたいして、桜井は思索を好む理想主義者であって、社交性がとぼしく、実務能力では平凡であった。ただし、それだけに、桜井は、玉井の文明批評の才能にもっともつよく影響され、また、玉井のカリスマ的魅力に深くとらわれることになった。桜井の談話から二例をあげる。

「私と交通遺児育英会、玉井義臣さんとのかかわりを考えたとき、玉井さんに会い、育英会の運動に参加して、科学とか技術とかは本当に万能なのかという疑問をもったことに、大きい意味を感じています。私は幼いころから、科学・技術にたいして万能主義というか、信仰心のようなものをもっていました。それを根底からゆさぶられた。育英会と玉井さんに出会った意義は、私の人生において大きかったですね」。それは「社会的なものへの開眼」であり、「自分の生きかたを批判的にみるようになる」ことであった。「それによって運動にのめりこんでいったんですね。玉井さんとの談話やお書きになった本で、車は社会の必要悪だということを次第に認識してゆきました。(中略)社会というものは人間が基本なのだ。まず、人間を中心にして物事を考えないといけない。そうでないと、文明がいくら進んでも、いろいろな問題はなくならない、という気持にだんだんになってゆきました」。

「学生の私にとって、玉井さんは、ひとを惹きつける魅力をもち、自分にないものをもっている存在でした。考えかたの独創性、リーダーシップ。私は人見知りがひどく、そのせいで募金の呼びかけで人前に立つときなど、雨が降ってくれないだろうか、そうすればやらなくてすむなどと思ったほどです。玉井さんは人なつこくて、一度会って、一〇年たってまた会っても、同じように親しみをこめて挨拶をすることができる人だなと思いました。自分にないものをもっている人が羨ましく、そばにいるだけで、その魅力を少しわけてもらえそうな気がするものです。(中略)けれども、私のばあい、身近かにいたわりに、あるいは身近かにいたからかもしれませんが、客観的に広い視野において、玉井先生を語ることができないんじゃないかという気がします。たとえば、風呂おけの水をスプーンですくいだすような感じで、いっていることに間違いはないのですが、玉井さんの全体を表現するほどの言葉が私にない」。

桜井が交通遺児育英会を退職したいきさつを述べる。

さきに述べたように、かれは、若手の同僚たちの実務能力に気押されることが多く、少しずつ疎外感をもつようになっていった。しかし、かれの退職に決定的な影響力をもったのは、久木との抗争であった。早くから若手と久木は対立関係にあり、かれらのあいだで争いがたえなかった。吉川明や山北洋二たちの証言によると、ある時期から、久木の心理的攻撃は桜井に集中するようになった。その状態が長期にわたってつづき、桜井は次第に体調をくずしていった。

入局一〇年目になるころ、桜井は久木にたいして最初で最後の反撃に出た。かれは玉井に辞表を出し、久木の所業について告発し、喧嘩両成敗で自分と久木の双方を辞めさせてほしいと訴えた。玉井は桜井の辞表をうけとったが、久木を処分しなかった。それどころか、その夜、久木に桜井の直訴を教え、久木は桜井に翌朝、いやみをいう始末であった。(もっとも、その夜、玉井は久木に自重を求めたのだが、逆効果だったのかもしれない。) 桜井は、玉井に裏切られたと思いつつ、事務局を去った。残された若手はいずれも徹底した玉井シンパであったが、玉井のこの対応にはつよい不満をもち、山本、吉川などは、それぞれ個人的に玉井に会って、はげしく抗議している。玉井は、言葉少なに、まだ君たちではこの組織のナンバー・ツーはつとまらないと答えるのみであった。

桜井は現在、東京都内で接骨院を開業している。この抗争劇からちょうど一〇年後、交通遺児育英会に理事長として高級官僚OBが天下り、それに抗議して、玉井が専務理事を辞任するという政変がおこる。その詳細はのちに述べる。政変の直後に私は桜井に長時間インタビューをさせてもらい、秋田大学時代から育英会時代の体験と玉井義臣の人物論を語ってもらった。かつての神経質そうな細身の青年は、恰幅のよいおだやかな中年にかわっていた。かれは楽しげに青年期を回想し、玉井の人物の魅力をヴィヴィッドに喋ったが、辞任のいきさつにはテープ・レコーダーをまわしているあいだは一切ふれなかった。そのあと、酒場で桜井夫人をまじえて少酌したとき、私のほうからかれの辞任について二、三の質問をしたが、かれは事実のみを簡潔に答え、当時の心境は口に出さなかった。そうして、話題を上手に切りかえ、インタビューのつづきにもってゆき、社会運動家としての玉井をさらに縦横に論じて、かれがいずれ育英会に復帰することを願っているといった。

気分がよいインタビューだった。いさぎよい好漢に出逢ったと思いながら帰った。不本意な別れかたをしたかつての部下から、あのように心をこめて語ってもらえるとは、玉井は幸福な男だ。また、あれほどに成長する人物を、若いころに見つけて身辺におくとは、玉井の人物鑑定眼もたいしたものだ。それにしても、久木にかんしては、玉井はなにをみていたのか。

5　藤村　修

藤村修のライフ・コースは、これまでのところ、たがいに関連しあう五つのステージに区分される。すなわち、(1)大阪府吹田市で零細企業をいとなむ家族に生まれ、育った。自宅にあった自動車に早くから親しんだ。(2)広島大学工学部に入学し、自動車部に入部。そこで主務＝マネジャーをやり、その関係で励ます会、学生募金に参加、玉井義臣と知りあう。(3)大学卒業後、玉井に誘われて、交通遺児育英会事務局に入局、六年間働く。(4)一九七九年一〇月、玉井が日本ブラジル青少年交流協会を創立し、かれに乞われて、その専務理事になる。とくに日本の大学生がブラジルで一年間、労働しつつ研修する制度をつくって、成功する。ここで一二年間働く。(5)一九九三年、衆議院議員選挙で日本新党から立候補、当選、大阪三区。以後、三回連続当選、現在、民主党所属、教育問題を専門とする。衆議院文教委員会理事、民主党文教部会長。

交通遺児育英会の社会運動の源流のひとつは全日本学生自動車連盟の学生募金であり、同連盟は一九七〇年から八三年までその事務局を担当してきた。全国各地の大学の自動車部の部員が募金ボランティアとして活動し、かれらの一部は交通遺児を励ます会の会員にもなった。体育会系のクラブのひとつである自動車部の部員が大挙して社会運動、ボランティア運動に参加した例はほかにはない。藤村は六九年四月に広島大学に入学し、自動車が好きだったのですぐに自動車部に入部した。この年は大学紛争のため東京大学が入学試験を中止した年で、東大受験予定者の多くは京都大学に流れ、京大受験予定者は大阪大学に流れた。かれは大阪大学工学部を志望していたが、この状況で、広島大学工学部に志望先を変更することになった。

ところが、かれは知らなかったのだが、全国的な大学紛争の高揚のなかで、中核派の東の拠点が東京大学、西の拠点が広島大学と言われていた。大学はバリケードで封鎖をされており、入学試験も入学式も学外でおこなわれ、入学式のおわりに半年間の休講が言いわたされるという始末であった。このような状況のなかで、かれは、最初の年は授業をうけることがなく、自動車部の活動だけにいそしみ、三年生の後期から四年生の前期にかけて主務＝マネジャーをつとめた。当時の広島大学自動車部について、かれはつぎのように語っている。

「大学はロック・アウト中で、国立大学として学生に物事をわりと深く考える連中がおり、体育会系クラブにも全共闘のメンバーがいたりしました。考えさせられる時代の体育会でした。自動車部でも、趣味的に自動車を愛好し、競技に専念するのみではいけないという発想がありました。そもそも自動車は社会的な影響力がある乗り物であるからということで、いまでいうボランティア活動を部としてやっていました。たとえば、自動車事故にたいして救急医療がある、その医療で必要とされる献血に部単位でゆく。あるいは、道路のカーブ・ミラーが汚れていて、危険である、ミラーを掃除してみがこう。道路交通にかかわるボランティア活動ですね。自動車部がそういうことをすることは、それ以前にはなかったし、それ以後にもなかった、そういう時代でした。そんな状況、雰囲気のなかで、全国の大学自動車部による交通遺児のための募金活動が出てきました」。

玉井が「七人の侍」と呼んだ若者たちのうちで、藤村は、玉井と気質的に共鳴する程度がもっとも高かったにちがいないと、私はみている。それは、かれの交通遺児育英会への就職と日本ブラジル交流協会への転職のいきさつによくあらわれている。

藤村は、一九七三年三月、広島大学工学部経営工学科を卒業した。当時、その学科の卒業生たちの八割前後は、時代の花形産業であるコンピュータ企業に就職していた。藤村も七月から東京にある高千穂バローズというコンピュータ企業に就職することが決まっていた。バローズはアメリカ合衆国でIBMにつぐ第二位のコンピュータ会社で、高千穂バローズはそこと日本の高千穂交易の合弁会社であった。かれの就職予定が四月ではなく七月からになっていたのは、最初、単位がそろわず七三年三月に卒業する見通しがたたず、留年もありうるとおもっていたのが、年度末がちかづいてきたので単位をかきあつめてみると、卒業することができることになり、それではと指導教官が三ケ月おくれで前記の企業に押し込んでくれたからであった。

当時、工学部の卒業生は売り手市場で、こういった就職のしかたはめずらしいことではなかった。

四月、五月は大阪の実家でのんびり過ごして、かれは、六月に入ってから、ある土曜日、半蔵門にある高千穂バローズの本社をたずね、人事部の次長に会って、七月一日から出社するという約束をした。そこで昼飯を御馳走になったあと、かれは、広島大学時代、交通遺児を励ます会の仕事で親しくつきあってくれた玉井に挨拶をしておこうと思って、永田町の交通遺児育英会の事務所にたちよった。玉井はたまたま事務所にいて、二人は午後いっぱい話しこみ、夕方から料理屋で酒を飲み、そのあと、玉井の家にいってまた飲みなおして喋った。玉井の言分は、要するに、コンピュータの会社などに入るのは止めておけということであった。あの仕事は三〇歳までの人間しかつかいものにならない。あとはお払い箱だ。交通遺児育英会に入れ。藤村はその日のうちに、じゃあそうするかという気持になっていた。そのとき、玉井は、交通遺児の救済という狭い分野の仕事をすすめるという話の運びかたをしなかった。「男と生まれたからには、一生をかけて面白い仕事をするべきだ。その仕事の広がりとして、こういう方向もある、また別のこういう方向もある、そのひとつとして育英会の仕事がある。玉井さん一流のホラ話というか、でっかい人生を面白く生きるために、なにか一緒にやらんかという話でした」。

藤村は九月一日付で交通遺児育英会事務局に入局した。それにさきだつ夏休みは、赤とんぼ号キャンペーンでボランティアではたらいていた。大阪の実家の父母は、この息子の進路変更に大反対であった。せっかく工学部を出て、大手企業への入社が決まっているのに、将来性が疑わしい、正体不明の財団法人に引っぱりこまれてどうするのだ。しかし、藤村は、それまでの玉井との深い共感をともなうつきあいがあり、また、学生時代にいっしょに運動していた山本、山北、桜井などの仲間がすでに育英会に就職していたこともあったので、迷いは生じなかった。

交通遺児育英会には一九七九年一〇月末日までいて、藤村は日本ブラジル交流協会にうつった。翌年正月にかれに送った年賀状で、私は、この移籍を祝福して、育英会の仕事はもちろん大事ですが、あなたはいつまでも奨学金貸与団体にいる人物とは思っていませんでしたと添えがきしたのを憶えている。かれは育英会では、つどい、機関紙、各種のキャンペーン、それに一時期、調査をも担当したことがあり、そのおり、私とのつきあいがあった。そのさいのかれの応接の丁寧さ、思慮深さ、確かな実行力は、将来の大器という印象を私にあたえた。

ここで、日本ブラジル交流協会に簡単にふれておきたい。一九七四年、玉井はヨーロッパに交通事情、交通事故の視察に出かけ、帰りにブラジルに寄って、サンパウロ大学の斉藤広志教授と友だちになった。玉井は斉藤の人柄に惚れこみ、開放的なブラジル社会にも強い共感をもった。斉藤は同国の著名な社会学者、文化人類学者で、日系ブラジル人の研究をライフ・ワークとしていた。かれは、日本とブラジルの若者たちを交流させ、それぞれが相手国に住みつき、長期にわたって研修をうけ、それによって両国の相互理解を推進させたいという夢をもっていた。玉井は、この斉藤の理想を実現するための日本側の補佐役として自身を位置づけ、かれの政界・財界の人脈を最大限に活用して、七九年一一月に日本ブラジル青少年交流協会を創立し、そこでの実務の責任者である事務局長として、藤村を送りこんだ。後にインタビューをしていて、この転職にかんしてどういう気持であったかと私が訊いたおり、かれはこともなげに答えた。「別にどうということはなかったですよ。玉井さんの指示で転勤したぐらいの気分ですね。玉井商会のひとつの支店から別の支店に転勤するというイメージですか」。藤村ほどの器量人がここまでいう。藤村の玉井への忠誠心、信頼感のあつさが実感され、それをつうじて、藤村にたいする玉井の存在感の大きさが想像されるのである。

藤村は日本ブラジル交流協会に専従で一二年間いた。移籍した翌年は準備期間にして、日本の大学生たちをブラジルに送り、一年間、現地の企業などではたらき、生活費の補助となる給費をうけつつ、語学研修をするという制度をつくり、一九八一年四月に第一期生一三人を送り出した。異邦ではたらきつつ学ぶというこの制度は、若者たちを例外なく人間的にたくましく成長させた。かれらは、異文化体験をつうじて、日本文化を再認識し、ブラジル文化に親しみ、国際的相互理解のセンスをもつようになった。藤村は、一方ではブラジルの各地をまわって日本人学生をうけ入れてくれる研修先をさがし、他方では日本の大学でポルトガル語を教えているところをまわって研修学生を募った。そのうち、次第に国内での事前研修が充分におこなわれるほど、ブラジルにいってからの研修効果があがることがわかり、一年間の事前研修システムがつくられた。

藤村の玉井評には興味深いものが多い。そのうちのかなりのものを、私は、本書のほかの場所でつかっている。ここでは、かれが、衆議院議員選挙に立候補することを決心したさいの自己を語りつつ、玉井を語った談話を引用しておきたい。

「日本ブラジル交流協会を社団法人にするにあたって、代議士たちの何人かと懇意にしていただき、とくにお世話になった渡辺美智雄先生の生活など垣間見させていただき、政治家の生活は大変なものだということはよくわかっていました。そのうえでの立候補の決断だったのですが、これには、玉井さん、斉藤先生、それに私の人生訓のようなものが影響しています。ブラジルという社会は若い社会で、変転が激しい。われわれがおつきあいしている方々にも、あるとき事業で大きく成功し、何年かのちに突然失敗して日本に出稼ぎにきたりしている。一〇年が一サイクルなんです。それをみてきている玉井さんにも、私にも、一〇年ひと仕事という感覚がありまして、一〇年ごとにでっかい面白い仕事ができたら、人生は楽しいだろうと思っていました。私は、二〇代は交通遺児の救済のために、三〇代は日本とブラジルの若者の交流のためにはたらいた。そこで、四〇代はなにか別のことをせんといかんという気持は、かなりありましたね」。

6 吉川 明

吉川明のばあい、のちに交通遺児の救済運動で運動家としてはたらくための素地のほとんどは、高校生時代までにつくられていたように思われる。

第一は、農業への関心であった。それは幼いころから動物好き、家畜好きであったこと、母親の実家が農家で畑仕事になじんでいたことにはじまっている。高校時代には親しい友だちが二人いて、おそくまで学校に残ったり、学校ちかくのひとりの友だちの家に泊ったりしてよく議論をしたが、そのさいの大きな話題のひとつは、日本の工業化、高度成長をつうじて、農業が置き去りにされ、国土は荒廃してゆく、国土と農業をきちんと守るべきだというものであった。この話題にかんして議論をくり返しながら、二人の友人はそれぞれ信州大学林学部と東北大学農学部に進学し、吉川は帯広畜産大学畜産学部に進学したのだから、かれらの議論は自らの進路を決める真剣なものであった。この問題意識の延長上で、大学時代、吉川は環境問題、汚染問題への批判を深め、当時、翻訳が刊行されたローマクラブの『成長の限界』に出会い、つよい感銘をうけた。これらの条件によって、かれは、玉井の車文明批判、ゆっくり歩こう運動に惹きつけられていった。

第二は、権力や社会にたいする批判への志向であった。吉川の生家の家業は提灯屋で、かれが中学時代から親しくつきあってきた五人の友だちはみな生家の家業が自営業で、サラリーマンの子どもはひとりもいなかった。かれらは五人中四人が高卒で就職している。吉川はひとりだけ進学名門校の高校に入学したのだが、クラスの男子生徒たちの半分はピアノを弾けることを知り、世の中には自分が識らない上位の世界がある、自分は下位の社会階層に所属しているということを実感させられた。高校では、二年生のときには生徒会の副会長をつとめ、校外では七〇年反安保の運動に熱中し、校内では管理教育反対を主張して、制服の廃止、受験体制の是非、君が代問題などで、校長や教員とはげしく争った。ただし、吉川たちについてくる生徒は多くなかった。それでも、生徒会を担当していた教員からは可愛がられて、いまでもつきあいがつづいているというから、教員からみると、反抗的だが見所がある生徒だったのであろう。この権力批判、社会批判の意識が、大学時代、交通遺児家庭をうみだす現代社会への批判に収斂して、かれは運動家への道をあゆむことになったのである。

第三は、父性あるいは家父長への憧れであった。吉川の祖父は敗戦後の窮乏期に活発な営業活動をして一財産をつくった強い家長であった。かれの父親は、この祖父と対照的な弱い息子で、大企業ではたらいていたのを、祖父に強引に辞めさせられて、家業を継がされたのだが、その経営に意欲的になれないでいた。吉川は祖父の精神的影響のもとに育ち、強い家長に憧れ、弱い父親に反発していた。大学に入り、自動車部に所属して、その関係で交通遺児育英会の学生募金や励ます会の活動にしたがうようになり、かれは、そのための全国会議やブロック会議に出席し、玉井に出会った。そのさい、吉川は玉井の人格に急速に惹きつけられ、交通遺児育英会の運動に深入りしてゆくことになった。吉川にとって、玉井は理想の父親的存在であった。生まれ育った家族においては無気力な父親にあきたりない想いをしていた息子は、運動において手ごわい、しかし親しみ深い父親的存在に出会ったのだ。

「ユックリズムがはじまったころは、私にとって、玉井さんは、まだちょっと雲の上の人という感じがありました。しかし、私は、玉井さんにずいぶん議論を吹っかけたように思います。要するに、自分の親父に議論を吹っかけるみたいな感じでした。いろいろな意味ですごい人だなあと思っていました。ユックリズムのばあいでも、そのアイディアの出しかた、世の中にたいするインパクトの与え方、そういうものは自分の親父には全然なかった。(玉井さんには)ぶっつかっていっても、はねとばされちゃうようなイメージをずっともっていました。ただ、ざっくばらんに喋るときには、エッチなことも言う親父だというイメージをもっていました」。

吉川は、運動に深入りしたため授業の欠席が多かったが、野良猫、野良犬の病気の治療をやって、それをレポートに書いては教師のところにもちこみ、出席点を稼ぎ、なんとか四年間で卒業にこぎつけた。四年生の最後に受けた獣医師の国家試験も、三ケ月間、毎晩三時間の睡眠ですませる猛勉強で、合格することができた。ただし、かれは四年生の六月ごろには交通遺児育英会に入ろうと考えていた。玉井とかれのあいだでは、この件で言葉にしての約束はなかったが、雰囲気では約束が成立していると、かれは思っていた。しかし、実際にかれの育英会入局が決まると、両親は大反対で大騒ぎになった。せっかく獣医になれることが決まっているのに、おまえはなにを血迷っているのだ。かれは、「言われていることはわかるけれども、三〇歳までは好きなことをやらせてよ」といって、親許を出てきた。

交通遺児育英会では、吉川は、主として、機関紙づくりとつどいと年史づくりをやらされた。機関紙づくりは、山本孝史が中心になって編集、レイアウト、整理がおこなわれており、吉川はその手伝いをしていたが、七八年に山本がアメリカに留学すると、吉川が中心的役割をになうようになった。また、つどいでは、吉川は遺児たちの自分史語りをプログラムの機軸にするスタイルを導入するが、これは後にいくらかくわしく述べる。年史づくりでは、吉川は、『交通遺児育英会十年史』、『交通遺児育英会二十年史』および『心塾十五年史』のいずれもで編集実務を担当する中心人物たちのひとりであった。玉井は、これらの年史づくりを部下にたいする教育・訓練の重要な機会と明確に位置づけていたが、三冊の年史でつねに編集担当者たちのひとりとして起用したのは吉川のみであった(『十年史』と『二十年史』では山本と吉川、『十五年史』では林田と吉川を起用)。ここには、玉井の吉川にたいする評価がうかがわれる。

吉川の玉井評のうち、私にとって印象的であったものを三つほど紹介する。

第一。玉井義臣は言葉についてすぐれた感性をもっている。恩返し運動、「あしながおじさん」、ユックリズムなど、非常によい言葉を引っぱり出してきて、日本人のこころをたくみにとらえる。それは、部下の吉川たちには真似ができないものであった。玉井のこの言葉にかんする特異な感性があって、交通遺児育英会の教育的な部分も、運動的な部分もうまくいったと、かれはつよく思っている。文章でも、ひとの感性にぐっと訴える言葉を最初にもってくる文章を、玉井は書く。これは、かれの父親が俳句を長年やったことと関連しているのではなかろうか。玉井自身は、父親から言葉や文章を特別に教わったことはないといっているが。また、玉井は、さまざまな論理をたくみに図式化して示す才能をもっている。非常にわかりやすく、論理を説明することができる。これは、運動家として、教育者としての玉井の決定的強味になっている。それを聞いた人びとが、かれの話に共鳴するのも、そのためである。そこから、カリスマ性、教祖的要素も出てくることになる。

私は、この吉川の判断に大筋のところで同意するが、一点だけ異を唱えるコメントをつけておきたい。ユックリズムという英語もどきの日本語のみには私はつよい違和感を感じており、これは自分の日本語にかんする美意識とまったくあいいれない。運動のなかでも、この言葉は、恩返し運動や「あしながおじさん」ほど、広い範囲で定着しなかったと思う。玉井は造語の名手だが、この言葉は例外的失敗作ではないか。

第二。玉井は、社会運動家として、仕事が好きで、仕事に賭けてきた人である。人使いは荒かった。荒いなんていうだけではすまない荒さであったが、それでも部下の吉川たちがやってこられたのは、親分がいっしょに猛烈にはたらいていたから、である。あれが口先だけの人であったら、かれらはついてゆかなかった。

それに偉ぶらない。専務だからどうだ、部下だからどうだということはなく、若者たちを運動の同志として、一貫してあつかってくれた。だから、かれらは心身を極限まで酷使する仕事を長い年月にわたってやれたのだ。また、社会運動家としての玉井には、ものすごく理想主義的な部分とものすごく現実主義的な部分があって、両者がみごとに混じりあい、調和している。吉川は、それにずっと惹かれてきた。七〇年安保闘争がすべて駄目になっていったのは、観念論のみがあって、現実論がなかったからだと思っている。玉井はいっぽうで高い理想をかかげるが、たほうではきちっと必要な資金を集めてくる。理想論と現実論がなぜあんなにうまく結びつくのだろうか。吉川自身はそれがまったくうまくいかない。

第三。吉川にとって、玉井は「親父的存在」であった。仕事のしかた、もののつくりかた、人との対応のしかた、部下のあつかいかた、いずれも真似をしてやってきた。大学四年生ぐらいのときから、かれは、この親父に賭けてやってゆけば間違いないと思い、必死になってついてゆきつつ、学んできた。年史をつくる仕事も、かれにとって、玉井にかんする理解、その凄味も問題もあわせて理解する機会であった。『十年史』の編集実務担当者にえらばれたとき、玉井からいわれた言葉を吉川はいまでも鮮烈におぼえている。「『十年史』をいっしょにつくるのは、おれの価値観と思考形態を全部みることになるんだからね。それをみとどけるということで一所懸命やってくれよ」。吉川は、玉井が指導してきた運動の歴史をたどりなおしながら、人間としての玉井の総体を認識しようとした。なお、年史にかんして、吉川が玉井の問題と感じたものは、玉井が自己を語りすぎるというところであった。権力と対峙する運動家には、自らの業績を早く記録しておきたいという焦りがあったように思うと、吉川は語った。

玉井のもとではたらいた若い運動家たちのうちで、林田吉司はその資質、能力、業績がきわだって独自の存在である。それは、かれの経歴をみればただちにあきらかである。林田は一九七五年三月、立教大学文学部キリスト教学科を卒業して、四月、交通遺児育英会事務局に入局した。育英会との縁は、かれが立教大学の自動車部の部員で、一年生のときから学生募金に参加し、三年生の夏休み、育英会の赤とんぼ号全国一周キャンペーンのおり、アルバイトの雇われドライバーとしてはたらいたことから生じた。玉井はそのとき、林田を、育英会の将来の奨学生教育の機軸になる人材であるとみさだめ、四年生になった早々のかれを卒業したら育英会にこないかと誘った。林田が入局して三年後の七八年、育英会は都下日野市に奨学生のための学生寮・心塾を開設した。玉井は自らが塾長になったが、学寮教育の実質的責任者として、二五歳の林田を起用した。かれは、心塾に配置された総務課係長、ついで心塾課長補佐、同課長などをへて、最後は事務局次長・心塾塾頭と地位の名称こそ変わったが、二〇年間、一貫して、心塾の学寮教育の実質的責任者をつとめた。九七年、林田は交通遺児育英会からあしなが育英会にうつり、九九年、同会が神戸にレインボー・ハウスを開設し、学生寮・虹の心塾を併設すると、玉井は林田をその館長に就任させている。

一言でいえば、林田はすぐれた教育家であった。それを証拠だてる証言は、『心塾十五年史』などの年史で枚挙にいとまがない。本書ではⅨ章の心塾をあつかう節で、そのいくつかの事例を紹介するつもりである。ここでは、玉井の人物観察眼の確かさにふれておきたい。玉井は、二一歳の若者であった林田をひと夏観察して、かれのうちに教育者として大成する資質、可能性をみきわめ、林田はそのとおりに成長して、玉井の教育運動における右腕として四半世紀ちかくはたらいている。これは事実であるが、玉井の信奉者たちのあいだでは、かれの人物鑑識眼の確かさを示すものとして伝説化している。山北は私にいった。われわれのように運動のなかで一年、二年といっしょにはたらいた者の才能や可能性をみぬくのでも難しいことでしょうに、アルバイトの学生として数十日間つかっただけの若者がすぐれた教育者になる資質をもっていると見抜いたのですからね、玉井の人を見る目はすごい。あの人を見る目があって、かれは、運動の将来の展開にも的確な準備をすることができた。それはそうだと、私も考える。しかし、玉井の人物鑑識眼はしばしば凄みのある確かさをみせるのであるが、ときにひどい見間違いをすることもある。さきの久木のばあいはその一例だし、のちにさらに別の例にもふれる。それらを総合的に理解することを私はこころがけたい。

林田の交通遺児育英会に入局するまでのライフ・コースについて述べる。

林田は一九五二年七月、東京で、建具職人の父親と栃木県の農家の出である母親のあいだに、生まれた。かれは六人兄弟の五男で、生家ははなはだしく貧しかった。一家がくらしていた住居は壁がくずれたあばら屋で、屋内は建具をつくるさいに出るおがくずが散らばっていた。毎日米の飯を食うことができず、すいとんや粥がまじり、兄たちは中学校に弁当をもってゆけない日があった。かれは、小学校四年生のとき、お使いにいって、おつりを少なく間違えられたか、落としたかして、母親にひどく怒られたことがあった。貧しさのきわみで彼女は神経がぴりぴりするように苛だっていた。四人の兄たちは、いずれも、中卒ではたらいていた。三番目の兄は私立高校の入学試験に合格したのだが、当時で年間一〇万円ほどの学資がつくれず、最終的には進学をあきらめたのであった。

中学生時代、林田は成績がきわだって良かったので、四人の兄たちは相談して、費用を出しあい、かれを高校から大学にまで進学させてくれた。高校生時代、林田の意識には二つのつよい想いがあった。ひとつは、貧乏がどうしてもいやだという気分である。自分だけは、なるべく早く、この汚いごみだらけの住居から、金銭に汲々としている生活から脱出したい。エゴイストの少年は、兄たちの好意への感謝より、自分の将来の幸福を灼けつくように願っていた。いまひとつは、倫理学や哲学、キリスト教などへの関心、憧れである。

きっかけは、高校での倫理社会という科目の授業が面白く、その科目を担任する教員が好きになったことであった。思想的に早熟であった少年は、図書館で倫理学などの専門書をよんでみたり、未知のキリスト教に憧れたりしながら、立教大学文学部キリスト教学科に進学した。

大学生時代、林田は回心を体験する。それは約言すれば、自分は貧困を嫌ってそこからの脱出をひたすら願ってきたが、豊かにくらすことができたらよいというものではない、自分は貧しい人びとの側に立つべきだ、という回心であった。この回心の背景には、立教大学に入学して富裕な階層の子弟に接し、かれらと自らの所属階層の違いを実感したということがあった。

「大学の食堂での経験で、のちになって象徴的なものとして感じられることがあります。私が一番安いA定食をたべていると、きれいなお嬢さんが三、四人で、よこで一番高いC定食をたべていて、食い散らかす、ほとんど手をつけていない皿もある。彼女たちの背後では三角巾のおばちゃんたちがはたらいていて、女子学生たちの食い散らかしたものを黙々と片付けている。それをみていて、私は貧乏人のせがれですから、どうしても、おばちゃんたちの立場になって考えてしまう。こいつらは顔はきれいだが、やることはなんだ。こうはなりたくない。なんといやな学校だ、ここは。それにしても貧乏は辛いな。高校時代は自分は大学を出て、早くいいかっこうをしようなどと思っていたのですが、そういうものじゃないな、と思いました。大学時代にいろいろな事柄にゆきあって、これに段々に気づいてゆく訳ですが、このときのことは象徴的な体験として、しっかり記憶しています」。

林田の心塾における教育実践については後出の章にゆずる。ここでは、このライフ・コースが規定したかれの教育思想をかいつまんでみておきたい。林田は自らの幼少年時代の体験を「貧すれば鈍する」と要約する。貧乏であること自体は罪ではない。しかし、貧乏によって生じるさまざまな事柄は、劣等感、他者への不信、エゴイズムなどを引き起こし、人間の精神を蝕む。子どものばあい、貧困によって直接蝕まれるのみでなく、蝕まれた周囲のおとなたちによって、さらに蝕まれる。しかし、他面において、「家貧しくして孝子顕る」という事実もある。孝子は親に孝をつくす子どもであるが、それをさらに一般化して天下万民につかえる好士とみよう。貧しい体験、苦しい体験、悲しい体験をした者こそ、その体験をいかして、他者にやさしくなれるのではないか。西洋の諺でも、涙とともにパンを食べた人間が思いやり深くなるという。ひとから助けられた体験は、ひとを助ける志向、すなわち、人間の品性と理想に転化する。「鈍する」か「孝子顕る」かのわかれ道は、青春時代の教育にある。

交通遺児の多くは父親を亡くし、母子家庭で育ち、貧困と差別を体験してきている。かれらはその生活体験から根強い被害者意識をもつようになっている。他人を信用しない、怪しいといぶかる性癖が身についている者が多い。したがって、他人には無関心になりがちで、自分と家族の生活を守ることに精一杯である。これにたいして、交通遺児育英会は、奨学生を「暖かい心」、「広い視野」、「行動力」をかねそなえた人間に成長させようとする。その目標は、世のため人のためにはたらくことができる人材の育成である。そのための方法としての教育は、かれらのライフ・コースを充分に知り、それにもとづく劣等感などからかれらを解放し、ひとりひとりの遺児がそれぞれに個性的に生きてゆくことができるように援助すること、かれらがもつ多様な可能性を引き出してやること、である。

玉井は、心塾をつくろうと考え、その教育を担当する人材をさがしていたとき、二一歳の林田に出会った。「若いけれど品性高く、理想を語りあえ、行動的な男」と、玉井は林田のことをのちに端的に書いている。林田は、大学時代の回心によって、自らのライフ・コースから品性と理想をすでに抽出し、身につけていた。かれは、その回心を、交通遺児育英会の奨学生教育、なかんずく、心塾教育で集合的に推進していったのである。

林田の教育思想は、現代社会学の貧困理論の盲点のひとつを鋭くついている。その理論においては貧困は社会に原因がある分配の不平等であり、不幸である。貧困は、その状況におかれた人びとの生活の諸局面に破壊的影響をおよぼす。社会における貧困階層の大きさ、貧困家庭の数量、そこでの貧困による破壊的影響について、多くの実証的調査・研究が蓄積されている。林田の言葉で言えば、それらはいずれも「貧すれば鈍する」という事実をとりあつかっている。さらに社会問題としての貧困を予防、解決するのは社会保障、社会福祉である。それらの社会政策を、国民は要求する権利をもち、国家は実施する責務をもっている。それらの政策は「貧すれば鈍する」という事実の部分的、あるいは全面的解消である。この理論は、そこで述べられているかぎりのことは正しいのだが、「家貧しくて孝子顕る」という事実に関心をまったくはらわない。貧困がときに品性と理想をうむことがある回心のメカニズムをいっさい無視している。貧しい人びとは一方的に犠牲者であるとされ、かれらが貧しさゆえに主体的に、人間的に生きることができるという真理を認識しない。現代社会学の貧困理論は、結果として、貧しい人びとへの敬意を欠いた理論になっていると言わざるをえない。

8　工藤長彦

工藤長彦は、一九五三年六月、秋田県山本郡琴丘町で比較的裕福な農家の次男としてうまれた。農家では、長男が家をつぎ、次男、三男は大学までゆかせるけれども、後は自分で何とかしなさいという存在である。かれは子どものころから、それをよくわきまえていた。琴丘町は山間の狭い地域にあって、一日の日照時間が短いところであった。山々に仕切られた空を流れる雲をみながら、かれは、いつか自分も山々のむこうの外の世界に出てゆくのだろうと思っていた。そのころ、かれにとって外の世界を代表するのは、北海道大学に在学して、休暇のつど帰省してくる叔父であった。祖母も父親も、かれに、お前も叔父さんのように大学にゆきなさいと言っていた。

工藤は、能代高校に進学して、親許をはなれて能代市内に下宿し、ついで宇都宮大学農学部農業開発工学科に進学して宇都宮市内に下宿した。その学科を選んだのは、当時、環境問題、食糧問題が注目を集めはじめており、その時代のムードに影響され、また生まれ育った土地と家庭のせいで農業が大事だ、自分も農業をつうじて社会に貢献したいと考えたからであった。次男だから農家の後継者になれないが、農業技術者となってやってゆこうと考えていた。大学に入学した年は浅間山荘事件があった年で、事件のテレビ中継をみながら受験勉強をしていて、学生運動はこわい、大学に入っても学生運動には絶対にかかわらないでおこう、と思っていた。大学の入学式には闘争学生たちがなだれこんできて、式をこわしてしまい、最初の半年は授業もほとんどなかった。

宇都宮市の下宿で、工藤は、隣室にいた池沢勤・亨という兄弟の上級生と識りあった。池沢勤は宇都宮市交通遺児を励ます会のリーダーで、かれは工藤に『天国にいるお父さま』と励ます会の会報を読んでみてくれといって、貸してくれた。工藤は『天国にいるお父さま』を読んで、その内容に心を鷲づかみにされ、激しくゆさぶられる想いを味わった。車を憎み、けなげに生きている遺児たちへの同情、かれらを援助しない社会への怒り、その問題に無知であった自分を責める気持。かれは読みながら泣き、泣きながら読んだ。遺児たちのために、なにかをしてやらねばならないとおもった。工藤は池沢勤から交通遺児を励ます会にさそわれ、試しに顔を出してみると、女子学生たちが多い、明るく華やかな雰囲気の会であった。それでも、かれは、最初はためらって準会員としてつきあっていたが、やがて会員として本格的に活動するようになった。

そのきっかけは、長野市でひらかれた励ます会の全国大会に参加し、討論の水準の高さに打たれ、玉井義臣に会って心服したことである。工藤は大学三年生のときには、宇都宮市の励ます会の代表となり、全国学生募金の事務局次長にもなって、しょっちゅう東京にきては育英会の事務局に出入りする活動家になっていた。子どものころ、かれが考えた外の世界は、そういうようにしてあらわれたのであった。

工藤にインタビューして自分史を語らせると、死にかんする体験が大きい比重を占める。それは、かれの自分史の客観的現実でもあり、主観的真実でもあるらしい。父の戦場体験談における死の危険、幼時に目撃した祖父の遺体、かれは死について思い惑い、怯え恐れる子どもであった。かれが大学三年生の冬、励ます会の活動の直後、交通事故で仲間の二人が死亡、ひとりが重傷という事件がおこった。その日、かれは、励ます会のリーダーとして、会員を市内のいくつかのクリスマス集会の場に割り振って送った。そのひとつは障害児施設の会で、三人の女子学生がさしむけられた。集会がおわり、帰りみち、彼女たちがバス停でまっていたところに居眠り運転のダンプ・カーが突っ込んできたのであった。工藤は池沢亨ともうひとりの仲間と三人で、報せをうけて病院にとんでいったが、二人の遺体と包帯につつまれたひとりの重傷者に会えただけであった。工藤たち三人は、しばらく泣きくらし、酒びたりの日々を送った。交通遺児を助けよう、交通事故をなくそうと運動をしている自分たちの仲間が交通事故で殺される。自分たちの運動は何なのだ。口惜しさと無力感、それに工藤には被害者の行先を決めたことによる自責感がのしかかって、かれを苦しめた。

大学四年生になり、工藤は就職を考えるようになった。実家で父親と酒をのんで喋っているときに、大学で勉強したことをいかすことにして、秋田県庁に入って地元の農業土木のためにはたらいたらどうかと勧められ、かれはそれはよいアイディアであると思った。六月、玉井から電話があり、「君と話がしたい、宇都宮にゆくからホテルをとっておいてくれ」といわれた。その夜、ホテルであうと、「交通遺児育英会は君を必要としている、いっしょにやらないか」という。思いがけない申し出をうけ、かれはひどく驚いた。かれは即答することができなかった。ひとつには、励ます会の仲間が事故死したショックが残っていた。県庁への就職を考えるにあたっては、育英会の仕事は外部にいて手伝おうと思ってきたこともあった。しかし、励ます会の活動を大学時代だけで止めてしまってよいのだろうかという迷いもあった。玉井は工藤を熱心に説得した。工藤は、のほほんと育ってきた自分が、いまあるような思考力、行動力をもつようになったのは励ます会に参加させてもらったおかげである。また、励ます会の仲間で交通事故死した二人のためにも、育英会に入局し、なんらかの成果を証明としてのこしてやるべきだと思い、玉井の説得を最終的にはうけいれた。

つぎの日の朝、工藤は玉井といっしょにホテルを出た。空は晴れあがって、日光連山がはっきりとみえた。そのとき、気持がなんとも晴々として、世界がそれまでと違ったように鮮明にみえたのを、かれはいまでもよく憶えている。心が洗われて、たかぶっている感じであった。かれは下宿に戻って、実家に電話をし、かれの前夜の決心をつたえた。父親はなにもいわなかったが、母親は泣きだしそうな思いつめた口調で反対して、思いなおしておくれと、息子をかき口説いた。しかし、その後は、工藤は一切迷わず、卒業論文を仕上げ、励ます会の後輩づくりも入念にやって、育英会に入局した。

工藤は、交通遺児育英会に入局すると、最初の二年間は業務課に配属され、一年目はつどいの仕事をやり、二年目は奨学生の採用と機関紙づくりをやった。この二年目に高校奨学生の海外研修大学という行事があり、その研修団の団長は久木がつとめたが、工藤は副団長格で同行した。工藤に言わせると、そのときから久木とかれの人間関係は悪化してゆき、工藤は悩むことが多かった。工藤は吉川や林田に久木から受けている仕打ちについて訴え、かれらはできるだけ工藤をかばったのだが、かばいきれず、二年目の終りに工藤は退職を決意するにいたった。この退職は、三年目に心塾が開所され、玉井がそこに工藤をうつして辛うじて回避された。

工藤は心塾で八年はたらき、それから本部にもどり、指導課でつどいの仕事をやり、ついで奨学課で奨学金の貸与の業務を手がけ、一九九六年、あしなが育英会に移ってきた。かれは、入局早々に久木との人間関係に苦しんだけれども、全体としては、二つの育英会でえたはたらく機会を、社会的意義がある運動に参加することができたこと、人間的に成長することができたことの両面で満足感をもって評価している。運動の社会的意義については、いまはかれの両親が熱心な信奉者になり、兄、姉、弟たちもそれぞれの立場から応援してくれる。子ども時代、憧れていた叔父はＩＢＭに入ったが、工藤の仕事をやり甲斐のある仕事だろうと言い、かれの影響をうけて、地方自治体の文化交流部門に転職してしまった。工藤自身の人間的成長にとっては、心塾での八年間の体験が大きい。玉井の下で林田といっしょに、交通遺児たちと日常的につきあってくらしながら、かれは格段にタフになった。そのあたりについては、のちに心塾について述べるときにまたふれる。

しかし、交通遺児育英会の勤務は過労に過労がかぶさってくるきびしいものであった。とくに最初の一〇年、慢性的な睡眠不足の日々がつづいた。そんな生活形態のなかで、工藤の最初の結婚はこわれた。かれは一九七九年に結婚したのだが、相手は交通遺児の大学奨学生だった女性で、地方の励ます会の幹部であった経歴をもっており、かれは彼女が育英会の仕事の意義を理解してくれているから、自らの勤務への打ちこみぶりをも許容してくれると勝手に決めこんで、やりたいようにはたらいていた。かれはあまり家に帰らず、彼女とすごす時間を創る努力をまったくしなかった。その結果、かれらの結婚生活は一〇ケ月しかつづかなかった。彼女が実家に帰ってしまったあと、かれは大いに反省して詫びを入れてみたが、いっさいとりあってもらえなかった。八七年、工藤は再婚した。かれ自身に言わせると、今度は家庭をおおいに大事にしているそうだが、長時間勤務、休日出勤は、ときに細君を怒らせているらしい。

工藤は玉井について大いに語ったが、そのひとつだけを引用する。私は自分には父親が二人いるような気がします。実の父親と玉井さんと。玉井さんは歴史を創る教育者だというように感じます。男たちの多くには、明治維新の志士たちに憧れる気持があります。私にもかれらのようにカッコよく生きたいという願望、大きい仕事をしたいという気持が、心の底のどこかにある。玉井さんはそれを実現させてくれる指導者だと思っているのです。歴史を創る教育者のたとえ、維新の志士への憧れはそれなりにわかるのだが、問題のひとつは、かれがかれを父親の息子としてのみ自己規定するところにあるのではないか。かれは、やがて、かれを自らの子どもの父親として自己規定しなければならない。

9　かれらはなぜ交通遺児育英会をえらんだのか

一九七〇年代の前半、日本列島の各地で交通遺児を励ます会が組織され、そこに集まってきた人びとは遺児と遺児家庭の救済をめざしていた。かれらのなかで、本章で紹介した七人の若者たちは大学にいて、それぞれのライフ・コースをたどりながら、交通遺児育英会を率いる玉井義臣の許に惹きつけられてくる。かれらの、大学所在地、大学名、氏名を北から南へいえば、(1)帯広市、帯広畜産大学畜産学部、吉川明、(2)秋田市、秋田大学鉱山学部、桜井芳雄、(3)宇都宮市、宇都宮大学農学部、工藤長彦、(4)東京都、立教大学文学部、林田吉司、(5)大阪府、立命館大学産業社会学部、山本孝史、(6)広島市、広島大学工学部、藤村修、(7)福岡市、福岡工業大学工学部、山北洋二、である。だれがたくらんだ訳でもないのだが、かれらの大学の所在地は、北海道から東北、関東、関西、中国をへて、九州まで、全国の各ブロックにきれいに散らばっていた。

七人の若者たちのライフ・コースをみてゆくと、交通遺児育英会の運動が同時代の大学紛争、学生運動、反体制運動との対抗関係において出現したことがあきらかである。これについては、学生募金の初期段階を分析したおりにすでにわずかにふれた。それを、ここであらためて、ややくわしく論じてみよう。なお、この事実は、玉井のライフ・コースを追うのみでは、ほとんどあきらかになってこない。

まず、すでにみた七人の自分史のなかでこの事実がどのように言及されていたかを確認しよう。林田をのぞく六人のばあい、同時代の大学紛争、学生運動などへの直接の言及がある。桜井は中核派の活動にわずかにくわわったことがあり、そこから撤退することによる心理的負担感を埋めあわせるために、学生募金に打ちこみ、それが育英会入局につながった。吉川は高校生時代、七〇年安保闘争に積極的に身を投じ、その延長線上で大学入学後、学生募金、励ます会運動に参加し、育英会入局にいたっている。藤村は自動車部のボランティア活動、学生募金に大学紛争の影響があったことを認めており、かれはそれらの活動の経験に媒介されて、育英会に入局している。なお、この論法にしたがえば、林田も、かれ自身は意識していた訳ではないが、大学紛争の影響下に自動車部の学生募金に参加し、それがきっかけで育英会でアルバイトをして、同会に入局したといえる。山本、山北はボランティア運動に打ちこんでおり、それが学生募金、励ます会運動を経由して育英会入局につながるのだが、かれらはそのボランティア活動との対比で大学紛争、学生運動などを空しいものとしてやや軽侮して語っており、そのような見方で育英会の運動と同時代の反権力運動を対置していたのだといえる。工藤は学生運動はこわいものとみて、励ます会の運動に参加してゆくのだが、これは、かれが運動家の第一世代では最年少であり、かれが大学に入学する前後には、大学紛争の残党の一部がいわゆる過激派集団に転化していたためである。

なぜ、七人の若者は、そうして、かれらの背後にいた多数の学生募金と励ます会への参加者たちは、大学紛争の時代に全共闘運動に参加せず、交通遺児育英会の運動に参加したのか。体制の否定とコンミューンの建設をめざす観念的な社会革命の運動ではなく、自助と共生に特徴づけられつつ車文明と成長至上主義を批判する現実的な社会改良の運動をえらんだのか。その後、七〇年代後半から八〇年代の歴史的時間の経過のなかで、前者は急速に暴力行使を自己目的化するテロリスト諸派に転落し、相互に殺戮しあって、大衆の支持を完全に失うことになる。後者はＮＰＯ運動、教育運動、福祉運動として発展し、福祉国家の成立基盤である福祉社会の一環として、大衆の支持を集めつづけた。なぜ、かれらは前者ではなく、後者をえらんだのか。その選択を可能にした有力な要因と推定されるものを六つあげてみる。

第一、ボランティア体験。山本と山北で典型的にみられることであり、藤村と工藤にも一部でみられるのだが、ボランティア活動に打ちこんだ体験は、交通遺児育英会の運動への参加への跳躍板になりやすく、反体制運動や反米運動などへの批判的姿勢、冷淡さ、無関心さをひきだしやすい。ボランティア活動は、全体社会の既存の秩序を認めたうえで、個人や組織が自発的に活動し、その力がおよぶ範囲で問題を解決し、善意や正義を実現しようとする行為である。これはそのまま交通遺児育英会の社会運動の性格でもあった。これにたいして同時代の反体制運動や反米運動は、社会主義や共産主義、あるいはコンミューンなどのユートピア思想にもとづき、全体社会の秩序を根源的に否定することをめざす運動である。ボランティア体験に根ざすリアリズム(現実主義)は、このユートピア思想のアイディアリズム(理想主義)を信用しない。

第二、自動車部体験。それぞれの所属大学の自動車部において、藤村は主務、林田は主将であり、吉川は一時期部員であった。かれらはその縁で学生募金や励ます会に参加している。桜井は各大学の自動車部を組織して学生募金をはじめたのであった。自動車部は体育会系のクラブであり、総じていえば上級生と下級生のあいだに成立する上下関係を機軸とした既存秩序を重視する保守的傾向があった。大学紛争の時代には、そこでも社会的関心はつよくなったが、その傾向は社会的関心をもつ部員たちに社会改良志向を選択させ、社会革命志向を忌避させた。体育会系クラブの自動車部の価値意識は、この改良志向のほか、無定限無定量にはたらくのを美化する傾向や、男性が一人前の存在であって女性は添えものという男社会の論理を、交通遺児育英会にもちこんだ。

第三、貧困問題への関心。林田は生家の人並みの食事がままならなかった貧困を語り、山北は励ます会の訪問活動でおとずれた冬季に暖房がなかった貧困家族について語っている。桜井をのぞくほかの四人も、いずれも励ます会の活動をしているので、同様に極貧の交通遺児家庭の生活をみているはずである。そういえば、私が一九七四年、交通遺児育英会の委嘱で第一回目の調査をやったとき、その報告書『交通遺児家庭の生活実態調査』の「第三部事例調査」の巻頭には、当時まだ帯広畜産大学の学生であった吉川が執筆したすぐれたケース・レポート「北海道C・N・さん」が掲載されていた。その家庭の家計の収支をくわしく紹介したあと、吉川は母親の談話をつぎのように記録した。

「支出について詳しくいいますと、子どもが伸び盛り食べ盛りですので、食費だけは普通並みにお金をかけているつもりです。大変助かっているのは、私も(亡くなった)主人も里が農家なので、色々な野菜をもらって来ていることなのです。庭で私も野菜を作っていますし。食費以外はすべて切りつめています。とくに娯楽費、被服費、教育費はまったくといっていいほど使っていないんです。子どもに本なんか買って与えたことはないし、娯楽費と名がつくのはテレビの受信料くらいなものです。たまに親子そろって旅行したいんですが、一度も出たことがない。衣類も買うといえば下着くらいで、あとは親類で古いものをもらって、着させているんです。……(後略)」

このような貧しさについての切実な訴えにあえば、なるべく早くその事態を解決する所得保障などの社会改良が第一義的に考えられるのが自然である。体制変革だとか反米反帝などというのは、社会の最底辺を識らない中産階級か中流上層の学生たちの夢物語、ユートピア物語であるというほかない。七人の若者たちはみな、貧困の実態にふれて社会改良を志向した。

第四、環境問題への関心。吉川は二人の友人と高校生時代に農業、土地、資源などの問題につよい関心をもち、それが三人の大学進学のさいの進学先を決定している。工藤にもほぼ同じ事情があった。桜井は大学に入学したのち、環境問題の重要性に気付いている。交通遺児育英会の運動は、モータリゼーション批判から環境問題への注目、自然の生態系の保護を提唱していたので、かれらがそこに惹きつけられていったのは当然であった。これにたいして、全共闘の思想は体制変革をめざしていても、環境保護に関心をはらっていなかった。これは、その思想の祖型としての一九世紀マルクス主義思想が、自然科学による自然の支配＝収奪を、産業活動として無条件に肯定したことに由来していた(たとえば、F・エンゲルス、奥田八二訳「猿の人間化における労働の役割」『マルクス・エンゲルス選集第4巻・史的唯物論』新潮社、一九五七年)。このばあい、育英会の運動と全共闘の運動を、改良運動対革命運動の対抗図式においてとらえるのみでは不充分である。それはエコロジーを備えた思想とそれを欠いた思想の対抗図式においてとらえられねばならない。

第五、理系学部への所属。七人の若者たちのうち、五人までが大学で理系学部に所属していた。くり返しをいとわずに、もう一度列挙すれば、吉川＝畜産学部、桜井＝鉱山学部、工藤＝農学部、藤村＝工学部、山北＝工学部である。この事実の一部は前項で指摘した事柄と因果の関係にある。また、それらの学部で学習される現代の自然科学的発想、とくに工学的発想は、若者たちの社会的実践を漸進的な社会改良の方向にみちびき、空想的なユートピア思想やそれにもとづく体制変革、社会革命の思想に傾斜することへの歯止めとしてはたらいたのではないだろうか。

第六、玉井義臣の牽引力。以上の五要因にくわえて、玉井の個人的魅力が若者たちをかれが率いる交通遺児育英会に惹きつけた。かれらがそれぞれに語ったその魅力の各側面はまことに多様であった。それらの感性的描写を一々くり返すことはしない。ここで多少の整理をしながら言えば、かれは、成功しつつある新しいタイプの社会運動家として登場し、運動家志望の若者たちをかれの運動のなかに牽引したのであった。その新しさはなによりも交通遺児の救済、車文明の批判という時代のニーズに正面からとりくんだことによる。あわせて、かれは、若者たちにとって父性的存在、家父長的存在であり、また、かれらを運動の同志として対等の相手として一貫して遇する人物であった。

Ⅷ 「あしながおじさん」群像

1 「あしながおじさん」制度の発明

一九七九年度、交通遺児育英会は創立一一年目に入るのだが、その年度初頭に深刻な財政危機にみまわれた。奨学金の貸し付けの仕事をそれまでどおりに続けてゆけば、年度の半ばまでゆかずに、手持ち資金がつきてしまうほどの小ささに減ってしまったと、当時、同会はキャンペーンしたし『交通遺児育英会二十年史』にも同趣旨の記述がある。これには危機を訴えるための多少の誇張があるのだが、しかし、なにほどか危機の実態があったことも確かであった。

正確にいえば、つぎのような財政状況があった。七八年度終り、交通遺児育英会のもつ繰越金＝金融資産は、基本財産が一八億二〇〇〇万円、運用財産が五億二六〇〇万円であった。前年度、七七年度終り、同会の金融資産は、基本財産は同額の一八億二〇〇〇万円、運用財産は一二億四四〇〇万円であった。あらためて言うまでもないが、財団法人の金融資産のうち経常の業務につかえるのは運用財産のみである。基本財産に手をつけることが許されるのは、財団法人の解散にさいしての清算業務のためだけである。その運用財産が七八年度終り、前年度終りの金額の半分以下になったので、さきの財政危機キャンペーンはおこなわれたのであろう。この運用財産のみで、七九年度の奨学金の貸し付けをおこなってゆけば、年度の途中で育英会の金庫は空になる。しかし、実際には、財団法人の経常の業務には、運用財産以外にその年度の収入もつかうことができ、収入が支出を上まわれば、その差額は翌年度の運用財産に加えられてゆくのである。運用資産の半分以下への減少のみを理由として、手持ち資金が年度半ば以前につきるといったのには不確かな推測と誇張があったと言わざるをえない。

しかし、交通遺児育英会の事務局にいた玉井以下のスタッフで、同会の財政状況に危機意識をつのらせていた人びとにたいして同情的な見方をすれば、つぎのようにも言える。同会は創立以来、七年目まで収入が支出を上まわっており、そのかぎりで黒字財政がつづき、運用資産も増大してきていた。ところが、八年目、九年目と赤字財政となり、とくに九年目の赤字は三億五六〇〇万円という巨額に達した。その赤字におうじて、運用資産も減少をつづける。この赤字は一〇年目にもつづいて、三億五三〇〇万円となっている。一〇年目の七八年度の初め、この赤字の見通しはほぼついていたであろうから、スタッフの危機意識はそれなりに切実なものであっただろう。ただし、赤字財政はこの三ケ年度だけであったし、その主要原因は心塾の建設費であった。その建設費の支出は三年間にかぎられるものであることが、スタッフに知られていたのも確かである。

玉井は、この財政危機を打開するために、国民各層に新しい資金寄付者たちをもとめて、「あしながおじさん」制度を創り出した。これが決定的な成功をおさめて、交通遺児育英会は財政危機から脱出し、以後の一〇年間をとおして、同会の収入の約三五％はこの制度によってまかなわれることになった。

「あしながおじさん」は匿名の学資提供者である。かれあるいは彼女は、交通遺児育英会に「あしながおじさん」になることを申し込み、登録される。そのさい、申し込み者は、高校生に毎月一万五〇〇〇円を三年間贈るか、大学生に毎月三万円を四年間贈るか、のみ意思表示する。育英会は、この寄付者を、奨学金の貸与を希望している、特定の交通遺児の高校生あるいは大学生に、遺児の名を伏せたまま結びつける。つまり、「あしながおじさん」は、交通遺児であることだけは確かなどこかのだれかに、在学期間をつうじて学資を贈りつづける。交通遺児の奨学生の側からみれば、善意と自発性をもつ寄付者であるどこかのだれかによって、在学期間をつうじて、学資を贈られつづける。かれらはたがいに匿名の存在であり、おたがいに名乗りあうことはない。相手は確実に存在しており、それは育英会が保証しているのだが、その相手の属性は想像力によって想い描くほかはない。

玉井は、この構想の細部までを固めたうえで、四月一八日に記者会見をおこない、制度の紹介をしたうえで、二八日から全国の主要都市の街頭で「あしながおじさん」募集のキャンペーンをはじめると発表した。翌日の各紙の朝刊はいずれも、これを大きく報道した。たとえば「読売新聞」は八段をつかって「交通遺児が待ってます」、「あしながおじさんヤーイ」、「『育英会』財源ピンチ」などのキャプションをならべている。この記事のなかの玉井の談話は、この制度が寄付者にたいしてもつ魅力を巧みに描写していると感じられる。「ひとりの遺児に愛情を注ぎ、卒業まで面倒をみる、という寄付者の大きな意志が加わっているところに、従来の寄付との違いがある。むろん、〝おじさん〟には会報や、奨学生の文集を送り届け、キズナを深めていく」。

ひとりの「あしながおじさん」にとって、かれが提供する学資をうけとる特定の奨学生は完全に匿名の存在である。しかし、その奨学生の生活史や性格、意識について、あれこれと想像するための材料は、会報や文集で提供される。そうして、なによりも、自身の愛情と意志がその奨学生の学業を完成させるのだという確信と自負をもつことができる。

この制度を玉井が思いついたきっかけにかんしては、一部は伝説になりかかっている説明がある。すなわち、(1)育英会が発足してまもない一九七〇年一月から毎月現金書留に育英会と遺児への励ましの手紙をそえて送りつづけてきた、東京都本所に住むかなり高齢らしい女性の存在、(2)「いま私にできるのは、遺児になんの負担も感じさせず毎月奨学金を出すことくらいです。これを制度化しませんか」という、樋口恵子の助言、(3)その助言からうまれた「教育里親」というアイディア、(4)玉井の姉たちのひとり、夏水は文学少女で、彼女の愛読書の一冊が、M・ウェブスターの小説『あしながおじさん』だった。これは孤児の娘が、匿名の寄付者「あしながおじさん」に学資を贈られて大学を卒業し、その後、その男性と恋をして結婚することになるという物語である。夏水は看護婦をやっていたが、過労から脊椎カリエスを患い、二〇歳すぎに亡くなっている。病気が重くなってから、彼女は実家に帰ってきて療養していたが、そのころ、子どもだった玉井に『あしながおじさん』を読んでくれた。そのタイトルと「あしながおじさん」のイラストにかんするかれの記憶。その記憶は、制度のネーミングを考えたとき、ひょっこりと想い浮んだのだった。

結果から判断すれば、これらの契機のうち、決定的な影響力をもったのは、『あしながおじさん』の記憶であった。実は、交通遺児育英会は、「あしながおじさん」制度の発足にさきだって、名称はちがうが内容はほとんど同一の「教育里親」制度をつくって、寄付者を募集したことがあった。しかし、これに応募してきた人びとは皆無にちかかった。それが名称を「あしながおじさん」とあらためたら、おもいがけない多勢の寄付者があらわれたのである。このネーミングがかれらの想像力をかきたて、自発的な寄付行為におもむかせる有力な要因であったことは確かである。さきにも述べたように、玉井は、ネーミングや造語の才能にめぐまれた人だが、この「あしながおじさん」という命名は、かれの最高傑作となった。

2 「あしながおじさん」たちの登場

一九七九年四月末から約一ヶ月のあいだに、一五〇〇人あまりの人びとが「あしながおじさん」になることを申し込んできた。かれらの大多数は交通遺児の高校奨学生へ奨学金の提供を申し込んできたので、交通遺児育英会は、「あしながおじさん」の活動期間を一期三年間として、三年おきに、とくに力をいれて、「あしながおじさん」を募集することにした。もちろん、各期の途中でも、申し込みがあれば、それをうけつけていった。各期の「あしながおじさん」の数の最終結果は、つぎのとおりであった。

第一期、七九年四月―八二年三月、一七七〇人
第二期、八二年四月―八五年三月、四六〇五人
第三期、八五年四月―八八年三月、七五八八人
第四期、八八年四月―九一年三月、四九七三人
第五期、九一年四月―九四年三月、一七六一人

第一期の人数に比較して、第二期、第三期のそれが急激に増加した原因のひとつは、制度発足時には想定していなかった、「短足おばさん」と自称した人びとの登場である。制度がはじまったときは、「あしながおじさん」は、規定どおりに、高校奨学生が相手ならば、三年間、毎月、一万五〇〇〇円を贈ると考えられていた。これにたいして、満額を贈るのはむりだが、その一部を贈らせてもらいたいと申し込んでくる人びとがあらわれたのである。きっかけは、横浜市に住む四八歳の主婦からの手紙であった。

「毎月一万五千円は乏しい収入で家計をやりくりする者にとっては、ちょっと負担できない額です。でも、悲しみや苦しみに耐えて学ぶ子たちのために、たとえ砂の粒ほどのわずかな額であっても贈ってあげたい。生活を切りつめれば、毎月五千円は送れそうです。私のような、〝短足おばさん〟でも応募できますか」。

この申し出とそれが交通遺児育英会によって歓迎されうけいれられたことが、マス・メディアによって報道されると、同じような申し出があいついで、「あしながおじさん」の数を急激に押し上げることになった。

なお、この当時から、「短足おばさん」という表現には、あしながにたいする短足とは、自己をいやしめ、他者を見下す表現であり、善意の寄付をその金額の小ささゆえに差別することになるという批判があった。しかし、寄付者自身が短足ですと名乗る例が多かったこと、おそらくそこには、一種の諧謔というかユーモラスな気分がこめられており、さらには、貧者の一灯という日本の伝統文化に属する心意気、自分はかならずしも裕福ではないが、できるだけつつましく暮して、自分よりもっと貧しい他者のためにわずかでも援助したいという心情がこめられていたことなどから、この表現は、しばらくのあいだ、広い範囲でつかわれた。

さて、「あしながおじさん」による寄付の金額とそれが育英会の全収入に占める割合はどうであったか。表21によって、七九年度から九三年度までの一五年間でみると、「あしながおじさん」による寄付の累計額は一一四億八七〇八万五一六九円となる。この期間の育英会の収入の累計額は二八五億六六五七万六一二四円であったから、そこでの「あしながおじさん」の寄付の比率は四〇・二一%になる。

各年度ごとにこの比率の推移をみると、各期ごとの特徴がはっきりと読みとれる。第一期の三年間は一四・一三%、一九・九四%、一六・六五%と、一〇%台を上下している。これが、第二期の三年間になると、三六・一四%、三五・一三%、三五・一七%と、三五、六%台をつねに記録する。交通遺児育英会の年間総収入の三分の一強は、「あしながおじさん」の寄付によっていることになる。さらに第三期の三年間では、三九・四九%、四六・〇六%、四三・七二%となって、第四期の一年目には四八・三〇%という最高値が記録され、ついで四七・六七%、四七・六〇%となる。第三期の八五年からは、春秋の学生募金のさいに街頭で、「あしながおじさん」になることを申し込むための資料請求用の葉書がついたチラシを配付したが、これが大きい堀りおこし効果をあげた。このころよりのちになると、育英会の財政の約半分は、「あしながおじさん」によって支えられているという認識が、玉井やかれのスタッフに共有されるようになっていた。

「あしながおじさん」を居住地域別にみると、首都圏への集中という特性がまず目につく。表22は、第三期の「あしながおじさん」の実数を都道府県別にみて、人口一〇万人にたいする出現数を算出したものである。その大きさの順位は、一位、東京、二四・〇、二位、神奈川、一四・五、三位、千葉、一〇・一、四位、

表21 「あしながおじさん」による寄付と交通遺児育英会の全収入の年次推移 (1979—93年度)

年度	A＝「あしながおじさん」による寄付	B＝交通遺児育英会の全収入	A/B×100
1979	236,616,768	1,674,905,699	14.13
80	272,963,747	1,369,056,301	19.94
81	227,210,383	1,364,585,039	16.65
小計	736,790,898	4,408,547,039	16.71
1982	679,760,999	1,880,766,263	36.14
83	641,880,561	1,827,065,443	35.13
84	600,899,082	1,708,552,750	35.17
小計	1,922,540,642	5,416,384,456	35.49
1985	860,515,252	2,179,003,045	39.49
86	1,013,495,491	2,200,505,005	46.06
87	983,590,783	2,249,852,333	43.72
小計	2,857,601,526	6,629,360,383	43.11
1988	1,055,308,504	2,185,015,294	48.30
89	1,094,451,611	2,295,687,706	47.67
90	1,071,889,369	2,251,755,686	47.60
小計	3,221,649,484	6,732,458,686	47.85
1991	1,039,619,019	2,168,607,114	47.94
92	971,502,041	1,798,919,221	54.00
93	737,381,559	1,412,299,225	52.21
小計	2,748,502,619	5,379,825,560	51.09
	11,487,085,169	28,566,576,124	40.21

表 22　都道府県別「あしながおじさん」数(第 3 期)，人口(1985 年)，人口 10 万人あたりの「あしながおじさん」数

	A＝「あしながおじさん」数	B＝人口(千人)	A/B ×100		A＝「あしながおじさん」数	B＝人口(千人)	A/B ×100
北海道	107	5,679	1.9	京都	80	2,587	3.1
青森	15	1,524	1.0	大阪	293	8,668	3.4
岩手	24	1,434	1.7	兵庫	228	5,278	4.3
宮城	105	2,176	4.8	奈良	33	1,305	2.5
秋田	28	1,254	2.2	和歌山	19	1,087	1.7
山形	16	1,262	1.3	鳥取	22	616	3.6
福島	39	2,080	1.9	島根	16	795	2.0
東京	2,835	11,829	24.0	岡山	62	1,917	3.2
茨城	98	2,725	3.6	広島	134	2,819	4.8
栃木	57	1,866	3.1	山口	60	1,602	3.7
群馬	50	1,921	2.6	徳島	17	835	2.0
埼玉	543	5,864	9.3	香川	43	1,023	4.2
千葉	521	5,148	10.1	愛媛	33	1,530	2.2
神奈川	1,075	7,432	14.5	高知	23	840	2.7
新潟	44	2,478	1.8	福岡	110	4,719	2.3
山梨	27	833	3.2	佐賀	24	880	2.7
長野	77	2,137	3.6	長崎	27	1,594	1.7
静岡	128	3,575	3.6	熊本	65	1,838	3.5
富山	24	1,118	2.1	大分	25	1,250	2.0
石川	28	1,152	2.4	宮崎	16	1,176	1.4
福井	14	818	1.7	鹿児島	42	1,819	2.3
岐阜	44	2,029	2.2	沖縄	19	1,179	1.6
愛知	218	6,455	3.4	海外	5	—	—
三重	46	1,747	2.6	計	7,588	121,049	6.3
滋賀	29	1,156	2.5				

注）人口 10 万人あたりの「あしながおじさん」数の計欄は，「あしながおじさん」の全数から海外分を減じて求めている．

資料出所：「あしながおじさん」数は，『交通遺児育英会二十年史』p. 528，人口は国立社会保障・人口問題研究所編『人口の動向―日本と世界』p. 171.

埼玉、九・三、五位、宮城、四・八となる。全国ではこの数字は六・三であるから、全国平均を上まわるのは、全都道府県のうち東京、神奈川、千葉、埼玉の四都県のみである。この首都圏における出現数の相対的大きさは、手持ちの資料のみでは充分に説明されないが、仮説構成風にいえば、交通遺児育英会の学生募金が首都圏でもっとも活発におこなわれており、したがって資料請求用の葉書のついたチラシもそこでもっとも大量に配布されていることが有力原因のひとつになっていよう。

「あしながおじさん」の人間像についてさらに具体的な特性を述べようとすると、まとまった調査資料としては、一九八四年に交通遺児育英会が私に委託して実施した調査の報告書、『「あしながおじさん」の体験と意見』があるのみである。これは、第二期の「あしながおじさん」を対象にしておこなわれたものだが、その標本の基本的属性と、「あしながおじさん」になった動機を紹介しておこう。

調査は事例調査と全国調査から構成された。事例調査は、私とスタッフが「あしながおじさん」二四例に個別に長時間インタビューをおこない、ケース記録を作成、分析する方法でおこなわれた。全国調査は、事例調査でえた知見にもとづき調査票を作成し、これを三七八三名の「あしながおじさん」に郵送し、一五六七名から回答をえて、それを集計、分析する方法でおこなわれた。

標本の基本的属性として年齢をみると、一〇歳きざみで、二〇代六・四%、三〇代二〇・九%、四〇代二五・一%、五〇代二四・二%、六〇代一五・八%、七〇歳以上六・四%となる。四〇代が最頻値で、これに三〇代、五〇代をあわせると、「あしながおじさん」の約七割は壮年期の人びとである。これにたいして、六〇代と七〇歳以上、つまり向老期と老年期にあたる人びとが約二割であった。性別では、男性四四・〇%、女性五四・六%。さきにみた年齢別と性別のクロス集計では、二〇代から五〇代までの各年齢階層では女性の比率が男性のそれより高いが、六〇代では両性の比率がほぼ並び、七〇歳以上では男性の比率が女性のそれより高くなる。

のちにみるが、単身者、子どもをもっていないか育ておわった者が、家族関係の心理的代替をもとめて、「あしながおじさん」になる例は少なくない。そこで配偶者の有無別をみると、全体は「いる」七二・六%、「いない」二五・五%にわかれる。これは、男性では「いる」八二・〇%、「いない」一六・五%、女性では「いる」六五・四%、「いない」三三・二%となる。単身者の比率が、女性のばあい、男性のばあいの二倍になっている。また、学生、生徒、浪人および学齢に達していない子どもの有無では「いる」三八・二%、「いない」五五・八%にわかれる。これは、性別では、男性で「いる」四二・七%、「いない」五二・八%、女性で「いる」三四・九%、「いない」五八・六%となる。

3 「あしながおじさん」になった動機

前記の全国調査でつかわれた調査票は全五五問から成っている。それによってえられたデータは膨大なものであるが、ここでは、そのわずかな一部、「あしながおじさん」になった動機にかんする三つの質問への回答をつかって、「あしながおじさん」の人間像を素描してみたい。

まず、その三つの質問を紹介する。

問5、「あしながおじさん」になることを申し込まれたさいのお気持は、下のようにわけるとどれにあたりましょうか。主なもの三つまでに○印をつけてください。
1、かつて他人からうけた恩を返したい。2、いまの自分の幸福を感謝して、その一部をわかちたい。3、世の中のために役立ちたい。4、だれか他人のために役立ちたい。5、身近かでうれしいことがあったので、それを記念したい。6、身近かで不幸があったので、供養・追善のためにしたい。7、自分の力、意志をためしたい。

問6、「あしながおじさん」になることを申し込まれたさいのお気持に、下のようなものがありましたか。主なもの三つまでに○印をつけてけっこうです。

1、交通遺児であるから高校進学ができないのはかわいそうだ。2、自分は若いころ苦学・苦労したので、ひとごととはおもえない。3、自分は若いころ学校にゆけなかったので、ひとごととは思えない。4、自分の子は一人前になって手がかからなくなった。5、自分には子どもがいないから。6、交通遺児に援助することが、自分の子の教育のためになるから。

問7、まえの二つの問(問5、問6)のみでは、「あしながおじさん」になられたお気持が充分に表わしきれないだろうとおもいます。そのおりのお気持をなんでも自由にお書きください。

問5は「あしながおじさん」になったさいの動機を一般的にたずねたものであり、問6はその動機をとくに交通遺児イメージ、自らの青年期の体験、自分の子の教育などとの関連でたずねたものである。問7は、自由記述で回答をもとめた。この問7の回答を整理すると一一の動機類型がえられた。その各類型の説明を手短かにおこない、それらについて問5、問6で関連する統計データがえられているならばそれを紹介し、事例をあげて多少の分析を試みたい。

(1) 幸福に感謝する。

これは、現在の自分が幸福であると考え、それに感謝し、その幸福の一部を他人に分かとうとして、「あしながおじさん」になったという動機タイプである。

私たちは事例調査からはじめたのだが、この動機タイプが高い頻度であらわれてくるのに、すぐに気づいた。調査に入るまで、これはまったく予想していなかったので、それは思いがけないことと感じられた。「あしながおじさん」の多数部分は、自分を幸福な存在であると考え、その幸福を他者にわかつために、「あしながおじさん」になっている。全国調査でも、「あしながおじさん」になった動機を三つまでの複数回答で訊いたとき、回答者の六八・九%、約七割の人びとが、「いまの自分の幸福を感謝して、その一部をわかちたい」をあげている。

自由回答を読んでいて、あらためて考えさせられるのは、この幸福の性質である。まず、多くの人びとが無条件に幸福とみなす状態がある。その大部分は家族生活に属するもので、円満な夫婦仲、子どもの健やかな成長、入学や卒業、安定した家計などである。ほかに充実した労働、過去の幸福な体験もある。

「結婚二〇年目で気づいたとき、立派な舅様と素敵な主人、私には過ぎたよい子どもたちに恵まれて、五人家族全員が病気もせず、日々をくらしています。み仏の深い恵みによるものです。この喜びをなにかに感謝したいと思い、このことを思いたちました」。

「私は自分の希望通りに高校、大学生活を送り、社会人となりました。『学生時代』は、いま考えると、親や周囲の人びとに甘えて、好きなこともやって、楽しい時でした。勉強も、スポーツも、友だちも……。それは、社会人となったいまとは、違う世界のような気がします。そういう世界を望む人には味わってもらいたいと思います」。

しかし、これらとは性質が異なる幸福もある。ひとつには、このひとは不幸を知っているので、あるいは不幸を想像することができるので、それとの対照で現在の自分を幸福とみることができるのだと、思わせられる例が少なくない。社会学はとかく民衆像をなにほどか不幸な存在とみなしがちである。これにたいして、さきに指摘した事柄は、一見不幸にみえるひとの幸福感の由来を説明する。また、あたえられた条件のもとで足ることを知る謙虚さをもちあわせているので、幸福であるという感情や感謝の気持をもつことができるのだと、考えさせられる例も多く目につく。この足るを知るという考えかたは、民衆論ではつねに退嬰的なものとして否定されてきているが、その積極的効用も考えられるべきであろう。

「私には二人、男の子がおります。この子たちが健康に育っていることにたいする感謝の気持です。私は四歳のとき、原爆で被爆しました。結婚すべきかどうか、子どもをつくるべきかどうか、迷いました。でも、子どもは二人でき、元気でいます。不思議な気持です」。

「いまは亡き父ですが、戦傷の後遺症から体が弱く、そのために交通事故にもあい、小さいときから父母の苦労をみてきました。父は、私が高二のときに亡くなり、私自身も奨学金をうけました。いまは三歳の長男をかしらに、三人の子宝に恵まれ、幸せにすごさせてもらっています。子どもをもってから、あらためて親の苦労がしのばれ、なにか役に立ちたい気持になりました」。

「人はそれぞれ、できるかぎりの努力はしなければならないと思います。その結果、得られたものは、自分だけで使ってしまってよいとはかぎりません。やはりそこには限度があり、自分がたまたま得たものであっても、多くの人びととわかちあわなければと思うのです。私の生活レベルはけっして高いとは思いませんが、分相応と思われます。そのため、超過分について送金させてもらっています」。

⑵ 他人に役立ちたい。

これは、家族、親族以外のだれかのために役立ちたくて、「あしながおじさん」になったという動機タイプである。

事例調査ではこれが高い頻度であらわれてきたが、これは充分に予想されていたことであった。全国調査では、さきにいった、「あしながおじさん」になった動機が訊かれたとき、「他人のために役立ちたい」という回答が五三・九％におよび、幸福に感謝するという動機についで二位を占めた。

自由回答を読んでいて考えさせられるのは、この動機が成立するさいの理由である。そのひとつは、子どもや若い人びとへの愛情、かれらの成長への期待、かれらにたいする責任感などである。愛情のばあい、見知らぬ交通遺児に直接向けられるものもあり、身近なだれかに本来向けられたはずのものが、そこで受け入れられず、いわば転じて交通遺児に向けられたというものもある。責任感は、成人世代や老人世代に属するものとして、あとにつづく世代の教育を保障しようとする責任感である。

「子どもも若者も大好きです。

その子らが、すくすくと、まっすぐに育ってほしいと希っています。しかし、いまの日本の繁栄が、かえって、この子たちを不幸にしているようです。子どもの幸せのための努力をしないで、お金だけ出すのはさびしいことです。子どもたちをもっと幸せにしたい」。

「いまから三年まえ、ひとりの女性に恋をしてしまいました。彼女は高校二年生。こんなに好きなのに、なにもしてあげられないのが切なくて辛くて。ちょうどそんなとき、新聞で交通遺児のこと、あしながおじさんのことを知りました。彼女と同じ高校生がこんなに一生懸命生きている。私の彼女への愛の証として、奨学資金を送ります」。

「私どもの娘は俗にいう非行少女です。中学校もきちんと卒業できず、親としてどんなに悩み苦しんだことか。望めばできるかぎりの教育をと考えていたのに、とても悲しい思いをしました。そのときも、そしていまも、多くの方がたに迷惑をかけています。そんな娘への報われぬ思いをこめて、微力でも、苦学している子どもたちのために、かげながら援助したいという願いからでした」。

「一生涯勉強は当然のこと。しかし、その基礎として、若年者にしっかり教育をうけさせるのは、年長者として、もっとも大切な責務と考えています。私は年金生活者でけっして豊かではありませんが、少しでも励ましと支えになってあげたい」。

また、年長者、成人の責任感のひとつのヴァリアント(変形)とみるべきであろうが、自分の子どもを育てあげたから、あるいは自分には子がいないから、交通遺児の役に立ちたいというものがあった。全国調査で、「あしながおじさん」になった動機を交通遺児についての見方との関連にしぼって三つまでの重複回答を許して訊いたさい、「自分の子は一人前になって手がかからなくなったから」は一九・九%、「子どもがいないから」一三・〇%などがあった。一例ずつあげる。

「二人の娘は幸せな結婚をし、親としてのつとめは一応終りました。でも、まだ、なにか親らしいことをしたい気持があり、新たに子どもを引き取って育てる体力は自信がないため、『あしながおじさん』に参加させていただきました。匿名で援助できるということが、大変すばらしいことと思います」。

「私の年代は、戦争のせいで結婚の機会が少なく、独身者が多いのです。私もそうで、結婚をし、子どもを育てるということをしておりません。自分では立派に生きているつもりでも、他人からみると、人間的にどこか冷たいものの見方をすると思われているようです。あしながおじさんになってみるのも、なにか自分の生きかたにプラスになるのではないかと考えた次第です」。

(3) 世間に役立ちたい。

これは、世間に役立ちたくて「あしながおじさん」になったという動機タイプである。前項の、他人に役立ちたいという動機と似ているが、それが役立ちの対象を個人として考えているのにたいして、こちらは役立ちの対象をいくらか漠然と世間と考えている。

全国調査で「あしながおじさん」になった動機を一般的に訊いたさい、「世の中のために役立ちたい」は幸福への感謝、他人への役立ちについで四二・九％を占めて第三位となった。

この回答の意味するものを自由回答に即して考えてみると、ひとつは、世の中はもちつもたれつの相互依存の関係から成り立っているとみる、世の中観とでもいうべきものがある。これは、社会学の連帯概念でいえば、闘争理論の階級的連帯よりは、統合理論のコミュニティ感情によった社会関係にちかい。また、その世の中観によってみれば、社会の現状は、エゴセントリズム、連帯の欠如などにより、批判され、告発されることになる。

「私があしながおじさんになったのは、世の中は回り回っているもの、いつどこで私たちや子どもたちが、どういうかたちで人様のお世話になるかもわからないからです。できるときに、できる範囲で手助けを……。だから、遺児の皆様も『恩返し』などと言わずに、できる範囲でどんな小さなことでもよいから、誰かにその愛をあげてください。どこかで、だれかとつながっている。ステキです」。

「人の世は、ギブ・アンド・テイクだと考えるから。けっして依存型の人間を認めるのではない。自立した個々の人間が、たがいにギブ・アンド・テイクの精神で生きていくべきだと考える。高卒の学歴は、現状では自立した人間の条件であり、交通遺児というだけの理由で、高校進学を断念することは放っておけない。また、現在あるような交通遺児の母を作りたくないから。もし、女性が専門職につくだけの学問があれば、夫を失った悲しみ、寂しさはあっても、生活苦におそわれないはずである。現在、四〇代以上の女性は、学校のみならず、家庭、社会全体の、男女差別教育の被害者である」。

「『人間はみな平等であってほしい』と願っています。でも、現実はどうでしょう。それを考えてみるとき、自分の気持ち（欲ばりな心など）をいましめ、願いをかなえるために努力をしようと思ったのです」。

「一部で高級車を乗りまわす若者、お金の使いみちに困るのか、ただ無駄に海外旅行をする人びと。その半面、家の経済が許さないため、勉強したくてもできない人びとがいる。なにか不合理に感じます。私はさいわいに一人分くらい負担しても、それほど生活が圧迫されません」。

世の中に役立つことを、社会参加の観点からとらえた回答も少なからずみられた。社会とつながりをもつこと、そのなかで必要とされる存在になりたいという動機からあしながおじさんになったという例である。

「私は主婦ですが、何らかの形で社会とつながっていたかったことと、『あしながおじさん』では、個人の名前が出ないのがすばらしいと思い、入会させていただきました。気楽に入りましたので、たくさんの方がたにも、そんなつもりで入っていただけたらよいと思います」。

(4) 不幸な人に同情する。

交通遺児に同情して、かれらが貧困ゆえに進学できないという不幸をなくすために「あしながおじさん」になったという動機タイプである。

全国調査で「あしながおじさん」になった動機を交通遺児の見方との関係にしぼって訊くと、「交通遺児であるから高校進学ができないのはかわいそうだ」は六八・六％で、第一位である。「あしながおじさん」の七割は、かわいそうという同情、気の毒に思う気持から、その経済的援助をしている。

自由回答でみると、この同情が成立する基礎的条件のひとつは、他人の不幸による苦しみを想像して自らのものとする能力、いわゆる共苦関係に入る能力である。これにあわせて、現代日本では交通事故は個人の注意などによっては避けられない不幸の典型であるという認識が作用している。

「他人の不幸を見逃せないのが自分の性格です。かといって、自分にもできる限界というのがあります。『あしながおじさん』を知って、万分の一でも他人のためになろうと思いました。それも、いま現在、自分も働いているからで、主人の収入をあてにして生活するようになったら、そうは言っておられないので、できるだけいまから協力していきたい」。

「お金がない、片親が苦労をしている、そのような理由だけで勉強の場を去らなければならないのは、子どもの気持ちとしてはあまりに無念であろうと思われます。また、頭の良し悪しで、進学を決めるのも賛成できません。若いということはいくらでも希望をかなえる条件なのだから。かれらの夢を先払いしてあげているだけです」。

「交通戦争といわれる時代に、災禍にあうあわないは、まったく紙一重の差です。その差がもたらす波紋の大きさは、はかりしれないものがありましょう。その紙一重の差から交通遺児になった人たちのことは、ひとごととは思えませんし、いつ自分や自分の家族がそうならないとも限りません。

現在までは順調に、幸せに生きてきました。そのことへの感謝と未来への祈りと、そして少しでも世の中にお返しできたら……と、そんな気持です」。

不幸への同情を支える想像力は、同じ性質の不幸を体験した人にとくに活発にはたらくようである。そのような体験として比較的多くあげられるのは、若いころ苦学をしたり、貧困ゆえに進学を断念した体験、母子世帯で育った、あるいは暮らした体験、交通事故の被害者となった体験などである。

全国調査で、「あしながおじさん」になった動機のうちに、「自分は若いころ苦労、苦学したので、ひとごととは思えない」をあげたものが二〇・〇％、「自分は若いころ学校にいけなかったので、ひとごととは思えない」をあげたものが、七・五％いた。また、「あしながおじさん」のうち、母子世帯で育った人、母子家庭の現在成員である人のそれぞれの比率は、日本人のそれぞれの平均的比率の二倍ほどである。

「私は家庭の事情で大学を断念せざるをえませんでした。それでも高校へは、年老いた祖母が行商をし、母も朝から晩まではたらいて、なんとか行かせてもらいました。そんな苦労をした祖母や母を知っていますから、交通遺児本人だけではなく、そのご家族のことも推察して、なにかしてあげたいと思いました」

「私は入試に合格したことを父に報告したときに、一言『払う金はないよ』といわれ、ショックをうけました。貧しい家庭ではなかったし、受験のことは両親は承知していたのに、裏切られたように思いました。もし、お金がないことを事前に話してくれたら、就職してもかまわなかったのに……。たまたま高校時代に英語を教えたアルバイトの貯金で八割方まかなえたので、無事入学、二年間一生懸命勉強しました。勉強したくてもチャンスがない人、はたらきたくてもチャンスがない人、必死に生きようとする人に援助してあげたい」。

「交通遺児をかかえた母親の生活の苦しさに同情。私自身も戦争で父を亡くし、母一人子一人で育ったが、戦後大変な苦労をした。交通遺児よりも、その遺児をかかえた母を助けたい。『一隅を照らす』という精神が大切と思う」。

「他人事と思っていた交通事故で主人が被害者になり、苦しい思いをさせられたが、奇跡的に社会復帰ができた経験から。交通事故被害者を他人事と思えなくなったので、交通遺児のためにお役にたてたらという希いとともに、私どもはラッキーだった、その感謝のなかから思いたった」。

(5) 恩返し。

過去に自分にたいして他者がおこなった善行を恩としてとらえ、その恩を返すために今度は自分が他者に善行をおこなうという考えかたが日本人にある。この恩返しの善行をおこないたいので、「あしながおじさん」になったという動機タイプである。

全国調査で訊いた「あしながおじさん」になった動機では、「他人からうけた恩を返したい」は一六・〇%になっている。「あしながおじさん」の六人にひとりは、その動機のひとつとして、この恩返しを意識しているわけである。

日本人の恩の思想については、アメリカの女性文化人類学者、ルース・ベネディクトが日本人の国民性を論じた著作『菊と刀』で説いたところが、ひろく知られている。彼女はそこで、日本では親の子育てが子にとっての親の恩と意識されること、子はその恩返しのために親に孝行をつくすことなどを指摘して、恩と恩返しの関係は借金と返済の関係に似ているといった。そして、これと対照的に、アメリカでは、親が子を育てるとき、それは子を育てたいから育てるのであって、それに報いを求めるのではないともいった(前掲『菊と刀——日本文化の型』一三三—一三七ページ)。

たしかに、日本人の恩の思想には彼女が指摘する一面がある。しかし、それがすべてではない。なぜならば、恩は、それを受けた相手に返すとはかぎらないからである。恩返しの動機から「あしながおじさん」になった人びとのばあい、かれらは、過去に他者から善行＝恩をうけ、それをいま、その他者とは別人の交通遺児に善行をおこなうことで返している。このとき、恩返しを恩をうけた他者にしていると考えられているばあいと、恩返しを遺児にしていると考えられているばあいがある。前者では、善行の相手と恩返しの相手が異なる。後者では、恩をうけた相手と恩返しの相手が異なる。以下で五例をあげるが、第一例は明白に前者のケースであり、第五例は明白に後者のケースである。ここは学問的論議に深入りする場所ではないが、ベネディクト女史の恩の論議には修正の余地があること、恩の思想には日本人の人間性の一端があらわれていることは示唆しておきたい。

「生まれて間もなく実母に死に別れ、養女に出されました。養家は貧しい百姓でしたが、養母の仏様のような愛情につつまれ、実子とかわらないように育てられました。労働こそ小さい時からせい一杯やりましたが、国庫補助をうけて、女子師範学校に入ることができました。養母との出会いなくしては、今日の私はありません。その亡き母にたいする恩返しの気持ちです」。

「六歳のとき、とんぼとりをしていて、過って池に落ち、通りがかりの人が池にとびこんで命をたすけてくれた。その人はそのまま立ち去り、母が懸命に探したが、その人がどうしてもわからなかった。せめてもの恩返しという気持が、私の生活のなかにつねにあらわれてくる」。

「主人と死別、直後に始まった息子の非行、多数の方の善意によって苦しい体験の後、その苦境をのりこえてホッと一息ついたとき、ふと手にした新聞で、あしながおじさんのことを知りました。これは私にできる社会への報恩の一つと思い、即座に電話で申し込みました」。

「夫が戦死し、女の子三人は日本育英会より奨学金を拝借いたしました。一人が国立大学を、二人が都立高校を卒業できました。そのご恩返しのため、命ある限り送金させていただきます」。

「独身のため、親に育ててもらった恩を子供に返すことができません。生きているうちに借りを返したいと思いました。自分自身のためです。このような機会をあたえられている私のほうが感謝すべきと思っております」。

（なお、この恩の主題についての学問的論議に関心をもつ読者はつぎの文献を参照されたい。副田義也『日本文化試論――ベネディクト「菊と刀」を読む』新曜社、一九九三年、一五三―一七八ページ）

(6) 供養、追善。

愛していた人間が亡くなったので、そのひとの後生を祈って、そのために善行をおこないたいから、「あしながおじさん」になったという動機タイプである。

全国調査で訊かれた「あしながおじさん」になった動機では、七・五％が「不幸なことの供養をしたい」をあげている。死去した愛していた人間の多くは子どもであるが、一部には親が入る。その死者の後生を祈るほかに、生き残った自分の辛く悲しい心を支えるという動機もいっしょに作用している。四例をあげる。

「昭和五四年四月六日、長女を交通事故で亡くし、何をする気力もないまま目を通した二〇日付の朝日新聞で『あしながおじさん』の記事を読みました。人にいろいろしてあげることの好きな娘でした。供養にでもなれば幸いですし、将来ある人のお役にたつと思いますし、これから生きていく支えにもなると思いました」。

「長女を生後一週間でなくしました。以前からきちんとした団体でお金をいかして使ってくださるなら、自分の恵まれた生活に感謝して、一部を困っている人にわかちたいという気持をもっていました。

娘を亡くしたことがきっかけで、長女が生きておれば当然かかったであろう費用を交通遺児育英会で使っていただくことで、長女の供養にもなるし、別の子を育てることにもなると思い、なりました」。

「昭和五五年九月、下校途中、集中豪雨の鉄砲水で小学一年生の娘を亡くし、続いて昭和五七年一月、授かった娘を心臓病で生後一〇日で亡くし、どうしてよいかわからなくなっていたとき、以前から耳にしていた『あしながおじさん』にわずかでも協力していくことで、自分も立ち直り、生きてゆく希望、はりあいにしたいと思いました。

その後、五九年二月再び娘に恵まれ、毎日感謝して、これからも続けられるだけ、あしながおじさんでいたいと思っています」。

「二〇年前に主人を亡くしました。その主人は幼いころ、父親を亡くして、大学進学をあきらめました。その悲しみをよく聞いておりました」。

(7) 死者との連帯感。

親密な関係にあった人びと、あるいは個人が死んだ。しかし死者と自分とのあいだには、想像上の連帯感がある。死者が生きていたら、「あしながおじさん」になったであろうと思う。あるいは、死者は生前、善行をおこなうひとであった。だから、いま、生きている自分が「あしながおじさん」になるというのである。

これは、事例調査では気づかれず、全国調査の調査票を作成するさいにも意識されていなかった。しかし、全国調査の自由回答を分析するなかで、独自のひとつの動機タイプとして発見された。供養・追善の動機と似ているが、まったく同じではない。少数例であるが、日本人の死生観に深く根ざす、善行の動機タイプであると思い、とりあげた。三例をあげるが、最初の二つが典型例であり、最後のものはヴァリアントのひとつである。

「浜松陸軍飛行学校戦技第二期卒業生として、一五〇名が卒業しました。戦友のうち私ども約一〇名が生き残りました。あとは皆、台湾沖と沖縄戦で戦死しました。生き残ったひとりとして、死んでいったかれらは、おそらく生きていたらこうしたであろうと考えて、あしながおじさんになりました」。

「二〇数年前、実父が亡くなりましたあとで、牧師様から医師であった実父が『あしながおじさん』であったということを聞かされました。今から五〇数年以前、たまたま父が学資を援助していた学生に町で出会ったところ、父よりも立派な身なりで闊歩している姿に腹が立ったそうです。

その腹立ちの後に、毎日最初の患者さんからいただく代金を箱に投入し、一ヶ月分宛を牧師様に委託、以来自らは相手の学生を知らず、まったくのあしながおじさんとなった由。父の志を継ぐことは、私にそそがれた父の愛への讃歌だと思いつづけております」。

「高校のとき、クラブがいっしょだった同期生が交通事故で死にました。無免許でした。三年後に、その人のために免許をとりました。免許をとってもペーパードライバーでいるつもりでしたが、車がほしくなって乗っています。いつもその人の写真を免許証といっしょに持って、事故を起こさないように気をつけています。その人が見守っていてくれるという気持もあります。こんな悲しい思いを誰にもしてほしくないし、不幸にもそうなってしまった人たちに、少しでも役立ちたいと思います」。

(8) 運転者の自戒、責任感。

自動車を運転する者として事故を起こしたくないという気持があり、その気持ちを日々新たにもちつづけたいので、「あしながおじさん」になったという動機タイプである。

これも事例調査では気づかれなかったが、全国調査の自由回答の分析にさいしては、かなり高い頻度であらわれてきた。ヴァリアントとしては、過去におこした交通事故への償いをしたいという動機や、自動車産業あるいは自動車関連産業ではたらいていたり、はたらく者を身内にもっているので交通事故に間接的に責任を感じることにもとづく動機があった。

「私も主人も毎日のように車を運転します。この便利な車も、いつ、どこで人に害を加える恐ろしい道具となるか、それは誰にもわかりません。一台の車が、たとえ安全運転をしていても、温かい家庭を、幸福を破壊するかもしれない。それは他人事ではないと思います。自戒の気持と、少しでもその犠牲となったお子さんの役に立ちたいと考えました」。

「自分の会社はダンプトラック四〇台を所有しております。昨日までは幸いにも、交通遺児を発生させておりません。しかし、事故はいつおこるかわかりません。無事故運動の一端として申し込みました」。

「長女が大学に入って運転免許をとり、自動車も買ったのに、学校にも行けない子供さんがいらっしゃる。自分たちだけ幸せなのは申しわけない気がしたことと、あしながおじさんになったことを神様が知ってくだされば、子どもが交通事故を起こさずにすむかもしれないという恥ずかしい理由から」。

「私はもう一〇年以上もまえ、交通事故で相手の方を死なせたことがあり、刑にも服した者です。相手の方にも何人かのお子さんがありました。現在、私は仕事も順調にさせていただいております。過去の償いのほんの一部にでもなればと思っております」。

「じつは私の主人も、実家の父もタイヤメーカー会社につとめていました。直接交通事故をおこした者は、身のまわりにはまったくありません。でも、年々交通事故が増え、交通遺児がふえてゆく現実を見ていて、間接的ながら、責任がないとは言えないと思うようになりました。そんなおり、あしながおじさんのことを知って、わずかでも罪ほろぼしの一つにでもなるならという気持ちで申し込みました」。

(9) 小説『あしながおじさん』の感動。

ウェブスターの小説『あしながおじさん』を読んで、あるいはそれが映画化された作品を観て、主人公がひそかにおこなう善行に感動した経験があり、その善行を自分もしてみたいので、「あしながおじさん」になったという動機タイプである。

全国調査によれば、「あしながおじさん」になった人びとのうち、この小説を読んでいたものは四七・二%

におよび、この映画を観ていたものは一二・八％となっている。そのほか、テレビドラマ、絵本、子ども向きの本などで、この物語は知られている。他人から話で聞いていたばあいまでいれると、八三・五％の人びとが、この物語を知っていたと回答している。とくに女性でこれらの比率が高くなる。この小説を読んだものだけで六二・五％、この物語を知っていた人びとは九一・八％にまでおよんでいる。

「幸福な少女時代を送らせてくれた親に感謝する気持と、昔、父が親類の子供の学費を援助していた時代のあったことを思い出し、それと学生時代読んだ『あしながおじさん』の感激を味わわせていただけるのが嬉しくて申し込みました」。

「昔読んだ『あしながおじさん』の気持、どこかの誰かがどこかの誰かにそっと名も告げずにおこなう陰徳の行為。こんなすばらしいことをしてくださる会について娘より聞き、私の気持にピッタリですっかり感激。さっそく貧者の一灯を捧げたく入会させていただきました」。

「作家の名前は忘れたが、若い頃読んだ『あしながおじさん』の小説、フレッド・アステアの映画を観て、アメリカではこういう形で一人の人間を、社会に役立つ人間に育てる人がいるのだなあと感動しました。現在はアメリカの巨大さに失望しています。特に犯罪の多発についてです。しかし、アメリカ人気質を変わらず持ちつづけている人びともいると思います。

交通遺児の方には、一人でも多く社会の有用な人物になってもらうのが、日本を繁栄させる道と思います」。

「昔、洋画で『あしながおじさん』を見ました。それが、心に残っていました。自分の生活が、年金をいただくようになってからは、いくらかでも遺児たちのためになりたいと、ほんの少しですが送らせていただいております」。

「助けを求めている人がいて、自分が助けてあげられるときにはそうするのがあたりまえだと思います。私たちは何をしても、この世でどれほどのことができるかわかりません。身近なところで自分にできるよいことがあるのは、自分にとってとてもうれしいことです。それを誰かが喜んでくれるならこの上ない幸せです。しかも未来ある若い人の成長に役にたつなら、できるだけのことをしたいです。『あしながおじさん』という名称もとてもいいです。とてもよい精神から出発していて応援のしがいがあります。本当はもっとたくさん応援したいのですが」。

⑽ 自分の子どもの教育のため。

子どもが不幸な人びとにたいして思いやりがある人間に育つようにと願い、そのために「あしながおじさん」になったという動機タイプである。

全国調査で、「あしながおじさん」になった動機を交通遺児との関係にしぼって訊いたばあいでは、「自分の子どもの教育のため」は一九・一%になった。このばあい、親があしながおじさんになるということが、子どもにたいして示す生きかたの手本、子どもに不幸な人びとの存在について目を向けさせるきっかけと考えられている。

「自分の子に利己的に育ってほしくない、恵まれない弱い立場の人たちに暖かい目を向けられるような人間になってほしい。それには、親がまず率先してやらねばいかんと思い、申し込んだ」。

「私どもの子供は恵まれ過ぎていて、困ったという経験がないと思います。高校進学にしてもあたりまえ、誰でも行くから……など。世の中には勉強がしたいと思っていても父親がいなく、経済的に進学を断念している仲間がいるのだということを、親が援助を申し出たということでよくわかってもらえるように、決心し、申し込みました」。

(11) 交通遺児育英会への賛同・信頼。

交通遺児育英会の活動に賛同し、それを信頼して、「あしながおじさん」になったという動機タイプである。

これも全国調査の自由回答を分析する過程で高い頻度であらわれてきて、ひとつの独立した動機タイプとしてあつかわれるべきであろうと考えられた。交通遺児に育英資金を出すことの意義の認識、交通遺児育英会の組織への信頼、そこでは寄付が本当に活きた金としてつかわれることへの期待などがあげられている。これらを形成する条件のひとつとして、交通遺児育英会の出版物などを通じての啓蒙活動があることも、回答から知られる。

「貴会をはじめて知ったのは、昭和四六年夏ごろでしたか。『天国にいるおとうさま』を偶然に読む機会に恵まれてのことでした。第一期のあしながおじさんへの参加は経済的に無理でしたが、第二期のこの機会に申し込みました。昔から本はあまり読みませんでしたが、『天国にいるおとうさま』は夢中で読んだことをおぼえています。すごいショックでした。この本二冊は、親しい人にプレゼントしました」。

「組織がしっかりしているので、自分の力は微力ながら、大きな力に集約されてゆくであろうと信頼できたこと。明確な目的のもとに地味な援助活動がおこなわれることに賛同し、加わりたいと思ったこと。次代を背負う子どもたちは、自分の子、他人の子にかかわりなく、勉強してほしいと思っていること」。

「私たち夫婦は子供のできないまま結婚一〇年を迎えました。忙しさにまぎれて、自分を振りかえる余裕のないのを反省し、社会との連帯感を求めたいのです。

交通遺児育英会がエリート志向でないごく普通の青年の進学を援助していることは素晴らしいことだと思います」。

「会社を経営していて思うことの一つに、納税した税金の使われ方がある。ほんとうの生きたお金として、国のため、社会のために使ってほしい。しかし、残念ながらムダが相当ある。ならば、利益の一部だけでも自由に使い、自分で納得することに使いたい。せっかく全社員で汗水ながして稼いだ大切なお金だから」。

4 日本人的ボランティア像

「あしながおじさん」の人間像を、かれらが「あしながおじさん」になった一一の動機タイプを通じて素描してきた。さきにも述べたように、これは、日本人の人間性、愛と同情心、正義感などを示すものであり、日本的な福祉ボランティア像である。発見の主要部分を要約し、日本文化論への示唆とみるべきものを指摘しておく。

幸福に感謝するという動機は、もっとも広い範囲にみられたが、このばあい、自分の現在の幸福を、自分の能力や努力の結果であると考えるよりは、自分を超えたなにか大きいもののおかげと考える発想が背後にある。これは、工業社会の業績達成主義よりは、農業社会の収穫感謝思想にちかい。それによって幸福に感謝するという考えかたが生じるのである。ほかに不幸を知っていること、足るを知っていることの積極的意味が見出された。他人に役立ちたいという動機では、理由として、子どもや若い人びとへの愛情、かれらの成長への期待、かれらにたいする責任感が重要である。愛情のばあい、最初から遺児に向けられるものと、身近な存在に受けいれられなかったので遺児に転じて向けられるものとがあった。世間に役立ちたいという動機では、世の中は相互依存の関係にあるとみる世の中観が根底にあった。また、それによってみれば、社会の現状はエゴセントリズムと連帯の欠如によって批判されることになる。

不幸な人に同情するという動機では、他人の不幸による苦しみを想像して自らのものとする能力が、基礎的条件になっている。それは、苦学した経験、貧しさゆえに就学を断念した経験、母子世帯で育った経験、交通事故にあった経験などがあるとき、より活発にはたらく。また、交通事故はいつ、どこでわが身に生じるかもしれないという認識もある。恩返しの動機では、ベネディクト流の批判的な見方にたいして、別の見方があることが示唆された。それは、運命への感謝としての恩返しとでもいうべきものである。供養、追善の動機、死者との連帯感にもとづく動機のばあい、いずれも、想像力によって、あるいは記憶のなかで生きつづける死者との関係で、善行の動機づけが生じている。これら三つの動機には、運命観、死生観などで、とくに日本人的なものを感じさせられる。

ほかに、運転者の自戒、責任感にもとづく動機があったが、これは、交通遺児のためのボランティア活動のみで出現する動機タイプであろう。『あしながおじさん』の作品の感動による動機では、「あしながおじさん」というネーミングの効果が大きかったことが示唆されている。自分の子どもの教育のためという動機は、子どもが不幸な人にたいして思いやりをもつ人間に育つようにと願うものであった。最後に、交通遺児育英会の活動に賛同し、これを信頼するところに生じる動機があり、そのためには育英会の啓蒙活動が重要な役割をはたしていることが知られた。

Ⅸ　教育運動家の自己発見

1　教育、教育家、教育運動家

玉井義臣という存在を第一義的に定義するならば、かれは社会運動家であるというべきだが、それをさらに具体性に富んだ日常行動レベルで限定するということになると、たがいに密接に関連しあう教育家と教育運動家という規定が考えられる。このばあい、教育とは、その本質が人間の成長をめざすはたらきかけであり、社会生活のなかでは学校制度とそれに関連する諸制度においていとなまれる集合行動のシステムである。交通遺児育英会の高校奨学生たち、大学奨学生たちの多くが、後述するつどいなどの行事において、玉井やかれの部下である若い運動家たち、同じ仲間の遺児たちと接触し、かれらの言動によってつよい影響をうけ、価値意識を変えられ、人によってはその後のライフ・コースを規定されたと意識している事実がある。さきに言った教育家と教育運動家という規定によって言えば、教育家としての玉井は個人として若者たちにはたらきかけ教育的影響力をおよぼしてきたし、教育運動家としてのかれは交通遺児育英会、交通遺児を励ます会などの運動を組織化して若者たちをまきこみ教育的影響力をおよぼしてきた。玉井は運動の経過のなかで、この事実を体験をつうじて次第に認識していった。

自らがつよい影響力をもつ教育家、教育運動家であるという認識は、玉井が岡嶋と出会い、交通遺児を励ます会に協力し、交通遺児育英会を組織してゆく過程で早い時期から明瞭にあったとは言いがたい。最初はかれは社会運動家としての自己認識をもちつつ、その運動の方向性としては、交通事故による被害者の救済や交通遺児家庭の生活問題の解決、ひいてはモータリゼーション批判を主として考えていた。交通遺児の教育問題自体は早くから意識されていたが、それは学費不足、生活費不足がもたらす進学の困難としてとらえられるものであり、遺児たちの人間性への直接的はたらきかけまでは考えられていなかった。いつごろから、玉井は、教育家、教育運動家としての自己認識をもつにいたったのであろうか。

「若者と話しあっていると、相手の目の色や表情が緊張をともなって変わってくる。何日かたつと、話しかたも行動もがらりと変化して、しっかりしてくる。自分の影響で若者が成長したのをみる歓びは、一度味わうと忘れられない。禁断の木の実の味わいだな」。

藤村修は、交通遺児育英会の事務局に勤務していたころ、玉井がこう語ったのを記憶している。藤村が事務局にいたのは一九七三年九月から七九年一〇月までのあいだであるから、交通遺児育英会が発足してから四、五年たったころには、玉井はそのような認識をもつにいたっていたのであろう。この科白は、いっぽうでは若者の人間的成長を賞でて喜ぶ気持の率直な表明である。このような純粋な喜びを感じとることができるところに教育家の資質の一端がうかがわれる。しかし、たほうでは、この科白には聞きようによっては傲慢な、あるいは厭味な響きがある。分析的に言えば、ひとの心を自由にあつかって楽しむ忌まわしさが、わずかであるが感じられるのだ。教育にはそういう両面があるらしい。藤村は、玉井の周囲に集まってきた若い運動家たちのうちでかれがもっとも信頼し愛した人物であったから、玉井もこれほどあけすけに喋ったのであろう。藤村は、この言葉について私につぎのような感想をもらした。かれは、かれの影響力によって他人が変わるということになると、そのさきまで責任をもてないから困ると考えるほうであった。ところが、玉井さんは、自分の影響力で他人が変わったとしても、あとはそいつの能力で生きていきよるやろうと、無責任なんですよ。

玉井が若者たちにおよぼした影響力について、もう少し分析的に考えておきたい。この若者たちとは、第一に大学奨学生たち、高校奨学生たちであり、第二にかれの周囲に集まってきた若い社会運動家たちである。ここで第一に奨学生たちをあげるのは、玉井が若者たちにたいするかれの影響力が教育的な性質のものだと認識したのが、まず、奨学生たちとの関係においてであったからである。のちに、かれは、その自己認識をかれの部下となった若い運動家たちとの関係にもあてはめて考えるようになった。だから第二に運動家たちをあげたのだが、教育的影響力の行使それ自体は奨学生たちにたいしてより、運動家たち相手で先行していた。

さらにのちになって、「あしながおじさん」制度がはじまってから、玉井は、この制度の運営が、「あしながおじさん」となった人びとに、寄付活動をつうじて人間的成長の機会を提供する教育運動であると考えるようになった。そうして、ついには、交通遺児育英会の運動全体が、世論を対象にして、交通遺児家庭をはじめとして全死別遺児家庭救済、全ひとり親家庭救済の理念と方策の必要をうったえる教育＝啓蒙運動であるという見解に達した。これによって、教育家、教育運動家としてのかれの対象は、四層に区分されることになった。すなわち、⑴奨学生たち、⑵運動家たち、⑶「あしながおじさん」たち、⑷世論、である。

さて、本章は奨学生たちの教育を論じる。その教育は奨学生たちにたいする人間の成長をめざすはたらきかけであった。そこには、玉井からのはたらきかけ、かれの部下である若い運動家たちからのはたらきかけ、同じ奨学生仲間からのはたらきかけなどが区分されるが、ここでは、まず、その原基形態ともいうべき教育家としての玉井のはたらきかけを多少分析的に考えてみる。

一般的にいって、教育の方法は二層をもっている。それは教育家の思想や理論を学習者につたえること、および、教育家の人格に属する価値意識とくに道徳を学習者に伝えること、である。このばあい、思想や理論と人格は密接に関連しているが、本質的には別次元の存在であることが正しく認識されなければならない。深淵な思想や精緻な理論の持ち主が卓越した人格の持ち主でもあるはずだというのは、教育にかんする素朴な誤解のひとつである。大学という世界にいると、思想や理論はすぐれながら、つまり優秀な学者でありながら、人格は平凡、あるいはむしろ問題がある、はなはだしいばあいには品性下劣という事例をみかけることさえある。また、逆に高潔な人格の持ち主だが、研究者としては並みかそれ以下という例も少なくない。

教育にかんする私の考えかたを理解してもらおうと気がせいて、極端な例をもち出しすぎたかもしれない。もうひとつ、私自身の体験をひきあいに出そう。私は二〇代半ばから現在の六〇代半ばすぎまで大学の教師としてくらしてきた。そのあいだに多くの学生たちに教えた訳だが、かれらにおよぼした影響力について体験的・総合的に判断すると、それは私が若かった時代に相対的に大きく、私が加齢するにつれて相対的に低下していった。この事実を否定することはできない。しかし、私は社会学の研究者、教育者としては、それほどめざましくないにせよ、これまでのところ進歩してきている。つまり、研究と教育の両面において、私は若かった時代に相対的に未熟であり、のち相対的に次第に成熟していったのである。これらを考えあわせると、私のばあい、学生におよぼした影響力のすべてを、私の学識や教育技術によって説明することはできない。もちろん、それらの条件もその影響力の成立を部分的には支えてきただろう。しかし、若い教師であった私が学生たちにおよぼした影響力の大きい部分は、それらの条件とは区別されるなにかによって説明されるべきである。そのなにかをさきの説明では人格と呼んでみた。

しかし、そうすると、この人格とはなにだろう。これまでの説明の文脈から、二〇代、三〇代の教師であった私の人格が卓越していたとか、高潔であったというなら、本人が笑い出してしまう。それは断じてない。

威張って言うことではないのだが。私のばあいで言葉をあまり選ばずに言えば、その人格とは、学生たちと共有していた若さ、その若さにもとづく感受性、同時代を生きる価値意識などであっただろうか。それらに支えられて、私が学生たちに語った言葉はかれらの心に滲透しやすく、私のかれらにたいする影響力は大きかったのだ。この説明を充分につくしたという自信はないが、教育の場における思想や理論と区別される人格のはたらきに注目してもらって、論議の本筋にもどる。

2　三つの人格特性

玉井義臣が多くの奨学生たちにおよぼした大きい教育的影響力は、かれの思想や理論とかれの人格の双方によって支えられているが、決定的な役割をはたしたのは思想や理論ではなく、人格であると私はみる。

かれは交通評論という新しい分野を開拓して、交通事故とモータリゼーションを新しい社会問題として告発し、文明批評におよんだ。それはジャーナリストの仕事として充分に独創的なものであったが、独自の深みと体系性をもった社会思想、社会理論を提示するにはいたっていない。その思想的限界、理論的限界の一端は、消費社会における消費者＝大衆の責任をとらえそこねたところで、すでに指摘しておいた。また、交通問題以外の領域におけるかれの思想は、伝統的倫理規範を現代的文脈でみなおす面白味はもっているものの、総じていえば平凡なものである。すでに紹介した敵討ちの思想にしても、これから紹介する恩と恩返しの思想、孝の思想にしても、そうである。あえて言えば、かれのばあい、凡庸な思想であるにもかかわらず教育的効果があがったのか、それとも凡庸な思想であるがゆえに教育的効果があがったのか。いずれにせよ、かれの人格の特性に注目しなければならない。

さしあたって、三つの特性に注目しておこう。第一はカリスマ性である。社会学のテクニカル・タームとしてのカリスマは、マックス・ウェーバーが『支配の社会学』のなかで最初につかった。カリスマとは、ある人物の非日常的、超自然的特性、常人ではもちえない資質をさしている。ウェーバーは宗教世界に多くの例をとったが、宗教が極端に衰弱している現代日本の世俗文化でいえば、カリスマの資質は、たとえば英雄性、啓示的能力、弁舌力などである(マックス・ウェーバー、世良晃志郎訳『支配の社会学I』創文社版、一九六〇年、四七ページ)。人びとはカリスマの持ち主を模範的な指導者とみなし、尊崇・畏敬して、その命令に服従する。カリスマ支配の典型例のひとつが偉大なイデオローグの支配である。

玉井は、交通遺児育英会の運動の指導者として決定的成功をおさめ、その運動の参加者にとってカリスマとなった。その成功ぶりについては、これまでに物語りが半ば以上をつたえているし、これからもさらに残りが語られる。交通遺児育英会を専務理事として率いた二四年間の、社会運動家としてのかれについて、私の言葉で一言で語れといわれるならば、天才的な社会運動家と言うほかはない。その戦略、戦術は独創的なひらめきにもとづき、あたえられた状況においてつねに最大限の効果をあげてきた。それらがもたらした業績をこれも一言で集約するならば、日本NGO史上最高の達成という故伊藤正孝の評言を再度引用するほかない。運動に自覚的に参加した人びとが、かれを模範的指導者とあおいで、尊崇、畏敬したのは当然のことであった。その典型例はⅦ章であつかった若い運動家たちにみられる。奨学生たちでも運動に主体的に参加した人びとは同じだった。かれらは若い日々に、運命としての玉井義臣に出逢ったのだ。

第二は父性である。社会心理学者、エーリッヒ・フロムは『愛するということ』のなかで、母性愛と父性愛の理念型を叙述した。ひとは誕生後、成長してゆくにあたって、母性愛と父性愛を必要とする。無力な存在である幼児は、まず母性愛を必要とする。それは「お前は私の子どもだから愛する」という無条件の愛である。子どもはその母の胎から生まれたという事実のみによって無条件に愛してもらえる。この母性愛があって、子どもは自らの生命を愛する人間になることができる。ついで社会化の過程で、子どもは父性愛を必要とする。それは「お前は良い子だから愛する」という条件つきの愛である。子どもはその父の価値基準による評価にかなうという条件のもとに愛してもらえる。この父性愛があって、子どもは他者との関係のなかで生きる人間となることができる（エーリッヒ・フロム、懸田克躬訳『愛するということ』紀伊国屋書店、一九五九年、五二―六二ページ）。

玉井は、交通遺児育英会の奨学生たちの多くにとって、父性の象徴的存在あるいは代理的存在であった。その奨学生たちの八〇％台から九〇％が母子家庭の子どもであったから、かれらに教育的なはたらきかけをおこなう主体は多分に父性的存在であることを求められるのが当然であった。玉井はそれをよく理解していた。かれは奨学生たちにとって父性的存在であることを積極的に引きうけた。そのさい、かれは父性的存在として奨学生たちにたいしてどのような評価基準でのぞんだか。交通遺児育英会の寄付行為には、その目的として「社会有用の人材の育成」がうたわれていた。初代会長・永野重雄は、奨学生に期待する人間像として「暖い心、広い視野、行動力」という特性をあげた。玉井は、これらに共感がつよかったようで、二つをあわせて、交通遺児育英会の教育理念は「暖い心、広い視野、行動力を兼ねそなえた、社会有用の人材を育成する」ことだとくり返し語った。そのような人材になり得るか否か、これがさきの評価基準のいわば公式的表現である。

故伊藤正孝は、玉井義臣の人物を論じた前掲のインタビューで、社会運動家としての玉井をたかく評価したうえで、しかしその社会思想は基幹部分で保守的であると言った。かれはその証拠として、玉井がきわだって優秀な奨学生たちをキャリアの国家官僚、学者、五大全国紙やNHKなどの巨大メディアの記者の三つの道のいずれかにかならず進ませているといった。その後、玉井は国会議員、地方議員を育てることにもつよい関心をもつようになる。これらの志向を伊藤のように保守的と一括りにすることに私はただちには同意しないが、しかし、玉井の人材好みにエリーティズムの傾向が濃厚に見出されることは確かである。この基準は、きわだって優秀な連中以外のほかの奨学生たちにも適用される。かれらもそれぞれの能力と意欲によってどれほどの人材になり得るかで評価されるのである。

第三は遺児性である。交通遺児という言葉がつかわれるようになったいきさつについてはすでに述べたが、この言葉の語感にわずかにふれる。辞書的に定義をすれば、それは親の死後にのこされた子どもである。多くのケースでは、ひとりの親が死去し、ひとりの親は生き残っている。そのさい、子どもをまず死去した親との関係で規定すれば遺児となり、その子どもと生き残った親をあわせれば遺児家庭となる。これにたいして、子どもを生き残った親との関係で規定すればひとり親の子どもであり、その親子はあわせてひとり親家庭となる。軍国主義時代の日本においては、遺児という言葉のもっとも一般的な用法のひとつは、戦没した将兵の遺児であった。軍国の遺児、靖国の遺児。戦没は名誉の死とみなされたから、残された子どもは第一義的に死去した親との関係において定義されたのである。

敗戦後に広く一般化した戦災孤児の孤児という言葉は即物的で、遺児という言葉がもつ情感がない。なぜ、戦災遺児といわず、戦災孤児といったのか。それは戦災による死亡や行方不明によって両親を失っており、しかもその死などが、名誉とは無関係なもの、端的にいえば無意味な死や消滅であると、当時の日本人が考えたからだろう。そうして高度成長期がはじまり、モータリゼーションが進行し、交通事故死が急増するなかで、岡嶋や玉井が交通遺児という言葉をつくり、それが普及して辞書に収録されるまでになった。ここで遺児という言葉をつかうのが適切であると考えられた理由は二つであろう。ひとつはモータリゼーションと交通事故の様相が戦争とみたてるほかないほど深刻化して、交通戦争という言葉が一般化したから。侵略戦争であれ交通戦争であれ、そこで従軍した親が戦死すれば、残された子どもは遺児である。いまひとつ、しかし、交通戦争による交通事故死はもちろん名誉の死ではない、また、無意味な死でもない。それは死者にとっても、残された家族にとっても、憎むべき死、怨むべき死である。親がそのような死を死ぬことを余儀なくされたのであれば、子どもはその親との関係において遺児と規定されるのがふさわしい。

玉井は奨学生たちと向かいあうと、母親の無残な交通事故死の体験を語り、自らも交通遺児であると規定した。君たちも交通遺児だ。われわれは交通遺児として、本質的に同一の不幸、悲哀、苦悩を体験してきた。かれはその体験を語りつつ、奨学生たちに親との死別体験を追体験させ、おたがいのあいだにつよい共感をともなう関係をつくり出す。カリスマとして、父性の象徴的存在として、かれは奨学生たちの上位の高みにいた。しかし、交通遺児としてはかれと奨学生たちは仲間である。いっしょに有意義な生きかたをしようと、かれはかれらに呼びかける。その生きかたとして具体的に勧められるものは、のちにみるように、時代の推移にともなって、おおきく変化している。しかし、かれのかれらにたいする生きかたについての提言は、つねに、かれらのあいだにあった遺児という同一の属性に由来する共感関係によって説得力をもつのであった。

3　つどいの社会史

玉井義臣は、奨学生のつどいと呼ぶ行事を、交通遺児育英会の育英制度を特徴づけるものであり、奨学金の貸与とならべて、もっとも重要な業務のひとつであるとみていた。奨学金の貸与が進学のための環境づくりをするのにたいして、奨学生のつどいは人間づくりと仲間づくりをするというような解説が『交通遺児育英会十年史』(同会、一九七九年)にすでにみいだされる(同書、七一ページ)。このつどいには、一九七〇年にはじまる高校奨学生のつどいと、七四年にはじまる大学奨学生のつどいがあった。いずれも、のちにみるように高い教育的効果をおさめる行事であったが、玉井は、事務局に集めた若い運動家たちといっしょに、このつどいの様式を模索しつつ創造してゆきながら、かれ自身が教育家、教育運動家であり、かれが指導する運動が教育運動であることを発見していった。

まず、大づかみに、つどいのありかたや奨学生教育がどのように歴史的に変化していったかをみてみよう。このためのかっこうの手がかりは、大学奨学生のつどいの冒頭でおこなわれる玉井の挨拶＝アジテーションの内容である。交通遺児とはなにか、奨学生教育とはなにか。かれはイメージ喚起的に、情動にうったえるアジテーションをおこなって、奨学生たちの心をとらえる。

そこで示される玉井の交通遺児観と奨学生教育観は、大学奨学生のつどいがはじまった一九七四年から八一年までの時期と八二年から九三年までの時期とでは、かなり対照的な性格をもっている。仮にこれら二つの時期を第一期、第二期と呼んでおこうか。なお、九四年にかれが交通遺児育英会を退任し、あしなが育英会に拠ってから現在までの時期を第三期とみるが、この時期のかれの遺児観などについては、第XIII章で述べる。

第一期における玉井の交通遺児観をあきらかにするキイ・ワードは、交通遺児軟弱説である。交通遺児の男の子は、同年代のほかの少年たち、青年たちに比較して、軟弱である、ひよわであると玉井は主張した。一般的にいって、母子家庭で育った男の子には母親思いのやさしい子どもが多い。それは生計の維持と子育てをひとりで引きうけなければならなかった母親をみてきたこと、父親が不在であるがゆえに家庭教育にきびしさの要素が相対的に不足していたことのせいであろうか。逆に母子家庭で育った女の子にはしっかり者のきつい性格の子どもが多い。玉井はこの傾向を、つどいをはじめとする交通遺児たちとつきあった経験から認識していった。そうして、交通遺児の男の子にやさしい子どもが多いことを、否定的・批判的にみて、交通遺児軟弱説を唱えたのである。この否定、批判の根拠は、軟弱な交通遺児はかれが望む人材として成長することが困難であるというところにあった。

第一期のつどいにおける玉井の発言には、激励調のものが多い。一九七九年は交通遺児育英会創立一一年目にあたり、玉井は、最初の一〇年は救済の時代であったが、つぎの一〇年は教育の時代になると予告した。つまり、交通遺児育英会の仕事は、最初の一〇年は貧困家庭の子どもを進学させることに主力をそそいできたが、つぎの一〇年では社会有用の人材を育成することに主力をそそぐというのである。この教育の時代宣言にあわせて、それまで散発的に表明されていたかれの軟弱説の主張がまとまって出てくる。交通遺児は軟弱である。それを克服しなければ社会に役立つ人間になれない。交通遺児であるという消極性のカラに閉じこもるな。遺児ガラをたたきつぶしてやる。遺児であることの不幸をバネにして生きるべきである。遺児バネで人生と格闘せよ。この激励調の発言は、八一年までもっとも高揚したトーンでくり返され、その後も八五年まではつづくが、八六年からは意識的にとりやめられた。

交通遺児たちにたいするこのような激励は、当時までの玉井の気質や生きかた、かれの部下となった若い運動家たちの気質や生きかたにとって、自然なもの、ふさわしいものであった。玉井自身のばあいでいえば、かれは交通評論家として華々しくデビューし、ついで社会運動家に転じて一〇年間、成功のキャリアをかさねてきていた。そのあいだ、かれはひたすら攻撃的に生き、比喩的に言えば全力疾走をつづけてきた。かれの若い部下たちもみな、ボスと同じように生きてきた。かれの生きかたをモデルにして、交通遺児たちの生きかたを指導しようとすれば、たたきつぶすとか、格闘するとか、勇ましい言葉、元気のよい言葉が並ぶのが当然であった。しかし、このような奨学生教育観は、第二期に入って大幅に転換することになる。

第二期の交通遺児観のキイ・ワードは恩返しである。一九八二年の大学奨学生のつどいで「あしながおじさん」が学習の主題のひとつにとりあげられ、「あしながおじさん」は交通遺児を支える社会の象徴であるという位置づけがおこなわれた。「あしながおじさん」の援助は遺児にとっての恩である。遺児はその恩をうけた以上、恩返しをしなくてはならない。しかし、「あしながおじさん」自身は匿名の存在であるので、遺児は「あしながおじさん」に直接、恩を返すことはできない。できるのは、「あしながおじさん」が象徴する社会への恩返しである。こうして、交通遺児は社会から恩をうけた存在、社会に恩を返す存在と規定されることになった。かれらの恩返しは、のちに災害遺児育英募金運動、病気遺児育英募金運動に集約されてゆき、そこから災害遺児育英制度、病気遺児育英制度が形成され、両制度を基盤にしてあしなが育英会が誕生することになる。

軟弱な交通遺児から恩返しする交通遺児へのイメージの転換は、それにともなって、つどいのありかた、奨学生教育のありかたを転換させることになった。一九八三年のつどいは「あしながおじさん」の愛と母の愛の哲学的考察を主題にしたし、八四年のつどいは「あしながファミリー」の幸せを主題にした。「あしながファミリー」とは、交通遺児家庭、「あしながおじさん」、学生募金参加者、交通遺児を励ます会会員などをひとまとめにしたカテゴリーである。つどい全体の性格も「厳しいつどい」から「本音が語れるつどい」、「感動的なつどい」に切り替えられていった。玉井がつどいでおこなう講話は、遺児を激励するものから、遺児に共感をもとめるものに変化した。

第二期に入って玉井の交通遺児観、奨学生教育観がこのように変化した主要な契機と考えられるものはつぎの三つである。すなわち、

(1)「あしながおじさん」制度の成功と交通遺児奨学生たちによる恩返し運動のもりあがり。前者の成功に

ついてはⅧ章でくわしく述べたが、とくに八二年からの第二期「あしながおじさん」では応募者が急増し、第一期のそれの二・六倍にはね上がり、その寄付額は育英会の総収入額の三分の一を超えるにいたった。後者の運動については次章でくわしく述べるが、同年には高校奨学生の献血運動があり、翌年からは全奨学生による災害遺児育英募金運動がはじまる。これらの運動の新局面を契機として、交通遺児イメージ、奨学生教育イメージが再構築された。

⑵交通遺児の自己主張の強まりなどの質的変化。これは資料によって充分に証明するのが難しいのだが、遺児たちが玉井たちによって一方的に激励され発奮するという存在ではなくなってきた。八四年のつどいの記録のなかに「素直に純粋に本音を語りあえる雰囲気づくりに気を配り」(『交通遺児育英会二十年史』同会、一九九〇年、三五二ページ)などとある。これは裏返せば、それまでのつどいが遺児たちが本音を出しにくい、心ならずも押し流される気分のものであったということだろうし、また、遺児たちがそれに反発するようになったということだろう。かれらはあるがままの自分として生きることを願い、それを肯定されることを求めた。玉井はそれに応じていった。さらにXI章でくわしく述べるが、奨学生たちの進学先のアカデミック・ランキングが長期的にみて低下しつづけており、エリーティズムによる激励が通りにくくなったという事情もあった。

⑶玉井の結婚、短い結婚生活のあいだの妻の看病体験、それにつづく妻との死別体験、それらにもとづく心理的変化。この作品では、玉井の社会運動家としての側面とは区別される私生活の側面にはなるべく立ち入らないようにしてきたし、これからもそうしたいと思っている。したがって、以下の記述は最小限にとどめたい。一九八五年一一月、五〇歳の玉井は二五歳の林由美と結婚した。二人は八四年六月ごろから結婚を考えていたが、八五年二月に由美の首(頚髄)に腫瘍が発見され、ガン告知がおこなわれている。そのあと、

かれらは結婚し、約一年半してから大手術がおこなわれ、患部の一部の除去には成功したが、ほどなく彼女は人工呼吸器をつかう寝たきり生活に入った。玉井は看病につとめたが、八九年七月、彼女は死去した。これらの体験から、玉井は、生と死、愛、幸福、いやしなどについて多く語るようになった。これらの変化が、以後のかれの遺児観、奨学生教育観につよく投影した。

4 大学奨学生のつどい

さきに述べたように、高校奨学生のつどいは一九七〇年から、大学奨学生のつどいは七四年からはじめられた。後者は前者より四年おくれてはじめられた訳である。しかし、一旦はじまってしまうと、大学奨学生のつどいでリーダー研修をし、そのリーダーを各地の高校奨学生のつどいに送りこんで、つどいの運営をおこなうというシステムがすぐ形成された。玉井もかれの部下たちも、奨学生教育の根幹は大学奨学生のつどいであり、その周辺に高校奨学生のつどいがあるという見方をするようになった。吉川明は、第二期の一〇年のつどい教育の基本設計者とみてよい人物だが、大学奨学生のつどいが幹部教育で、高校奨学生のつどいが社員教育でしたなどという比喩による説明をしている。

大学奨学生のつどいのありかたを紹介する。これには大学一年生の夏休みに参加する「大学奨学生前期のつどい」と三年生の春休みに参加する「大学奨学生三年生のつどい」とがある。奨学生教育の機軸部分として重視されてきたのは前者であるから、こちらをいくらかくわしくみることにする。後者は就職のためのガイダンスを中心にしたつどいである。

夏のつどいの統計データは表23に示している。それは七〇年代は三泊四日か、四泊五日であったが、八〇年代前半は四泊五日が常態になり、八〇年代後半からは五泊六日となった。第一回をのぞくと、会場はつね

表 23　大学奨学生のつどいに参加した大学奨学生数，リーダー数などの推移

	日　程	参加大学奨学生(人)	大学奨学生参加率(%)	参加専修・各種学校奨学生(人)	専修・各種学校奨学生参加率(%)	リーダー(人)
1974	2泊3日	45	90.0			
	3泊4日	112	89.6			16
75	同上	158	90.8			26
76	同上	173	86.5			29
77	4泊5日	177	92.2			33
78	3泊4日	223	92.5			34
79	4泊5日	247	85.8			35
80	同上	270	91.8			34
81	同上	261	85.9			40
82	同上	243	82.9			52
83	同上	252	85.7	16	25.4	69
84	同上	237	71.4	23	36.5	67
85	同上	214	79.9	18	30.5	62
86	5泊6日	215	68.9	7	11.3	46
87	同上	195	64.6	15	21.4	58
88	同上	172	60.4	24	36.4	60
89	同上	170	53.0	18	19.6	59
90	同上	196	68.3	20	20.2	57
91	同上	206	65.8	24	23.1	57
92	同上	170	55.7	37	32.5	50
93	同上	172	63.5	27	28.1	66
94						

に山中湖畔の富士青少年センターがつかわれてきた。参加大学奨学生は百数十人から二百数十人で、各年の大学奨学生の一年生の六〇%台から八〇%台が参加する。このほか二年生以上の大学奨学生がリーダーとして五、六〇人参加してきており、かれらは一年生でつどいに参加してその魅力にとらえられたか、また、統率力をみこまれて呼び出されてきた連中である。かれらのなかには、玉井の主張や人格を信奉している若者たちが多かった。玉井と事務局の七人の侍以下の男性スタッフはつどいの全期間、

つどい日程表

①〜⑯　班アピール1班5分

7月25日(土)	7月26日(日)	7月27日(月)
起床・洗面	起床・洗面	起床・洗面
⑬⑭朝のつどい	朝のつどい	朝のつどい
朝　食	朝　食	朝　食
講演(2) 宇井　純 (沖縄大学教授) 講演(3) 伊藤律子 (NHK解説委員)	3人の あしながおじさん ①岡嶋信治 ②桜井芳雄・藤村修 ③あしながおじさん 山内　雅人他 (声優)	作　文 アンケート まとめ 「みんなで一言」 閉会式
昼　食	昼　食	解　散
話し合い 「交通遺児と 大学生活」	調査について 副田義也 交通遺児の活躍	班集会室 1班—308 2班—309 3班—310 4班—311 5班—312 6班—313 7班—315 8班—316 9班—317 10班—307 11班—306 12班—305 13班—303 14班—302
夕　食	夕　食	
OBを囲んで	キャンプ ファイアー	
入　浴 自由交歓	入　浴 自由交歓	
就　寝	就　寝	

表 24　昭和 62 年度大学奨学生前期の

	7 月 22 日(水)	7 月 23 日(木)	7 月 24 日(金)
6 : 30		起床・洗面	富士登山 3 : 00　起床 3 : 20　登山説明会 4 : 00　センター発 5 : 45　登山開始
7 : 00		①②③朝のつどい	
8 : 00		朝　食	
9 : 00		④⑤⑥ 講演(1) 山田和夫 (東京大学助教授)	岩本研一他 御殿場山岳会
10 : 00			↓
11 : 00	昼　食		
12 : 00	受　付	昼　食	
13 : 00			
14 : 00	開 会 式	⑦⑧⑨ 自 分 史	
15 : 00	オリエンテーション 交通費記入		
16 : 00	班 集 会		
17 : 00	夕　食	夕　食 入　浴	17 : 30　下山
18 : 00			
19 : 00	はじめまして	⑩⑪⑫ 自 分 史	夕　食 入　浴
20 : 00			
21 : 00	登山説明会	入　浴 自由交歓	就　寝
22 : 00	入　浴 自由交歓		
23 : 00	就　寝	就　寝	

資料出所 :『交通遺児育英会二十年史』 p. 355.

奨学生たちといっしょに生活をし、参加者たちのあいだで濃密なコミュニケーションが熱っぽい雰囲気をともなってくりひろげられる。

つどいの活動内容の一例として、一九八七年の日程表を紹介してみよう。表24をみられたい。初日冒頭の開会式は、例年、玉井が独演する挨拶である。交通遺児とはなにか、奨学生教育とはなにか。その内容の歴史的変化は、前節でくわしくみた。そのあと、奨学生たちは一班一二、三人の班別に編成される。これからは、かれらはつねに班単位で行動する。

二日目のハイライトは班別でおこなわれる自分史の語りあいである。まず、リーダーの学生が、交通事故による親との死別体験と悲哀、苦悩、そのあとにつづいた物心両面でのさまざまな困難とそれらを克服するための努力をふくむ自分史、家族史をくわしく語る。班員の一年生は、ほとんどがそれまでそのように自分史、家族史を語ったことがない。親との死別体験とそのあとの生活と心理の記憶は、かれらの心のなかにかたく封印されていた。そのかれらにたいして、リーダーは、手本を示し、この場にいるのは皆、交通遺児だ、仲間だ、だから心を開いて自分を語ることからはじめようと促すのである。多くの奨学生たちは、そこではじめて自分史、家族史を語ることになる。淡々と語りきる者もいるが、涙を流して語る者もおり、泣きじゃくりながら語る者もいる。少数ではあるが、どうしても口がひらけない者もいる。リーダーはかれらにはけっして無理じいをしない。自分史を語る室からとび出してきた少女が、ヒステリー状態になって「いやだあ、あんな話、聞きたくないよう」と泣きわめき、リーダーの娘が少女の肩を抱いてなだめているのを、私は目撃したことがあった。他者の辛い自分史が、自己の辛い自分史の記憶をよみがえらせて、彼女を錯乱に追いこんだのであろう。

三日目には富士登山、四日目には公害学者の宇井純が「交通遺児と学問」という力のこもった講演をした。

宇井は玉井が親交をむすんだ学者たちのひとりであり、つどいやのちに述べる心塾の講義で登場する頻度がもっとも高かった講師たちのひとりでもある。奨学生ＯＢにつどい体験にかんする聞きとり調査をしていると、宇井の講義に心を打たれたという者が多くいる。この年のかれの講演の論点は多岐にわたったが、重要な論点を一、二紹介してみよう。

私は二〇年間、東京大学都市工学科の助手をしてきた。この学科に入学してくる学生たちの多くは金持ちの子どもである。かれらは自動車を運転する立場におり、自動車にはねられる立場にいない。そこで、本人は意識していなくても、幼児、老人、歩行者などの弱者には危険な、車優先の街を設計してしまう。そんな例を私は多くみてきた。親を交通事故でなくした諸君なら、歩行者優先、弱者優先の思想を都市計画に表現するだろう。都市工学科に交通遺児が入学してきてほしいと、私は願いつづけてきた。公害の被害者たちの多くは、水俣病やカネミ油症の患者のように健康をはなはだしくそこね、大学にゆきたくてもゆけない。その被害者のなかで諸君は健康である。日本の学問、教育、国家と社会を抜本的に改革するきっかけは、社会のどん底を見たが、若く、健康である諸君しかいないと私は信じる。

皆さんが生活の安定をめざして大学に入学してきたことはよく理解することができる。ここまで君たちを育てるために苦労をされたお母さんに報いるためにも、生活を安定させるのは大事なことである。第一の目標は自分と家族の生活の安定である。しかし、それにくわえて、ほかの社会的弱者を助ける、社会的不公平をなくすということをも目的にくわえてほしい。すでにふれた老人や公害被害者、さらにはスラムの住民、差別される民族、かれらが押しつけられている不公平の解消に、皆さんの体験をいかしつつ、とりくんでほしい。さらに、アジア諸国に関心をひろげてほしい。日本はアジア諸国に自動車を輸出し、工場を建設し、それにともなって交通事故を増加させ、公害を発生させている。交通遺児育英会の運動は日本からアジア諸国にひろがってゆかねばならない。

五日目午前の「三人のあしながおじさん」は、「あしながおじさん」制度の解説と「あしながおじさん」をつとめている人物をまねいて、その体験談を聞く試みである。「あしながおじさん」たちの多くは格別の資産家ではなく、ふつうの市民であり、見知らない交通遺児への愛情と善意によって寄付活動がおこなわれていることが語られる。「あしながおじさん」の恩にたいして、遺児たちはどのようにして恩返しをしてゆくべきか。この年は、災害遺児育英制度の発足の直前であったので、災害遺児育英募金への参加が呼びかけられていた。

午後は私が「調査について」という講義をしている。これは、夏休みのうちに大学奨学生の一年生全員にひとりで一ケース、交通遺児家庭を訪問させて、その母親から生活史の聞きとり調査をさせ、そのケース記録をまとめさせるためのインストラクションである。これは、私が例年、交通遺児育英会から引き受けてきた調査の一環として、主題設定や調査票づくりのヒントをえるためにはじめられたものであり、そのように役立ってきた。しかし、次第に奨学生教育にも役立つことがわかって、やがてはその必修科目のひとつとされることになった。そのいきさつはこうである。交通遺児家庭の母親の多くは、子どもに余計な心配をかけまいとして、自分の子どもにたいしては生活の苦しさや悩みについて沈黙しがちである。そこで、交通遺児たちは、この他家を訪問しての聞きとり調査で母子家庭の母親の物心両面での苦労話を聞かされ、自らの母親の苦労をはじめてさとったという報告があいついだ。それによって、この聞きとり調査は、交通遺児家庭の問題一般を考えると同時に、自らの親の恩を知る学習機会のひとつと位置づけられるようになったのである。

5　三つのつどい体験

交通遺児育英会の大学奨学生たちは、その多数が高校在学中に予約採用されている。かれらは高校三年生の秋に書類審査を通過すると、上京して、学力試験、面接試験をうけ、それらに合格すれば予約採用されるのである。面接試験のまえに玉井義臣は、交通遺児育英会の歴史、「あしながおじさん」の心、育英会が期待する人間像などについて講話をする。その末尾で、交通遺児としての自覚をもつこと、大学に入学したら交通遺児家庭のための運動に時間をさくことを要請し、つぎの四つの行事は大学奨学生教育の必修科目として参加することを約束させた。すなわち、(1)大学奨学生のつどいへの参加、(2)高校奨学生のつどいへのリーダーとしての参加、(3)交通遺児家庭の他家の母親への聞きとり調査への参加、(4)学生募金への参加、である。

この四つの行事を大学奨学生の必修科目といって参加を約束させるのは、それらがかれらの多くの人間的成長に大きく役立つことが経験的にわかっているからであるが、また、かれらの多くが参加にあたってためらい、戸惑い、不安などを感じるからである。この躊躇などは公式の資料ではあまりあらわれてこないが、奨学生ＯＢに聞きとり調査をしているとしばしば聞かされるものである。

金木正夫は冒頭に紹介したとおり、学生時代から玉井の秘蔵っ子的存在で、交通遺児育英会の社会運動でも有力幹部たちのひとりであった。かれは、つどいでもよくはたらき、一九八四年につどいが学生主体の運営に模様変えしたときには最初の総合司会をつとめている。その金木でさえ、大学一年生のときには、つどいにゆくのがいやでいやで仕方がなかったという。当時、かれは交通遺児と呼ばれるのがいやで、交通遺児ばかり集められるというのも弱者が傷をなめあうようでおぞましかった。大学の講義が終っていないからゆけないと断りをいうつもりで、かれは、育英会の事務局に電話を入れた。その電話に出たのが山本孝史で、明るい声で、親しげに「おお、金木か」という。「試験でこられないの？」その闊達な口調に金木はひるんでしまって、断りがいえなくなり、「私の奨学生番号は何番でしたでしょうか」などと、ごまかしをいって、電話を切ってしまった。それでも、ゆきたくないという気持がつよくて、そのため、初日の朝、なかなか出かけられず、会場に三時間ほど遅刻をして、吉川明にこっぴどく怒鳴られたという。

しかし、玉井は、金木には、学生活動家の成長株のひとりとして、最初から目をつけていたらしい。玉井は、大学奨学生の採用試験の面接をおこなうさいにも、東大生はかれ自身が面接するのをつねとしていた。金木のほうも、つどいで仲間の自分史を聞いて自分より不幸な人間がいることに驚いてしまい、交通遺児というカテゴリーに社会批判の意味があることを知り、交通遺児であるという自己規定を当然のものと思うようになった。また、スタンツの寸劇「走れメロス」では志願して主人公を演じ、優勝して、楽しい想いをした。酒が出る宴席では玉井と親しく話しこんだ。（玉井の側からいえば、得意の人たらし、若者たらしの技をつかったということか。）このつどいをきっかけに、金木は、ひっぱりこまれないようにしようという警戒心を多少はもちながら、急速に玉井と交通遺児育英会に惹きつけられてゆく。かれは、二年生、三年生ではつどいのリーダーをやったし、三年生の秋には、進路変更をしたいのだが、その進学先を医学部にしようか、法学部にしようかと、玉井に相談をもちかけるまでになっている。そのとき、玉井は法学部をすすめ、金木はそれにしたがわなかった。しかし、当時の金木には、玉井は、進路について相談することができるただひとりの人物となっていた。

由衛辰寿は、金木と同年代の人物で、やはり大学奨学生時代、つどいに熱中しているが、いくつかの点でかれらは対照的である。由衛は京都大学理学部放射線生物学専攻を卒業して、現在は朝日新聞学芸部記者である。かれは、高校奨学生のつどいに参加していたので、つどいの楽しさはよく知っており、大学奨学生のつどいに参加するにあたっては、どのような仲間がきているのだろう、良い奴がいたら積極的に話しかけて友だちに是非なりたい、と思っていた。学生生活を充実して過ごしたいという気持が強く、つどいはその得がたいチャンスのひとつと思っていた。かれは、所属することになった班の班長となり、班員みなと仲良しになった。かれらの団結はつよくて、翌年は班の同窓会までやっている。つどいの最大の収穫はいろいろな友だちをつくったことだ、世界が広がったことだとかれは言う。その後、かれは福岡県の高校奨学生のつどいにリーダーとして出向き、そこで出会った高校生たちとも長いこと友だちづきあいをすることになった。

由衛は、二年生から四年生まで、大学奨学生のつどいのリーダーをつとめた。三年生のときは、つどいの日程と学部の専門実習の日程がかさなった。かれは学者になるつもりで放射線学科に進学していたので、その実習には出たかった。ところが玉井が電話をしてきて、どうしてもリーダーのリーダーとしてきてくれ、君が必要なのだと説得する。由衛のほうにも、去年、リーダーとして立派な働きをしたという自負があった。長時間の説得のあと、半ばは根負けして、由衛は「じゃあ、ゆきます」と答えた。「ありがとう」、とたんに、電話は切れた。由衛は楽しそうに語った。つどいがなければ、私はいまごろ白衣を着て、大学の研究室にいたと思いますよ。結局、四年生のときも、つどいにリーダーのリーダーとして出ました。つどいは七月の中旬、祇園祭の日程とかさなります。私は京都大学を卒業しましたけど、祇園祭を一度もみたことがないんですよ。かれは交通遺児を励ます会でもよくはたらき、卒業後、新聞記者になった。就職の動機のうち、もっとも強いものは社会的弱者の声を広くつたえたいという気持であった。

下村博文のつどい体験は、金木のそれとも由衛のそれとも違っており、これも教育家、教育運動家としての玉井義臣を語るためには紹介にあたいする。下村は早稲田大学教育学部卒業、東京都議会議員を二期つとめたあと、現在は、自由民主党所属の二期目の衆議院議員である。下村はつどいの雰囲気がきらいだったという。かれは小中学生時代から政治家志望で、早大に入学すると多くの先輩が政治家になった雄弁会に入部していた。自己主張が強烈な若者にとって、つどいがもつ集団心理に流される傾向が不快であったのだろう。交通遺児育英会の奨学金をもらっているが、会の行事や考えかたを強制されるのはいやだ。下村は、つどいから戻って、大学奨学生だけの新聞をつくり、その創刊号は「育英会にもの申す」という抗議を主題にした。かれと仲間は、交通遺児育英会の事務局にゆき、会が所有している印刷機や紙をつかってその新聞をつくり、事務局から切手をもらって、全国の大学奨学生にそれを送った。さすがに事務局員のなかには、これは本当はとんでもないことだよという者がいたが、玉井はなにも口をはさまず、事務局員たちに下村たちへ協力させた。ふところが広いひとでしたねと、後年、下村は回想する。

下村はその後、雄弁会で頭角をあらわし、三年生で幹事長になった。玉井は、そのあたりから、運動のなかで下村を重用しはじめた。前出の「母子家庭の母親の雇用促進法」の制定についての要求運動が最高潮に達したとき、玉井は大学四年生の下村を呼んで、膨大な資料をわたして、それらを精読、研究したうえで、法の草案をつくってこいと命じた。一二月の全国大会でそれを発表してから、各党に法制化を要求するのだという。下村はそのように重要な仕事をまかされたことを名誉におもい、夜に日をつぐ勉強振りで、その法の叩き台をつくって、玉井のもとに届けたところ、仕事の出来栄えを賞められた。それで反抗児は一転して門下生の心情になってしまったんですよ、と下村自身がいっている。かれは最初に立候補をした都議選で次点におわり、つぎの都議選では立候補をみあわせようと考え、玉井にそれを報告にいった。玉井はその下村の判断につよく反対して、政治家となる志を捨てるべきでないと説きに説いた。下村はその説得をうけいれ、そこからかれの政治家の経歴がはじまった。

6　高校奨学生のつどい

高校奨学生のつどいは、交通遺児育英会が創立された年の翌年、一九七〇年からはじまった。そのデータは表25に示すとおりである。七〇年代前半は日帰りから一泊二日、二泊三日などで、奨学生が高校在学中に一度だけは出席することができるようにすることをめざした。そのあいだに参加する高校奨学生の数は急増しつづけ、七四年には一〇九三人、高校奨学生全数の四〇・九％に達している。七〇年代後半のうちに毎年、ほとんどあるいはすべての都道府県の高校奨学生を集めるようになり、日程も次第に大型化して、参加する高校奨学生数は二〇〇〇人を超えるのがふつうになった。七九年のばあいでいうと、二泊三日の一七県四会場が主力で、参加者数は二〇六五人、これは高校奨学生全数の四九・三％、ほぼ半分となっている。

八〇年代に入ると、八三年以降はつねに全都道府県の高校奨学生たちを七から一〇までの会場に集めて、三泊四日のつどいを開催するようになった。参加者数は八一年の一九九四人が最高で以降次第に減少してゆくが、これは高校奨学生の全数が減少していったことの結果である。その全数のうちでつどい参加者の比率は最初は四〇％台であったが、八四年からは一貫して三〇％台で経過している。この高校奨学生のつどいのリーダーは、最初の三年間だけは交通遺児を励ます会の会員がつとめたが、大学奨学生のつどいがはじまった七四年からは、大学奨学生に切り替えられた。かれらの主力は一年生であったが、山中湖のつどいでリーダー研修をうけ、わずかな間隔を置いて、高校奨学生のつどいに送りこまれてくるのであった。

高校奨学生のつどいの基調を直接に創出したのは、最初の一〇年間では山北洋二と山本孝史であり、つぎの一〇年間では吉川明である。

一九六九年に創立された交通遺児育英会の寄付行為＝会則は、「第2章目的および事業」の第4条で法人がおこなう事業を四つ、つぎのようにさだめていた。

「(1)生徒(義務教育学校在学者を除く)および学生に対する奨学金の貸与

(2)生徒および学生の補導

(3)学生寮の設置および維持経営

(4)その他この法人の目的を達成するために必要な事業」

この規定の(2)項の補導という言葉には権力が若者を見下し、取り締まる臭気がつよく、人間性の成長をうながす教育的働きかけの志がうかがえない。総理府交通安全対策室あたりがつくった原案がそのまま認められたのであろう。しかし、玉井もこの寄付行為にまえもって目をとおしていたはずであり、さきに紹介したようにいくら規約づくりは役人まかせにしていたといっても、このような用語に抵抗しなかったということからして、この時期には、教育の本質をそれほど深く考えていたとは思われない。一九七〇年、高校奨学生の集会が八県八会場でおこなわれ、一八五人の奨学生が参加したが、この第一回の行事は高校奨学生補導懇談会と呼ばれた。その目的は奨学生の親睦、激励、実態把握などとされており、県の教育委員会や交通安全対策室の係官が招かれて講師をつとめていた。

しかし、翌七一年から七四年にかけて、この集会は官製の性格を急速に払拭し、教育的性格がはっきり打

の推移

励ます会会員	参加大学生
48	
65	
65	42
	157
	199
	250
	294
	385
	327
	282
	290
	284
	349
	414
	362
	315
	320
	301
	317
	350
	305
	330
	335

表 25　高校奨学生のつどいに参加した高奨生数，リーダー数など

	日帰り	1泊2日	2泊3日	3泊4日	参加高校生	高校生参加率
1970	8県8会場				185	37.2
71		19県17会場			222	20.9
72		20県20会場			369	35.0
73	15県15会場	15県15会場			858	28.2
74	23県23会場	13県11会場	2県2会場		1093	40.9
75	30県30会場	14県14会場	2県2会場		1749	43.9
76	同上	同上	同上		2435	52.5
77	26県26会場	11県11会場	9県4会場		2587	56.6
78	48県48会場	14県14会場			2318	40.0
79	11県11会場	11県8会場	17県4会場	7県1会場	2065	49.3
80		同上	同上	19県3会場	1931	47.0
81			25県6会場	21県4会場	1994	47.8
82			15県4会場	31県16会場	1830	43.9
83				47県10会場	1760	40.6
84				同上	1552	37.3
85				同上	1645	39.1
86				47県9会場	1189	30.4
87				同上	1377	37.8
88				47県8会場	1054	30.2
89				47県7会場	1117	31.7
90				同上	1158	36.8
91				同上	1023	33.0
92				47県10会場	830	30.0
93				同上	1032	38.5
94						

ち出され、奨学生の自主性が重視されるようになった。七一年には、事務局に学生活動家出身の山本孝史(大阪交通遺児を励ます会)、山北洋二(福岡交通遺児を励ます会)、桜井芳雄(全国学生交通遺児育英募金)が入局し、この集会のためにはたらきはじめた。山北は、厚生補導懇談会という野暮な名称にあきれてしまい、「つどい」という愛称への改名を提案して、それが実現したことは先述のとおりである。かれと山本は励ます会時代からのレクリエーション指導の能力をいかして、楽しいつどいづくりの方針をとった。玉井は、歌やダンスやゲームということになると、まったく苦手で、山北や山本にまかせておくほかなかったようである。

この楽しいつどい路線がしばらくつづき、七九年に、玉井は楽しいつどいから厳しいつどいへの路線転換を宣言する。これは大学奨学生のつどいで、かれが交通遺児軟弱説をうち出した年である。つどいの主要な組織者として吉川明が起用された。この年から班活動に「私の生いたち、家族史を語る」が入り、翌八〇年からは「家族史、自分史」が正式プログラムのひとつとなった。つどいの路線は、その後、八六年に「厳しいつどい」から「賞めるつどい」、「相談に乗るつどい」へと再度転換するが、自分史は一貫してつどいの中核的プログラムであった。

高校奨学生のつどいの一例として、一九八八年八月一〇日から一三日にかけて、三泊四日、国立阿蘇青年の家で二一七人が参加した、九州、沖縄八県合同のつどいの日程を紹介してみる。この年は、つどいはすべて交通遺児と災害遺児がいっしょに参加するものとされた。また、同一日程で九州・沖縄八県合同のつどいと東北六県合同のつどいが開催されており、玉井は前半の二日は東北のほうに出席して、後半の二日は九州・沖縄のほうに出席している。

初日の午後二時からの開会式は、交通遺児育英会の心塾課課長・林田吉司と災害遺児の高校進学を進める会の会長・小河光治が壇上に登って握手し、交通遺児と災害遺児の友情をアッピールした。班別編成、夕食のあと、二〇時からの「はじめまして」は体をうごかすレクリエーションで、初対面の参加者が打ちとけあう工夫をする。

二日目、午前中、運動会。一三時半からの「自分を語ろう」は、大学奨学生OBで事務局員の茂津目敦夫が自分史をくわしく語ることからはじまった。父親の事故死、母親の仕事の苦労、自分は高卒で土木工事の現場監督ではたらいたこと、高卒ではたらく辛さ、退職、浪人生活、大学入学、心塾での生活、ブラジル留学、目の病気、視覚障害者になる……。なぜ、そんなことまで話すのか。高校奨学生たちは、はじめはとまどいながら聞いているが、迫真のリアリティがある語りに次第に引きこまれてゆく。つづいて班別にかれらはわかれる。リーダーの自分史、班員の自分史、夕食をはさんで自分史語りが二二時すぎまでつづく。

三日目、午前中は「あしながおじさん」について学習し、「あしながおじさん」への暑中見舞いの下書きをする。午後は、かけつけた玉井の自分史からはじまる。妻との出会い、彼女のガン告知、結婚、大手術、看病生活。自発呼吸ができなくなった妻はあとどれくらい生きることができるか。林田も自分史を語った。大学奨学生二人も自分史を語った。そのあと、交通遺児育英会の各種の制度の説明がある。それらの制度をなるべく利用して、高卒後できるだけ進学するように、教育をうけつづけるように、とすすめられる。夜のキャンドル・サービス、仲間をえた喜びと、これからの人生への挑戦が誓いあわれる。最後に全員で「乾杯」を合唱するとき、ほとんどの高校奨学生たちが泣いていた。

四日目、「あしながおじさん」への暑中見舞いの清書、閉会式。

7　七通の手紙

『交通遺児育英会二十年史』には、高校奨学生のつどいが終ったあと、参加した高校奨学生が事務局に送ってきた感想の手紙、参加者とリーダーのあいだでやりとりされた手紙、参加者の母親が事務局によせてきた感謝の手紙などが多数収録されている。それらは、そのまま、つどいの教育効果をつたえる資料とみなせる。高校奨学生の手紙四例、母親の手紙三例を紹介する(同書、三三四―三三七ページ)。

事例1

「つどいに行く前はとても不安でした。『行きたくない』という気持ちのほうが大きかったんです。でも母に勧められて行きました。

まずびっくりしたことは、仲間がものすごくたくさんいたことでした。自分と同じような人があんなにたくさんいるなんて、思ってもいませんでした。それも、私なんか、みんなに比べれば、とてもしあわせだということも、このつどいに出てはじめてわかったんです。みんな、小さい頃は家族が一緒に住めなかったとか、すごくつらい思いをしたと聞いてびっくりしたぐらいです。

私は今まで、みんなと違うことは父がいないことだけで普通の生活をしていることがあたりまえでした。でも、それは全部、母のおかげだったんです。つどいに出る前までは、母の苦労というものを深く考えたことはありませんでした。私が五歳、妹がまだ一歳、そんな二人の小さい子を今まで一人で育ててくれた母の偉大さを感じました。

つどいでの出来事を母に話してあげたとき、はじめて母は私に話してくれました。親せきとのいざこざ、近所の人のうわさ――私は泣けてきてしまいました。私たちにはグチ一つこぼさないで、一人でつらい思いをしていた母を思うと、私がもう少し大きくて、母が相談してくれていたら、母のつらさも半分だったかもしれないと思いました。（静岡・山岡万里子＝高三）」

事例2

「私には父も母もいません。ついこの前までは、中学に入学するまではみなと同じ平凡な女の子だったのに。ほんの三年間で、暗い穴に落とされてしまったのです。これからどうやってこの穴から出てゆけばいいのか、いや、出ることができるのかさえ不安になりました。前に進もうにも、あまりに暗く、固く閉ざされた門はとても私には開けることのできない、大きな壁でした。

そんな私を救ってくれたのが、夏のつどいです。はじめてあしながおじさんの存在を知り、私と同じ境遇にいる人がたくさんいることも知り、何だかとても心強くなりました。

それからです。この穴にいるのは、自分一人ではないのだということに気づいたのは。暗くて見えなかったのですが、みんな一生懸命この穴から出ていこうとしていました。みんなが力を合わせて、肩をたたき合いながら、励まし合いながら。もうすでに出られた人もいるようでした。でも出られたのは、私たちだけの力ではありません。そっと門の鍵を開け、まぶしいばかりの光と腕をさしのべてくださっている、あしながおじさんが立っていらしたからです。自分が苦労した分、他人はその苦しみを味わわせまいとする、あしながさんの愛があったからです。

あの夏のつどいに出席するまで、こんなに感動する人間ドラマがあるとは、夢にも思っていませんでした。交通事故で父が亡くなったことは、決してよかったとは思っていません。が、それとひきかえに、自分の視野が今までより何倍にもふくらんだこと、他人の痛みが少しだけれど、自分の経験を通じて分かるようになったことは、自分を大きく変える材料になり、また、自分を大きく成長させる種になったのではないかと思っています。（山口・山本千恵子＝一九歳）」

事例3

「つどいが終わって、もう二週間以上たちました。班のお別れ会では、メロメロに泣いてしまいました。別れはどうも苦手なんです。班の人たちとは、電話で話したり手紙を出しあったりしています。本当は私、奨学金を借りるのはあまり気が進まなかったのです。自分の家が貧乏に思われるような気がして、恥ずかしいと思ってたのです。でも違うのですね。恥ずべきことでは、なかったのです。つどいに行って良かったです。色々な事を学び、たくさんの友達ができました。まったく知らない者同士が、たった三泊四日の間にこんなに仲良くなれるなんて、ちょっと不思議な気がします。もちろん、来年も参加するつもりです。（宮城・高橋弘江＝高一）」

事例4

「つどいに参加して、かけがえのない友人を得ました。会場は愛知です。自分史のとき、お互い話したくないことを涙を流しながら話した仲間や、その内容が印象深く感動しました。災害募金の話し合いのときに岐阜の代表に選ばれました。最初どうしようかと思いましたが、決まったからには頑張るしかないとはりきっています。仲よくなった友だちと献血にも行きました。各県の仲間たちも互いに全力を尽くしましょう。（岐阜・沢田行伸＝高二）」

事例5

「このたびは〝つどい〟に参加させていただき、子供共々感謝に耐えず、つたない文章と知りつつペンをとりました。

主人を交通事故で亡くしたときは長男浩一郎は中一の一月でした。日頃から『小学生の間は、私が責任を持ちますが、中学生以上になったらお父さんお願いね』と話していた矢先、さて、これからが父の出番という時……。

母親は女の子の成長は経験済みだし、時代が変っても少しは理解できますが、男の子の成長となるとまったく自信がなく、まして一番むずかしい時期に先だたれ、はたして真っすぐ素直に成長してくれるだろうか、とても不安でした。でも、これは私の取り越し苦労で父を亡くしたことで、子供なりに自覚したのでしょうか。ひときわたくましく、くじけそうになる私をまるで父親のように支えてくれました。

そんな浩一郎が今回の〝つどい〟に参加させていただき、一部始終を話した後、昨年は学校行事とぶつかり参加できなかったのを非常に残念がり、『昨年も参加したかったなあ』の連発。そして、なんと表現したらよいのか、とまどいながら、『二百倍も三百倍もすばらしい有意義な行事だった。本当に別れるのがつらく、もう一日でよいからほしかった』と切実に話してくれました。その上『ぼくも明るく積極的に行事に参加できたんだ』と、それはそれは今までの浩一郎からは想像できない明るさで語る笑顔に、私自身までうれしくなってしまいました。

こんな晴れやかな自信に満ちたすばらしい体験を与えてくださいましたことは、これからの人生に大きなプラスとなって表われることでしょう。

何物にも代えがたい、収穫多き〝つどい〟を計画してくださいました諸先生方に、深く感謝致しております。（埼玉・河部和子）」

事例6

「娘は昨年欠席しまして、今年が初めてでしたけど、とても楽しかったらしく、二週間すぎても、その時の話を楽しくしています。早く来年が来ないかなーなんて言って待っています。

災害や交通事故でお父さんがいない人、お母さんがいない人、両親ともいらっしゃらない人、沢山の子供たちが辛い淋しい思いをしているんですネ。熊本でみんなと流した涙が、淋しさに負けず生きていて良かったと思う嬉し涙になるようお祈りしています。（佐賀・楠田和江）」

事例7

「九月一日　暑い夏もようやく峠を越して、長い夏休みも終わりました。子供達にとって二学期の始まりです。また今日から朝のどなり声から一日の始まりです。今年の残暑の厳しいこと、少々夏バテという感じです。

九月二日　二学期の始まりというのに、新聞やニュースに若者の自殺の記事が後をたたない日々です。尊い命を大切にして、我が子を含め、もっともっと強く生きてほしいと願わずにはいられません。

九月三日　高奨生のつどいに参加して、この前の日曜日にカレーを作ってくれたり、今日はハンバーグとサラダが食卓に並んでいました。このごろ自分から進んでやってくれます。すばらしい仲間との出会い、本当に参加させてよかったと思っています。

九月五日　つどいに参加して、楽しかったことなど毎日いろいろ話してくれます。グループの仲間たちと電話や手紙で近況を知らせて、友情を深めているようです。九月七日の災害遺児募金を前にして、すばらしい仲間との再会を今から心待ちにしています。これからも、人に迷惑をかけないで自分自身に責任を持って一歩一歩人生をあゆんでほしい。（和歌山・指田八子）」

8　心　塾（一）

心塾《こころ》は、交通遺児育英会が一九七八年に東京都日野市に建設した学生寮である。玉井はそこでかれが理想とする奨学生教育を少数の大学奨学生たちを対象におこない、注目するべき人間づくりの成果をあげた。また、それは、同時代の教育を批判する実験教育でもあった。その全体像を教育社会学の手法で充分に分析、研究するのは、一冊の書物の仕事である。本書でも、心塾教育にひとつの章をあてるという選択がありえた。しかし、紙幅の制約と全体の構成のバランスを考えて、本節と次節でその主題にわずかにふれるにとどめる。

心塾の建設の基本的目的は二つあった。ひとつは人間づくりの場をもつこと、いまひとつは貧困家庭の子どもが東京の私立大学に進学することができる拠点をもつこと、であった。それぞれの目的について多少のコメントをつけておく。

一九七一年八月、高校奨学生のつどいに講師としてまねかれた理事の緒方富雄・東京大学名誉教授が玉井に、曾祖父の緒方洪庵が開いた蘭学塾・適塾を例にあげて、「玉井君、塾をつくれよ、人間づくりの塾を」と示唆した。これが最初のきっかけであった。七三年一月、玉井は会長の永野重雄・日本商工会議所会頭と対談したおりに、この塾づくりの構想をもちだすと、永野はたいそう乗気になり、かれ自身が旧制第六高等学校に在学していたころの寮生活を語った。人間陶冶の場として塾をつくるべきだというのである。これが二つ目のきっかけとなった。これらの契機は、玉井の人材好み、エリート好みの価値意識を刺戟して、塾をつくる構想は次第にふくらんでいったが、それは七六年に入って急速に具体化しはじめた。

一九七三年秋の第一次石油ショックのあと、インフレーションと不況が深刻化し、交通遺児の大学進学はそれまでよりいっそう困難になった。当時、東京で私立大学の初年度納入金の平均が約四五万円、下宿する学生の生活費は月あたり約六万円であった。ところが、交通遺児家庭の母親の勤労月収が平均六万円台なのだ。交通遺児たちは地元にある大学か寮をもつ国立大学に入学しなければ大学に進学することができない事態になった。しかし、遺児の高校生の大多数の学力は、国立大学の入学試験に合格することができないほどに低下していた。これについてはXI章でくわしく述べる。玉井は、塾費一万円の心塾をつくり、かれらが東京の私立大学に入学することができる道をひらいた。塾費は食費の一部負担であり、それによって、朝食・夕食が提供される。住居費はとらない。当時、大学奨学金は三万円であったから、そこから一万円を塾費に支払って、残りの二万円で通学費、昼食代、書籍代などをまかなう。授業料は、日本育英会の奨学金の併給をうけ、それを積みたて、長期休暇にアルバイトをしてその稼ぎをあわせて、支払うことにする。これによって、親許からの仕送りはまったくなくても、交通遺児たちは東京の私立大学に進学することができるようになった。

交通遺児育英会は日野市の高台に約三〇〇〇坪の土地を五億円余で購入、そこに二〇〇人の塾生を収容することができる建物を七億五〇〇〇万円をかけて建設した。玉井は初代塾長になり、七八年四月、第一回心塾生四一人をうけいれて、かれが理想とする奨学生教育にとりくんだ。かれを補佐する職員は、林田吉司、工藤長彦、鈴木賢の三人で、いずれも二〇代半ばの若者たちであった。しかし、まったく予想していなかった事態が展開して、心塾教育の一年目ははなはだしく難航することになった。塾生たちの大多数が玉井がおこなう奨学生教育を徹底的に嫌って、反抗と不服従をくり返したのである。

七八年度のその奨学生教育をてみじかに紹介してみよう。日常生活では、(1)居室は四人部屋、一室は二〇畳くらい、(2)朝は六時起床、約三〇分で体操、男子は一・五キロか二キロメートル、女子一キロメートルのランニング、掃除、(3)おはよう、こんにちはなどの挨拶の励行、(4)門限は女子九時、男子一一時、(5)遊びやぜいたくのためのアルバイトの禁止、(6)派手な服装、学生に似つかわしくない電化製品の禁止、などが主要な規則とされていた。

主要カリキュラムは四つあった。(1)心塾講座、毎週水曜日夜七時から一〇時まで、講師をまねいて講演をきき、質疑応答をするのに二時間、そのあと一時間で、講演内容と関連する主題で作文を書く。この作文は、『朝日ジャーナル』元編集長・影山三郎が添削・評価して塾生に返す。(2)読書感想文、毎月二冊の図書(一冊は課題とされた図書、一冊は自由に選んだ図書)をよみ、感想文を書く。この文章は、『サンデー毎日』元編集長・三木正が採点、コメントをつけて塾生に返す。(3)三分間スピーチ、年間六、七回のスピーチ・コンテストは、一回に二〇人あまりが三分ずつ全塾生のまえではなす。また、毎週水曜と木曜に朝の体操のあと、二、三人が三分ずつ全塾生のまえで話す。ひとりの塾生が年間に一〇回ちかいスピーチをすることになる。(4)毎週一回、水曜日か木曜日の夜七時から八時半までの英会話教室、講師三人のうち二人がネイティブ・スピーカー。

行事の主要なものは二つある。(1)春と秋の学生募金への参加、春は三月下旬から四月中旬まで、秋は九月下旬から一〇月中旬まで、各約一ヶ月が拘束される。その間に他大学の学生自治会、クラブなどをおとずれてのオルグ活動と街頭募金をおこなう。(2)大学奨学生のつどいへの参加と、高校奨学生のつどいへのリーダーとしての参加、八月にそれぞれ一週間をついやすことになる。このほか、(3)高尾山ナイト・ハイク(五月)、

(4)親睦会(五月)、(5)ソフトボール、球技大会(六月)、(6)いも煮会(一一月)などがあった。

塾生たちはこの教育を嫌った。夏休み明け、三三人の一年生のうち一〇人が退塾している。一一月一日、心塾講座の時間に、玉井と塾生たちの話しあいがおこなわれたが、そこでかれらの不満が噴出した。その不満、批判、提案のくわしい記録がのこっているが、ほぼすべての規則と教育への不満が述べられている。日常生活の規則では、四人部屋では自分らしく生活できない、起床時刻が早すぎる、ランニングを止めてほしい、門限の時刻が早すぎる、服装を規制するな、アルバイトを自由にさせてほしいなど。カリキュラムでは、心塾講座の負担が大きすぎる、読書感想文の負担が大きすぎる、英会話教室は希望者だけが出席することにしてほしいなど。塾生たちの不満は、要約すれば、一般の学生たちのように生活したい、自由がほしい、強制と束縛はいやだというところにあった。

玉井は、かれらの不満などに一々回答する文章を掲示板にはりだした。かれは、それまでにとってきた方針を、わずかな一部をのぞいては改めないと宣言した。そのさいのかれの主張の論拠はつぎのようにまとめられよう。心塾の建設には一二億五〇〇〇万円がかかった。また、その年間維持費は二億円ほどになる。それらの費用を、社会は心塾生たちのために負担してくれている。これにたいして、心塾生たちは社会の期待にこたえる義務がある。その義務は心塾教育をきちんとうけるということである。

遊びのためのアルバイトを禁じるという規則について玉井の説得をいくらかくわしくみてみよう。社会から巨額の負担をしてもらって、それによって支えられた生活を享受しながら、たほうではアルバイトをして小金を稼いでそれを遊びにつかうというのは恥しい生きかたである。そういう考えかたしかできない人間は退塾してもらいたい。同じ発想で、自分は、親の負担によって学生生活を送っている者が、遊びのためのアルバイトをするのにも反対である。退塾して、アルバイトで、学費も生活費も独力で稼ぎだして、そのうえで遊びの費用も稼いで遊ぶというのならば、自分はその生きかたを一切批判しない。このような言い分が諸君に面白くない感情をもたせるのはわかる。しかし、社会から一五億円ちかい費用を出してもらい、その費用に支えられて生活しているという事実を真剣に考えてほしい。社会が信用してくれてこそわれわれの運動があり、われわれの運動があってこそ諸君の学生生活があるのだ。

まことに情理かねそなえた説得である。学生たちが強制と束縛として目の敵にするものを、玉井は、巨額の負担をしてくれた社会の期待にこたえる義務、責任におきかえている。また、これは、そのまま、同時代の学校教育、家庭教育のありかたにたいする根底からの批判である。現代の教育では学ぶ者の権利のみが強調されて、かれらの義務と責任はきわめてわずかしか語られない。大学や高等学校で学ぶ学生たち、生徒たち自身は、ほとんどの者が学校制度のための負担をひきうける社会にたいして、その期待にこたえる義務、責任があるなどと考えたこともなく、教えられたこともあるまい。そのような教育によって育ってきた塾生たちにとって、玉井が心塾でおこなおうとした奨学生教育は、理解しがたいもの、横暴なもの、許すべきでないものなのであった。

9　心　塾(二)

心塾の一年目、塾生たちは玉井と林田たちに徹底して反抗した。かれらは替え歌をうたって憂さ晴らしをした。「わがままは玉井の罪、それを許すは大奨生の罪……」そううたったひとりの山神義昭(電気通信大学卒業、松下電子工業)が、「あれは決してわがままではなかった、とわかる年になりました。塾長、これからもお元気で御活躍をお祈りいたしております」と書き送ってきたのは二〇年後のことである。玉井は理想の方針をかたく守ったが、塾生たちの反抗には手を焼き、心塾をつくったのはおれの一生の不覚かもしれないとぼやいたり、塾生たちに君たちは志がない、品性がないと烈しく叱ったりすることもあった。過労と心痛のせいで、かれは腰痛がひどくなり、車に乗るとシートに坐ることができず、横倒れになっているしかなかった。林田や工藤は塾生たちとなんとかコミュニケーションをはかろうとしたが、相手にしてもらえなかった。かれらが夏の夜、寮舎の巡回にゆくと、塾生たちの居室の開いている扉がばたばたと閉ざされるのであった。三人の職員が二人ずつ順番に宿直をするという苛酷な勤務形態のなかで、かれらは目立ってやせてしまい、目ばかり光らせていた。

二年目に入ると、玉井や林田たちと塾生たちの一部との関係がいくらか好転した。そのきっかけは三つあった。すなわち、(1)二年目の心塾を考える塾生たちのミーティングで、かれらのまえに立った林田が退塾した一三人のことにふれて、心塾の理想をなぜわかってくれなかったのか、ここはただの安宿ではないと言ったとき、いきなり涙があふれてきて男泣きをした。この涙に示された真情は塾生たちの多くの心をうごかした。(2)第二回の塾生たちが入ってきて、前年と同じようにかれらが玉井たちに反抗をはじめると、第一回の塾生たちの多くは、それまでの不満をいう立場から不満を聞く立場にかわり、心塾教育のよさを後輩に説明する者もあらわれた。(3)心塾講座の作文や読書感想文による学習効果があらわれて、塾生たちが大学のゼミナールやそのほかの活動の場で自分の身についた能力を認識する機会が増えた。また、英会話教室の学習効果も一部の塾生たちであきらかになってきた。

この二年目の変化は、三年目、四年目とさらに進み、四年目の終りちかくになると、心塾の雰囲気はかなり安定した。しかし、それでも、四年間をとおして反抗をつづけ卒業してゆく塾生たちも少なくなかった。井上美鈴(早稲田大学卒業、日本生命保険)もそんなひとりである。林田は彼女について語っている。「在塾中は反抗のみ、ぷっとしてろくに口をきいてくれませんでした。四年間、最後までそんな態度でした」。その井上が卒塾後、一三年たって玉井に書いてきた。「この歳になって、大学時代に玉井先生に与えられたいろいろなことに感謝しています。(中略)私のように学生時代はあんな(?・)でも、大人になって心から感謝している人間が先生には大勢いることをお忘れなく」。林田はこの述懐に実におどろいたという。「齢をかさねたり、主婦になったりすると、玉井節を理解する日が本当にやってくるのですね」。人格にはたらきかける教育は効果があらわれるのに思いがけない時間がかかるばあいもあるのだ。

こうして、玉井たちは理想の奨学生教育のためにおおいに努力したし、その効果は次第にあがってきたし、長い時間域でみればそれはいっそうそうであったのだが、しかし、その教育は多くの交通遺児たちにとって敬遠したくなる性質のものであったことは否定しえない。その証拠のひとつは、心塾の毎年の入塾者が五三人という最大限の数を越えたことが一度しかなく、多くは三〇人台、四〇人台であったことである。各地の高校奨学生のつどいなどで玉井たちが直接的・間接的に入塾を勧めていて、そういう結果であった。また、いまひとつの証拠は、毎年の卒塾者と退塾者の割合がほぼ二対一で、入塾者の三分の一は退塾していたことである。最初の一〇年間で、卒塾者の累計は二一〇、退塾者の累計は一一四、両者の合計にたいするそれぞれの構成比は六四・八%対三五・二%、であった。遺児たちが塾の集団生活をきらう傾向を完全に克服することはできなかった。

しかし、塾風がある程度、確立すると、心塾は、交通遺児育英会がおこなう社会運動の有力な拠点となっていった。心塾生たちがそれらの社会運動の中核的活動家を継続的に提供する人的資源となっていったのである。その社会運動には大小さまざまなものがあったが、代表的なものを三つえらぶならば、学生募金運動、交通遺児学生の会運動、恩返し運動がある。ここでは前二者をまずとりあげたい。三番目のものは、格別の重要性をもっているので、次章で一章をつかって論じることにする。

全国学生交通遺児育英募金が一九七〇年にはじまり、七一年からは全日本学生自動車連盟がその事務局を引き受け、八三年からは交通遺児育英会の大学奨学生たちがそれをひきついだことは、すでに述べた。心塾生は開塾した七八年の秋から募金に参加している。その後、塾生が増加するにつれて、かれらは首都圏の学生募金の主力部隊になっていった。そのさいの活動の主要な動機づけのひとつは、自分たちは塾費一万円という好条件で大学に進学している、そのかげで奨学金不足のために後輩の交通遺児たちが高校進学をはばまれるような事態があってはならないという想いであった。かれらは街頭募金の呼びかけのなかに自分史を織りこんで語った。八三年からの募金事務局長は、一度の例外をのぞき、心塾生がつねにつとめてきた。局長のもとに首都圏リーダー、全都を一〇群にわけての群リーダーがいるが、それらもほとんどは心塾生がつとめた。この募金は、九〇年からは、あしなが学生募金と呼び名をあらためて、交通遺児だけでなく、災害遺児、病気遺児をも支援するものになった。このころから「あしながおじさん」を「あしながさん」と呼ぶようになったらしい。

交通遺児学生の会は一九八〇年六月から活動している。そのきっかけは、心塾生のひとり・福原保の兄が交通事故で死亡した事件であった。加害者は中学三年生など少年四人で、かれらは盗んだ車で赤信号を無視して轢き逃げをしたのである。このような悲劇をなくすために、車社会を変革しなければならない。こうして、「福原一也さんの交通事故死を考え行動する交通遺児学生の会」が発足した。この会が最初にとりくんだ社会運動は、少年のバイクの免許年齢引き上げにかんする要求運動であった。八〇年五月の一〇〇〇校の高校の校長、ＰＴＡ

の会代表
就　職　先
あしなが育英会
同上
交通遺児育英会
大分県庁
東京商工リサーチ
NHK
警察庁
日本経済新聞社
三井物産
あしなが育英会
北海道大学

表 26　学生募金事務局長，交通遺児学生の会代表の出身大学と就職先

	学生募金事務局長			交通遺児学生	
	氏　名	出身大学	就　職　先	氏　名	出身大学
1980				西田正弘	国学院大学
81				同上	同上
82				茂津目敦夫	関東学院大学
83	坂本浩実	早稲田大学	東京海上火災保険	守永信幸	東京農工大学
84	田房英二	中央大学	日本 IBM	石川成人	亜細亜大学
85	坂本忠篤	法政大学	リクルート	小林　卓*	早稲田大学
86	北沢和彦	中央大学	NHK	桜沢健一	東京工業大学
87	浦　敏弘*	成蹊大学	安田火災海上保険	村上憲一	早稲田大学
88	村上憲一	早稲田大学	日本経済新聞社	芦田泰宏	早稲田大学
89	樋口和広	帝京大学	三洋電機	若宮紀章	電気通信大学
90	寺山智雄	桜美林大学	東京都議会議員	大野浩一	東京大学
91	浦部　忠	中央大学	ビジネスブレイン太田		
92	蛭牟田繁	日本大学	朝日新聞社		
93	東田憲一	早稲田大学	ヘモネティクス・ジャパン		

注）＊印は塾外生(心塾に入塾しなかった大学奨学生)

会長への免許年齢引き上げにかんするアンケート調査にはじまり、八一年五月のバイクメーカー四社への免許年齢引き上げにかんする公開質問状、東京大学での少年のバイク問題を主題にしたシンポジウム。八二年にはいって、この運動が最高速度が時速九〇キロのミニバイクに反対をはじめて、その反対運動がマス・メディアで再三報道されるようになり、八月、衆議院交通安全対策委員会で高速ミニバイク問題がとりあげられた。一二月一〇日、運輸省はミニバイクの最高速度を時速六〇キロに制限せよという通達を出すにいたってる。その後も交通遺児学生の会は、反モータリゼーション、救急医療、欠陥交差点裁判などの研究とキャンペーンにとりくんで、車社会への異議申し立てをつづけた。

これらの運動のリーダーは、学生活動家たちのあいだから自然に選ばれてくるのであるが、その決まりかたには玉井や林田の意向も少なからずはたらいていたようである。玉井は、心塾

をつくるまえから意識していた訳ではないが、心塾ができたあとでは、そこを運動のための人材のプールとみなした。心塾教育は、社会的責任感がつよい、行動力がある若者を毎年つくり出していった。のちになると、玉井は、地方の高校奨学生のつどいをまわって、見所がありそうな高校奨学生をみつけると、早くから進学の相談に乗り、心塾にくるように勧めた。桜沢健一は心塾出身、東京工業大学を卒業して、国家公務員Ⅰ種に合格し、大蔵省と警察庁からさそわれて後者に入った玉井好みの俊秀だが、かれのばあいなど、玉井は高校一年生のときから目をつけていたという。桜沢は交通遺児学生の会の六代目代表となり、シンポジウム「これからの車社会はどうあるべきか」を開催するなどよい仕事をした。林田は語っている。「玉井は原則として同一地方の高校奨学生のつどいに二年つづけて出ることはしないのですが、ときに二年つづき、三年つづきでゆくことがありました。そんなときは、優秀な子をみつけて、その子と話すために通っていたのですね」。

こころみに歴代の学生募金事務局長と交通遺児学生の会代表の一覧表をつくってみる(表26)。事務局長には人徳があって仲間を惹きつける行動派タイプが多く、代表には正義感がつよく頭の回転が早い知性派タイプが多い。玉井はかれらを運動の顔にして上手につかった。運動の成果をプレス発表で喋らせる、新聞の投書欄に投書が載るようにあっせんしてやる、論壇に小論文を発表させる、「人欄」に登場、紹介させるなど。このスターあつかいに、一般の学生活動家が嫉妬をしたり、反発することもあった。かれらの不満をきいてやり、いわゆるガス抜きで解消をはかるのは、温厚な林田の仕事であった。また、玉井は秀才好みがはげしすぎて、偏愛される学生が塾のなかで浮いてしまうこともあった。その人間関係をたくみに調整して、事態をおさめるのも林田の仕事であった。

交通遺児育英会の運動全体の大きい流れをみると、一九七八年三月から四月にかけて衆議院の予算委員会や地方行政委員会で労働省が「母子家庭の母親の雇用促進法」を制定することをはっきりと拒否し、その四月に心塾が開塾したという二つの事実が、運動のターニング・ポイントを象徴しているとみえる。「雇用促進法」の不成立は、玉井と交通遺児育英会が展開してきた、全遺児家庭、全母子家庭の生活問題の抜本的解決をねらって政治に要求をぶっつける大衆運動の挫折であった。心塾教育の開始、翌七九年の「あしながおじさん」制度にたいする大反響は、玉井と交通遺児育英会の運動を教育運動にひとたびは限定することになる。玉井自身、心塾教育の確立に打ちこんでしばらくの時が過ぎていった。しかし、かれが率いる社会運動から、全遺児救済をめざす大衆運動が再度たちあらわれて、現代政治の権力構造と激突することになる。それが次章であつかう恩返し運動である。

10　異文化体験

玉井義臣は、交通遺児育英会の奨学生教育において、奨学生たちを外国に送り異文化を体験させることを、その有力な方法のひとつとしてきた。

そのもっとも早くはじまったものは、一九七五年からの高校奨学生で高卒で就職する予定の者にたいする海外研修大学である。これは一学年から約三〇名を選抜して三週間ていど、外国で民泊、見学、交歓をさせる。行先としては、アメリカ合衆国、ブラジル連邦共和国、オーストラリア連邦、カナダ、中華人民共和国などがあった。外国での研修は本研修と呼ばれるが、それにさきだって国内で約半年におよぶ事前研修があり、訪問国の外国語会話の訓練、国内事情の講義などをうける。帰国後は直後研修の受講、研修報告の執筆が義務づけられている。この海外研修大学は、経済的理由で大学に進学することができないが、とくにすぐれた資質をもつ高校奨学生を地域社会の将来のリーダーとして育成するものであるとされていた。

大学奨学生のための異文化体験をつうじての教育方法には、一九七八年からのライオンズクラブの支援によるYE(ユース・エクスチェンジ＝青少年交換)制度を利用したもの、八二年からの日本ブラジル青少年交流協会(のち日本ブラジル交流協会)のブラジル留学制度を利用したものがあり、のちには、利用した制度は一々いわないが、イスラエル、オーストラリア、メキシコ、カナダ、ベトナム、中国などに大学奨学生たちが送り出されていった。これらのなかで、もっとも多くの大学奨学生が利用したのが日本ブラジル青少年交流協会のブラジル留学制度である。この制度については、Ⅶ章5で藤村修の仕事のひとつとしてふれた。約言すれば、それは、日本の大学生を一年間、ブラジルに送り、異文化のなかで労働、コミュニケーション、生活を体験させる制度である。くり返しになるが、これについても、ほぼ一年間という長い事前研修があって、留学生たちは外国語会話、訪問国事情などを徹底的に訓練され、かつその成績によって留学の可否が最終的に決定されることは言っておきたい。したがって、この研修期間中は留学生は正確には留学生候補者である。前記協会は八一年からこの制度を実施し、当初は一〇名ていど、のちには四、五〇名の大学生を毎年、ブラジルに送った。玉井は、心塾生のうちとくに優秀だと見込んだ人材を毎年、二、三名から五、六名まで、そこに組みこんだ。その顔ぶれをみていると、玉井がこの制度を運動家エリートの養成コースとして活用してきたのがよくわかる。

玉井自身は留学経験をもたず、外国語に堪能という訳でもないのだが、異文化体験が若者の人間性の成長におおきく役立つことをよく識っていた。かれはブラジル留学制度の効用について何度も書いているが、一九八九年三月、機関紙「君と581〜2271」に発表されたコラムを抄録する。

「この制度の良さは『働く』ことにある。言葉もろくに話せないのだから、働くといっても単純労働か作業の補助しかできない。しかし、ブラジル人の若い比較的下層の労働者と職場で接することで、さまざまなブラジル(人)がみえてくる。(玉井は、大学奨学生たちが受け入れ企業の経営者やホーム・ステイの家庭によって、上流、中流のブラジル人に接することを前提にして、こう書いている。) 学生は働きながら学ぶのが普通で、子供まで働く絶対的貧困を目の当りにして、豊かな日本に育った若者は考えこむ。貧しさの中で生活を楽しむ術を知る人たち。ずるさと隣り合う底抜けの人のよさ。異国で接する日本人の良さと欠点。明治人のように礼儀正しい移民一世(中略)。

いつのまにか人間が変る。日本の学生の特徴である『甘さ』と『幼さ』が消える。さまざまな価値観を理解し、認め、視野が広くなる。言葉はへたでも、積極的にコミュニケーションをはかる姿勢が身につく。貧富、教育の差を超えて、同じ人間として〝うまくやっていく〟術を体で覚える。日本での勉強がいかに役に立たないかがわかり、本当の勉強をやる気になる。日本(人)のことが気になり、知りたくなる。

つまり、一年間異文化体験の中で違うものを見たり体験したりしながら、自分とか日本(人)について考え、自分の考え方をもつことの大切さを覚えるのだ」。

この玉井の一般論にたいして、若い運動家たちにそれぞれのブラジル留学の体験を語らせるとどうか。第二世代から西田正弘、第三世代から樋口和広をえらんでみる。

心塾から最初にこの制度によってブラジルに留学した奨学生が二人おり、そのひとりが西田正弘である。西田は福岡県瀬高町の兼業農家に生れたが、一二歳のとき、交通事故で父親を亡くした。そのあとは母親が農業をいとなみ、兄姉も多少の補助をして生計を支えたが、生活は経済的に苦しかった。かれは中学か高校の教師になろうとして国学院大学に入学するのだが、この進学は交通遺児育英会の奨学金と心塾があってのみ可能になったものであった。かれは、心塾生として育英会の運動に熱中し、ブラジル留学で人間としてひとまわり大きく成長して帰国し、心塾生のあいだにブラジル留学ブームをひきおこした。卒業後は交通遺児育英会に入局、心塾教官をつとめ、現在はあしなが育英会で後述の自死遺児問題を手がけるスタッフのひとりである。西田にインタビューして、ブラジル留学がかれにたいしてもった意味を語ってもらった。多くの興味深いトピックスからわずか三点のみを紹介してみる。

(1)一年間のブラジル留学は、西田にとって、赤ん坊として出かけて、二〇歳の青年にまで成長して帰国する過程であった。留学するまえにポルトガル語を熱心に学習したが、ブラジルについてみれば、それはほとんどつかいものにならない。生活習慣もまったくわからない。かれは無力な赤ん坊のような存在であった。それが言葉をひとつひとつ覚え、生活習慣をひとつひとつ身につけることで、かれと他者との人間関係がつぎつぎに成立し、かれをとりまく世界がひろがってゆく。自分と周囲の急速な変化が実感される。西田は、日本で誕生以来すごした二〇年間を、ブラジルで一年でくり返し体験しているように思った。そうして、交通遺児として内向的・消極的に育った自分が、あらためて、外向的・積極的な存在としてもう一度育っているのだと思った。帰国したのち、かれは、それを実感をこめて喋り、心塾生たちの関心をおおいに惹きつけた。

(2)ホーム・ステイや客としての訪問でブラジル人の家庭のなかに入ったとき、西田は、父親と子どもの会話、夫と妻の会話を聞き、新鮮な印象をうけた。一二歳で父親と死別してから、母子家庭で過してきたので、思春期のかれは父子の会話や夫婦の会話を身近に聞いたことがなかった。父親は子どもにあのように語りかけるのか、夫婦はあのように打ちとけるのか。西田は言った。日本では夫婦と小さい子どもが散歩するとき、三人が並んで、子どもをあいだに入れて、夫と妻がそれぞれに子どもと手をつなぎますね。ブラジルでは、夫婦が肩をくむか手をつないで、子どもはその周囲を衛星のようにまわりながら行くのですよ。ブラジル留学の経験は、現在のぼくの家庭生活のありかたに影響しています。私のコメント、ラテン民族の率直な愛情表現の様式を学んで、西田夫妻の仲はむつまじいということである。一般論をいえば、母子家庭で育つ男の子は、夫役割、父親役割の学習が不充分になりがちである。西田にとってブラジル体験はそれを補充する機会であった。

(3)ブラジルは若い国である。多くの社会制度が未完成であり、その影響は否定的にも肯定的にも出てくる。たとえば、学校教育システムが不備で、そのため、初等教育、中等教育の中途退学者が非常に多い。これにたいして、銀行などの大企業がかれらを下級職員として採用し、夜学に通わせ、一定の学歴を獲得すると、より高い地位に昇進させるという柔軟な対応をしている。また、貧富の差がはげしく、ストリート・チルドレン、街頭の浮浪児を多くみかける。かれらをみるたび、西田は日本の経済システムや教育システム、交通遺児育英会の奨学金や心塾のことを思い浮かべた。それらの条件がなかったら、あの浮浪児たちになってしまうのが自分の運命だったのではないか。社会運動家としてのかれの使命観を裏付けている生活実感のひとつはこれである。

樋口和広は、西田より六年あとにブラジルに留学している。樋口は島根県出雲市で小企業経営者の家庭に生まれたが、七歳のとき、交通事故で父親を亡くした。子ども心に家計の苦しさが実感されて、高校進学のおり、普通高校にゆける成績をとっていたのに、大学までゆかぬつもりで工業高校を志望し、母親を泣かせたりしている。結局は彼女の希望どおり普通高校に進学し、交通遺児育英会の高校奨学生になり、三年間、つどいに皆勤した。一浪したあと、島根大学、帝京大学などに合格したが、林田から強引に口説かれて、帝京大学に入学し、心塾生になった。林田は早くから樋口の運動家としての資質・能力に目をつけていた。心塾にいるあいだは育英会の運動で重用され、卒業後二年間ほど企業ではたらいたが、玉井たちにかなり強引に勧められてあしなが育英会に入局した。のち後述する関西の拠点、虹の家の実質的な管理責任者をつとめ、現在は、エイズ遺児救済運動のスタッフのひとりとして、イギリスで研修中である。樋口の留学体験からも三つのトピックスを紹介する。

(1)樋口はブラジル社会でくらしてみて、快い解放感を味わい、その社会を好きになった。この解放感については、かれ以外の多くの遺児奨学生たちも言及している。遺児たちは、日本の社会のなかでは周囲の人びとにつねに身構えて対応していなければならない。それは人びとに母子家庭にたいする差別意識、詮索意識があるからである。職場でも、乗り物のなかでも、街頭でも、ブラジル人たちは人なつっこく、話し好きで、差別意識、詮索意識がまったくなかった。樋口は、かれらを相手にしていると、自然に振舞えて気持がとても楽だった。日本の社会がこんな社会であったらどんなによいだろうと、かれは何度も思った。

(2)ブラジル社会にもいくつもの深刻な問題があった。たとえば貧富の差は大きく、犯罪は多い。しかし、ブラジルでは富める者も貧しい者も、それぞれの生きかたを楽しみ、自足しているようにみえた。経済的な不平等にいらだち、平等をつよく要求する声はあがっていない。また、犯罪は一面において、ブラジル社会のもつ活力のあらわれではないか。そう考えて、樋口は、いくつもの深刻な問題をかかえたままのブラジル社会を、そのまま受け入れ、肯定する気持になっていった。これは社会運動のなかで、問題をもつ個人、家族、地域などを、かれがそのまま受容する姿勢に通じていると思う、とかれは言った。このブラジル社会観は、先述の西田のそれとやや異なっている。西田は福祉国家体制を判断基準にして、そのかぎりでブラジル社会を批判的にみていたが、樋口は独自の存在としてのブラジル社会の全体を好意的にながめている。これについては、どちらのブラジル社会観が正しいというのではない。同じ留学体験が異なったブラジル社会観をうむのが興味深い。

(3)ブラジル人たちは個性的に生きており、それが当り前のことであった。かれらの表情も着るものも変化に富んでいた。そのようなブラジルから日本に帰ってきて、樋口は、一年ぶりに新宿の街路を歩いて、いやな感じ、怖い感じをうけた。同じような服装の人びとが一様に疲れた無表情な顔付きで歩いている。その歩きかたもよく似ていて、リモコンで操作されるロボットのように無個性的である。これは、大事ななにかを喪失した社会だ。かれもブラジルにいるあいだ、ときには母国の経済的繁栄を誇りにおもい、それを口にしたこともあった。しかし、帰国してみると、その繁栄の条件、あるいは代償が、社会と人びとの生きかたにおける個性の喪失であるということが実感された。

11　女性の視点から(一)

交通遺児育英会は男社会であった。心塾も男社会であった。ここで男社会というのは、男性だけがその成員として一人前の存在とみられる社会というほどの意味である。この判断を裏付ける根拠はいくらでもあるが、さしあたっては、第Ⅶ章でとりあげた七人の若い運動家たちも、前節でとりあげた学生募金事務局長一一人、交通遺児学生の会代表一〇人も、すべて男性であったという指摘をしておこう。交通遺児育英会には女性の職員たちがいたし、心塾には女子の大学奨学生たちがおり、彼女たちのなかには運動でよくはたらいた者も多勢いた。しかし、それらの組織や運動のなかで女性は脇役以上にはあつかわれず、男性と同等の一人前の存在ともみなされなかった。

この男社会を成立させた根本の原因は玉井義臣の男性観、女性観にある。社会心理学でいう「タテマエ」と「ホンネ」の二分法をつかうならば、かれは「タテマエ」では男女平等を当然としたが、「ホンネ」では男女が対等であるという発想をまったくもちあわせていなかった。これは、かれの私生活に属する事柄であるが、社会運動家としてのかれの特性に深く関連することでもあるので、最小限はふれざるをえない。

男女が対等であるという発想がないといっても、男尊女卑だとか、女性差別だとかステレオ・タイプの文句で決めつけてしまえば、事実がうまくとらえられないことになる。別の角度から接近してみよう。玉井の最初の著作『交通犠牲者』は、すでに述べたように、好著であると私は評価している。その第一章は、交通評論家、社会運動家としてのかれの原体験、母親・玉井ていの交通事故死を描いている。ところがその二〇ページほどの叙述のなかで、彼女はつねに「母」、「お母ちゃん」と書かれて、その名前は一度も紹介されない。彼女はつねに玉井の母親であって、母親として事故にあい、母親として死んでゆくが、名前をもつ個人としてあつかわれることがない。これに気がついたとき、私は軽いショックをうけた。この運動家にとって、女性は母性あるいは母性的存在として価値をもつが、本質的に「個」であることがないのだ。かれは男性にしか本質としての「個」を認めない。「個」の実現は、かれにとってはまず仕事である。だから、かれは、若い運動家たちを、人間として、男として意義がある生きかたをしよう、いっしょに仕事をしようとさそうのである。

玉井が恋女房の由美をガンで失ったとき、山本孝史が機関紙で追悼文を書いて、彼女のことを「全交通遺児のお母さん」と呼んでいた。山本は本当にそう思っていたのか、それとも心やさしいかれのことだから、そう思っていなくても、玉井がそう言ってほしいのだろうと察して、あえてそう言ったのか。いずれにしても、子どもを産んだこともない、二七、八の小娘を四十男の山本がお母さん呼ばわりするとは奇異なことだと、私は思ったものである。しかし、女性は「個」として認められず、母性としてのみ価値をもつ、男社会のなかでは、ボスの愛妻に敬意を表明しようとすれば、かなりの無理があっても、彼女をお母さんにしてしまうほかに手がないのであると、いまならば説明をつけることができる。

教育家、教育運動家としての玉井義臣を、まぢかにいた女子の大学奨学生はどうみていたか。かつて大学奨学生であった三人の女性にインタビューをしたことがある。いずれも学生時代は優秀で目立つ連中であったらしい。私が話を聞いたおりには、彼女たちは三〇代の半ばを過ぎて女ざかりの年代に入っており、三人とも結婚をして子どもをもち、夫や子どもをつれて玉井の家を訪れたり、自宅に玉井を招いたりしたこともあると言っていたから玉井に親近感をもっていると思われた。天野聡美は心塾にいて、女子美術大学卒業、宝石店に就職、在学中に「あしながおじさん」募集のためのイラストをかいて、それが人気作品になり、現在も「あしながさん」のイラストをかいている。大西雅代は日本女子大学卒業、NEC入社、山田洋美は実践女子大学卒業、大手スーパー・ユニー入社。

インタビューで最初に印象的であったのは、三人ともが玉井の第一印象が好ましくなかった、悪かったということであった。天野は高校奨学生であったので、そのころ、玉井にはじめて会っている。のちに画家になったひとであるから、玉井の風貌のヴィジュアルな描写がうまい。

「外見の印象はいまより肥っていらして、ズボンの腰や太腿がはちきれそうで、ふんぞり返って坐っていて、顔は歌舞伎役者になったらいいような顔で押し出しがつよく、目鼻立ちが大きくて色が黒く、マンガの登場人物のような方だと感じました。(赤とんぼ号の件で玉井が)当時の福田首相に報告にゆくとき、つれていってもらって、首相に会わせていただいたんですが、女の子はお飾りでした。高校生の女の子は可愛いから首相のとなりに坐らせると写真映りがよいだろうという感じで、さっさと坐らせられる。私としては非常に恐かった。母子家庭の子どもで、政治家の世界など全然わからない。玉井さんはそちら側のひとで、政治家などとも親しく口をきくタイプのひとだとみて、距離を置いて接しなければ、と思っていました」。

これにつづいて、天野は公式の運動史にはけっして出てこない重要な証言をひとつ残している。彼女は一九七九年に女子美術大学に入学して大学奨学生になったのだが、その面接試験で、母子家庭で母親は苦労しているのに、交通遺児が美術大学にゆくなどとんでもないことだ、この進学は職業に結びつくのか、どうしてそのように学費がかかる大学にゆくのか、などと言われた。彼女は美術の教員になると言訳をした。交通遺児育英会には美術大学への偏見があった、女子が四年制大学にゆくこと自体に偏見があった。はっきりそこまではいわないが、女が四年制大学にいってどうするつもりだ、四年制大学を出ても就職口はないぞ、やんわり脅す感じでしたね、と彼女は言った。

山田は大学奨学生のつどいで、玉井の交通遺児軟弱説にもとづく激励調の挨拶をきいて反発した。

「このひとは、かたちのうえでは会場に集められているすべての大学奨学生に話しているのだけれども、本当はひと握りの特定の意識をもった学生たちにだけ話しているのだと感じました。ひと握りとは、男子学生で、女子はのぞかれている。男子もふるいをかけられて、軟弱だと言われるような学生は落されている。その特定の意識をもった学生だけを最初に見抜いてしまうところはすごい。しかし、相手にされない女の子としては、なにくそとすごく思いました。見返してやりたいと思いました。全遺児救済の理念はわかるのですが、最終的にはひと握りの学生だけを信じている」。

山田はそのつどいで、交通遺児のすべてが軟弱ではないと、かなりの剣幕で反論したという。玉井が、交通遺児家庭の女の子にはきつい性格の子が多いと言うようになったのは、それからのことだと彼女は言った。

大西は、天野と山田がそれぞれに語った玉井の女性観についての判断に同意したうえで、つぎのように分析をした。

「女子学生はお客様あつかいをされて、玉井先生の視野の外におかれていました。それは、先生が関西人であることと、お母様が御年配であったこと、お姉様がたもずっと年長であったこと、だからお育ちになった環境では、女性が四年制大学にゆく例がなかったということからきているのでしょう。御親戚にも四年制大学にゆかれた女性がいなかった。そういう生まれ育った環境をとくにふしぎと思わず、大人になられたのだろうと思っていました。その偏見に私は表立って反論をしませんでした。黙ってやるだけのことをやっていれば、先生だって、女の子でも実力があるのを認めない訳にはゆかないだろう」。

総じていえば、彼女たちは、最初から玉井の女性観をほぼ見抜いていた。大学の教師稼業をながくしてきた者として体験からいえば、人間性の洞察については男の子と女の子ではかなりの違いがある。多少の誇張をまじえていえば、人間をみわけるという点で、ハイ・ティーンの男の子の大多数は犬の仔のようなものだが、ハイ・ティーンの女の子のなかには完全なおとなが少なくない。これは、かれらの学力とほぼ無関係の事柄である。このような人物鑑識眼をもつ女子学生がいるから、大学の教師稼業は油断ができないのである。三人の話は、この私の持論を裏付ける好例である。

12　女性の視点から(二)

三人の女性が語る玉井の第一印象はこうして散々なものであったが、その後、彼女たちのかれについての判断はかなり改められてゆく。それは玉井自身が女子学生を観察して、彼女たちについての考えかたを多少は変化させてゆく過程でもあったようである。大学在学中に、どんなきっかけがあって、玉井についての評価を変えたのかと私は訊いてみた。

天野のばあい、心塾に入って玉井と個人的に話すようになり、酒が出るコンパの席で打ちとけて喋ったりして、次第にかれの人柄がわかってきた。彼女は二年生のとき、「あしながおじさん」のイラストを描いたのだが、それはメルヘン風の抒情的な美しさをもつ作品であった。その絵は、募金のポスター、「あしながおじさん」募集のカード、機関紙のカットなどにつかわれ、高い人気をえた。玉井は、多分、それまでイラストが若者文化、現代文化においてもつ重要性を意識していなかったのではないか。ところが、丹野の魅力的なイラストは、運動を推進する新しい戦力のひとつになった。かれはそれを知って驚き、彼女の才能をたかく評価するようになった。玉井は賞め上手である。天野はそれまで他人から賞められた経験があまりなく、母親からも仕様がない娘だと言われつづけてきていたので、玉井から賞められるのがうれしくて、かれに向って心を開いていった。

彼女は「あしながおじさん」のイラストの仕事は、後輩の美術系大学の学生がつぎつぎにうけついでゆくことになると思っていた。ところが、玉井は、彼女が卒業したあとも、これは君のライフ・ワークだと言って、現在まで天野だけにその仕事をゆだねている。また、かれは、海外に出かけたときは、かならず行先の地方の美術館にいって、所蔵作品の絵葉書を一枚買いもとめて、彼女のところに送ってくる。これぞと思った人材には、徹底的に手あついサービスをして、その心をつなぎとめておく玉井の社交術の一例である。

山田は、つどいの玉井の挨拶には反発したのだが、しかし、交通遺児育英会の活動家たちの雰囲気には心を惹かれた。彼女はつづく学生募金で、生まれてはじめて社会にはたらきかけ、出てきた結果を実感をもって味わうという経験をして、感動する。彼女は山手線の恵比寿駅の駅前で街頭募金に立ち、一日喋りつづけ、募金本部の育英会事務局にもどると、喉が嗄れて声が出なくなっていた。それでも、自分に戻ってくる達成感があまりにも新鮮で大きく、彼女は夢中になって、募金の仕事に没頭した。募金者たちは一日の終りに恵比寿駅前の交番で警官立ち合いのもとに寄付金の総額を確認し、記録する。その警官が、山田のはたらきぶりに感心して、君を嫁さんにもらいたくなったと冗談をいった。彼女はそれを本部にもどって喋り、それが玉井の耳に入った。

玉井は、募金のために学生たちに向かってアジテーションをおこなうとき、山田の奮闘ぶりをしばしば例にあげた。この子は、一日の終りには声が出なくなってしまうくらい、本当によくやった。恵比寿のお巡りさんがプロポーズしたくなるくらい、ひたむきに、一生懸命にやった。ここでも玉井は賞め上手であった。山田は、玉井が自分をしっかり見ていてくれると感じた。彼女は二年目のつどいからリーダーとして招かれ、それは卒業後もつづいた。

大西は、玉井にたいする評価を改めたきっかけとして、思いあたるものはないという。ただ、かれにたいして一番感謝したいのは仲間を多勢つくってくれたこと、「あしながおじさん」制度のような世直しの仕組をつくってくれたことである。

多感な高校生時代に、父親がいない、交通事故でなくなったということは、友だちにいえない。三〇代も半ばをすぎれば親の死はよくあることだし、相続のもめごともめずらしくない。しかし、十代の女の子はそれを口に出せない。とても暗い過去をもっているようで恥ずかしい。仮に学校に自分以外にもうひとり交通遺児がいても、精々、同情しあうだけだろう。しかし、玉井が、交通遺児育英会という組織をつくって、沢山の仲間を集め、情報をあたえ、君たちはどうするかと問いかけてくれると、暗い過去を忘れて、自分たちの力をみせてやろうという気持になることができる。募金で、見ず知らずの学生たちをオルグするのは苦しい体験だったけど、やり終ったときの達成感、満足感、自信は、その後の人生を変える力になった。つどいでも、自分史でも同じことが言える。

三人の女性たちが大学奨学生時代に接した玉井について語っていることは、要約すれば、かれは彼女たちに活動の機会をくれたということである。彼女たちはその機会に力をつくして努力し、成果をあげた。玉井は、その努力と成果をみて、女子学生観をなにほどか改めたようである。このインタビューに立ち会った柳瀬和夫は、心塾の一期生で、千葉商科大学を卒業して、母校の高校で二年間教員をしたあと、交通遺児育英会に職員として戻ってきた人物であるが、彼女たちの言い分について、つぎのような感想を述べた。

「おっしゃるとおりだと思います。ぼくらが学生時代に玉井先生に会ったころは、先生は四〇歳を少し越えたところで、元気で、運動一筋に走っていました。時代にも男性中心の雰囲気がありました。その後、時代も変り、先生も変る。もはや男性中心ではやってゆけない。先生個人としては、御結婚と夫人との死別体験が大きかった。それにあわせて、実力がある女子の大学奨学生たちが、育英会の男性中心の体質に反発しつつ、会を支えてくれたおかげがある。育英会の歴史をふり返ると、そのことを切実に感じます」。

柳瀬の言い分は、女子の大学奨学生たちのはたした貢献に正しく注目しているが、彼女たちに向けてのやや多目のリップ・サービスもふくんでいる。交通遺児育英会の男社会としての組織的体質も、それをもたらした玉井の男性中心の人間観も、抜本的に改められたという訳ではない。その組織的体質は、あしなが育英会にほぼそのままひきつがれている。これについては、教育運動家としての玉井には、自己発見ではなく、女性に男性と同様に「個」を認め、男女の対等を「ホンネ」で支持する方向に向かう自己改革が必要であろうが、それは容易なことではあるまい。それは、かれの社会運動家としての成功が、かれが率いる組織が男社会であるという事実に大きく依拠しているからである。教育運動家として要請される自己改革が、社会運動家としての自己否定に通じる恐れがあるのである。

なお、三人の女性たちにインタビューしたおり、彼女たちが期せずして一致した玉井評のひとつを書きそえておきたい。さきにいったように三人はそれぞれに夫や子どもといっしょに玉井の住居を訪問した経験をもつが、その私生活の質素さにつよい印象をうけていた。めぼしい家具は亡くなった夫人が嫁入り道具に持参してきた箪笥がひとつあるだけで、あとは彼女をまつる仏壇と絵が一枚かざられていただけであった。そのインタビュー時に玉井は後述するでっちあげられた金銭スキャンダルに悩まされていたが、あの生活ぶりをみた者としては、そのスキャンダルはためにするデマでしかないと確信をもって言える、と三人はこもごもに語った。

彼女たちの言い分にみあう個人的経験を私もひとつ書いておこう。私は下手の横好きのゴルファーだが、四〇代半ばのその覚えはじめの時期、それに熱中したことがあった。そのころ、玉井がゴルフをやらない理由が私たちのあいだで話題になったことがある。かれは率直なもののいいかたをした。自分は巨額の資金を集めては使う社会運動家である。そのような存在として、私生活でぜいたくをしているという印象を人びとにあたえることは一切つつしまなければならない。だから自分は意識してゴルフをやらなかった。もちろん、現在、ゴルフは中流階級のスポーツのひとつであり、特別のぜいたくではないという見方が一般的であるのは知っている。しかし、「あしながおじさん」のなかにはその見方をとらず、ゴルフはぜいたくであるとみている人もいるだろう。それらの人びとからも自分は清貧の人物として信頼されなければならない。三人の女性がみた玉井の私生活の質素さは、多分にかれの好みの結果であろうが、一面においては意志的な努力のたまものでもあろうかと思われる。

X　恩返し運動の展開

1　高校生の献血運動

交通遺児育英会の運動史において恩返し運動と呼ばれる社会運動は、一九八二年からはじまり九三年までつづいている。それは高校奨学生、大学奨学生が「あしながおじさん」の恩にたいする恩返しを、社会にたいする善行の形式でおこなう社会運動である。これは、「あしながおじさん」自身は匿名の存在であるため、かれらに直接恩返しをすることができない、そこで、「あしながおじさん」の恩を社会からあたえられた恩ととらえなおし、その社会にたいして奨学生たちは報恩の社会運動をするのだと主張されていた。恩返し運動の具体的形態としては、献血運動、災害募金運動、災害遺児育英募金運動、病気遺児育英募金運動などがあり、後二者は、交通遺児育英募金運動の支援対象を災害遺児、病気遺児に拡大したものであり、それらの社会運動から、九三年にあしなが育英会が創立されることになった。この会の創立過程についてはのちにくわしく叙述し、政治社会学的考察をおこなうが、さしあたっては、交通遺児育英会が奨学生たちの社会運動を媒介にして、あしなが育英会を誕生・分立させたと言っておこう。この分立を契機のひとつとして、玉井義臣は交通遺児育英会を離れ、あしなが育英会を率いるようになり、遺児の救済と教育の運動体として交通遺児育英会は形骸化し、その本質的価値はあしなが育英会に継承されていった。したがって、社会運動家としての玉井とかれが指導をした社会運動を論じるにあたって、奨学生たちの恩返し運動は格別に重要なトピックスのひとつであるといわなければならない。

恩返し運動の第一弾は、一九八二年から八三年にかけての高校奨学生たちの全国規模での献血運動であった。それが高校生の社会運動であったことは、交通遺児育英会の奨学生教育が夏のつどいのありかたなどからみるかぎり、高校生教育より大学生教育を第一義的にみていた事実と対比して、私に意外な想いをもたせていた。これには調べてみると、つぎのような事情があった。すでに述べたように、「あしながおじさん」制度は七九年にはじまり、その第二期の募集は八二年からおこなわれたが、「短足おばさん」の出現などもあって、一段と好調な伸びを示し、育英会財政における全収入の四割近くをまかなう勢いであった。制度発足時は、高校奨学生と大学奨学生の学費の支援が要請されたが、ほとんどの「あしながおじさん」の申し出は、高校奨学生への支援に集中した。少数の「あしながおじさん」からは、交通遺児が大学に進学するのは贅沢であるという異議の申し立てもあった。貧者の一灯には善意と狭量が抱きあわせで動機になっているばあいがあるのは辛い真実である。この状況のなかで、玉井は、「あしながおじさん」制度を高校奨学生の学費の支援に特定化していった。そうして、第二期の「あしながおじさん」募集のPR活動の一環として、支援された高校生の交通遺児たちが恩返しの社会活動をおこなうまでに成長したというイメージを形成する社会運動を企画したのである。

その高校奨学生の恩返し運動を献血運動としておこなうというアイディアが、だれからいつ出たのかを明確に示す資料、証言は、いまの段階ではえられない。比較的信頼できそうな推測として、それは山北洋二が出したのではないか。山北は高校生時代、大学生時代をつうじてJRC(青年赤十字奉仕団)の役員をしていたし、大学卒業後、地元の赤十字の献血センターに就職しないかと誘われたこともあった。運動の内部では、「あしながおじさん」の寄付活動と高校奨学生たちの献血活動には本質的類似があることが、早くから意識されていた。前者では、どこかのだれかである「あしながおじさん」が、どこかのだれかである交通遺児に学費を贈る。後者では、どこかのだれかである高校奨学生の交通遺児がどこかのだれかである輸血を必要とするひとのために献血をする。いずれも匿名の存在同士のあいだでの善意の奉仕活動である。恩返し運動の献血運動をつうじて、「あしながおじさん」たちは、高校奨学生たちに匿名でおこなう善意の奉仕活動を教えた。あるいは、前者の奉仕活動が後者から同質の奉仕活動を引き出したともいえる。

高校奨学生たちの献血運動はつぎの手順で進められた。玉井たちは、一九八二年五月の段階で、かれらの恩返し運動を献血運動として九月、一〇月のいずれかの一日に全国の五四都市(各都道府県で一市、六県のみ二市)でおこなうことを決定し、献血会場、献血車の手配を了えた。その年の夏の各地における高校奨学生のつどいでは、「あしながおじさん」への恩返し運動を献血運動としておこなうという提案がなされ、方法としては、遺児自身が献血をおこなう、クラス・メイトの友人たちや学校のJRCの会員に呼びかけて献血をしてもらう、街頭で通行者への献血の呼びかけ、献血を申し出た者の受付の手伝いなどをするなどがあげられた。九月、一〇月の献血運動は最終的には全国で九三四一人からの献血をえている。この年のつどい参加者の高校奨学生は約二〇〇〇人であったから、かれらの五割が献血に参加したとしても、ほかに約八三〇〇人の友人たち、通行者たちを献血に動員したことになる。

この年、日本では献血制度が預血献血制度から無償献血制度に変更され、献血者の減少が心配されていた。預血献血制度とは、手術のさいに患者が輸血を受ける条件として、それにさきだって患者自身が献血をしている、あるいは患者の親族、友人などが献血をしているということが要求され、それを献血手帳によって証明するという制度であった。輸血を受けることができるという実益を約束して、献血を誘導するシステムである。これにたいして、無償献血制度は、実益の約束なしで、自発的善意のみに訴えて献血を得ようとするシステムである。前者から後者へのシステム変更が、献血率の低下をまねくのではないかという憂慮は無理からぬものであった。この状況において、高校奨学生たちの献血運動は、注目するべき有望な試みとして評価された。日本赤十字社は、血液事業部長名で、恩返し献血運動にたいして感謝の言葉を贈ってきた。

この献血運動は、マス・メディアで好意的に報道されたが、一部では、玉井と交通遺児育英会の事務局が筋書きをつくり、演出をして、それに高校奨学生たちが乗せられて踊っているだけだというシニカルな見方もあった。これは恩返し運動の全過程にくり返しよせられた批判であり、のちの災害遺児育英募金運動のばあいには政治家や高級官僚の一部が悪意をこめて言いたてる批判にもなった。奨学生たちの社会運動は、結局は、交通遺児育英会のエゴイズムの表明であると言うのである。これらの見方、批判について一考しておきたい。

たしかに、全国の五四都市で一斉に献血をおこない、呼びかける社会運動が、高校奨学生たちだけによって企画・実施される訳はない。そこには、おとなの組織による指導と援助が必要である。しかし、その組織的働きかけは、高校奨学生たちの自発的な行為を誘発することができるものでなければ、かれらの献血運動の盛り上りと成功はなかった。

小河光治は交通遺児で愛知県立犬山南高校二年生のとき、この第一回の献血運動に参加した。かれは翌年三月には犬山南高の集団献血、愛知県下縦断献血のオーガナイザーとしてはたらき、四月と九月には全国の恩返し献血運動の呼びかけ人となった。この春と秋の全国運動はともに一万人余の献血者の動員に成功している。かれは明治大学に進学して心塾に入塾、災害遺児育英募金運動では主軸の運動家たちのひとりになるが、その活動はのちに述べる。最近、小河にインタビューをして、その高校生時代、献血運動に打ちこんでいたころの心理をふり返ってもらった。かれは、交通遺児育英会事務局が書いた運動のシナリオがあったただろうといいつつ、そのシナリオと自分と仲間の交通遺児たちが生きたい生きかたのベクトルがぴったり一致していたんですという言いかたをした。そのベクトルを決定した条件として、かれはつぎの四つをあげた。(1)世の中は不平等であると感じていた。かれの父親は交通事故による重度後遺症者として七年半、寝たきり状態のあと死亡し、かれの家族は貧困のどん底にあった。(2)かれの生徒会の仲間が八二年末に白血病で死亡したが、通夜のおり、その父親から輸血のための血液の確保に苦労した体験を聞かされた。その死を無駄にしたくなかった。(3)かれは小、中、高等学校時代をつうじて児童会、生徒会の会長などをつとめ、社会的関心がつよい子どもであった。社会にはたらきかけたいと思っていた。(4)つどいで「あしながおじさんの手紙」というパンフレットを読まされ、その善意にもとづく恩を実感した。社会への恩返しは自分の倫理的義務であると思った。

八四年以降、恩返し運動の献血運動は、各都道府県単位でおこなわれるようになった。これは同年から全国規模の恩返し運動が、災害遺児育英募金運動としておこなわれるようになったためである。交通遺児育英会は八三年、八四年に「交通遺児の社会参加――献血運動調査」をおこなったが、このための調査票とその調査結果の報告書の主要部分は樽川典子(白梅学園短期大学講師、現在筑波大学助教授)が執筆した。これによると、献血運動は、交通遺児たちに社会に貢献する活動の機会をあたえ、社会的関心をつよめ、自己変革をうながし、積極性、自信をやしない、仲間との連帯を体験させた。また、彼女は、この運動に参加しつつ、仲間づくりや活動を楽しんだという報告が少なからずあったのが印象的であるとも言っている。樽川は、この調査のデータにもとづき、のちに「日本における血液事業と献血行動」という独創的な論文を書き、広く注目を集めた。これは、専門誌に発表されたあと、日本赤十字社がPR用の出版物に再録している。この献血運動が動員した献血者の総数は、八八年までで六万人を超えたと推計されている。

2　災害遺児育英募金運動

一九八三年五月一三日、交通遺児育英会の第二九回理事会・評議員会が開催された。その席上、理事である緒方富雄・東京大学名誉教授が「交通遺児はほかの遺児よりも恵まれている水準に到達した。会の活動をほかの遺児にまで拡げるべき時期にきている」という趣旨の発言をした。これにたいして、評議員の門司亮・衆議院議員、萩原忠三・全国人権擁護委員会連合会副会長、穴吹俊士・高松交通遺児を励ます会会長などから賛成の発言があいついだ。さまざまな立場にたつ理事・評議員たちがこの意見で一致したところをみると、交通遺児育英会内部で事業対象の遺児の範囲を拡大するのは当然のことだという見解が有力になってきていたことがわかる。専務理事としての玉井義臣は、交通遺児に社会災害遺児をつけくわえることならば、現在の会の規約の範囲でもできるのではないかと発言している。

この見解が有力になってきた背景には、八二年からの第二期の「あしながおじさん」の募集がさきに述べたように非常に快調であったという事情があった。それは交通遺児育英会の財政を富裕化させ、交通遺児のための奨学金や各種の貸付金の水準を大幅に引き上げることを可能にしていた。一例だけ言うと、交通遺児育英会は八二年に高校奨学金を公立高校で二万五〇〇〇円、私立高校で三万円に引き上げたが、同年の日本育英会の高校奨学金の一般貸与は国公立高で七〇〇〇円、私立高校で一万八〇〇〇円であった。交通遺児育英会の高校奨学金は日本育英会のそれに比較して、公立高校では約三倍半、私立高校でも約一・七倍の高水準にあった。しかも、高校奨学生の採用は、交通遺児育英会では志望者は原則として全員採用されるが、日本育英会では平均値程度の学力基準以上の志望者でないと採用されないことになっていた。交通遺児のみがこの高水準の奨学金制度を利用することができるのであった。交通遺児育英会の財政にゆとりがあるのならば、ほかの災害遺児たちにも奨学金を貸与することができるように制度を変更するべきではないかという考えかたがあらわれるのは自然のことであった。

前記の理事会、評議員会のあとをうけて、玉井は、事務局のスタッフの会議をひらき、その年の夏の高校奨学生のつどいでとりあげる恩返し運動の第二弾として、前年にひきつづく献血運動と災害募金運動を決定した。かれは、災害遺児を対象とした奨学金制度をつくるための災害遺児育英募金運動の構想をすでにもっていたが、運動に参加する交通遺児たちとかれらがはたらきかける一般の人びとの理解をえやすくするために、まず、直近の一年以内におこった著名な災害をあげてその被災者のための募金をおこなうことにした。著名な災害としては、北海道の夕張炭坑災害、秋田県の日本海中部地震、島根県の集中豪雨、長崎県の大水害の四つがえらばれた。

つどいでは、高校奨学生たちとリーダーの大学奨学生たちに、恩返し運動の新しい展開として、交通遺児家庭より困っている人びとはいないか、かれらのために交通遺児はなにができるかという問いかけ、災害による被災者のための募金への動機づけをおこなった。九月二五日を統一募金日として、全国各地で高校奨学生が募金をおこない、二二八四万円余を集めた。なお、そのあと、東京都三宅島で噴火がおこり被災者が出たので、さきの四つの災害にこれをくわえ、一〇月から一一月にかけてそれぞれの地域の知事や市長をつうじて寄付を贈った。

ついで一一月二七日、玉井は、熊本市で災害遺児育英募金とはっきり銘打った募金活動を試行してみた。地方都市を最初の舞台にえらんだのは、ひとつには前年の献血運動で小河光治の活躍によって名古屋市が抜群の成績をあげており、それによって従来の交通遺児育英会の運動が大都市圏内にややかたよっておこなわれがちであったのが反省されたためであった。献血運動は愛知発、災害遺児育英募金運動は熊本発、というキャッチ・フレーズが工夫された。いずれも全国運動に向かうというのである。地方都市のなかで熊本市をえらんだのは、当時、細川護熙が熊本県知事をしており、かれの協力がえられるということがあったためである。これは、玉井が災害遺児育英募金を最初に地方都市で試行しようと考え、どこか適当な土地がないだろうかと朝日新聞社の伊藤正孝に相談したところ、伊藤がかれを細川に紹介してくれた結果であった。細川は同社の新人記者時代、伊藤の指導をうけており、以来、かれらは懇意にしていた。それともうひとつ、熊本には国立電波高専三年生の宇都宮忍という交通遺児の奨学生がおり、かれが災害募金をつうじて運動家としての才能を示し、玉井がそれに注目していたということもあった。一地方における募金のささやかな試行のひとつでも、運動の可能性をさぐるさまざまな思惑がこめられ、利用しうる人脈のすべてが動員されるのである。

一一月一七日、宇都宮は、熊本市中央公民館に県下の高校奨学生たちの有志を集め、災害遺児育英募金運動を提案し、参加者をつのった。高校奨学生たちは口々に発言した。私は交通遺児育英会の奨学金があったので高校に進学できた。この奨学金がなければ進学を諦めるしかなかった。災害遺児にも同じような奨学金制度が必要なはずだ。それに、つどいに出て、遺児の仲間に出会って、苦しいのは自分だけではないのがよくわかった。災害遺児にもつどいを経験させてやりたい。災害遺児の母親たちも、遺児にせめて高校までは卒業させたいと思っているにちがいない。交通遺児たちは自らの生活体験から災害遺児のための奨学金制度の必要をたちまち理解した。

一一月二七日、熊本市内の三ケ所で約八〇人の高校奨学生、大学奨学生たちが街頭募金をおこなった。細川知事は開会式に出席し、熊本から災害遺児育英募金運動がはじまることは誇らしい。この運動が全国に広がってゆくように行政の側から応援したい。県下の災害遺児の実態調査はおまかせください、と挨拶した。

かれは、その後、募金者として奨学生たちといっしょに街頭に立ち、通行する人びとへの訴えもやってくれた。この日一日の募金額は一一万円余であった。玉井は現地に張りついてこの経過を観察しながら、災害遺児育英募金運動が成功のかなり大きな可能性をもっていると予感しはじめていた。

宇都宮は、一二月四日、東京でひらかれた「第一一回交通遺児と母親の全国大会」に出席して、災害遺児家庭の全国規模の実態調査を、政府と各党の代表者に要請した。また、かれは、そこに集まっていた高校奨学生、大学奨学生たちに、災害遺児育英募金を恩返し運動の第三弾にしようと提案して、全員の賛成をえた。

年があけて、一九八四年一月一八日、福岡県三井三池有明鉱で坑内に火災が発生、死者八三人という大惨事となった。博多市には前年の災害募金運動で指導者として頭角をあらわした、福岡商業高二年生の半田真由美という交通遺児がいた。玉井は半田をオーガナイザーに起用して、三井三池災害遺児育英募金を企画した。運動は死者たちが残した遺児たちが九八人いることを確認したうえで、半田が九州七県と沖縄県の交通遺児たちを動員して一月二九日に街頭募金を実施した。また、一週間あとには、北海道、首都圏、近畿圏、ほか三県でも交通遺児たちによる募金がおこなわれた。街頭募金のほかに郵便振替の口座をつくって募金するという試みもおこなった。これらによる募金の最終総額は約七四二万円となった。その内訳は、街頭募金で一九二万円余、郵送募金で五四八万円余であった。この募金は奥田福岡県知事をつうじて、三井三池鉱の遺児たちに贈られた。

3　災害遺児の高校進学をすすめる会(一)

一九八四年三月二三日、交通遺児育英会の第三〇回理事会・評議員会の席で緒方理事は、前年にひきつづき、交通遺児育英会は交通遺児にあわせて災害遺児をも支援の対象とするべきである、そのために会の名称を変更するのも一案で、交通遺児育英会を正式名称として残すにしても、こころ会という通称をつけたらどうだろう、などと発言した。緒方は心塾の名付親であり、その教育の理想をたかく評価していたので、学生寮の名称を会全体の通称に転用しようとしたのだと思われる。また、かれは、交通遺児が災害遺児という同じ境遇の人びとを助けたいと思うのは人間として自然な感情、あるべき感情である、これは、総務庁、文部省など監督官庁も理解してくれるはずだとも主張した。老教授は若者たちの運動に共感しており、その正論は出席者たちの心を深く打った。石井理事長は議長席から発言して、奨学生たちが災害遺児を思いやる気持を、会として育ててゆきたいと出席者たちの反応を要約した。

五月四日、永野重雄会長が死去した。一九六九年の会の発足以来、一五年間、玉井がはたらきたいようにはたらかせてくれた会長であった。六月二〇日、交通遺児育英会の臨時理事会は二代目会長として武田豊を選任した。席上、新会長にたいして、緒方理事、岡嶋理事は、この会を災害遺児に救援の手をさしのべる会に発展させてほしいという要望を述べた。新会長は、恩返し運動は正鵠を射た立派な運動である、現在の日本社会が真に必要としている道徳運動であると評価し、要望を実現するために一所懸命がんばりたいと応じた。

理事会の意向がこのように固まってゆくのを見計らいながら、玉井は、五月二九日、全国の大学奨学生たちのうち社会運動家としての資質、才能をもっとかねてから目をつけていた一六人を東京に集めて、会合をひらき、災害遺児育英募金運動を成功させるための方法を話し合わせた。一六人の奨学生たちの当時の所属大学・学年と卒業後の就職先は表27のとおりであるが、玉井はその時点での手持ちの人材をほぼ総動員したとみられる。かれらは、それから一九八八年の災害遺児育英制度の発足までそれぞれによくはたらいたが、とくに機軸的な役割をはたしたのは最年少の二人、吉村成夫と小河光治であった。かれらは大学在学中にい

表 27　災害遺児育英募金運動の活動家たちの所属大学と就職先

氏名	所属大学・学年	就　職　先
村山武彦	東京工大大学院 1 年生	東京工業大学
川崎本博	大阪府立大大学院 1 年生	ポリプラスチック研究本部
金木正夫	東京大学医学部 6 年生	東京大学
下村学	岐阜大 4 年生	日本スピナー
松浦孝司	明治大 4 年生	安田火災海上保険
岩橋良員	大阪府立大 4 年生	社会福祉法人第二田川学園
梅木真治	山梨大 3 年生	日本電装
坂本忠篤	法政大 3 年生	リクルート
小林卓	早稲田大 3 年生	NHK
中村紀幸	秋田大 3 年生	秋田市立高清水小学校
若宮靖史	広島大 3 年生	広島県立安西高等学校
高武尚志	九州産業大 2 年生	福岡県志摩町立中学校
北沢和彦	中央大 2 年生	NHK
小池浩二	九州産業大 2 年生	マイスターコンサルタント(自営)
吉村成夫	早稲田大 1 年生	朝日新聞社
小河光治	明治大 1 年生	あしなが育英会

ずれもブラジル留学を一年経験しているので、在学期間は五年間になるが、その期間がそのまま災害遺児育英制度をつくり出す運動の四年間と制度発足直後の一年間とにかさなった。この運動の中核組織は一九八四年につくられた災害遺児の高校進学をすすめる会であったが、その世話人代表を、最初の三年は吉村が、つぎの五年は小河がつとめている。

かれらはともに心塾生であり、高校奨学生時代に恩返し運動でオーガナイザーとして出色の働きをして玉井に認められた。小河の生活史には献血運動の記述のなかでふれたので、ここでは吉村の生活史にふれておきたい。京都市生まれ、奈良県東大寺学園高校卒業、早稲田大学第一文学部へ進学、心塾入塾。かれが中学三年生のとき、父親がバイク通勤中の交通事故で死亡したので、母親がデパートではたらき息子二人を育てたが、生活は貧しかった。この母親は、過労から角膜ヘルペスをわずらい、失明している。吉村の兄が病弱で医療費がかさむのも家計には大きい負担となった。吉村は、高校時代は交通遺児育英会の奨学金と新聞配達のアルバイトの報酬で学費と生活費の一部をまかない、大学時代は交通遺児育英会の奨学金と日本育英会の奨学金をあわせて受けて学費、生活費のすべてをまかなった。かれは、玉井好みの秀才で、正義感がつよく、演説をさせても、文章を書かせても、きわだつ能力を示し、十代のころから運動の「顔」であった。災害遺児育英運動史をとおしてみてゆくと、前半はシャープな運動家・吉村が先導し、後半はタフな運動家・小河が仕上げを担ったとみえる。玉井は最適の手駒二枚をもっとも有効につかいわけた。かれの人材を早期に発見し、惹きつけ、駆使する才能にあらためて感じ入らざるをえない。

さて、災害遺児育英制度の創出をめざして、交通遺児育英会は災害遺児の高校進学をすすめる会と連携しつつ、一九八四年から八九年にかけて多様な内容の社会運動を展開するのだが、その主要な局面は三つあった。すなわち、災害遺児育英募金運動、災害遺児家庭の実態調査、災害遺児奨学金制度にたいする国家による財政支援の要求運動、である。時期区分でいえば、八四年から八七年までが第一期、八八年、八九年が第二期とみることができる。第一期には募金運動は二億一〇〇〇万円あまりの資金を蓄積し、実態調査は災害遺児家庭の生活の困窮ぶりをあきらかにして社会的注目をあつめたが、財政支援をもとめる政府へのはたらきかけが成果をあげなかった。当時の中曾根首相、竹下首相からは好意的な返事をもらっていたが、文部省が徹底したサボタージュをおこない、事態が進展しなかったのである。つづいて、第二期、この問題をめぐって、交通遺児育英会と政府・自民党の抗争が深刻化、泥沼化し、そのなかで八八年、災害遺児奨学金制度は国家による財政援助がいっさいないままに発足することになった。この間のいくつかの出来事は、その後の玉井とかれが率いる社会運動に大きい、見方によっては決定的な影響をおよぼすことになる。

まず、第一期の運動の主要局面からみてゆこう。この時期に災害遺児の高校進学をすすめる会によってお

表 28　災害遺児育英募金の推移―名称，時期，金額

募金の名称	時期	金額
熊本市の災害遺児育英募金	1983年11月27日	11万円*
第0回災害遺児育英募金	83年10月〜1984年7月	194万円*
三井三池遺児育英募金	84年1月〜2月	741万円
第1回災害遺児育英募金	84年8月〜85年1月	1115万円*
長野県西部地震災害遺児育英募金	84年9月〜10月	653万円
第2回災害遺児育英募金	85年2月〜7月	408万円*
三菱高島炭鉱災害遺児育英募金	85年4月	27万円
三菱夕張災害遺児育英募金	85年5月〜6月	637万円
第3回災害遺児育英募金	85年8月〜86年1月	2039万円*
第4回災害遺児育英募金	86年2月〜7月	192万円*
第5回災害遺児育英募金	86年8月〜87年1月	208万円*
全国学生交通遺児育英募金事務局からの寄付	87年2月〜7月	6455万円*
同上	87年8月〜88年1月	9523万円*
歳末緊急災害遺児育英募金	87年12月13日	1092万円*
プール額計		2億1237万円

注）＊印はプールされた金額，無印はそのつど被災地の災害遺児に贈られた．

こなわれた災害遺児育英募金の名称、期間、寄付金総額は表28に示すとおりである。募金は、やがて発足する災害遺児奨学金制度のために資金をプールするものと、そのつど特定の災害によって生じた災害遺児に寄付を贈呈するものとに二分される。前者では、八四年秋、八五年秋の募金の成績がよかったが、八五年は活動家たちを働かせすぎたので、八六年はかれらを休養させ、制度の必要のPRなどに主力を注いだ。それによってこの年の募金額は落ちこんだ。ここまでは、全国学生交通遺児育英募金と災害遺児育英募金は二本立てでおこなわれてきたが、前者に比較すると後者は集金力が格段に弱いので、一九八七年から両者を前者に一本化しておこない、前者の募金事務局からすすめる会に募金額の半分を寄付するという方法がとられることになった。これによって、八七年には一億五九〇〇万円余がすすめる会に寄付され、同会自体も歳末緊急災害遺児募金で一〇〇〇万円余を

集めたので、同会のプールされた資金量は飛躍的に増大して、二億一〇〇〇万円余にまで伸びた。

4 災害遺児の高校進学をすすめる会(二)

政府に災害遺児家庭の実態調査をおこなってほしいという要望は、最初、一九八三年一二月の第一一回交通遺児と母親の全国大会で出され、翌八四年一二月の第一二回大会でもくり返し出された。その結果、八五年二月一四日、災害遺児の高校進学をすすめる会の陳情にたいして、中曾根首相がその実施を確約するにいたった。ところが、文部省は予算がとれなかったのでその調査をおこなうことができないと言い、交通遺児育英会にその調査をやってほしい、そうなれば文部省は実施面で学校に手伝わせるなどの協力を惜しまないとつよく要望してきた。交通遺児育英会は、奨学生の教育のために、奨学生たちが恩返し運動の一環としてすすめてきた災害遺児育英制度の設立のための調査であるから、同会がそれを引き受けることには意義があるとして、文部省の要望に応じた。同会は私に調査の企画、調査票の作成、結果のとりまとめなどを委託した。これは「災害遺児および交通遺児などの実態調査」としておこなわれ、災害遺児にかんしていえば、一万四五〇人の名簿と災害遺児世帯の一六％は被保護世帯であるなどの基礎データをもたらした。

いまになって振り返って考えてみると、文部省が予算がとれなかったといって交通遺児育英会に仕事の肩代わりをもとめてきたところには、同省がこの仕事と交通遺児育英会をどうみていたかが示唆されているように思われる。この規模の調査であるから、予算は数百万円程度のものであっただろう。しかもその実施を首相が確約したのである。同省にこの仕事を本当にやる気があれば、その程度の経費を工面することなどきわめてたやすいことであっただろう。裏返していえば、文部省にはやる気がなかった。同省の意向を推測すれば、玉井と交通遺児育英会は政治家にはたらきかけて、いつでも余計な仕事を役所にもちこんでくる、一々それにまともにつきあっていられるか、というあたりではないか。それといまひとつ、文部省は交通遺児育英会を財政にゆとりがある団体とみていた。その団体が新しい事業をするためにおこなう調査である、自前の費用でそれをやるのが当然だろうと、同省は考えていたはずである。

それでも、前記の調査の実施をつうじて、災害遺児、災害遺児家庭というばあいの災害の定義を確定したのは収穫であった。私は、厚生省大臣官房統計情報部編『人口動態統計・下巻』(年次刊行物)における「疾病、傷害および死因統計分類の分類体系」の「XV損傷・中毒」のための「損傷・中毒の外因の補助分類」に注目し(表29)、ただし、調査の目的からこれに二点で修正をくわえた。すなわち、(1)交通遺児育英会の運動の過程で交通遺児の概念がまず確立し、ついでそれとは区別される災害遺児の概念があらわれたのであるから、中分類の「自動車事故」は災害の範囲からのぞいた。(2)故意的加害からは「他殺、他人の加害」のみを災害として、「自殺・自傷」は災害の範囲からのぞいた。「自殺・自傷」については、いっぽうではそれは常識的に理解された災害の範囲にふくまれないという見解があり、たほうではそれは遺家族にとっては災害以外のなにものでもないという主張があったが、運動が世論の支持をえるためにはとりあえずは常識的理解に従うべきであろうと考えて、前者の見解に従った。しかし、後にあしなが育英会は後者の主張を受容するようになっている。これについては後述する。以上のように限定された災害の種類について、それぞれの年間におこった実数を確認して、それが小さいものは他とあわせ、また、その名称をなるべく平易にして、最終的にはつぎの八つを調査票のなかでつかう災害の分類とした。

1　自動車事故以外の交通事故(鉄道事故、船の沈没、飛行機のついらくなど)。

2　中毒(ガス中毒、アルコール中毒、薬品による中毒など)。

3　ついらく(階段からのついらく、はしごからのついらく、井戸へのついらく、転倒など)。

- 交通機関事故
  - 鉄道事故(E800–E807)
  - 自動車事故
    - 交通事故(E810–E819)
    - その他(E820–E825)
  - その他の道路交通機関事故(E826–E829)
  - 水上交通機関事故(E830–E838)
  - 航空機・宇宙船事故(E840–E845)
  - その他の交通機関事故(E846–E848)
- その他の事故
  - 中毒
    - 医薬品(E850–E858)
    - 固体・液体・ガス・蒸気(E860–E869)
  - 診療上の事故・異常反応・後発合併症(E870–E879)
  - 墜落(E880–E888)
  - 火災・火焔(E890–E899)
  - 自然・環境要因(E900–E909)
  - 溺水・窒息・異物(E910–E915)
  - その他(E916–E928)
  - 医薬品の有用作用(E930–E949)
- 事故の後遺症(E929)
- 故意的加害
  - 自殺・自傷(E950–E959)
  - 他殺・他人の加害(E960–E969)
  - 法的介入(E970–E978)
  - 不慮か故意か未決定(E980–E989)
  - 戦争行為(E990–E999)

資料出所：厚生省大臣官房統計情報部編『昭和 58 年人口動態統計(下巻)』1985 年，p. 13.

表 29　損傷・中毒の外因の補助分類(E800–E999)

4　火災、火焔。

5　自然災害(落雷、洪水、地震、津波、寒さ、暑さ、飢え、渇きなどによるもの、動物にかまれたもの、有害の動・植物によるもの)。

6　溺死、窒息。

7　犯罪による被害。

8　その他(具体的に書いて下さい)。

「災害遺児および交通遺児の実態調査」をおこないながら、玉井は、交通遺児育英会が独自の立場で災害遺児家庭の生活と苦悩をよりいきいきと描き出す調査をおこなう

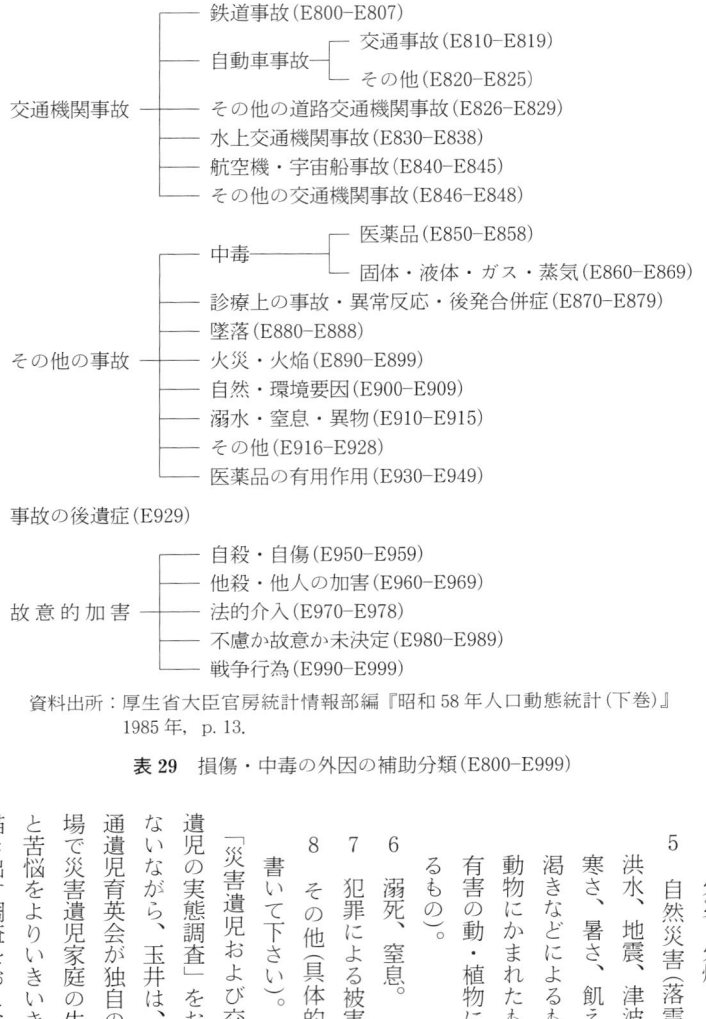

べきだと考えた。私は、その判断に賛成したうえで、徹底した事例調査とそれによる知見にもとづく大量観察の全国調査の二つをおこなうことを進言した。事例調査を先行させるべきだとしたのは、ひとつには私の研究グループの調査方法の定跡によってであったが、いまひとつには私が知るかぎり災害遺児家庭の全体の調査は日本の社会学でははじめておこなわれるものであるので、対象の多様性をなるべく具体的に把握したうえで調査票を作成したいと考えたからであった。

この二つの調査は、私が研究代表者となり、樽川典子、畠中宗一(沖縄キリスト教短期大学助教授、現在大阪市立大学教授)、藤村正之(筑波大学大学院、現在上智大学教授)、小高良友(筑波大学大学院、現在東海女子大学教授)などが研究協力者となって、おこなわれた。藤村は、この調査のデータから、のちに「悲哀感情の社会学・序説」という秀作を執筆することになる。事例調査は、われわれに吉村以下の災害遺児の高校進学をすすめる会のメンバーも協力した。

調査結果のプレス発表は、事例発表分は九月五日、全国調査分は一一月三〇日におこなわれ、ほとんどのマス・メディアがこれらを大きく報道した。たとえば、全国調査分では「朝日新聞」は七段、「毎日新聞」は三段、「読売新聞」は横に幅広く二段の記事になっている。膨大な調査結果の全体を紹介することはできないが、各メディアが共通して注目した主要トピックスを列記すると、つぎのとおりである。(1)既存の官庁統計を組み合わせて推計を試みると、調査時点の日本には、二〇歳未満の災害遺児が約六万五〇〇〇人、存在する。そのうち小、中学校に在籍するものは約二万九〇〇〇人。(2)災害遺児家庭を生じさせた災害の上位五位は、「溺死・窒息」二〇・四%、「ついらく」二〇・四%、「その他(落下物、機械などによる)」一九・九%、「犯罪による被害」八・五%、「自動車事故以外の交通事故」八・三%。(3)死亡した被害者の遺児にたいする続柄は、父親が九四・二%と大部分であり、したがって災害遺児家庭の大多数は母子家庭である。災害の五七・

四%までが仕事中のものである。労働災害と認定されたもの四八・四%。(4)災害遺児家庭の母親の平均月収は九万六八〇〇円、世帯の平均月収は一八万二〇〇〇円、後者は全国勤労者三人世帯の平均月収の五二・三%でしかない。生活保護基準以下の収入でくらす世帯が二三・九%。(5)調査時点で小・中学校生徒である遺児の高校進学について、教育費の見通しを訊くと、「確実に出せる」一五・七%、「なんとか出せる」五一・〇%、「出せない」五・九%、「わからない」二一・七%。災害遺児奨学金制度は、六九・八%が「つくってほしい」と回答してきた。

以上に述べた募金実績と調査結果を説得材料としつつ、玉井は、交通遺児育英会と災害遺児の高校進学をすすめる会の運動家たちを総動員して、政府と自由民主党に国庫からの財政的支援をともなう災害遺児育英制度の設立を要求していった。その過程のすべてをくわしく追うことはできないが、主な節目のみをひろってみておけば、すでに、一九八六年中に中曾根首相と竹下自民党幹事長が制度設立にある程度は積極的な姿勢を示している。すなわち、同年二月六日、衆議院予算委員会で矢野公明党書記長の同制度設立の要求にたいして、中曾根首相は「文部省に検討させ、関係省庁とよく相談させる」と回答した。また、一二月一五日、第一四回交通遺児と母親の全国大会で竹下自民党幹事長が「災害遺児育英制度の確立に向かって、文部省をはじめとする関係各省庁の協議を促進させる」と回答したのであった。

その後、一九八七年に入って、首相と幹事長が約束した協議を文部省が秋までサボタージュし、すすめる会がそれに気づいて、同省を非難するなどの曲折があった。しかし、一〇月末から一一月にかけて、すすめる会の世話人代表・小河光治と学生募金事務局長・村上憲一などが文部省に出向き、三回、協議をおこなって、災害遺児育英制度は交通遺児育英会の事業対象範囲を拡大して実施するという点では、すすめる会と文部省が合意するにいたった。しかし、すすめる会からこの件で要望をうけた交通遺児育英会は、この制度の財源をめぐっては国庫からの補助金を要求し、それなしでは財政的に運営する自信がないと主張し、すすめる会はこの主張を文部省にとりついだが、文部省はすすめる会で財源を確保してほしいと要求するのみで、両者の合意は成立しなかった。協議は一時的に膠着状態に落ちこんだ。

小河はこの段階では組織間交渉について単なる連絡将校ではなく、一定の範囲で独自の判断をくだすところまで成長していた。しかし、さきの財源にかんするかれの主張は、玉井の意向を体したものであった。結果論であることは重々承知して言うのであるが、この判断が、災害遺児育英制度にかかわる運動の、ひいては交通遺児育英会の運動全体の第一の分岐点であった。玉井は文部省の意向を受け入れることもできたし、拒むこともできた。かれは拒否をえらんだ。この玉井の判断をどう評価するか。それは次章で論じる。

5　一九八八年

八七年末から八八年春にかけて、玉井と交通遺児育英会は政府、とくに文部省と息づまるような攻防戦をくり返しつつ、四月二〇日、災害遺児の高校進学をすすめる会にプールしてあった資金のみで災害遺児奨学金制度の設立・実施に踏み切らせるという選択をするにいたった。同日からすすめる会は、災害遺児高校一年生の奨学金の募集もはじめた。

その攻防戦の経過にわずかにふれる。年末にこの制度の設立をめぐって与野党の党首会談がひらかれ、全野党党首が、同制度の八八年度実施と予算措置を要求した。竹下首相は「私にまかせてほしい」と回答し、宮沢喜一蔵相は「予算措置は予備費で検討する」と回答した。あわせて首相は、この件にかんする政府窓口を文部省から内閣の内政審議室にうつすと言明した。これは文部省のそれまでのかたくなな対応が内閣の政治的失点につながりかねないのを警戒したのであろう。そのあと、三月に災害遺児育英制度を日本育英会がとくに採用基準を緩和して実施することを準備中という新聞報道があり、すすめる会が反発し、内政審議室長が報道内容をつよく否定するという一幕があった。これは文部省側の巻き返し作戦の一環が未然につぶされたということにちがいない。

竹下首相は四月に入ってからも、災害遺児育英制度を発足させ、四月一日にさかのぼって実施するなどと積極的発言をくり返した。しかし、四月一五日、自民党文教部会と文教制度調査会は文教合同会議を開催し、この制度についての自民党案を、⑴同制度を交通遺児育英会に実施させる。⑵その財源はすべて民間にまかなわせる。国庫からの補助はおこなわず、公営競技団体から二〇〇〇万円の助成を要請するという案をつくった。これは前年秋に文部省とすすめる会の協議がものわかれにおわったときの文部省側の主張とほとんど同一で、わずかに公営ギャンブルからの二〇〇〇万円の助成がつけくわえられたところだけが変化していた。文部官僚は自民党の文教族議員をつかって、自省の主張を自民党案として成立させたのである。これによって、前年からの首相や蔵相の言明は吹きとんでしまい、ただのリップ・サービスとなってしまった。しかも、そののちは、かれらも自民党案の実現に向かって進むほかはない。役人たちが政治家たちをおどらせるのである。官僚統治国家・日本の真面目がここにみられる、というべきか。

災害遺児の高校進学をすすめる会による災害遺児奨学金制度のいわゆる見切り発車のあと、与野党政策担当者会議が同制度について協議し、五月からは同会議が超党派の専門家会議を設置して、そこで協議がつづけられたが、実質的な進展はいっさいなかった。五月二四日の専門家会議において自民党委員はさきの自民党案をくり返し提示し、野党委員たちはそれに同意せず、とりあえずは、文部省が交通遺児育英会とすすめる会に自民党案についての意見をきくことのみを決定した。六月二日、文部省は交通遺児育英会に自民党案＝政府案をあらためて説明したうえで、受け入れるかと質問した。育英会側は、「将来、年間一三億円の資金需要が予想されるのに、その三分の一程度の補助が確実に約束されない現段階では、その案をひきつぐ自信がない」と従来からの判断をくり返した。のちになって、文部省はこのとき六四年以降の助成はかならずしも一〇〇〇万円から二〇〇〇万円にかぎるといった訳ではないといいだし、育英会はそんな話はなかったと反論したが、これは全体の流れのなかでは些細な対立でしかない。

この自民党案の拒否は、交通遺児育英会の組織的決定の形式をとっているが、これももちろん玉井の判断である。これをどう評価するか。ここでも結果論であることを重々承知して言うのであるが、この自民党案の拒否が、玉井の運動の第二の分岐点であった。玉井は自民党案を受け入れることもできたし、拒むこともできた。かれは拒否をえらんだ。二つの分岐点の性格の違いは、二回目のほうがその後の事態の展開にとって決定的な影響力をもつことになったというところにある。これも次章であらためて論じる。いまは、その論議のためにまえもって踏む手順として、その後の経過を駆け足で追っておきたい。

玉井と交通遺児育英会、すすめる会は、その後、いっぽうでは自前で発足させた災害遺児奨学金制度を運営・強化しつつ、たほうで国庫助成を恒久的にともなう災害遺児奨学金制度の設立をめざす運動をつづけていった。すなわち、この年は、学生交通遺児育英募金は春と秋で総額二億七四四二万円をあつめ、その半分の一億三七二一万円をすすめる会に寄付している。また、募金にあわせて、災害遺児の「あしながおじさん」の募集をおこなった。制度の実施については、六月五日、六日には第一期災害遺児大学奨学生の採用試験をおこなっている。七月一日には、すすめる会の小河たちが、全野党党首に会い、国庫助成をともなう災害遺児奨学金制度のための国会での審議をやりなおしてほしいと申し出て、合意をえた。夏のつどいには、山中湖の大学奨学生のつどいにも、全国八会場の高校奨学生のつどいにも、災害遺児の奨学生を参加させた。さらに秋の募金後の全国反省会議では、災害遺児を励ます会を各地につくろうと提案し、年内に首都圏、東海、関西、広島、福岡などでその励ます会を誕生させた。マス・メディアはこれらの動きを、玉井たちの要請によって、そのつどにぎやかに報道しつづけた。

しかし、この間に、国会では前出の与野党専門家会議を舞台に、災害遺児育英制度をめぐって玉井たちがまったく予期していなかった新しい動きが生じていた。のちに公表されたかぎりで主要な動きのみをみておくと、九月九日、第六回与野党専門家会議に橋本龍太郎・自民党幹事長代理がはじめて出席して、つぎの提案をおこなった。(1)日本船舶振興会が新しく災害遺児育英制度を創設する、(2)制度の内容は同振興会に一任する、(3)同会はこの制度を交通遺児育英会とは切りはなして実施する。野党側はこれを党にもち帰って検討すると回答した。つづいて、一〇月七日、第七回与野党専門家会議で工藤自民党文教部会長は、前回の橋本提案を自民党案として提出し、野党側はふたたびこれを党にもち帰って検討したいと回答した。一〇月一一日、第八回与野党専門家会議では社会党委員と公明党委員が、政府案を最終案として出すべきである、自民党案は検討するにあたいしないと回答した。

これについて二つのコメントをつけておきたい。ひとつは、六月二日に交通遺児育英会が自民党案を拒否してから、九月九日に与野党専門家会議で橋本提案が出されるまでの期間に、なにが起っていたのか、である。市川裕一は、災害遺児育英制度の形成過程にかんするくわしいルポルタージュ「歪められる交通遺児の『恩返し』」を『朝日ジャーナル』一九八九年三月二四日号に発表しているが、そのなかで、災害遺児問題を検討してきた与野党議員懇談会(ママ、前記の与野党専門家会議のことではないか)の自民党代表である工藤巌・衆議院文教委員長のつぎの言明を紹介している。前記の橋本提案は「橋本龍太郎・元運輸相が船舶振興会と接衝して決められた」。これについて、工藤はのちに育英会側に「上の偉い人がやっていることなので、こちらがどうこうする訳にもゆかない」とも述べたという。市川は、これらを総合して、「実務家レベルの議員懇談会レベルとは離れたところで、より政治的な力が働いたことは否めない」と推測している。

いまひとつは、九月九日の橋本提案以後の与野党専門家会議の動きを、玉井や小河たちがどれほど認識し、どのように評価していたかである。公表された文書では、一二月一三日の第一六回交通遺児と母親の全国大会で、自民党の工藤文教部会長などの言明によって、日本船舶振興会案が「正式判明」などとある。わざわざ正式とことわっているのであるから、かれらは非公式には野党側のメンバーなどをつうじて、かなり早くからその案が出てきたのを知っていたのだろう。知っていて、全国大会でそれをつぶせるとみていたのではないか。全国大会の討議のなかで、玉井たちは、工藤文教部会長からすすめる会の運動をたかく評価する、今後のことはすすめる会の気持を充分に尊重しておこなうという言明を引き出し、野党議員たちからも全面支援の約束をとりつけた。玉井たちはこれで船舶振興会案を完全につぶしたと考えたか、そこまでゆかずとも、大きい打撃をあたえたと考えたか。実際はつぎのような経過がつづいた。工藤は大会からの帰り道、文部省にまわり、災害遺児育英制度を担当する審議官、政務次官と会い、大会の雰囲気や玉井たちの要求をつたえた。かれはかれなりに誠意をつくしたのである。しかし、審議官も政務次官もかれの言い分にいっさいとりあわず、船舶振興会案で進むことに決まっておりますから、とくり返すだけであった。与党の文教部会長でも官僚の意向にそむくときにはこういう具合にあしらわれるのである。しかし、玉井たちが橋本提案のてごわさを充分に認識するのは、つぎの年に入ってからであった。なお、この大会で民社党のある議員が船舶振興会案を最初支持して、その理由を、交通遺児には多額の資金が集まるが、災害遺児にはそれは望めない、したがって災害遺児にはより低い水準の奨学金を貸与することになろう、そのためには実施主体を別団体にしたほうがよいなどと発言していた。この発言に、玉井や小河は警戒心をとがらせた。

6 一九八九年

交通遺児育英会に災害遺児奨学金制度を実施させること、その制度に必要経費の三分の一程度の国庫からの財政支援を恒久的におこなうこと。この二つが玉井と交通遺児育英会、災害遺児の高校進学をすすめる会の政府と自民党にたいする要求であった。第一の要求については早くから合意が成立していた。しかし、玉井たちは二つの要求がともにかなえられねばならないと主張しつづけ、形式上は交通遺児育英会の外部ですすめる会に災害遺児奨学金制度を実施させた。この政治状況は日本船舶振興会という新しいアクターの登場という新事態を誘発した。それまでは、玉井と交通遺児育英会、政府、自民党が三つの主要アクターであったのにたいして、四番目のアクターが出現したのである。この新しいアクターは、制度の設立において玉井と交通遺児育英会にたいする競争相手であった。

一九八九年、玉井と交通遺児育英会の運動はそれまでより困難なものになった。前年までは、政府と自民党というアクターは、かれらの仕事にたいして一定の範囲で協力をしたり、それ以上の協力を拒むという存在であった。ところが、日本船舶振興会というアクターは、端的に言えば、豊富な資金をもち、かれらと仕事を奪いあうのである。このアクターの登場によって、政府と自民党という従来のアクターが玉井たちに向ける敵意はいっそう露骨に表現されることになった。その困難な状況のなかで、玉井と交通遺児育英会は、競争相手が災害遺児育英制度を設立することは辛うじて阻止したが、自らが望ましいとするその制度を設立することもできなかった。俗ないいかたをすれば、勝負は引き分け、あるいは痛み分けに終った。しかし、玉井たちがこうむった痛手はもっとも大きかった。

一九八九年は、災害遺児の高校進学をすすめる会が前年末に浮上した日本船舶振興会案をきびしく批判する一連の動きからはじまった。その先頭に立ったのは同会会長の小河光治であった。「朝日新聞」一月二〇日朝刊の「論壇」にかれは「災害遺児育英に新財団は不要――交通遺児育英会の適用拡大こそ筋」という小論文を発表しているが、これはすすめる会の言い分をコンパクトにまとめたものになっている。かれは前年までの同会の運動経過を紹介したうえで、船舶振興会が新財団をつくるという案について、「すすめる会の意向を聞かずに、政府・自民党が独自に準備を進めているのは甚だ遺憾だ」と主張した。かれは政府・自民党の案は三つの理由で禍根をのこすという。「(1)育英財団を新設すれば、(文部官僚の)天下りポストはできるが、奨学金より(運営の)経費に金が食われムダが多い。(2)新制度は『すすめる会』の奨学金より貸与金額を低くするというが、なぜ新たに『悪貨』をつくるのか。(3)遺児にとって奨学金貸与のみならず、交通遺児育英会の実施している宿泊研修などの精神的サポートが必要だし、同会が経営する学生寮を活用すれば貧しくても大学進学が可能になる」。

小河のこの主張は、あらためていうまでもないが、文部官僚にとってきわめて不愉快なものであった。市川裕一は前出のルポルタージュのなかで、交通遺児育英会と文部省の対立が感情的なものになっていると指摘し、文部省の前畑審議官が小河のいう三つの理由にたいして、「怒りをあらわに」しつつ反論したという。「①天下りなんてとんでもない。経費はやり方次第で減らせる。②(奨学金の)額が低くなるなどとはこちらは一言もいっていない。③精神的サポートや学寮は交通遺児育英会のほうで補ってくれてもよいではないか」。小河は有能な運動家であったが、このとき、まだ二二歳の若者である。その若者の言葉に文部省の審議官が「怒りをあらわに」するとは大人気ないようだが、その怒りは小河の背後にいる玉井に向けられたものであった。

小河がさきの小論文を発表した翌一月二一日、与野党党首会談がひらかれ、野党党首たちは災害遺児奨学金制度の創設、すすめる会の意向の尊重を要求したが、竹下首相の回答は煮えきらないものであった。一月二四日、平成元年度政府予算案が閣議了承されるが、同制度のための予算は計上されていなかった。一月三一日、第九回与野党専門家会議で、自民党の工藤文教委員長は次回に船舶振興会の新財団案の具体的内容を発表したいという申し出をした。すすめる会は、これをきっかけに政府・自民党が新財団案で強行突破をおこなうのではないかと判断し、それに反対する陳情活動をいっそう強めた。

その後、リクルート問題と呼ばれた贈収賄問題が発覚して国会はしばらく空転し、災害遺児育英制度をめぐる政党間の協議は停滞した。すすめる会は、この問題について日本船舶振興会との話し合いをもとめ、同会はこれに応じて、三月二二日、すすめる会会長の小河と日本船舶振興会の吉松昌彦総務部長代理の会見が実現した。この日、小河とかれの仲間は、振興会からさしまわしのロールスロイスに乗せられて、同会の国際平和会館に向かい、そのVIP用らしい応接間にとおされた。若者たちを相手に、丁重といえば丁重、こけおどしといえばこけおどしの演出の応接であった。その席で吉松は振興会側の意向をつぎのように述べた。

(1)昨年秋、文部省より振興会に災害遺児育英制度に協力してほしいという依頼があった。ただし、「すすめる会」や与野党の合意がえられないかぎり、同会としてはその事業をはじめるつもりはない。

(2)同会としては、この事業のために三〇億円から五〇億円程度の規模の財源をもつ新財団の構想をもっている。その運営にあたっては、同会の笹川陽平会長代理は、小河たちを理事にむかえて、いっしょにやりたいと願っている。遺児の精神的サポートについても指導してほしい。

(3)奨学金制度の具体的内容については、まだなにも決定していない。文部省ともこれについて話し合いをしたことがない。これをやるということになったら、文部省およびすすめる会と協議するつもりである。

さすがに智恵者がいて智恵を存分に出したと感じさせる意向表明であった。(1)は、それ自体としては、すすめる会が望むところである。振興会側の真意は、反対運動でさわぎたてられるのは避けたいということであっただろう。⑵は、すすめる会にたいする露骨な懐柔策である。しかし、災害遺児のためになることだからと言われると、無下に断る訳にもゆかない申し出となっていた。⑶は、文字どおり受けとれば、制度の具体的内容への批判を一切封じこんでいる。文部省と協議するというところが、わずかに、すすめる会のそれまでの方針とちがっているが、それだけではつよい批判をすることはできなかった。

7　苦境のはじまり

最近私がおこなったインタビューで、小河は、⑵の申し出はその場で断ったが、なんといって断ったのか憶えていないと語った。予想外の破格の申し出に、かれも動転してしまったのだろう。その後、玉井と小河たちは、この船舶振興会の意向を批判して、交通遺児育英会に国庫の助成をともなった災害遺児育英制度を設立させよという要求をつづけるのだが、批判の論拠の説明はつぎのようにやや苦しげなものにならざるをえなかった。すなわち、⑴われわれの恩返し運動、それを支えた「あしながおじさん」の善意などを無視するのか。⑵ギャンブルのあがりだけで奨学金をまかなうのは、災害遺児奨学生がかわいそうだ。⑶制度の具体的内容がわからない。

⑴は恩返し運動などを無視する訳ではない。そちらはそちらでやったらよいだろう、といわれるとおしまいである。それにたいして、われわれだけがやるのだと言いつのれば、それはあなたがたのエゴイズムだと言われることになる。代表的な再反論を二例あげる。四月二一日、小河たちが文部省大学局学生課の喜多課長に面会したとき、同課長はかれらの抗議に反論して言った。「交通遺児育英会だけで災害遺児育英事業を独占する必要はないでしょう。日本船舶振興会がその事業をおこなう財団を準備しているのは事実です。災

害遺児のためにやりたいという人びとが君ら以外にいれば、その人びともやってよいでしょう」。また、秋になってから、国会でこの問題が最終的に審議されたおり、一〇月一九日の衆議院予算委員会で橋本蔵相は答弁で語った。「既存団体のエゴイズムが事態の解決を遅らせている。せっかく各党が合意し、数年越しで話し合い、ひとつの解決策が目の前にあるのだから、既存の団体の利害得失からこの問題を論議するのではなく、災害遺児に一番スマートに手をのばしてゆくためにはどうすればいいかという視点にもう一度返って、関係者が考えてもらいたい」。

蔵相がいう既存団体は交通遺児育英会のことである。交通遺児育英会は一九六九年の発足以来、つねに交通遺児と交通遺児家庭という社会の犠牲者、社会的弱者を擁護して、正義を体現してきていた。公式の席では同会はつねにそのような存在として賞賛され、敬意をはらわれてきた。もちろん、一部の官僚たち、政治家たちが同会に面白くない気分をもつことはあったが、それは内輪の席で語られたにすぎない。ところが、ここではじめて、衆議院予算委員会という公式の場で、橋本龍太郎という有力な政治家によって、交通遺児育英会はそのエゴイズムを非難されたのである。のちに橋本は「エゴイズムという言葉がいけなければ取り消しましょう」といったが、発言の趣旨は変更しなかった。玉井や小河、かれらと運動をともにしてきた人びとは橋本発言にはげしく反発したが、世論の一定の範囲にとってはそれが一定の説得力をもったのは否定しえない。交通遺児育英会の運動史は橋本を悪玉にしてこの事件を片づけているが、私は、この事件の意味はそれでは充分に解明されないと思っている。この八九年秋の橋本発言から、のちに述べる九三年春の交通遺児育英会理事会の内紛、玉井の同会専務理事の辞任までを一連の事態としてとらえる必要がある。

論拠の(1)の言い分にたいする再反論を無視しえないという事情があって、さきにいった論拠の(2)とそれに関連する感情論への傾斜が、運動のなかで目立ってきた。交通遺児育英会は春の学生募金のおりに「ボクらは笹川さんよりあしながおじさんに応援してほしい」という文面のビラを街頭で配らせ、ギャンブルによる財源から奨学金が出ることへの不快感を訴え、日本船舶振興会の新財団案に反対した。「朝日新聞」六月四日は、そのニュースを、「あしながおじさん『ギャンブルはだめ』、災害遺児奨学金、カネの色に学生反発、船舶振興会へ自民が一任案、国庫補助制求める学生」などの見出しで六段で大きく報道した。見出しのなかで二度も学生という言葉をいれ、学生たちによる反対を演出しているが、それは交通遺児育英会、災害遺児の高校進学をすすめる会の示唆によるものであって、本当の反対者は二つの会である。しかし、両会自身には「カネの色」に反発と言えない事情があった。すすめる会の小河光治会長と船舶振興会の笹川陽平理事長は六月に往復書簡をかわし、それらは交通遺児育英会の機関紙に公表されたが、そこではつぎのような論争がおこなわれていた。

まず、六月三日付で、小河が、すすめる会が独自にはじめた災害遺児育英制度を交通遺児育英会にひきついでもらうつもりだ、船舶振興会は新財団づくりを止めてほしいと要望した。これにたいして、六月九日付で、笹川は、先日の会見のおり、ギャンブルの金だからいやだと言うのかと訊いたら、そんなことはないと君たちは言った。そこで新財団構想への協力を望んだのに、正式の返事がないまま、ビラはまく、新聞に一方的に自分たちの意見を発表するのはフェアではないと抗議した。六月一四日付で、小河は、五項目の弁明をおこなうが、ギャンブルのあがりの件についてのものだけ紹介する。交通遺児育英会もかつて船舶振興会から助成をうけたことがあり、私たちはギャンブルの金だからいけないとは考えていない。ただし、ギャンブルのお金が財源の一〇〇パーセントである奨学金では、災害遺児の奨学生がかわいそうだと思うのだ。私たちは体験によって、遺児は「あしながおじさん」の愛を必要としていることを知っているから。この弁明はかなり苦しげである。くわしくはいわないが、ギャンブルのあがりだけが財源では奨学生がかわいそうだというのはセンチメンタリズム以外のなにものでもあるまい。「カネの色」にはこだわらないから、奨学金がほしいというタフな遺児たちもいくらでもいたはずであった。そういえば、「カネに色はついていませんから」という科白は、なにのおりだったか忘れてしまったが、私は、玉井からはじめて聞かされたのであった。金は金だから、どんな金でも、いかしてつかえばよいというような意味だったとおもう。私は、自分のライフ・コースのなかでそれまで聞いたことがないその科白に、かれのタフな合理主義を認識して感心したものである。

一九八九年春には、船舶振興会は災害遺児育英制度を実施するための準備をほとんど終っていたらしい。同会から申請があれば、文部省は一週間で新財団の設立を許可することになっていた。しかし、それが実現しないままに、その年は経過していった。その理由は、ひとつには交通遺児育英会側の抵抗がはげしかったからであり、いまひとつには船舶振興会がその抵抗を押し切って敵役になるのを嫌ったためであろう。その結末はつぎのようになった。年末、一二月二五日、与野党専門家会議がひらかれ、翌年二月の総選挙後にすすめる会を同会議にまねき、意見を十分に聞き、結論を出そうという合意が成立した。この合意は実行されなかった。

XI　過剰成功と問題の性格変化

1　黒字体質と黒字倒産

一九八三年に話をもどすことにする。この年は、第二期の「あしながおじさん」の二年目であり、その募集は快調に進行しており、交通遺児育英会の財政は安定したようにみえた。五月の理事会のあと、玉井義臣は、夏のつどいで恩返し運動第二弾としてなにをテーマとするかを検討するために、事務局のスタッフの会議を開催した。そこで前年からの献血運動にあわせて災害募金運動がとりあげられることが決定され、後者は翌年には災害遺児育英募金運動に発展してゆく。ここまでは、先行する章において述べた。この会議の冒頭、玉井は、交通遺児育英会がおかれている状況、会が将来直面するにちがいない新しい危機について、スタッフがはじめて聞く分析を語った。スタッフの何人かは、その分析の一部をそれまでに薄々感得していたが、玉井はその全体を一挙に体系的に語ったのである。それは、この天才運動家のめざましい洞察力を示していた。

その分析のなかで、玉井は、黒字体質と黒字倒産という言葉をつかった。スタッフはそれらの言葉をそのときはじめて聞き、それらは強い印象を残した。私は、それらはこの造語の名手がつくり出した作品であろうと考えてきたが、あるいは兜町あたりでつかわれる言葉かもしれない。玉井は、交通遺児育英会は黒字体質となった、このままゆくと黒字倒産の恐れがあると語ったのである。黒字体質とは会の収入が支出を上まわって増えつづけ、黒字が拡大しつづける財政のありかたである。黒字倒産とは比喩的な言いかたであるが、大きい資金があるのにそれにふさわしい規模の事業がみつからない、または、それにふさわしくない規模に事業を縮小しなければならない事態になって、その結果、会の存在意義が社会によって認められなくなり、会が運動体として存立しえなくなる状態をさしていた。営利企業組織であれば財政黒字の増大はひたすら望ましいことである。そこでは成功は大きいほどよく、過剰成功はありえなかった。これにたいして、社会運動組織にとっては、もちろん財政赤字は避けなければならないものであったが、大きすぎる財政黒字は会の存在意義を疑わせるものであった。成功は、失敗と過剰成功の中間にあるのである。それでは、黒字倒産から逃れるために、なにが必要か。交通遺児のための奨学金制度のこれ以上の拡大は望めない。だから、会の事業を災害遺児奨学金制度にまで拡大しなければならないと、玉井は語った。

玉井の予測は、スタッフの優秀な連中にとって圧倒的なリアリティをもっていた。そのリアリティを裏付ける主要な事実は、つぎの二つであった。

第一。交通遺児育英会の財政は、急速に富裕化してきていたし、その傾向がそれから加速されることは予想しうることであった。これを統計資料で裏付けておこう。

すでに述べたように、一九七六年から七八年にかけての三年間、交通遺児育英会の財政は赤字つづきで、毎年、支出が収入を上まわった。その主要な原因は、一五億円ちかい心塾の建設費であった。これによって、七八年の年度末の運用財産は五億二六〇〇万円にまで減少し、それのみでは、七九年度の半ばまでしか奨学金の貸付ができないと、同会は財政危機を訴え、同年度に第一期の「あしながおじさん」の募集をはじめた。しかし、七九年度には、一定の返還金、利子、補助金、従来からのひきつづきの寄付が入ってくるのだし、心塾の建設費の支出はなくなるのであるから、さきの危機キャンペーンには危機の誇張の気味あいがあった。

表 30　交通遺児育英会の財政構造(単位：100 万円)

	収入合計＝A	支出合計＝B	収入と支出の差＝A－B	基本財産＝C	運用財産＝D	財産合計＝C＋D
1979	2,041	1,401	640	1,820	1,166	2,986
80	1,807	1,493	314	1,820	1,480	3,300
81	1,963	1,763	200	1,820	1,680	3,500
82	2,487	1,849	638	2,200	1,938	4,138
83	2,502	2,012	490	2,200	2,428	4,628
84	2,491	2,108	383	2,200	2,811	5,011
85	3,039	2,100	939	2,200	3,750	5,950
86	3,178	2,053	1,125	2,200	4,875	7,075
87	3,278	2,035	1,242	3,000	5,317	8,317
88	3,348	2,181	1,167	3,500	5,984	9,484
89	3,562	2,403	1,159	4,500	6,143	10,643
90	3,758	2,479	1,279	4,500	7,422	11,922
91	3,982	2,389	1,593	5,000	8,515	13,515
92	3,721	2,340	1,471	5,500	9,494	14,994
93	3,256	2,239	1,017	6,000	9,987	15,987

七九年度からはじまった、第一期の「あしながおじさん」制度は、八一年度までの三年間、毎年、三億円台の収入をもたらし、八二年度からの第二期の「あしながおじさん」制度は、八四年度までの三年間、毎年、六億円台の収入をもたらした。ここまでは、すでに述べている。この「あしながおじさん」の寄付を有力要因のひとつとしつつ、交通遺児育英会の財政は毎年、黒字をつづけ、富裕化していった。表30の「収入と支出の差」の欄をみてほしい。七九年六億四〇〇〇万円、八〇年三億一四〇〇万円、八一年二億円、八二年六億三八〇〇万円と黒字がつづいている。ここまでの黒字の累計額は一七億九二〇〇万円になる。この黒字の圧力は運用財産の拡大では吸収しきれない、つまり、黒字を支出でつかいきれないので、この年、基本財産を二二億円に拡大する。この状況で、玉井の黒字体質、黒字倒産という予測発言が出るのである。「収入と支出の差」の欄をつづけてみてほしい。それは八四年に三億八三〇〇万円の黒字で対前年で減額を記録するが、黒字累計額は二〇億円を超えた。そうして、第三期の

「あしながおじさん」の時期に入ると、黒字は八五年九億三九〇〇万円とはね上がり、八六年一一億二五〇〇万円、以後、九三年までつねに毎年一〇億円台がつづくのである。これによって、基本財産は八七年に三〇億円、八八年に三五億円、八九年に四五億円、九一年に五〇億円、九二年に五五億円、九三年に六〇億円と拡大の一途をたどった。

第二。交通遺児育英会の奨学生数は、玉井が黒字体質と黒字倒産に言及した八三年の時点でみると、長期的には減少してゆくことが確実に見通せた。同年、全奨学生数は五六三一と史上の最高値を記録していた。これは、それまでの最高値、七七年の五六〇五を上まわるものであった。しかし、当時すでに確認されることができた三つの条件、(1)成人男女の交通事故による死者数の減少、(2)少子化傾向の進行、(3)自動車事故賠償責任保険の死亡支払い限度額の引き上げによって、その後の奨学生数の長期的減少は避けられないと考えられた。

交通遺児育英会の奨学生の主力は高校奨学生であるから、一八歳未満の交通遺児について考えてみよう。ある時点の全交通遺児数は、それより一八年以前からその時点までの成人男女が、父親あるいは母親として交通事故にあい、死亡して、あとに残した子どもたちである。ただし、毎年出現する交通遺児は、かれらのうちの一七歳の者は翌年一八歳となって、一八歳未満の枠からはずれ、一六歳の者は翌々年には一八歳となって、一八歳未満の枠からはずれるというようにして、年が経過するにつれて次第に減少してゆく。この考えかたによれば、一九八二年末の一八歳未満の交通遺児の全数は、その年に出現した一八歳未満の交通遺児数、前年(八一年)に出現した当時一七歳未満の交通遺児数、前々年(八〇年)に出現した当時一六歳未満の交通遺児数から、以下同じようにして、一七年まえ(六六年)に出現した当時二歳未満の交通遺児数、一八年まえ(六五年)に出現した一歳未満(ゼロ歳)の交通遺児数までの和、いっそう正確には、その和のうち八二年末に生存している者の数ということになる。以上から、一九八三年五月の玉井たちは、六五年から八二年までの一八年間の時間域に関心をよせることになった。それでは、その時間域で、さきの三条件はどのようにあらわれていたか。

一八歳未満の子どもの父親あるいは母親でありうる男女の年齢階層を、きわめておおまかに二〇歳以上五九歳以下と考えてみよう。その年齢階層の人びとの交通事故による死者数の推移は、『人口動態統計』(各年次版)によって計算すると、一九六五年からの三〇年間で、表31が示すとおりである。八三年五月、玉井とかれのスタッフには、このうち六五年から八二年までの推移がみえている。その範囲で、死者数の最高値は七〇年の九一九二、である。その前年の六九年に、かれらの交通遺児育英会は発足したのであった。その七〇年から八二年までの一三年間、三度の小さい例外があったが、成人男女の交通事故による死者数は対前年で減少をつづけ、八二年の数値は七〇年のそれのほぼ半数にまで下降してきた。その状態がつづくならば、ほかの条件が変わらないかぎり、いずれ交通遺児数は半減し、交通遺児育英会の奨学生数も半減すると予想された。

表31によって八三年以後のデータをみると、この予想は大筋で正確であったといえる。成人男女の交通事故による死者数は、八三年から微増微減をくり返しつつ、八七年までは四〇〇〇台、八八年から九四年までは五〇〇〇台で経過してゆく。

ついで、少子化の進行であるが、日本の女性の合計特殊出生率の年次推移は、玉井たちが関心をよせる時間域において、六五年の二・一四から、七〇年二・一三、七五年一・九一、八〇年一・七五、八五年一・七六と減少していた。長期的にみれば、この少子化傾向も、交通遺児数を減少させるはずであった。

さらに、自動車賠償責任保険の死亡限度額のあいつぐ引き上げによる高額化は、交通遺児家庭の多くの家計にゆとりをもたらした。この引き上げは、玉井と交通遺児育英会の社会運動、啓蒙運動の成果としてすでに記述してきたが、ここで、あらためて六〇年代、七〇年代、八〇年代の死亡限度額の推移をみると、表32に示されるとおりである。一九六四年の一〇〇万円が、七八年には二〇〇〇万円、四半世紀のあいだに二〇倍に引き上げられていた。この引き上げによって、交通遺児家庭の多くで家計にゆとりが生じ、それが交通遺児育英会の奨学金にたいする必要の部分的減退につながることが予想されるのであった。

表 31 交通事故による死者数の推移(20–59 歳)

年	死者数	年	死者数	年	死者数
1965	7,300	1975	5,491	1985	4,690
66	7,890	76	5,159	86	4,736
67	7,857	77	4,607	87	4,578
68	8,136	78	4,387	88	5,210
69	9,181	79	4,206	89	5,597
70	9,192	80	4,463	90	5,539
71	8,688	81	4,439	91	5,549
72	8,711	82	4,590	92	5,606
73	7,608	83	4,902	93	5,450
74	5,932	84	4,880	94	5,222

表 32 自賠責保険死亡限度額の推移

引き上げ年月日	死亡限度額
1955 年 12 月 1 日	30 万円
1964 年 2 月 1 日	100 万円
1966 年 6 月 29 日	150 万円
1967 年 8 月 1 日	300 万円
1969 年 11 月 1 日	500 万円
1973 年 11 月 27 日	1000 万円
1975 年 7 月 1 日	1500 万円
1978 年 7 月 1 日	2000 万円
1985 年 7 月 1 日	2500 万円

一九八三年の時点における交通遺児育英会の奨学生数がその後減少するであろうという予想は、そのとおりに実現した。玉井が同会専務理事を辞任する九四年までのデータを、表33に示しておく。その一二年間で、全奨学生数は五六三一から三七五五へと減少した。前者を一〇〇%とすると、後者は六六・七%にあたる。この減少は八九年に一度だけ微増の例外をはさんで、ほかはたえず対前年で減少がつづく規則的なものであったから、制度の宣伝など技術的対応によって防止することができない、時代的必然の結果であったことが

わかる。なお、その期間に、高校奨学生数は四五一一から二五三四へと減少し、後者は前者の五六・二%にあたる。高校奨学生新規採用数は一五五五から七九二まで減少し、後者は前者の五〇・九%にあたる。これらの数字は、高校奨学生新規採用数でみるかぎり、奨学金にたいするニーズがすでに半減していること、高校奨学生の在学中の募集による増員や高校卒業生の進学率の上昇による増員があっても、奨学生全数の減少という大勢をくつがえすことができなかったのを示している。

2 二つの分岐点

社会運動組織の黒字倒産とはいいえて妙であると思われる言葉だが、それがどのような状態であるか、厳密に定義することはむずかしい。前節ではそれを「大きい資金があるのにそれにふさわしい規模の事業がみつからない、または、それにふさわしくない規模に事業を縮小しなければならない事態になって、その結果、会の存在意義が社会によって認められなくなり、会が運動体として存立しえなくなった状態」と、抽象的に定義しておいた。これを具体的に言おうとすると、資金量と事業規模のあいだの対応関係の適切さの程度をどのように規定し、測定するか、さらに、会の存在意義が社会によって認められる程

表 33　交通遺児育英会奨学生数の推移

	奨学生数		
	高校奨学生新規採用数	高校奨学生数	全奨学生数
1979	1,368	4,434	5,284
80	1,474	4,327	5,219
81	1,752	4,491	5,519
82	1,455	4,493	5,581
83	1,555	4,511	5,631
84	1,545	4,330	5,522
85	1,455	4,346	5,489
86	1,335	4,108	5,224
87	1,329	3,913	5,072
88	1,302	3,793	4,947
89	1,366	3,800	5,047
90	1,153	3,549	4,822
91	1,089	3,303	4,601
92	952	2,946	4,257
93	994	2,847	4,129
94	792	2,534	3,755

度や運動体として存立する程度をどのように規定し、測定するかがあきらかにされなければならない。

数理社会学の手法によるのであれば、それらの程度にふさわしい指標をえらび、指数の算出方法を工夫して、それぞれの規定・測定をおこなうことが考えられる。しかし、ここでは社会史の手法により、基本的データの経年比較のみによって、事態の本質を大づかみに示すことにする。

表30にもどって資金量と事業規模の対応関係の推移を追ってみる。一九八三年、玉井はスタッフに交通遺児育英会が黒字体質に変化したこと、そのままでは将来における黒字倒産の危険性があることを警告した。その年の資金量として財産合計をみれば四六億二八〇〇万円、事業規模の基本指標として全奨学生数をみれば五六三一人。一〇年後の一九九三年、その年の資金量＝財産合計一五九億八七〇〇万円、全奨学生数は四二一九人。一〇年間で、資金量は三四五・四％に増大し、奨学生数は七四・九％に減少した。奨学生ひとりあたりの資金量は約四・六倍に膨張している。八三年にすでに黒字体質と言い、全財政の富裕化傾向が自覚されていたのであるから、一〇年後の九三年のこれら数字は、資金量と事業規模との対応関係において、前者が過剰の方向に大きく逸脱しているとみざるをえない。

この指摘にたいしてあえて弁護を試みるとすれば、つぎの方法がある。資金量＝財産合計のうち、運用財産の増大は、奨学金や教育サービスの水準引き上げのためのものであり、奨学生の学業生活のために必要なものであったから、それをふくめて資金量の過剰をいうべきではない。この弁明を妥当であると認めるならば、資金量の事業規模にたいする適正さは、基本財産にかぎって考えられることになろう。一九八三年の基本財産は二二億円、それが一〇年後の九三年には六〇億円となっており、二七二・七％への増大である。奨学生数は、この間に、さきにみたように七四・九％に減少している。奨学生ひとりあたりの資金量は、約三・六倍に膨張している。この数字によっても、資金量が過剰になってゆく傾向は否定されることができない。

基本財産の動きのみに注目すれば、収入が支出を下まわった赤字時代の三年間をふくんで、一九七五年から八一年までが一八億二〇〇〇万円、八二年から八六年までが二二億円、八七年三〇億円、それ以後は毎年平均して五億円が上のせされてゆく。それを支える条件は、八六年以降の毎年の一〇億円を上まわる黒字である。交通遺児育英会の財政は、八六、七年ごろから、可能性のレベルでは黒字倒産していたというべきだろう。それが現実のものとならなかったのは、この財政状態が広く社会に認識されるにいたらなかったからであった。

黒字倒産が現実のものとならないうちに、交通遺児育英会は、災害遺児育英制度を発足させて、黒字を解消し、その圧力から解放される必要があった。八三年五月、玉井はその必要を明確に認識していた。以上から、災害遺児育英制度の設立をめざす動機は、玉井と交通遺児育英会の理事者たち、運動家たちにおいて二つあったというべきである。ひとつは、前章冒頭ちかくで紹介した緒方教授の発言に典型的にうかがわれるような人道主義にもとづく動機であり、災害遺児の教育を第一義的目標とするものである。いまひとつは、本章冒頭で紹介した玉井の発言に直截にあらわれる組織・運動本位の動機であり、具体的には交通遺児育英会の維持と発展を第一義的目標とするものである。玉井自身は、これら二つの動機をともにもちあわせていたが、かれの内部で両者の関係は微妙な性格をもっており、それは丁寧に説明されなければならない。のちにそれを試みる。

黒字体質と黒字倒産というキイ・ワードをつかって、一九八三年以降の交通遺児育英会と玉井の社会的行為の経過を追ってきた。これを背景にして、前章において二つの分岐点と呼んだかれの判断を検討・評価したい。くりかえして確認しておくと、第一の分岐点とは、一九八七年一一月、文部省が交通遺児育英会に災害遺児育英制度を実施してほしい、財源はそちらで確保してもらいたいと申し入れてきたのにたいして、玉井が、国庫からの助成なしではその制度を財政的に運営することができないと拒否したのをさしている。第二の分岐点とは、八八年六月、文部省が育英会に災害遺児制度を実施してほしい、財源は公営ギャンブルから二〇〇〇万円を助成するが、あとはそちらで確保してもらいたいという自民党案を受け入れるかとたずねてきたのにたいして、玉井が、将来、年間一三億円の資金需要が予想されるので、その三分の一、四億円余りの国庫からの補助がないと同制度を財政的に運営する自信がないと拒否したのをさしている。

八七年一一月の第一の拒否についていえば、その前年八六年の育英会財政は黒字が一一億二五〇〇万円。八八年六月の第二の拒否についていえば、その前年の八七年の育英会財政は黒字が一二億四二〇〇万円、黒字の圧力を解消するために基本財産を八億円増額して三〇億円としているのである。国庫からの助成として要求した四億円は育英会で負担しうる資金量であった。これらの拒否にふれて、前章で私が、玉井は文部省の申し入れを拒否することもできたし、受け入れることもできたと述べた根拠はあきらかであろう。国庫からの助成がなくとも、育英会は災害遺児育英制度を実施する財政的体力を充分にもちあわせていた。黒字倒産を回避するために、同会は独力でその制度を実施するべきであった。玉井は二度の拒否によって、かれ自身も望んでいたその回避の機会を逃したのである。それらの拒否は、とくに二度目のそれは、運動家としてのかれの決定的な判断ミスであったといわざるをえない。

玉井の子飼いの運動家たちに、八七、八年の時点で交通遺児育英会は災害遺児育英制度を独力で実施することができたと思うかと訊くと、皆がそう思うと答える。運動家の第一世代の吉川明も、第三世代の小河光治も、そう思うと私に言った。しかし、玉井は二度の拒否をくり返し、運動は苦しい局面に入ってゆくことになった。これは、交通遺児育英会という運動組織の問題状況としてみれば、トップの玉井が誤った判断をくだしたときに、それを誤っていると直言してその修正を要求する参謀たちがいなかったということである。

かれの周囲にいる若い運動家たちはカリスマ的運動家としての玉井に心酔しており、かれの命令にしたがって忠実によくはたらき、戦術の行使ではそれぞれに才能を示すが、ボスの戦略の決定に異議を申し立てることはなかった。玉井自身、そのような異議の申し立てをする人材を身内に育成する努力をしてきたとは言いがたい。

3　判断ミスはなぜ生じたか

それにしても、玉井は、なぜ、八七、八年のこの判断ミスをおかしたのか。この問いは、本書の執筆において私が遭遇しなければならない、回答がもっとも困難な問いである。一九六九年の交通遺児育英会の発足以来、それまで、かれは、運動の基本戦略の設定でつねに正しく、誤ったことがなかった。個別の企画でみても、ゆっくり歩こう運動の失速、母子家庭の母親の雇用促進法の挫折などの二つを例外として、ほかは連戦連勝といってよかった。この社会運動家が、どうして、その判断ミスをおかしたのか。

すでにややくどく述べてきた交通遺児育英会の財政状況などから判断するかぎり、私のような運動の素人がみても、玉井は、八七年の文部省案、あるいは八八年の自民党案を受け入れるべきであった。そうすることで、交通遺児育英会の業務は交通遺児育英制度と災害遺児育英制度の二本立てとなって発展し、同会の財政は黒字の圧力から解放されたはずである。しかし、玉井はそれらの提案を拒否した。これは前記の財政状況などの認識とは区別される別の意識的要因が、かれの内部ではたらいていたことを示唆する。しかし、それがなにであるのかは、私は確証をもってあきらかにすることができない。

玉井自身にインタビューをして、この困難な問いへの回答の糸口をつかもうとしても、これまでのところうまくゆかなかった。楽屋話に深入りするつもりはないが、二点は言っておきたい。ひとつは黒字倒産発言をめぐってである。一九九三年の交通遺児育英会の理事会でかれは同会財政が黒字体質になってきたと述べた記録がある。それをさして、私が、この指摘をあなたは一〇年まえの八三年にスタッフのまえですでにしていますねといった。それにたいして、かれは、いや黒字体質に気づいたのは、その(九三年の)一、二年まえだと強弁するのである。八三年の黒字体質云々の言及は、スタッフが証言しており確かである。ここからは、かれが、八〇年代をとおして黒字体質などに気づいていなかったことにしておきたいという願望をもっていることが読みとれるのである。

いまひとつは、八七、八年の二度の拒否回答にふれてのことである。私は、かれに、あのとき交通遺児育英会は災害遺児育英制度をひきうけることができたのではないかと、たずねた。これは言外にあなたの判断ミスがあったのではないかと言っている。これにたいして、かれは、もしそうしていたら、のちに高級官僚OBが交通遺児育英会を乗っ取ったおりに、交通遺児育英制度と災害遺児育英制度の双方を奪われることになっただろうと応じた。これは言外に二度の拒否回答にもとづき、災害遺児育英制度を交通遺児育英会の外部で発足させたので、それだけでも奪われずにすんだ、不幸の一部を回避しえた、だから拒否回答は正しかったといっている。この結果論のノンセンスにはのちほどふれる。いまは、この応答から、かれが二度の拒否回答を正当化したいという願望をもっていることを読みとっておきたい。

私にいま言えるのはつぎのことくらいである。玉井は八三年の黒字体質、黒字倒産発言にみられるように、かれが指導する運動の財政状況、ひいては将来展望において、正確な認識をもっていた。その認識から導きだされる、交通遺児育英会は災害遺児育英制度をとりこむべきだという運動戦略は妥当なものであった。しかし、その認識とは区別されるほかの意識的要因がかれの内部にあり、それらによって、かれは災害遺児育英制度への国庫助成に固執して、判断ミスをおかした。その意識的要因として、仮説構成風に三つのものを想定する。

第一。交通遺児育英会の財政黒字について玉井にはたがいに対立する矛盾した意識があった。すなわち、(1)まず、すでに紹介した黒字体質、黒字倒産の発言に示されるような正確な理性的認識があった。これは交通遺児育英会の社会運動を発展させてゆくために、必要かつ有効な認識であった。(2)つぎに、財政黒字をかくしておきたいという願望があった。大著『交通遺児育英会二十年史』は、同会の財政をあつかう章で、収入の構成をくわしく述べるが、支出の構成には一切ふれず、黒字の存在にもまったく言及しない。(3)前項の願望は、ときに財政黒字はなかったことにしたい、さらに進んでは、なかったという虚偽意識に転化することさえあった。それは本人が虚偽と意識していない虚偽意識である。私のインタビューへの答えにその一例がみられる。(2)、(3)の背景には、運動の初期段階で会財政の危機を社会にアッピールして、寄付などにより財源の確保に成功してきた歴史的体験があった。あらためていうまでもないが、(1)と(2)、(3)は矛盾する。この矛盾によって、(1)のみからならば簡単に引き出せる、国庫助成をともなわない災害遺児育英制度の実施という路線が選択されなかった。

第二。社会運動家としての玉井は、運動のための資金動員と人員動員、かれが好んでつかう言葉でいえば金集めと人集めにおいて、ほかの人物がけっして及ばない能力と資質をもち、実績をあげてきた。その実績は、企業や政府の権力とはげしく闘争して、獲得してきたものであった。この実績と闘争にかれはつよい自負の感情をもっていた。そのかれにとって、八七年の文部省案や八八年の自民党案を受け入れることは、自負心が許さなかったのではないか。文部省などを力で押し切り、国庫助成をえて災害遺児育英制度を発足させることが、運動家としての自分にふさわしい仕事であると、かれは考えていた。八七、八年の二度の拒否回答とそれにつづく事態の報告をきいて、ある若い研究者は、六九年に玉井が日本自動車工業会につよく迫って、二億円の寄付の申し出を拒否して、一〇億円を寄付させたさいの手際を連想すると言った。自動車工業会は力でねじふせられたが、政府相手ではそうはいかなかったということですか、と彼女は言った。それを踏まえていえば、社会運動家は、初期の勝ち戦さのパターンを踏襲しつづけて、のちに敗け戦さの憂き目にあうことがある。これはその一例か。

第三。玉井には、交通遺児と災害遺児の関係について、たがいに対立する矛盾した意識があった。すなわち、(1)ひとつは、交通遺児と災害遺児は死別遺児として同じであるという認識である。これは、交通遺児育英会の発足前後からのかれの公式言明に一貫してみいだされる。なぜ交通遺児のみを遺児のなかで優遇するのかという批判にたいして、かれは、交通遺児救済を突破口にして全遺児救済をめざすのだと答えるのがつねであった。そこでは交通遺児とほかの死別遺児は本質において同一であるという認識があった。(2)しかし、いまひとつ、交通遺児は死別遺児のなかで別格の存在であるという認識があった。日本経済の高度成長、その原因でもあり結果でもあるモータリゼーション、それによって多発した交通事故がうみだした交通遺児と交通遺児家庭は、繁栄する社会の犠牲者である。そのような存在として、交通遺児はほかの死別遺児より優先的に救済されるべきであると、かれは考えていた。かれは、(1)を「タテマエ」、(2)を「ホンネ」として使いわけていた。災害遺児育英制度の財政を、交通遺児育英会の資金で一〇〇%まかなうことは、もちろん寄付行為を改正したうえでのことだが、(1)によれば当然であったが、(2)によれば抵抗が感じられた。この抵抗が、同制度にたいする国庫助成の要求への執着となったのではないか。

4　交通遺児の生活史

一九八三年の時点で、玉井義臣とかれのスタッフは、交通遺児育英会の奨学生数が長期的にみると減少することが避けられないと見通していた。それは会財政の富裕化といっしょになって、同会の運動の将来展望に閉塞感をもたらしており、それを打破するべく災害遺児育英制度の設立が構想された。ここまではすでに述べたとおりであるが、実は、閉塞感をもたらしているのは、奨学生たちの量的減少のみではなかった。かれらの質的低下というもうひとつの事実があった。具体的にいえば、高校のランク別構成では、高校奨学生たちの進学先は、一般の高校生のそれに比較して、エリート高校の比率が小さく、底辺高校の比率が大きかった。また、高校奨学生たちの卒業後の進路を経年比較すると、四年制大学への進学率が低下してきており、大学進学者にかぎってみれば、アカデミック・ランキングの高い大学への進学者の比率が低下してきていた。これらは、奨学金の貸付業務のなかで漠然と認知されていたが、一九八七年、交通遺児育英会が私を主査として実施した「交通遺児の生活史調査」によって、統計的に証明された。

この調査は、交通遺児育英会の高校奨学生から、卒業年次によって、七二・三年卒業のグループ、七七年のグループ、八二年のグループ、八七年のグループをとりだして標本とし、一五年間での遺児の生活史の変化をあきらかにしようとした。以下、各グループを〈72・73年〉、〈77年〉、〈82年〉、〈87年〉と略記する。膨大な調査結果から三点のみを紹介する。

第一。進学先の高校をランク別にみると、交通遺児育英会の高校奨学生は、全高校生に比較して、より高いランキングの高校に進学する者の比率が小さく、より低いランキングの高校に進学する者の比率が大きい。卒業生のうち、四年制大学に進学を希望している者の比率によって、高校を五つのランクにわけた。すなわち、Ⅰ＝八一―一〇〇%、Ⅱ＝六一―八〇%、Ⅲ＝四一―六〇%、Ⅳ＝二一―四〇%、Ⅴ＝〇―二〇%、である。これによってみると〈87年〉の同会の高校奨学生と同年卒業の全高校生と比較すると、ⅠからⅣまでに在学した比率は後者でより高く、Ⅴに在学した比率は前者でより高い。Ⅰに在学した者の比率は、同会の高校奨学生で六・〇%、全高校生で一一・〇%である。ⅠからⅢまでに在学した者の比率の小計は、同会の高校奨学生で二五・五%、全高校生で三六・五%、である。これにたいして、底辺校のⅤに在学した者の比率は、同会の高校奨学生で五〇・七%、全高校生では四四・五%である(表34)。高校のランク別にみて、同会の高校奨学生の学歴は相対的に低い。

第二。交通遺児育英会の高校奨学生で四年制大学に進学する者の比率は、継時的に観察すると、次第に低下してきていた。男女あわせてみると、その比率は〈72・73年〉で二三・〇%、〈77年〉で二三・〇%、〈82年〉で一六・三%、〈87年〉で一四・〇%、と推移していた(表35)。また、同会の高校奨学生で卒業後四年制大学に進学した者を一〇〇%として、そのなかで、アカデミック・ランキングが比較的高い大学に進学した者の比率も低下していた。仮りに、その範疇に属する大学として、(1)旧制帝国大学、(2)早稲田大学、慶応義塾大学、(3)国公立大学、(4)戦前からの私立大学を一括して、そこに進学した者の比率の小計をもとめると、〈72・73年〉で二九・二%、〈77年〉で二九・二%、〈82年〉で二四・一%、〈87年〉で一二・三%、となった。あらためていうまでもないが、この比率の下降線は、四年制大学への進学率が一五年間で半分ちかくに落ちこんでいるのだから、実質的にはもっと急角度に下降している。これにたいして、短期大学、専門学校に進学する者の比率は上昇してきていた(表35)。同会の高校奨学生の学歴は、高等教育をうける機会でみても低下してきており、それは八〇年代に入って急速に進んでいた。

第三。この学歴の低下傾向が規定して、交通遺児育英会の高校奨学生の高校卒業後、あるいは大学・短期大学などの卒業後の最初の就職先で、官公庁・大企業の比率が低下し、中小・零細企業の比率が増大していた。官公庁と従業員一〇〇〇人以上の企業に就職した者の比率の小計をもとめてみると、〈72・73年〉で四一・三%、〈77年〉で四〇・七%、〈82年〉で三一・六%、〈87年〉で三〇・九%、と推移していた。従業員規模が

表 34　高校ランク・全高校生との比較(87 年グループ)

ランク	I	II	III	IV	V	不明
交通遺児	6.0	9.4	10.1	14.4	50.7	9.4
全高校生	12.0	11.0	13.5	14.6	44.5	4.4

表 35　高校卒業後の進路　(単位%)

	グループ	大学	短大	専門学校	浪人	就職	その他	無回答
全体	合計	18.5	9.3	13.2	4.6	50.6	1.1	2.7
	87　年	14.0	10.9	14.7	10.7	47.1	1.0	1.6
	82　年	16.3	9.3	14.6	2.6	53.9	0.8	2.6
	77　年	23.0	8.5	11.7	1.3	50.9	1.7	3.0
	72・73年	23.0	7.9	10.8	1.8	51.9	1.1	3.4
男	小計	27.9	2.0	9.0	7.7	50.2	0.8	2.4
	87　年	20.0	2.4	11.2	18.5	45.9	0.9	1.2
	82　年	26.3	3.5	8.5	3.1	56.0	—	2.7
	77　年	34.8	0.7	9.4	2.5	47.8	1.1	3.6
	72・73年	33.6	1.3	5.7	3.1	52.8	1.3	2.2
女	小計	8.9	16.7	17.6	1.6	51.1	1.5	2.6
	87　年	7.9	19.4	18.2	2.9	48.2	1.2	2.1
	82　年	6.7	14.8	20.4	2.2	51.9	1.5	2.6
	77　年	10.3	16.9	14.2	—	54.4	2.3	1.9
	72・73年	11.8	15.1	16.5	0.5	51.4	0.9	3.8

五〇〇人以上の企業を大企業とみなしても、同様の低下傾向がみられる。

これにたいして、中小・零細企業つまり五〇〇人未満の企業に就職した者の比率は〈72・73年〉で四九・七%、〈77年〉で五一・五%、〈82年〉五八・〇%、〈87年〉六一・一%と、一貫して上昇してきていた。

最初の就職先にみられる以上の傾向は、高卒か短大・専門学校卒で就職した者でとくにいちじるしく見出された。これらの傾向によって、同会高校奨学生の就職後の労働条件が継時的にみて相対的に低下していると推測された。

第一点と第二点で確認された、交通遺児育英会の高校奨学生の学歴の相対的な低さ、低下の傾向は、なにを原因としていたのか。教育社会学の一般的知見によれば、その原因と推測される調査によって確認された事実は、データの紹介は省略するが、つぎの二点である。(1)交通事故で死亡した父親あるいは母親の学歴は、同年代の男女のそれに比較して、相対的に低い。これは、交通遺児家庭の事故当時の経済的・社会的階層が一般に比較して低位に偏ることを示唆する。この階層の相対的低さ、さらに母親の学歴の相対的低さそのものが、さきにいった原因となる。(2)高校奨学生のうち、幼児期に父親を失った者の比率が継時的にみて上昇してきていた。幼児期に父親を失った交通遺児家庭のほうが、それ以外の交通遺児家庭より、遺児の高校時代に奨学金を必要とするケース、つまり相対的に貧困化するケースが、増加してきたということだろう。これは交通事故にたいする補償制度が急速に改善されたので、古い時代に交通遺児家庭になったものほど貧困化しがちであったということでもある。この貧困化もさきの原因となる。

また、この調査に先行する、われわれがおこなった各種の「交通遺児の教育調査」のデータなどからは、つぎの事態も原因であろうとみなされた。七〇年代、八〇年代に、小・中学生たちの学校外での勉強が長時間化し、高度化する一般的傾向があった。かれらは早くから学習塾に通い、家庭教師をつけられるのが普通になってきていた。受験技術は精密化し、長い年月にわたって積みあげられてゆくものになった。これにたいして、交通遺児家庭は家計の相対的な貧しさ、ひとり親が職業をもち、日中は家庭にいないことなどによって、この一般的傾向についてゆけないばあいが多かった。これによって、一般の子どもの学力・成績と、交通遺児のそれとの格差が拡大しつつあるとみられた。

この調査結果は、交通遺児育英会の運動家たちが漠然と危惧していたものを、衝撃的にはっきりと突きつけることになった。結果のプレス発表にさきだって、配布する資料を確認していたとき、山本孝史が沈欝な表情で、「つまり、われわれの運動は、交通遺児たちを下積みサラリーマンに仕立てているということですね」といったのを、私は、はっきりと覚えている。山本は、交通遺児にいま少し明るい、希望がもてる未来を約束するつもりだったのに、と言いたげであった。

マス・メディアの多くも、この調査結果に注目した。その一例として『朝日ジャーナル』編集長、伊藤正孝が、同誌の巻頭「風紋」欄に執筆した「一二年戦争からの脱落」をあげておく。

「筑波大の副田義也教授は一五年にわたって交通遺児たちの生活を追っている。一九八〇年代に入って、副田教授はひとつの異変に気付いた。八七年度に行った調査は、副田教授の暗い予感を裏付けていた。／『遺児の一流高校、一流大学への進学が減った。七〇年代まで遺児の東大生が何人もいたが、いまは皆無。小学校から高校まで一二年間にわたる受験戦争に、貧しい遺児はついてゆけなくなった。』／一二月一四日の朝日新聞は、『東大生はリッチでしっかり型』と報じた。東大生の家庭の年収は八七二万円。特に高収入家庭の伸び率が大きく、九五〇万円以上が前年の二九・七％から三五・五％になった。父親は従業員千人以上の企業の管理職が目立つ。当然高学歴である」。

このような書き出しにつづいて、伊藤は、前述のわれわれの調査結果をくわしく紹介し、つぎのように結んだ。

「交通遺児育英会の創設者玉井義臣氏は『以前は貧しくても頭が良ければ短期集中型の勉強で一流大学に十分入れた。そんな例が年々減っている』と言う。／富める者はますます栄え、貧しい者はますます沈む。教育が階層分化の後押しをするようになった。知識の断片をかき集めているうちに、別の大きなものを失いかねませんよ、と言い続けるほかない」。

5 格差拡大と平準化傾向

かなりの部分はすでに言ったことであるが、玉井義臣には秀才好み、人材好みという癖があった。これは公表されたことはないが、大学奨学生の採用試験での面接のさいにも、東大生の受験生がいると、かれらのみにたいしては、玉井自身が面接することにしていた。また、大学奨学生のうちでこれはとおもう秀才、人材をみつけると、かれは、かれらを専門研究者、キャリアの国家官僚、主要なマス・メディアの記者となるように誘導するのがつねであった。かれは、交通遺児育英会の運動が一〇年を経過したときに、時期区分して、最初の一〇年は救済の時代、つぎの一〇年は教育の時代と唱えた。この教育の時代は「タテマエ」では広く遺児たちを社会に役立つ人材にすることをめざすものであったが、それとは別に「ホンネ」では大学奨学生たちのなかからかれ好みのエリートたちが輩出するようにという期待がはたらいていた。

その玉井にとって、一九八七年の「交通遺児の生活史調査」があきらかにした事実は辛いものであった。交通遺児育英会の発足から一九年目におこなわれたその調査は、むしろ、最初の一〇年が教育の時代であり、つぎの一〇年が救済の時代となっていることを示していた。この判断は、二〇〇〇年の現在からみても動かない。玉井は、九三年のあしなが育英会の発足後、運動の「顔」として、たとえば、山中湖のつどいの講師などに交通遺児の大学奨学生出身のエリートをつかっているが、華がある人材の多くは初期の一〇年の大学奨学生たちから出ている。九七年のつどいの講師はハーバード大学医学部教授、のちに慶応義塾大学医学部教授の西本征央、かれは大学奨学生第二期であった。九八年の同上の講師は前出の金木正夫、現在、ハーバード大学医学部講師、かれは大学奨学生第六期であった。この第六期が育英会発足後、ちょうど一〇年目の採用になる。

玉井が、八七年に私に「交通遺児の生活史調査」を委託し、その年の四月の心塾の入塾式で、新入塾生たちに自己紹介をさせるとき、大学名を言わせないことにしたのは、象徴的な変革であった。かれらは、出身地、姓名、大学での専攻分野のみを言って、自己紹介をした。玉井は、機関紙のコラムで、そのねらいをつぎのように解説した。

「今年から心塾では大学名は言わずにおこう、と決まったのだ。みんな〝ただの心塾生〟だけがいい。名札には、学年、部屋番号、名前だけしか書いてない。／これはちょっとした革命をおこそうとしている。時代を先取りしたい。大学の名にとらわれない『心塾生』をめざさせたい。肩書きや出身大学を言わず、『名前だけで通用する人間』になってほしいという願いがある。／(中略)僕は、大学名に優越感やコンプレックスをもちつづけるのはナンセンスだし、〝本物づくり〟の教育の邪魔になる、と思う。いま世界は空前の危機にあり、日本も例外ではない。視界の開けない海を航海している今、大学出に求められるのは『学歴』ではなく、乗組員である国民を安全に守ろうという『心』と『実力』だ」

これを読んだとき、私は微苦笑を禁じえなかった。まさによく言うよという感じである。玉井の一流大学好み、東大好みとハーバード大好み、かれがどれほどに西本や金木の存在とかれらがかれによせる敬意、信頼を誇りとしているかを私は知っている。しかし、かれは、心塾のなかで大学名を言わずにおこう、というのである。心塾教育のために、ひろくは交通遺児育英会の奨学生教育のために、それを言わないことが必要であると、かれは判断したのだ。その判断は正しかった。交通遺児のおかれている状況が変化して、それが必要になってきていた。その後、かれが自らのエリート好みの「ホンネ」をどこまでかくしおおせて、この「タテマエ」を実行することができたかは知らない。多分、ときどき「ホンネ」をもらしてしまったのではないかと思うが。しかし、大学名を言わずに暮らすということは、心塾の文化的伝統になった。よい教育は

表 36　ひとり当たり実収入での交通遺児勤労者世帯と一般勤労者世帯の比較

	1975	1976	1978	1979	1981	1982	1984	1987
交通遺児勤労者世帯ひとりあたり実収入	80.1	67.1	59.7	46.5	46.6	44.2	40.0	41.9
一般勤労者世帯ひとりあたり実収入	100.0	100.0	100.0	100.0	100.0	100.0	100.0	100.0

ときに偽善を必要とするのである。

「交通遺児の生活史調査」があきらかにした事実は、もっとも抽象化していえば、交通遺児家庭の生活水準と一般家庭のそれとの格差が、八〇年代に入って拡大してきたということだった。交通遺児家庭は一般家庭に比較してますます貧しくなってきていた。われわれは、それを、交通遺児たちの学歴の低下をつうじて、認識したのであった。これは、一九七五年から八七年にかけてわれわれがおこなった交通遺児家庭の家計調査によっても、いっそう端的に確認される。調査方法などのくわしい紹介は割愛して、最終結果のみをいうが、交通遺児勤労者世帯のひとりあたり実収入と一般勤労者世帯のひとりあたり実収入を比較すると、一九七五年では、後者を一〇〇・〇%とすれば、前者は八〇・一%、であった。以後、前者の比率の推移のみを追うと、七六年六七・一%、七八年五九・七%、七九年四六・五%、八一年四六・六%、八二年四四・二%、八四年四〇・〇%、八七年四一・九%、となる(表36)。一三年間で、交通遺児家庭の生活水準と一般家庭のそれとの格差は約二〇%から約六〇%へ、三倍に拡大されたことになる。

ところが、この格差の拡大にもかかわらず、それを当事者である交通遺児家庭の成員に意識させにくくする平準化傾向が、その家庭の生活と意識に生じて、問題の性格を複雑にしていた。平準化傾向として思いつくものを二例あげる。

第一。「交通遺児の生活史調査」は、交通遺児であることを隠したい気持をもった遺児の比率が継時的にみて増加することをあきらかにした。すなわち「お父さんが事故で亡くなったあと、あなたは交通遺児であること、母子家庭であることを他人に隠したいという気持がありましたか」という問いにたいして、「あった」、「少しあった」と回答した者の比率の小計は、〈72・73年〉で二六・一％、〈77年〉で三一・四％、〈82年〉で三八・五％、〈87年〉で四〇・二％、と上昇線をたどっていた。交通遺児家庭、母子家庭であることをかくしたいという気持は、一般家庭とみられたいという気持である。生活水準の格差は拡大し、貧困化が進行しているにもかかわらず、交通遺児たちで（おそらくその母親たちでも）他人の目に映じる自らの姿が平準化していることを望む者が増えていたのである。これは、交通遺児家庭の生活水準が、一般家庭に比較して相対的には低下しているにもかかわらず、それ自体としては絶対的に向上してきたことの反映であったのだろう。

第二。交通遺児家庭の生活水準の向上を証明する客観的データを、私はもちあわせていない。止むを得ず、主観的記憶で代用する。七〇年代後半から毎年、私は、交通遺児と母親の全国大会にゲストとして招かれ、そのときに手がけている交通遺児家庭にかんする調査の結果を報告していた。また、その後、分科会に出席して、二〇人前後の母親たちの自分史語りや日常生活のなかでの悩みや要望の訴えを聞くのをつねとしていた。この分科会で、私は、母親たちの衣裳が、それまでと比較して、急に明るく華やかに、いいかえれば同年代の普通の女性たちの衣裳のように変化してきたのを意識したことがある。災害遺児家庭のことが話題になったころであったから、八〇年代半ばちかくのことであっただろうか。女性の衣裳についての私の観察眼の正確さははなはだしく当てにならないから、私がその変化に二、三年おくれて気がついたというようなことは、充分にありうることである。したがって、時期を特定する自信はないが、八〇年代に入って、交通遺児家庭の母親たちの衣裳が平準化し、おそらくは交通遺児家庭の日常生活のほかのいくつかの生活活動も平準化したと推測されるのである。

交通遺児育英会が発足したころ、交通遺児家庭の生活問題は単純な性格で、わかりやすいものであった。

事例調査で訪れた家庭の貧困状況は、古典的表現でいえば文字通り「赤貧洗うがごとき」有様で、その貧困問題から疾病問題、住宅問題、教育問題が重層的に派生していた。第Ⅵ章で紹介した、われわれがおこなった五つの調査は、それらの生活問題をあきらかにしている。そういえば、七五年に事例調査で、私がインタビューしていたところ、母親が語る貧困状況のあまりのすさまじさに、背後にひかえていた記録掛りの牧園清子(当時東京都老人総合研究所助手、現在松山大学教授)が泣き出してしまったのを思い出す。これにたいして、一〇年たった八〇年代の半ばには、交通遺児家庭の生活問題は、一般家庭との関係において、生活水準の格差は拡大しつつ、その平準化が生じているという複雑な性格、わかりにくいものに変化していた。それは、古典的な生活問題の苦難を訴えてゆくという交通遺児育英会が歴史的に確立してきた運動手法と矛盾することがあった。

6　あしなが育英会の誕生

災害遺児の高校進学をすすめる会は、一九八四年九月一日に発足し、国庫助成をともなう災害遺児育英制度の創設をめぐって文部省、総務庁などと抗争しつつ、八八年四月二〇日、独自財源による奨学金制度の実施に踏みきった。この過程の政治社会学的素描は前章と本章のこれまでの記述にみられたとおりである。

ところが、その制度を実施してみると、思いがけない事実があらわれた。災害遺児の高校進学をすすめる会の奨学金制度に出願してくる者の数が、予想を大幅に下まわって小さく、かつ伸びず、それどころか三年目からは低下してゆくのであった。まず、その事実を確認しておこう。奨学生の主力である高校奨学生のばあい、予約採用は、制度が実施されて二年目の八九年からおこなわれたが、その出願者数は八九年三七二、九〇年二九七、九一年二八六、九二年二二七、と落ちこみつづけた。これを主要な原因として、採用された高校奨学生の合計は、八八年は在学採用のみで二〇九であったものが、八九年には四三二と増加したものの、その後は、九〇年三五四、九一年二九四、九二年二〇二、と落ちこむ一方であった。

大学奨学生では採用された合計数は、八八年七、八九年四四、九〇年四八、九一年八〇、九二年八二、と微増をつづけたが、絶対値が小さいので、全制度奨学生の採用された合計数が三年目以降、減少してゆくのに歯止めをかけることができなかった。それは、八八年二一六、八九年四七六、九〇年四〇二、九一年三九一、九二年三一三、と推移した(表37)。

表 37　災害遺児の奨学生数の推移

	高校奨学生		大学奨学生		全制度奨学生
	予約出願	採用合計	予約出願	採用合計	
1988	—	209	—	7	216
89	372	432	60	44	476
90	297	354	68	48	402
91	286	294	94	80	391
92	227	202	122	82	313

注）全制度奨学生は，高校奨学生と大学奨学生に，専修学校，各種学校，大学院の奨学生をあわせたもの．

玉井は、一九八七年のかれの編著『災害がにくい〈災害遺児作文集〉』の巻末の「『愛の松明』のリレーを――編者あとがき」のなかで、現在のところ、二〇歳未満の災害遺児は六万五〇〇〇人、交通遺児は八万人程度が存在すると推計し、ただし、災害遺児は漸増しており、交通遺児は漸減しているので、両者の数字の大小はいずれ逆転するであろうと予測していた。災害遺児が六万五〇〇〇人という数字は、八五年に私が主査としておこなった調査で各種官庁統計をくみあわせて推計したものであり、玉井はそれを引用している。しかし、私は、その時点において、交通遺児が八万人という数字は実際より過大であろう、災害遺児数と交通遺児数の逆転はすでにおこっているであろうとみていた。玉井は、交通遺児育英会の運動のなかでかつて交通遺児は一〇万人いると主張しており、その後、年間の交通事故による死者数が半減したのを考えあわせると、その数字を減少させなければならないが、運動の重要性を印象づけるためにはなるべく大きい数字を出しておきたいという思惑もあって、八万人と言っているらしかった。

しかし、いずれの推計が正しいにせよ、災害遺児の奨学生数と交通遺児の奨学生数はある程度似通うものになるはずであった。それが、さきの五年間の幅のなかでみると、災害遺児では各年に採用された奨学生数の合計は八九年の四七六が最高値である。ところが、同年の交通遺児育英会が採用した奨学生数は、高校奨学生一三六六、大学奨学生三三四、専修学校奨学生八六、大学院奨学生ほか一〇、合計一七九六となっている。この年の採用された奨学生数の割合は、災害遺児一にたいして、交通遺児約三・八となる。データの紹介は省略するが、この倍率はその後九二年まで拡大しつづけることになった。

交通遺児育英会と災害遺児の高校進学をすすめる会が奨学生を採用するさいの選抜方法はよく似ていたから、さきの事態が生じた基本的原因は、奨学金の貸与を申し込んでくる者が、交通遺児に比較して災害遺児で少ない、実数で四分の一前後と少ないということにあったとみてよい。それはなぜなのか。当時、二つの会の運動家たちが仮説的に想定していた理由はつぎの二つであった。(1)二つの会はそれぞれに全国の中学校、高等学校に呼びかけて在学している遺児たちのリストを提供してもらい、かれらに奨学金制度のPR資料や申し込みのための書類を送っていた。ところが、交通遺児たちのリストに比較して、災害遺児たちのリストは、提供されるばあいがきわめて少なかった。これは、学校が交通遺児の存在は認知していても、そのほかの遺児のばあい、そのなかで災害遺児を識別、認知するのが困難であるためか、と考えられた。(2)また、八五年の調査で災害遺児を生じさせる災害の約半数は労働災害と認定されていた(X章4・参照)。それらの災害による遺児家庭には労働災害補償保険が支払われるので、それによって比較的安定した生活水準が維持されており、奨学金のニーズがあらわれにくいのではないか、とも考えられた。

この事情にくわえて、運動の現場の感覚では、災害遺児は交通遺児に比較して、社会問題としての世論への訴求力が弱いということがあった。交通遺児育英会は、交通事故は高度成長とモータリゼーションの産物であり、そのかぎりで交通遺児と交通遺児家庭は変動する社会の犠牲者であり、その救済は社会の当然の責務であると主張してきていた。しかし、災害は雑多な内容をもっており、労働災害や洪水、大火などは社会的災害であると言えたが、海水浴にいって溺死したとか、蜂に刺されてショック死したとかいうケースは社会的災害であると強弁することが困難であった。災害遺児家庭の実態調査をおこなったのち、すべての災害遺児と災害遺児家庭が社会の犠牲者であり、その救済は社会の責務であると主張するには無理があった。

災害遺児育英制度の出願者が予期したほどに伸びない。災害遺児問題が世論にたいしてもつ衝撃力がいまひとつ足りない。交通遺児育英会の運動が直面している閉塞状況は、災害遺児育英制度の創設のみでは突破できそうにない。そう考えて、玉井とかれのスタッフたちは、さらに病気遺児育英制度の可能性を追求することになった。さきに言ったように、災害遺児の高校進学をすすめる会が独自財源で奨学金制度を実施するのは一九八八年四月であるが、その翌年の八九年夏には早くも大阪で病気遺児の高校進学を支援する会が組織され、九月二三日には最初の育英募金をおこなっている。すでに述べたすすめる会が最初の育英募金をおこなうまでの経過に比較すると、支援する会のその経過はあわただしく進められた印象がある。このおりの仕掛け人として玉井が起用したのは、交通遺児育英会事務局で関西地区を担当していた柳瀬和夫で、かれが災害遺児の奨学生たちと交通遺児の奨学生たちから活動家をえらんで組織して、大阪の支援する会をつくった。

柳瀬は同会の代表に災害遺児の大学奨学生鶴谷貴子を抜擢した。彼女の父親は大工であったが、彼女が三歳のとき、自宅のベランダから転落して死亡、母親が中学校の用務員をして三人の子を育てた。鶴谷は長女で高校卒業後は学資の当てがなく就職するつもりでいたが、友人になった交通遺児の大学奨学生から災害遺児育英制度が前年発足したと教えられ、それを利用して大谷女子短大に進学した。鶴谷は、その後、柳瀬の見込みどおりの運動の「顔」として活躍することになった。

災害遺児の高校進学をすすめる会と病気遺児の高校進学を支援する会は、その後、それぞれに運動を展開して、九三年四月一日に合併して、あしなが育英会が誕生する。それまでの二つの会の歩みを概観しておこう。

まず、財政であるが、すすめる会については一部ですでに述べたところと重複するが、八七年から九二年までの寄付金額は、表38のように推移している。すすめる会は八八年四月から奨学金を貸与しはじめるが、二億二〇〇〇万円余の原資をもっていた。その年から災害あしながさん制度がはじまり、その寄付と一般寄付をあわせると、八八年三億三〇〇〇万円余、八九年五億五八〇〇万円余が最高値で、以後は九〇年四億六二〇〇万円余、九一年四億二一〇〇万円余、九二年三億八七〇〇万円余と漸減してゆく。

支援する会は、八九年から寄付を集めはじめ、九〇年は全国学生交通遺児育英募金が四一回目であしなが学生募金と名称を改め総募金額を交通遺児育英会、すすめる会、支援する会に三分の一ずつ配分するようになったので、それを主力に一億四〇〇〇万円余の寄付をえる。翌九一年からは病気あしながさん制度がはじまり、その寄付と一般寄付をあわせると、九一年三億八八〇〇万円余、九二年六億六〇〇〇万円余と、こちらの寄付総額は急上昇してゆく。支援する会は、奨学金の貸与をはじめる九三年春には一二億円ちかい原資をもっていたことになる。

この財政準備にもとづき、支援する会は、九二年には奨学金制度を創設し、同年四月には翌年春から奨学金を貸与する中学三年生の予約採用生五

援する会への寄付金額の

校進学を支援する会	
一般寄付	合　　計
―	―
―	―
591,933	591,933
140,290,774	140,290,774
167,034,716	388,288,111
225,702,919	660,766,646

表 38　災害遺児の高校進学をすすめる会，病気遺児の高校進学を支
推移(1987 年以前から 92 年まで)

	災害遺児の高校進学をすすめる会			病気遺児の高
	あしながさん寄付	一般寄付	合　　計	あしながさん寄付
1987年まで	—	221,453,232	221,453,232	—
1988年	160,528,744	170,494,829	331,023,573	—
89	320,500,627	237,622,029	558,122,656	—
90	325,191,266	137,335,849	462,527,115	—
91	290,074,376	131,504,751	421,579,127	221,253,395
92	254,792,905	132,777,711	387,570,616	435,063,727

六三人を決定した。このとき、予約採用に出願してきた者は七六五人おり、災害遺児育英制度の不振を埋めあわせて、災害遺児育英制度と病気遺児育英制度をあわせれば、交通遺児育英制度と同程度の事業規模の展開がみとおせることになった。

組織と人的構成の面では、九一年一〇月一日に、すすめる会が、それまでは交通遺児育英会の事務局の一角に居候していたが、千代田区平河町の独自の事務所に移転した。すすめる会はそのときまで小河光治が会長でワン・マン・オフィスであったが、それを機会にフォーマルな組織に編成されて、武田豊に会長に就任してもらい、交通遺児育英会から山北洋二が移ってきて事務局長になり、小河は、堀田まゆみ、寺山智雄、福井広之などとあらためてその事務局に入局し、係長になった。小河は、会長から係長への大降格人事の主人公であると自己紹介をしては、仲間を笑わせていた。支援する会も、このとき、前記の事務所に移転した。

XII　社会運動家は追放された

1　組織管理の失敗

久木義雄は、玉井の滋賀大学時代からの友人で、交通遺児育英会の設立準備の段階から参画し、一九六九年五月に会が発足すると事務局次長となり、七三年四月から理事・常勤役員となり、事務局長をつとめた。かれは、事務局運営において、玉井につぐ重要人物であったが、かれと若手の運動家たちのあいだに抗争がたえなかった。その抗争のなかで八〇年、桜井芳雄が事務局を去った。そのさいの玉井の対応に若手が不満をもち、かれに抗議した者もいた。これらはすでに述べたとおりである。

久木は、規則好きで管理好きのところがあった。かれの規則好きは、交通遺児育英会の「寄付行為」、「庶務規定」、「奨学金貸与規定」などを暗記していて、問題があるときはそれらの規則にたちもどり、それらにもとづいて判断するようにと、若手にくり返し説教するところによくあらわれていた。かれにとっては、つどいなどの行事も事前につくられたマニュアルどおりに実施されることがなによりも大事で、出先で若手がおこなう臨機応変の変更など認めないために、軋轢が生じることが少なくなかった。

山北、林田、吉川が連名で、久木の行状を告発し理事長の石井栄三に直訴した二つの文書がある。第一の文書は八二年一月のもので、結論として、久木の事務局長の解任と事務局からの追放を要求している。その中に記載されているふたつの事例を紹介する。

(1)一九八一年四月から七月にかけて、本部職員も月に二回から四回、心塾の夜勤を命じられた。つまり、心塾勤務日は本部で一七時まで仕事をし、すぐに塾にゆき、翌日一三時まで勤務をし、自宅に帰るシステムである。これを聞かされた吉川は、「休みはもらえるのか?」と問うと、久木は「玉井専務は翌日の一七時までの勤務を考えていたのに、おれが一三時までにしてやったのだ。文句があるなら一七時までにするぞ。人事のことに課長補佐ごときが口を出すな。おれはタカ派だ」とわめいた。そのとき、宿直手当を検討しているとも言っていたが、結局、日曜日に心塾勤務をしても代休はないままで、宿直手当も支払われていない。

(2)八一年の北海道のつどいで、富岡誠は貸切りバスの一台目と二台目の到着の時間差が予想以上に大きくなると判断して、開会式後に予定していたジャージーへの着換えをさきにするように指示した。こうした進行マニュアルの変更はそれまでにもたびたびおこなわれている。しかし、久木は「マニュアルの変更は、つどいの出張グループの長である私の専決事項だ。私の権限がおかされた」といって、富岡を長々と叱り、始末書を書かせた。

また、林田の談話から類似の一例をあげる。

(3)心塾が開塾されて最初の冬に入ったころ、塾生たちには毛布を二枚配布してつかわせ、寝かせていたのだが、それでは寒いという申し立てが林田のところにきた。林田も同じ条件で寝ていて、寒いと感じはじめていた。暖房は午後一〇時まで入れているのだが、それを切ったあと室温が下がるのである。そこで久木に連絡をとって布団を購入、配布することを提案すると、久木はだめだと答えた。心塾の建物は、日本設計の有名な建築家が設計しており、暖房をたけば、毛布二枚で寝られるはずだ。そうおれは聞いている。しかし、暖房を切ったあと、寒くなるのですと押し返していうと、それじゃ朝までボイラーをたいて暖房を入れておけ、ボイラー室に宿直者二人のうちひとりが朝までいろ、これは業務命令だ、という。職員三人のうち、二人が宿直をしてあきらかに過労状態であるのに、この無理な要求はその冬中、強行された。

これらの事例について、久木の側にはかれなりの言い分があるかもしれない。しかしいずれにしろ、ここから、当時、若手の運動家たちが久木の言動をどう見ていたかをうかがい知ることができるであろう。

争いが大小とりまぜて、毎日、延々とつづいた。その多くは、玉井の耳にも入ったはずなのだが、かれは、久木と若手のトラブルへの介入を面倒くさがっているらしく、調停のための動きをほとんどみせなかった。若い運動家たちは仕事熱心であればあるほど、久木の存在を仕事の邪魔だと感じた。かれらはもううんざりだと思いはじめ、玉井相手ではらちがあかないと考え、石井理事長のところに直訴状をもちこむことにしたのである。石井はこれに驚き玉井に相談する。玉井はこの事態につぎのように対応した。

玉井は、数日後、吉川を呼んで、お前たちの要求には無理からぬものがある、といった。しかし、久木は、職を失うかもしれないと怯えて、食事も喉を通らない状態で、精神的にもひどく追いつめられている。自分自身は久木の友人なので、この件は裁きにくい。そこで、藤村修にこの件の裁定をゆだねたい。藤村は一年半前までは交通遺児育英会事務局にいたから、事情はよくわかっているはずだし、いまは日本ブラジル青少年交流協会事務局にいるから、第三者として公平に物事をみることができるはずだ、というのである。玉井は、吉川に、藤村の裁定に若手はしたがうかとたずね、吉川は仲間にはかって、それにしたがうと返事をした。

吉川は、若手を代表して、赤坂の居酒屋に呼び出され、出向いた。そこには、藤村と玉井、久木がいて、藤村の裁定は、久木を、事務局長からは解任するが、理事・常勤役員としては事務局にのこすというものであった。この藤村の裁定は玉井の意向にもとづくものであったと私はみている。当時、吉川をはじめとする若手運動家たちもそうみていた。玉井はなぜ、このような手がこんだことをしたのか。おそらく、かれは、久木にたいして不利益となる処分を自らの手で直接におこなうことを避けたかったのだろう。それは玉井の人情深さのあらわれであるが、見方によれば、だれにでも好い顔をしたがる、非情に徹しきれない弱さのあらわれでもある。かれは社会運動家として人びとを心服させ献身的にはたらかせる才能をありあまるほどもっていたが、組織管理者として合理主義的な人事管理をおこなう資質を欠いていた。結果論としていえば、このとき、玉井は若手の部下たちの要求どおりに久木を全面的に組織から追放するべきであった。それをせず、事務局長を解任したが、理事・常勤役員として事務局にのこすという中途半端な処分をしたことは、将来に禍根をのこした。

2　第九期理事会

一九八二年四月一日より、久木は特定の役職をもたない理事・常勤役員となった。かれはその状態に一二年間甘んじて、九四年四月一日に事務局長に復帰することになる。前日の三月末日、玉井義臣は専務理事・事務局長を辞任していた。以下、この間のいきさつを、二節半にわたって、かいつまんで述べる。

八二年四月から事務局長には玉井が就任し、かれはそれを九〇年三月までつとめた。九〇年四月からは山本孝史が事務局長になり、かれが衆議院議員選挙に立候補するために九三年六月に退職したあとは、もう一度、玉井が事務局長を、九四年三月までつとめた。結局、八二年四月から九四年三月までの一二年間で、一〇年ちかく玉井が事務局長の地位にいたのだが、かれは、組織運営の実務は苦手で、それにとりくむ意欲もとぼしく、事務局長としての実務の大半はなしくずし的に久木にまかされてゆくことになった。若手運動家たちには、それは、久木が一度は地位と権力を失いながら、権力の面では次第に巻き返してゆく過程にみえた。

玉井は久木のあと一九八二年に事務局長になってからも、局長としての実務のかなりの部分を実質的に久木にまかせていたが、そのうちには所管官庁としての総務庁、文部省、関係官庁としての警察庁、運輸省などとの連絡、交渉がふくまれていた。この分業の体制は八〇年代をとおしてつづくが、その時期、交通遺児育英会と災害遺児の高校進学をすすめる会は災害遺児育英制度への国庫助成を要求して、文部省などと抗争していたのであった。ところが、久木は、災害遺児育英制度の設立そのものに反対で、総務庁は、比較的早くから、交通遺児育英会の事務局は一枚岩ではなく、玉井と久木の間柄には亀裂を生じさせることができるとみていた。

九〇年、山本孝史が四〇歳になったのをきっかけに、玉井は山本に事務局長の地位をゆずった。吉川明は事務局次長になった。これは、事務局員のほぼ全員に当然の人事としてうけとめられた。石井理事長は、辞令交付式で、これからは山本事務局長を中心に事務局を盛り上げていってほしい、玉井理事と久木理事は一歩後に退いて助言をつうじて若い人びとを盛り立ててくださいと挨拶した。玉井は、石井のこの挨拶は、久木にたいして高圧的な言動をつつしむように婉曲に注意している言明だろうと理解した。

この人事が公表されるまえ、久木は玉井との個人的関係において、かなりはげしく、くどく、抵抗した。しかし、玉井としては、事務局内部におけるかれの極端な不人気を識っていたので、かれを事務局長に再任して、八年前の騒ぎをもう一度くり返す気持にならなかった。久木の抵抗は空しく終った。

山本事務局長体制が発足してからも、久木と若手たちの対立はつづいた。九一年三月に山北、林田、吉川の連名で石井理事長に提出された久木の行状にかんする第二の告発状があるが、その内容は八二年の告発状のそれとほとんど違いがない。久木は山本に理事のほうが事務局長よりえらいのだと言って無茶な要求をつづけるので、山本は少々ノイローゼ気味ではないかなどと、書かれている。そのころも、所管官庁との連絡、交渉は、なかば慣行で久木の仕事とされていた。

玉井は、八〇年代に入り会財政が富裕化の兆候を示しはじめたころから、側近の若い運動家たちに、役所が交通遺児育英会を天下り先としてねらっている、自分の目が黒いうちはこの会を官が乗取るのは防いでみせる、しかし、もし自分が死んだら、お前たちでは官の乗取りは防げないだろうと、くり返し語っていた。私は、それを側近たちから洩れ聞きながら、玉井が、同会への高級官僚ＯＢの天下りの不可避性をあまりに絶対的に考えすぎているのではないか、国庫助成を削られてもよい、ばあいによっては打ち切られてもよいと覚悟をし、理事会、評議員会をしっかり固めてさえおけば、官からの天下りも乗取りも避けられない話ではないと、考えていた。

一九九〇年の終りちかいころ、久木は玉井に、総務庁交通安全対策室が元室長で交通遺児育英会の発足時に玉井の相談相手となり、さいごは総理府総務副長官をつとめた宮崎清文を、非常勤の常任理事としてむかえてほしいという希望を表明しているとつたえてきた。非常勤の理事は無給である。この申し出は天下りというほどのものではない。いずれ、常勤・有給になおせという要求が出てくるかもしれないが、今回はこの程度ですむのか、と玉井は考えたのではないか。かれは総務庁の希望をうけいれることにした。制度上の手続きとしては、理事は評議員会によって選出されるのであるが、その選出にさいして理事候補者の事務局案に宮崎の名前を入れておけば、すべてが済むことであった。評議員会が事務局案に反対した先例はなかった。

それでも、玉井には、宮崎の理事会入りにたいして、まったく警戒心がなかった訳ではない。念のために、自派に属する腕力がある理事をふやしておこう。そんな気持で、かれは、評議員のひとりであった穴吹俊士を理事会に入れた。穴吹は高松市の市会議員で、同市交通遺児を励ます会の会長を一九七〇年からつとめ、この会は全国各地の励ます会のなかでも最古参のグループに属していた。かれは、八一年以来、交通遺児育英会の評議員であり、名ばかりの評議員が多いなかで、評議員会によく出席し、積極的な発言も多かった。前章では、緒方教授が奨学生たちの恩返し運動を賞揚して、災害遺児にも育英制度を設けてやるべきだといったおりに、それを支持する発言をしたことを紹介している。しかし、理由をくわしく述べることは控えるが、そのしばらくまえから、穴吹は玉井につよく反発する気持をもっており、それによって、かれは理事会に入ると、たちまち宮崎と手を結んでしまった。

一般的にいって、理事会は財団法人の最高決議機関である。それは交通遺児育英会のばあいにもいえることであった。その第九期理事会は、任期が一九九一年四月一日から九四年三月末日までの理事二五名によって構成された。しかし、しばらくまえから、会の発足時からの財界人の理事たちのほとんどは理事会への委任状によって出席者とみなされ、理事会が成立するのに必要な定足数が確保されており、実際の出席者は一○名前後であって、かれらのあいだで事務局提出の議案が可決されて、議事が進行するのがつねであった。ところが、九三年度のとくに後半期に、この理事会運営に異変が生じた。当時の理事会への実際の出席者は、つぎの九名にほぼ固定されていた。

玉井義臣　専務理事、常勤役員、議長。
穴吹俊士　理事、高松市交通遺児を励ます会会長。
岡嶋信治　常任理事、全国交通遺児を励ます会会長。
小長井清一　理事、静岡市交通遺児を励ます会副会長。
坂本みゆき　理事、全国交通遺児を励ます会副会長。
佐藤光夫　常任理事、元運輸事務次官。
久木義雄　理事、常勤役員。

三角哲生　常任理事、元文部事務次官。

宮崎清文　常任理事、元総理府総務副長官。

理事会の運営の異変とは、それまでは半年に一回開催されていた理事会が理事たちの要求によって毎月のように開催され、玉井と岡嶋をのぞく七名が多数派を形成して、専務理事としての玉井がおこなった交通遺児育英会の運営、とくに災害遺児育英制度、病気遺児育英制度の設立をめざした業務や運動を、同会の寄付行為に違反する行為であると批判、非難をくり返すというかたちをとった。多数派の中心には宮崎と穴吹がいた。かれらは、たとえば、交通遺児育英会の資金によって全国交通遺児育英学生募金がおこなわれているのに、八七年から募金の半分が災害遺児の高校進学をすすめる会に贈られている、また、八九年からは募金の三分の一ずつが災害遺児の高校進学をすすめる会と病気遺児の高校進学を支援する会に贈られている。これは交通遺児育英会の寄付行為に違反して、同会に損害をおよぼす行為であり、それを容認・推奨した玉井には背任の容疑が濃厚である、というのである。また、心塾には、一九九〇年以来、災害遺児の大学奨学生を入塾させてきているが、これも寄付行為違反であり、会の財産の違法の使用であり、その責任者の玉井は背任の容疑がある、というのである。こうなっては、恩返しもなにもあったものではなかった。

玉井はこれらの非難につぎのように反論していた。全国交通遺児育英募金は同募金事務局がおこなっている活動であり、集まった金をどこにどれほど寄付するのかもその事務局が決定するのである。この事務局は交通遺児育英会とは別の独立した組織であるから、それがどのような決定をしようと、玉井の背任行為になるはずがない。この件ではのちに過去の理事会が募金事務局の決定を承認していた録音テープの記録も提出されている。また、心塾に災害遺児を入塾させたことについては、玉井は、竹下首相が災害遺児育英制度を交通遺児育英会にやってもらう予定であると言明したことに発する自然の流れのなかで、その先取り措置のひとつとしておこなわれたものであると説明していた。

3　失脚のドラマ

一九九三年度の後半、理事会で、宮崎・穴吹にひきいられた多数派は、災害遺児育英制度に関連して、玉井を背任容疑で追及、非難していた。かれらは、交通遺児育英会が災害遺児育英制度を実施することにも絶対的に反対であった。それは総務庁交通安全対策室の意向であり、その背後には橋本龍太郎のつよい指示があったことが、その後あきらかになったが、それはのちにふれる。私は、この理事会の状況をもれ聞いて、玉井が専務理事を解任されるのは時間の問題になったと考えた。その事態を回避するには、理事会でかれを支持する多数派をもう一度形成するほかはないのだが、それは困難らしかった。泥沼化した理事会運営を嫌って、玉井シンパの財界人の理事たちは、理事会によりつこうとしないらしかった。

ただし、玉井がやがて専務理事を解任されるであろうという私の予測は、それを少数の玉井の側近の運動家たちにもらしてみると、まったくとりあってもらえなかった。交通遺児育英会は玉井がつくった団体だ。玉井なしにこの団体が動くはずはない。多数派もそこまでやりませんよ、というのである。しかし、最高決議機関としての理事会で、実質上の最高権力者である専務理事にたいして反対する多数派を形成するということは、その最終目標は専務理事の解任以外にありえないのだが。大学で役職をめぐる人事ではそれは常識だよという私に、運動家たちは言うのであった。大学と運動はちがうのじゃないですか。

玉井自身も、かれが専務理事を解任されることなど、まったく考えなかったとおもわれる。それは、一九九三年度後半にかれがとった一連の行為をみれば、あきらかである。その年度の初め、災害遺児の高校進学をすすめる会と病気遺児の高校進学を支援する会が合併して、あしなが育英会が発足したことは、すでに述べた。玉井は、このあしなが育英会と交通遺児育英会を合併させたいと考えた。財団法人の組織運営の一般的ルールによれば、この合併のための最初の必要条件は、交通遺児育英会の理事会がその合併を承認することである。しかし、当の理事会はさきにみたような状況にあり、その合併が承認されるはずがなかった。

そこで、玉井は、世論に訴えてその力によって、当の理事会を動かすという手法が望ましいと考えた。一〇月二〇日、あしなが学生募金事務局が武田豊交通遺児育英会会長に両育英会の合併を陳情し、その合併を支持するとの回答をえた。翌二一日、同事務局は細川護熙首相に両育英会の合併を陳情して、同様の回答をえた。一一月一五日には、交通遺児育英会とあしなが育英会の合併を推進する全国大会が東京で開催された。これらはいずれもマス・メディアで大きく報道された。財界も政府も世論も両育英会の合併を支持しているという訳である。

これは、社会運動家としての玉井には正当で有効であるはずの手法であった。かれは自らが主導した運動に世論の支持をあつめて、多くの成果をあげてきたのである。しかし、交通遺児育英会の理事会は社会運動の場ではなかった。それは成員の多数決原理のみが作用する組織であった。玉井には酷な言いかたになるが、宮崎やその取り巻きにとっては、世論の動員など痛くも痒くもない、ただの雑音であっただろう。こういう状況のなかでは、世論に訴えて理事会の形勢を逆転するということは、まさに樹に登って魚をさがすような見当ちがいの行為であった。

両育英会の合併の企てについて、二点を言っておきたい。

第一。一九九三年のこの企ては、一九八七年、八八年と二度にわたって玉井が拒否した、交通遺児育英会が独自の財源によって災害遺児育英制度を実施するという案のヴァリエーションとみなされる。唯一の違いは、かつては災害遺児育英制度のみをとりこむことになっていたが、今回はそれにあわせて病気遺児育英制度をもとりこむことになっているところである。玉井は八七年、八八年には拒否したものを、九三年には自ら望んで実行しようとしている。そのこと自体が過去の二度の拒否が誤りであったことの証明である。別の言いかたをすれば、八七年の文部省案か、八八年の自民党案を受け入れていれば、九三年になってこの企てをあえてし、しかも挫折することはなかった。

第二。仮りに、一九九三年のこの企てが成功して両育英会が合併したあと、新団体の理事会で、玉井が専務理事に選任されないとか、一度は選任されてもその後、解任されたという事態を想定してみよう。交通遺児育英会の理事会の状況をみるかぎり、それはかなり高い確率でおこりうる事態であった。そのさいには、玉井は、交通遺児育英会のヘゲモニーとあしなが育英会のヘゲモニーの双方を失うことになる。そうなると、かれは、社会運動家として再起するのが難しかったのではないか。こう考えるので、九三年に両育英会の合併を企てる以上、玉井は、専務理事を解任される可能性があるなどとまったく思っていなかっただろうと推測するのである。

交通遺児育英会の石井栄三理事長は、一九九三年以来、警察病院に入院していたが、九四年一月一七日、死去した。理事長の後任をどうするかという声が理事会で出たが、玉井は当分理事長席を空席にしておくつもりであった。もちろん、寄付行為によれば、理事長は理事会で互選によって決定されるのだが、同会ではそれまでそのような規則どおりのやりかたをしたことはなかった。石井は同会発足以来の理事長であったが、最初は関係有力者たちが談合してそれを決定し、理事会はそれを形式的に承認し、以後は各期の理事会はその形式的承認をくり返してきていた。玉井のところに入ってくる情報によれば、宮崎は、石井の死去まえに見舞いにゆき、武田豊会長にもあって、多忙ゆえの名ばかりの会長であるのだから、次期は引退されたいと申し渡してもいた。それでも玉井は、宮崎一派が寄付行為どおりに理事長選挙を強行してくるとは考えておらず、それに対抗する方法をまったく準備していなかった。

しかし、理事会において多数派から理不尽な背任容疑の追及を半年以上うけつづけ、かれらの自らにたいする根深い敵意をたびたび実感したであろうに、多数派が宮崎を次期理事長に選出してくることを、いっさい予想しなかったとは。この天才社会運動家は、ときおり組織人としてはきわめて無防備なところを見せるのだが、これはその典型例のひとつである。それを予想し、理事長互選についてはその候補者として玉井自身でもよいし、ほかの望ましい人物を推挙することにしてもよいが、それを議題として予告し、その議題への賛成の委任状を集めておけば、別の結果を出すこともできたのである。かれは何もしなかった。宮崎一派は、まったくやすやすと玉井から権力をとりあげたのであった。

一九九四年三月三一日、第九期理事会は最後の理事会を開催し、互選で、次期理事長に宮崎清文を選出した。玉井はこれに抗議して、その場で専務理事・常勤役員と事務局長の辞任を申し出て、承認された。かれは、のちに私に、宮崎理事長のもとでさらに一期か二期、専務理事をつとめても、結局は真綿で首を締められるようにして辞任に追いこまれるのだから、先手を取って辞任したと語った。また、社会運動家として長年つちかってきた勘から、ここで辞任したほうが宮崎たちに打撃をあたえられると思って、辞任したとも言った。

第一の言い分はそれなりに理解することができるものである。組織力学的にみて、いずれ辞任に追いこまれる、正確にいえば解任されるという予測は正しかったと私は思う。しかし、本当にかれはそう予測したのだろうか。それを予測することができるのであれば、なぜ、多数派が宮崎を理事長に互選してくることを予測することができなかったのか。玉井の側近のひとりは、専務理事の辞任にかんするさきの玉井の言い分は、後から考えた理屈で、実際は、かれは宮崎の下風におかれるのを感情的にがまんすることができなかったのだと思うと言っている。この真相はわからない。しかし、その側近は、専務理事としてとどまったならば、専務理事権限によって、理事長とかなりのところまで対抗することができたというのである。

第二の言い分はひどく理解しづらい。先手をとっての辞任はいさぎよさの美学によってのみ評価されるものである。その辞任は、宮崎一派にとっては、いずれおこなう解任の手間が省けただけのことである。かれらがそれによって打撃をうけるはずがない。玉井は、先手をとっての辞任が世論の同情を集めて、宮崎たちは非難され窮境に立つと考えたのではないか。かれの期待は二重に誤っていた。辞任の翌日、新聞報道はその事実をつたえたが、かれへの同情的論調のうちにではなく、交通遺児育英会のお家騒動、宮崎も玉井もどっちもどっちだという論調のうちにであった。玉井がマス・メディアでこのような扱いをうけたのは、はじめてのことであった。また、仮りに玉井が世論によって同情されても、宮崎たちが窮境に立つはずはなかった。かれらは理事会で多数派を形成しているかぎり、世論がどうであろうと、安泰なのであった。玉井が社会運動家の勘といったものは、社会運動家の思いこみとか、錯覚といったほうが正確であった。

4　官の乗取りか?

宮崎の理事長就任と玉井の専務理事辞任という事態をさして、玉井は、一貫して、官の乗取り、交通遺児育英会という民間団体への元高級官僚の天下りとして批判してきている。たしかに、一九九三年の時点で一四五億円を超える巨額の資金をもつ一民間団体において、元キャリア官僚が理事長になって最高権力をにぎり、創業の功労者である民間人の専務理事を追放したのであるから、これを、官の乗取りといい、元高級官僚の天下りと呼ぶのは、そのかぎりでは当然のことである。しかし、単純に乗取り、天下りという一面のみを強調していると、この事態がもつほかのいくつかの面がみえなくなったり、かくれてしまうと思われる。

この事態をなるべく多面的に、全体的にみておきたい。

この事態をひきおこした権力機構の構成と思惑をつたえる文書が、後年、当事者たちの大多数にとって思いがけない経路で世に出ることになった。一九九四年秋、ある週刊誌が玉井・藤村・山本を中傷する記事を掲載した。玉井にかんする部分は、さきに第九期理事会でかれに向けられた批判の一部の焼きなおしであった。これにたいして、玉井はその週刊誌の刊行元の新聞社を、藤村と山本はその新聞社と穴吹を名誉棄損の件などで提訴した。二つの訴訟は並合事件として審理されたが、二〇〇〇年二月、玉井たちの名誉が保障されるかたちで和解が成立している。この裁判がおこなわれた法廷で、一九九八年五月一一日、穴吹が被告として出廷し、身の証しをたてるために総務庁の内部文書のコピーを証拠資料・丙第七一号証として提出した。この文書は、総務庁がノン・キャリアの事務官のひとりを定年後に交通遺児育英会に再就職させ、久木をつうじて会計課に配属させたとき、同会の財政事情、組織事情の問題点を調査・報告させるために、持参させたといわれたもので、問題点の所在のラフ・スケッチをふくんでいた。穴吹はこれによって、一九九一年当時から総務庁が同会のありかたや玉井の行為に批判的であった、したがって、さきの週刊誌の報道の少なくとも一部は事実であり、名誉毀損にあたらないと主張したかったらしい。ところが、この文書の後半には、それが作成された当時の橋本大蔵大臣が交通遺児育英会の専務理事人事に不当に介入したことを示す文章があって、穴吹の思惑とはまったくちがう方向でそれが問題視されることになった。

この文書は、「育英会理事改選の経緯」と題され、B5版横書き罫紙四枚のものである。その内容は大別して二つあった。すなわち、ひとつは、久木が総務庁にはたらきかけて理事の改選について画策していることがうかがわれるものである。冒頭、一九九〇年一二月に、久木から翌年三月の理事の改選について打診があったとある。つづいて、交通遺児育英会の運営上の問題点として、財政支出についてチェック・システムがない、いずれ金銭スキャンダルが生じるかもしれない、定められた業務以外の業務をやっている、などと書かれている。これらの指摘は監査法人によると記されているが、藤田翠の報告によると、のち、当の監査法人はそれらの指摘をしたことがないと明言した(藤田翠「総務庁に乗っ取られた交通遺児育英会の再生の道を探る」『週刊金曜日』一九九八年七月二四日号)。正確には、監査法人が言っていると玉井をおとしいれたい人物が報告したということだろう。文書では、これらの問題にたいして、理事長更迭、常任理事会の定期的開催などが必要である、そのために総務庁からも理事を送りこみ、文部省、運輸省、厚生省から送られている次官経験者の理事は若返りをはかり、あわせて、文部省、運輸省から、育英会事務局に課長クラスを入れたいなどとある。

いまひとつは、久木の画策にたいする政府側の対応の指揮系統が、橋本大蔵大臣に発するものであることを示すものであった。まず、九一年二月の日付で、運輸省からの見解として、「災害遺児の経緯にかんがみ、常任理事の交替には、的場次官(元内政審議室長)、橋本大蔵大臣の了解が必要とのことであった」と記されている。ついで、交通安全対策室長・永島参事官が内政室長・公文参事官を訪問し、事情を説明し、内政室長が的場次官から了解をとりつけた、とある。そこまでは手書きのかっちりした楷書で書かれているが、そのあと、やや崩した字体で、つぎの文書がつづいていた。「平成三年五月六日、公文室長より交対室長に電話があった。公文室長が橋本大臣に呼ばれ、手紙(怪文書)を見ながら、『これでは手ぬるい。玉井を更えるべきである』との話が出たとのこと」。さらに、この橋本の意向をうけて、交通安全対策室長、内政審議室長、文部省高等教育局長のあいだでおこなわれた三者間のやりとりが生々しく走り書きされていた。この文書の全文の写真は『週刊金曜日』前掲号に掲載されている。

交通遺児育英会は民間団体である。その「タテマエ」からゆけば、同会の理事選挙はその自治活動の範囲でおこなわれるべきである。所管の省庁に許されるのは、その理事会運営にかんする指導・助言までであろう。それにたいして、この文書では所管官庁が常任理事を送りこむことが当然のようにみなされ、橋本大蔵大臣が玉井の専務理事解任を指示したと明記されていた。大蔵省は育英会にとって所管官庁でもない。「災害遺児の経緯にかんがみ……」とは、災害遺児育英制度の設立をめぐる抗争で、当時の自民党幹事長代理の橋本と内政審議室長の的場が育英会などの反対運動によって日本船舶振興会にその制度を実施させたいという政治的意向を阻止されたことがあるから、かれらの了解が必要である、つまり、端的にいえば、かれらに報復の機会をあたえるべきであると言っているということであった。「これでは手ぬるい。玉井を更えるべきである」。権力者が、自らに反抗した社会運動家に向ける敵意がつたわってくる言葉である。

交通遺児育英会の理事会を舞台にした玉井の追放劇を推進する勢力は、大まかにいって三重の構造をもっていた。その最高層には橋本龍太郎をはじめとする現役の政府高官たちがいた。中間層には宮崎清文をはじめとする各省庁の次官経験者である理事たちがいた。そうして、第三層には、穴吹や久木などがいた。このうち、中間層の行為はたしかに天下り、乗取りと呼ばれるのがふさわしい。しかし、最高層の権力者たちにとっては、追放劇は第一義的に報復劇であり、官の意向に反抗した者へのおしおきであり、天下り、乗取りはその附随的な結果でしかなかった。また、第三層の実務家たちは、天下りなどの動きに便乗してあわただしく動きまわった訳だが、丙第七一号証という文書後半の記述が時の総理大臣を政治的窮地に立たせることになるとは、思ってもいなかった。追放劇を推進する勢力の三層はかならずしも緊密に連携していなかったが、結果としてゆるやかにつながっていたというべきか。

丙七一号文書の出現は政治的事件となった。これについては論議の本筋からはずれた話になるので、かいつまんで述べる。朝日新聞政治部の記者・吉村成夫は、手をつくして探索し、その文書の執筆者が、執筆当時は総務庁交通安全対策室参事官補であった長沢孝治であったことを確認した。吉村は長沢に五月一二日午後、総務庁でインタビューして、かれにその文書を作成したことを認めさせた。ただし、長沢は前出のやや崩した字体で書かれた部分は自分が書いたものではないと主張した。五月一三日、衆議院決算行政監視委員会で民主党議員・石井紘基が、この文書をとりあげ、橋本たち政府高官による民間団体の人事への過度の介入を非難し、宮崎たちによる天下り、乗取り、それにともなう同会の理事会、事務局の運営の混乱を批判した。総務庁交通安全対策室長などの政府委員は防戦一方の答弁に追われた。吉村が長沢にインタビューした記事は、五月一三日「朝日新聞」夕刊に掲載された。

話をもとにもどすと、玉井が官の乗取り、天下りということを言いすぎるのは、かれの追放劇における権力者たちの敵意、悪意のはたらきを見えにくくしていると、私は思うのである。もう一歩踏みこんで言うと、乗取り、天下りという言葉には、利権をめぐる争いという印象が拭いがたくついてまわる。かれが自らの追放劇を官の乗取り、天下りとあまりに言いはると、真相はここに述べるとおりであるにもかかわらず、宮崎、穴吹、久木などと玉井が、育英会の膨大な資金をめぐって同じレベルで取った、取られたと争っているように感じる人びとが少なからず出てくる。かれが専務理事を辞任した翌日の新聞報道が、かれにかならずしも同情的でなく、育英会のお家騒動、宮崎も玉井もどっちもどっちだという論調であったことは、さきに指摘したとおりである。これは、各紙の整理部のデスクが、乗取り云々というかれの主張になにほどか違和感を覚えた、全面的には共感しなかった結果であろうと、私はみている。

5　交通遺児育英会の現在

一部はくり返し言うが、一九九四年三月末日、玉井義臣は、交通遺児育英会の専務理事・常勤役員および兼任の事務局長を辞任した。翌四月一日からは、宮崎清文が理事長・非常勤役員、久木義雄が理事・常勤役員で兼任の事務局長に就任した。その後、久木は四月二六日に前記の役職に専務理事事務取扱いをくわえる。そのころ、玉井が久木に交通遺児育英会の新体制にかんして批判めいたことを言ったとき、久木は玉井に、交通遺児育英会への復活は考えず、あしなが育英会に専念するべきだとすすめた。そのおりの久木の科白は、「江戸城にもどるのは無理だ。小さいが彦根城を大事にしろよ」であった。彦根城は、かれらが卒業した滋賀大学のちかくにある城である。久木はだれが江戸城の主になったと考えたのだろうか。

しかし、宮崎―久木体制は二年あまりつづいたのみであった。一九九六年五月、同年第一回の理事会は穴吹俊士を専務理事に互選し、久木は専務理事事務取扱いを解かれた。このあとは宮崎―穴吹体制ということになるが、一九九九年まででいうと、この体制で三年あまりが経過する。宮崎―久木体制と宮崎―穴吹体制のもとでの六年のあいだに、交通遺児育英会という組織になにがおこったか。一言で要約すれば、荒廃というほかない諸現象が生じた。以下、かいつまんで述べる。

まず、具体的データとして、前記の六年間、一九九四年から九九年までのあいだの、全奨学生数の動きをみておこう。玉井が在任した最後の一年、九三年を起点とすると、その年の全奨学生数は四一二九人、以後六年間、毎年、対前年で減少がつづき、九九年には二四六七人に落ちこんでいる。この人数は起点の人数に対して、五九・七%になる。高校奨学生の新規採用数は、九三年で九九四人、これも以後六年間、毎年、対前年で減少がつづき、九九年には四二五人に落ちこんでいる。この人数は起点の人数にたいして四二・八%になる(表39)。おおまかにいって、交通遺児育英会の奨学金への社会的ニーズは、この六年間で半減した。表は省略するが、心塾の塾生数も九三年では一〇〇人から一二〇人くらいあったものが、九九年には四〇人台にまで減少している。この奨学生数の減少自体は、すでにくわしく論じたように時代の歴史的産物であり、それ自体を荒廃の進行とみるべきではあるまい。しかし、それに適切に対応することなく、その減少が会の活動の活性を低下させるのを放置するならば、それは荒廃の前提条件となる。

交通遺児育英会の基本的活動としての奨学金貸与、つどいの開催、心塾教育のそれぞれで、この期間に生じた問題を各一例ずつ挙げてみる。

第一、奨学金送金の遅れ。「朝日新聞」一九九五年七月二八日夕刊は「交通遺児育英会／理事会内紛で遅れる奨学金」という見出しで、五段の記事を社会面にのせた。奨学金の送金が約一〇〇人の学生にたいして、当初約束した期日から半月以上とどこおっている。かれらは入学後に出願した大学生と大学院生で、五月末に理事長名の奨学生採用内定通知を受けとり、そこには四・五・六月分の奨学金と入学時の学費のための一時金を七月一〇日に送金すると記されていた。ところが同会は七月三一日に理事会と選考委員会を開催することにしたので、送金はその後ということになってしまった。学生たちに送金される金額は一二万円から五八万円で、その送金が遅れているため、かれらのなかには金策に奔走している者もいる。監督官庁の総務庁では、学生からの通報で事態を知り、「遺憾なことだ、必要な指導をする」と言っている。

表 39　交通遺児育英会の奨学生数の推移

	高校奨学生新規採用数	高校奨学生数	全奨学生数
1992	952	2,946	4,257
93	994	2,847	4,129
94	792	2,534	3,755
95	717	2,317	3,473
96	592	2,160	3,356
97	533	1,742	2,899
98	508	1,520	2,689
99	425	1,376	2,467

交通遺児育英会の寄附行為によれば、決算理事会は五月中にひらかねばならない。法令でも六月中にその開催がもとめられている。そのいずれにも違反して、理事会開催が二ケ月ちかく遅れていることについて、同会は「会や理事を誹謗・中傷する文書がとびかい、対応に時間がかかっている

ためである」と説明している。宮崎清文理事長はつぎの談話を出している。「遅れたことは事実だが、故意ではなく、内部的に仕方なかった。送金日は法律上決まっている訳でもない(後略)」。なんという言訳だろう。

交通遺児育英会のそれまで二六年の歴史のなかで、送金日の約束が破られたのは初めてのことであった。最低限の収入でくらす一部の学生にとって、それはショッキングな出来事である。山本孝史は、当時、新進党所属の衆議院議員であったが、九五年二月二二日の同院の交通安全対策特別委員会で、交通遺児育英会には「さまざまな問題がある」、「監督官庁には十分に注視をしていただ」きたいとつよく要望していた。この元事務局長は古巣にただならぬ異変が生じることを予感していたのだろう。そうして送金の遅れという不祥事件がおこる。同年一一月二日の交通安全対策特別委員会で交通安全対策室長・井野忠彦にたいする質問に立った、山本の告発は悲痛なトーンをおびている。二月に交通遺児たちに迷惑がおよばないように、あれほどお願いをしておいたではないか。監督官庁としてわかったという顔をしていたけれども、約束は空証文におわってしまった。宮崎の責任をどう考えるのか。宮崎もかつての交通安全対策室長である。その先輩が理事長である交通遺児育英会を、井野が室長である交通安全対策室はきちんと指導することができるのか。

第二、つどいの実質の全面的途絶。交通遺児育英会の教育団体、教育運動体としての荒廃ぶりをもっとも端的に示しているのは、各種のつどいの全面的途絶である。前項の送金の遅れは一回だけのことであるが(もちろん、それでも、それは絶対に許されることではないが)、こちらは六年間の全期間にわたる。玉井が九四年三月に同会の専務理事を辞任したあと、宮崎執行部は九四年度から九九年度までの六年間、かつてのようなつどいをいっさいおこなわなかった。最初の三年ほどは、玉井路線のアンチテーゼを積極的に打ち出すために、つどいなどの教育活動をやるべきでない、交通遺児育英会は奨学金貸付業務に徹するべきだと考えて、行動したのではないか。しかし、衆議院交通安全対策特別委員会などで新進党議員の藤村修などが同会のつどいの中断をくり返し批判し、文部省が同会はつどいを再開するべきだと指導するにおよんで、つどいの計画のみ提出して実行しなかったり、つどいにかわる小規模の行事をおこなったりと、その場しのぎの対応をつづけている。つどいにかんする、九四年度以降の毎年の交通遺児育英会の公式言明と実際行動はつぎのとおりである。

九四年度＝つどいの計画を変更し、夏休みの開催を中止した。かわって、冬休みなどの開催を計画はしたが、諸般の理由で実施にいたらなかった。

九五年度＝次年度からのつどい再開を前提として検討したが、成案をえるにいたらなかった。

九六年度＝本年度つどい開催を検討したが、成案をえるにいたらなかった。

九七年度＝つどいは開催しなかったが、奨学生および保護者との相談活動を実施した。

九八年度＝つどいは開催しなかった。文部省からつどいを再開するように指導された。

九九年度＝宮崎理事長名で、関東地方と北海道地方の二会場でつどいを開催するという計画を文部省に提出した。しかし、結果としてはそれらの実施を断念した。三月にきわめて小規模の集会をおこなった。

要するに、九四年度以降の交通遺児育英会は、かつてのような本格的なつどいをおこなう意欲をもたず、能力ももっていないのである。宮崎執行部はつどいなどの教育活動の意義をまったく理解していない。かつてのつどいを支えた運動家スタッフは、吉川ほか一名をのぞいて、すべてあしなが育英会に移っている。執行部にできることは、無為のまま、検討中とか計画はできたとか、言訳、ごまかしをくり返すことだけである。IX章あたりで描写したかつてのつどいの活況を思いおこしてもらいたい。玉井辞任後の交通遺児育英会がどのように荒廃してしまったかが、だれの目にもあきらかであろう。

第三、心塾での思想調査。穴吹は一九九六年七月一日に専務理事に就任したのち、同年一〇月から心塾の塾長を兼任した。塾生の活動家たちのみるところでは、かれは、玉井が心塾教育でめざした路線を破壊することのみに力をつくした。とくにかれが敵視したのが恩返し教育、恩返し運動である。それらは恩返しを強制するからよくないと、かれは主張し、活動家の塾生たちと対立した。九七年六月一九日、穴吹塾長のもとにある心塾で、玉井批判に統計的裏付けをえることを目的にすると思われる調査がおこなわれた。塾生たちに配布された質問紙には、つぎの質問と回答の選択肢がふくまれたいた。

「先輩は君達後輩の指導に当たり特定の思想を植えつけていると思うか。⑴思う、⑵思わない、⑶その他」。

塾生たちは、これに、思想の自由をおかす調査であるとはげしく反発した。職員は質問紙の回収を断念するところに追いこまれた。この思想調査にたいしては、七月一日の理事会で玉井がきびしく批判している。また、一〇月六日、衆議院決算行政監視委員会で、石井紘基議員が公益法人が経営する学生寮において、このような調査がおこなわれたことを政府はどう考えるかと質問した。総務庁と文部省の担当官たちはまたやってくれたかという想いであったのではないか。政府側の答弁は、調査の是非にはふれず、質問紙の回収が中止されたと聞いていると述べるにとどまった。

一九九〇年代後半、衆議院の論戦において、交通遺児育英会問題はひとつの政治問題であった。同院議事録によれば、交通安全対策特別委員会、文教委員会、決算行政監視委員会、予算委員会において、私が知るかぎりで一八回、同会をめぐって野党議員と政府側委員とのあいだで烈しい応酬がくり返されている。そのすべてをくわしく紹介・考察するならば、それだけで一冊の書物ができそうであるが、ここでは、さらに、これまでの記述と関連が深い二点の指摘にとどめる。

第一、宮崎理事長の天下りの政治的背景について。石井紘基は前節で紹介したように丙第七一号文書の存在をとりあげて問題提起をした元気のよい議員であったが、一九九八年三月二五日、衆議院決算行政監視委員会の席上、この天下りの政治的意味について率直・明快につぎのように語っている。交通遺児育英会の巨額な資産の管理権が官僚にとって「おいしい」ものであったのだ。交通遺児は交通事故からうまれるので、総務庁、警察庁の所管する事項である。これにたいして、災害遺児は災害がらみでは国土庁が(それにおそらくは労働省が―副田補記)、病気遺児は厚生省が所管する事項である。交通遺児二万五〇〇〇人、災害遺児七万五〇〇〇人、病気遺児三二万人。交通遺児育英会が交通遺児育英制度のみならず、災害遺児と病気遺児の育英制度に手をひろげるならば、同会の監督官庁に厚生省、国土庁がくわわってくる。遺児の数からして、両省庁は総務庁、警察庁より有力になるだろう。この事態を防止するためには、宮崎の天下りと玉井の追放が必要であった、と。

この天下り問題にたいする石井紘基、藤村修たちの追及にたいして、総務庁交通安全対策室長など政府委員の答弁の基本部分は二つである。ひとつは、官の天下りとか乗取りとは、俗にいわれることだが、正確にはなにを意味しているのでしょうかととぼける。交通遺児育英会は民間団体であり、その理事会が適材として宮崎を理事長に互選した。われわれは同会の自治に干渉するつもりはない。いまひとつは、宮崎の理事長就任の積極的支持である。交通遺児育英会にはかねてから路線をめぐって対立があった。それが深刻化したので、宮崎氏は御高齢にもかかわらず、同会の運営の「正常化」のために、理事長をお引きうけになった。これは、もはや、ブラック・ユーモアというべきか。

第二、会財政の浪費について。これにかんしては、藤村の発言がもっとも多く、かれの調査がもっともゆきとどいているようである。数字は発言のたびに若干動くが、ここでは九七年六月一七日の文教委員会におけるかれの質問によって記述する。かつて理事長職は無給であったが、宮崎理事長になってから日当が支払われるようになった。二時間程度の出勤に日当三万円、一九九六年度は日当三百数十万円、ハイヤー代四〇〇万円がかれに支払われている。この日当は九七年度には五万円に引き上げられようとしている。総務庁OBが六〇歳で再就職してきて、年収九〇〇万円をえている。別の大企業からの再就職者は六五歳を超えて嘱託になったが、年収八〇〇万円。労働省に聞いてみると、民間のばあい、六五歳の男子常用労働者は平均月収二五万円、平均年収四〇〇万円ということであるから、交通遺児育英会への天下り組は法外に高額の給与をえていると言わざるをえない。

また、一九九六年度の同会の決算報告書では、弁護士費用が二九〇〇万円あまり支出されている。これは労働組合対策のためのものである。いっそう具体的にいえば、宮崎の理事長就任以降、職員組合ができ、理事者側が不当労働行為で訴えられた。不当労働行為のなかみは不誠実団交、残業代不払い、組合員にたいするいじめ、その他である。この訴訟は理事者側が事実上いじめなどを認め、組合員に解決金五〇〇万円が支払われた。交通遺児育英会を監査した有力監査法人は監査報告書のなかで、この弁護士費用についてつぎのような異例の指摘をしている。「寄付者がこの事実を知れば、どのような思いをいたすでしょうか。また厳しい社会からの糾弾を受けるばかりでなく、当会の存続基盤さえ脅かすことになりかねません」。

一九九九年五月二七日の衆議院決算行政監視委員会で藤村は、交通遺児育英会の理事会の運営をきびしく批判したうえで、九八年四月に八〇歳の老人から同会の宮崎理事長に送られてきた抗議文のコピーを紹介した。老人は年金生活者で、同会あてに毎月一万円の送金をつづけてきていた。かれは、同会からの受領証の理事長印に矢印をかき、あなたの車代、ハイヤー代が「私の僅かな年金から出して《ママ》ました、口惜しいです、知らなかった」。さらに、つぎの一年間の振りこみ用紙が送られてきたのを突き返してきて、「私には燃やすことができません、心が許せず。理事長の手で捨てるなり、燃やすなりして下さい」とも記されていた。

XIII　もうひとつの物語

1　あしなが育英会小史

玉井義臣は、権力者と官僚組織によって交通遺児育英会から追放されたが、あしなが育英会に拠り社会運動家として復活した。その復活後の活動は、前章までで終った物語とは異なるもうひとつの物語である。それは途中までしか進行していないので、完結したものとして叙述することはできない。また、途中までにしろこれまでのような密度で語ってゆくとすれば、それはまた別の一冊の書物になるだろう。ここでは、それを小さな物語に要約して書きそえることにしたい。四半世紀におよぶ交通遺児育英会の巨大な運動史が、暗鬱な権力闘争と追放劇で終ったあとの、明るく華やかな復活劇をささやかに書きたして、古典劇の手法を踏襲しておきたいのだ。玉井義臣とあしなが育英会の歴史を本格的に叙述する機会は、多分、かれの引退のあとにくるだろう。それは私がやる仕事になるのだろうか。それとも、私の若い同僚たちのだれかがひきうける仕事になるのだろうか。われわれの年齢のことを考えると、あとの予想があたるのではないかという気がする。

一九九三年四月一日に発足したあしなが育英会は、災害遺児の高校進学をすすめる会の事務局メンバーが主力になり、その後、心塾出身者と交通遺児育英会の事務局にいた玉井の子飼いの運動家たちが順次移ってきて、さいごに九七年四月一日付で林田吉司と西田正弘とが移ってきた。このような経過があるので、あしながの育英会の事務局の顔ぶれは、交通遺児育英会のそれを玉井に忠誠心をもつ者に純化して再現したものであった。玉井自身は九四年三月末日で交通遺児育英会の専務理事退任後、翌四月一日からあしなが育英会の副会長となり、九八年四月から同会会長として、一貫して同会を指導している。

玉井が指導するあしなが育英会の運動は、交通遺児育英会でかれが追求してきた運動のありかたを、さらに理想の方向に推し進めたものである。事業内容からみると、交通遺児育英会時代、それは遺児の教育運動であり、奨学金や一時金の貸与およびつどいと学生寮・心塾などの教育活動を二本柱としていたが、あしなが育英会の運動はそれらを継承し、さらに遺児と残された親の死別体験による心の傷へのケア活動をつけくわえた。このケア活動の必要は病気遺児家庭のうちガン遺児家庭の調査と支援においてまず示唆されていた。その後、その必要は、一九九五年一月に阪神淡路大震災が発生し、それによって生じた遺児家庭の支援にあしなが育英会が乗り出すにおよんで、大きくクローズ・アップされた。また、事業方法からみると、あしなが育英会は、街頭募金や遺児家庭の調査結果のキャンペーンなどをつうじて社会にはたらきかけ、「あしながさん」からの寄付を獲得し、これに企業からの寄付をふくむ一般寄付をあわせるところまでは、玉井時代の交通遺児育英会の手法を継承しているが、国庫からの助成はいっさいもとめず、理事会へのキャリア官僚出身者の天下りはひとりもうけいれていない。このかぎりでは、あしなが育英会は交通遺児育英会に比較して、市民運動団体としての性格を徹底させている。これは、交通遺児育英会の理事会が政治権力によって不当に干渉された経験の教訓によっていることはあらためて言うまでもない。ただし、民間団体が、必要に応じて国庫から助成をうけることと、その組織運営において自治の原則をつらぬくこととは原理上矛盾するものではないのであるが。

あしなが育英会の運動の全体像を素描しておこう。

あしなが育英会が一九九三年度に発足してから九九年度までに奨学金を貸与した奨学生数は八二九九、同会はこの数字にそれにさきだつ災害遺児の高校進学をすすめる会の実績をもくわえて考えるのをつねとしているから、それにしたがうと、九九年度までに採用された奨学生全数は一〇〇九七、となる。遺児の種類別の内訳では、災害遺児三〇六四、三〇・三%、病気遺児七〇三三、六九・七%、となる。なお、あしなが育英会の公式資料では、震災遺児のための奨学金は阪神淡路大震災直後に独自に寄付をつのったので、災害遺児と震災遺児を区別してあつかっている。それによると、さきの三〇六四の災害遺児は、災害遺児二九五五、二九・三%、震災遺児一〇九、一・一%にわかれる。また、遺児の在学学校別の内訳では、高校奨学生七九五三、七八・八%、大学奨学生一九三七、一九・二%、専修学校奨学生一六七、一・七%、各種学校奨学生二九、〇・三%、大学院奨学生一一、〇・一%、となる(表40)。概括していえば、あしなが育英会は、その前史時代をふくめて、この一二年間に、約一万人の遺児の進学を援助した。かれらは、災害遺児約三〇〇〇、病気遺児約七〇〇〇、であった。また、高校奨学生八〇〇〇弱、大学奨学生二〇〇〇弱、その他約二〇〇、であった。

あしなが育英会の奨学金の貸与月額は、一九九九年現在、高校で国公立で二万五〇〇〇円、私立で三万円、大学で四万円、ただし特別貸与額五万円の制度があり、大学院で八万円である。同時期の日本育英会の奨学金制度に比較すると、くわしくは言わないが、あしなが育英会のそれは、国公立高校のみでわずかにまさり、ほかは少々劣位にあるというところである。高校奨学金の希望者は、交通遺児育英会の最盛期の七〇年代後半から八〇年代初頭にかけての一六〇〇人台、一七〇〇人台に比較すれば、あしなが育英会の現状では減っている。この主要な原因は、交通事故にあう成人には肉体労働者、屋外労働者が相対的に多く、それゆえ、交通遺児が低い経済階層にかたよって出現するのにたいして、病気遺児は各階層にかたよらずに出現するので、結果として、交通遺児には病気遺児に比較して経済的に困窮している者が多かったということがある。くわえて、最近は生命保険制度が普及しているので、病気遺児家庭の多くはかなり高額の生命保険を受けとっており、遺児の教育費はその一部でまかなわれているという事情がある。さらに、このところの長びく不況のなかで、経済的に困窮している階層では奨学金という名の借金を子どもに背負わせたくないという心理がはたらいていることも推測されている。

病気遺児家庭をめぐるこのような経済状況は、あしなが育英会の教育運動の構成分野において、奨学金制度による学費保障の比重を相対的に低下させ、そのほかの奨学生教育、遺児の心のケアなどの比重を相対的に上昇させることになった。玉井は、交通遺児育英会時代、とくにその初期では、日本育英会の奨学金制度より格段に高水準の奨学金制度を維持していたが、いまはほぼ同水準の制度を実施しているのは、この比重の変化のひとつの帰結であろう。奨学生教育の主要なプログラムは、高校奨学生のつどい、大学奨学生などのつどい、つどいのリーダー育成のためのつどい、学寮・虹の心塾の教育、それに友好団体・日本ブラジル青少年交流協会によるブラジル留学などで、その基本構成は、玉井が指導していた時代の交通遺児育英会のそれと同一である。

奨学生	
病気遺児	合計
—	1798
554	770
1039	1265
1076	1311
1050	1204
1075	1215
890	1009
1349	1525
7033	10097

教育プログラムの機軸となるつどいにわずかにふれておこう。一九九九年を例にとれば、高校奨学生のつどいは八月に全国九会場で三泊四日でひらかれ、高校奨学生一一三二人、大学奨学生リーダー四一四人が参加した。高校奨学生の参加者はあしなが育英会の全高校奨学生の四七％におよぶ。高校奨学生は、その高校時代に平均して一・五回、つどいを経験する訳である。また、大学奨学生リーダーは、

れの奨学生をくわ

表 40　あしなが育英会の奨学生数の推移

	高校奨学生			大学奨学生			全制度
	災害遺児	病気遺児	合計	災害遺児	病気遺児	合計	災害遺児
1992 年以前	1491	—	1491	261	—	261	1798
1993 年	133	500	633	67	54	121	216
94	147 (13)	825	972	62 (12)	214	276	226 (27)
95	157 (20)	858	1015	68 (19)	218	286	235 (41)
96	116 (9)	769	885	32 (3)	265	297	154 (13)
97	102 (5)	832	934	32 (5)	223	255	140 (11)
98	90 (6)	660	750	26 (5)	207	233	119 (11)
99	145 (4)	1128	1273	24 (1)	184	208	176 (6)
累　計	2381 (57)	5572	7953	572 (45)	1365	1937	3064 (109)

注 1) 災害遺児欄の(　)内の数字は震災遺児数.
2) 全制度奨学生は，高校奨学生，大学奨学生に専修学校，各種学校，大学院のそれぞえたもの.

山中湖の大学奨学生のつどいを経験してきた一年生を中心に、かれらと同数以上の二年生、三年生などのリピーターをふくむ。高校奨学生のつどいの主要プログラムは、「自分史を語ろう」という自分史語りを筆頭に、個人面談、話し合い、野外活動、キャンドル・サービスなどであるが、自分史語りが大きい教育効果をあげている。これは十数人の小集団で、まず大学奨学生リーダーが自分史を語ってモデルを示し、ついで、高校奨学生たちがそれに倣って自分史を語ってゆくというものである。

大学奨学生のつどいは山中湖畔で七月二八日から五泊六日でひらかれ、大学奨学生一年生一九二人、奨学生ではない遺児学生の一年生一九人、上級生リーダー五八人が参加した。大学奨学生一年生の参加者はあしなが育英会の大学奨学生一年生の全数の七八%におよんでいる。この参加者のほとんどが、八月に各地の高校奨学生のつどいにリーダーとして参加することになる。大学奨学生のつどいの主要プログラムも、「自分を語ろう」という自分史語りが機軸で、野外活動などは高校奨学生のつどいと共通するが、独自のものとして、卒業生の講演、ガン遺児家庭の面接調査への手引き、あしながファミリーの弟妹としての遺児の高校奨学生について考えることがふくまれていた。自分史語りがもっとも大きい教育的効果をあげているのは、高校奨学生のつどいと同様である。

あしなが育英会の奨学生は、高校奨学生のころに一、二回、自分史語りを経験する。かれあるいは彼女は、卒業後、大学に進学すると、大学奨学生のつどいでもう一回、つづいて高校奨学生のつどいにリーダーとしてさらに一回、自分史を語る。リーダーのリピーターになると、その回数はさらに増加する。親の病死や事故死をふくむ不幸と苦悩の物語をくり返し語ることは、自己にたいする省察を深め、死んでいった親、残された親への理解を深める。自己の過去を認識することは、その過去が規定する現在の自分の生きかたを認識することにつうじ、自分が周囲の人びとにとってどのような存在であるのかということを教示し、どのような存在へと自己を変革してゆくべきかまでを示唆する。つどいにおける自分史語りは、教育の至高の課題、「汝自身を知れ」を達成する可能性をもつにいたった。玉井は、教育運動家としての経験をつみながら、自分史をもっとも有効な教育方法とみることになった。

わずかに名称が言及されたガン遺児家庭調査にふれておこう。あしなが育英会は発足後、病気遺児家庭調査、ガン遺児家庭調査を実施し、その企画と結果分析を私の研究グループにゆだねた。ガン遺児家庭調査は、父親あるいは母親のガン発病以来、長期にわたる患者の闘病と家族の看病、仕事、家事の三重の負担が、家族全員の心身を深く疲労させ、患者が死亡したあとに残されたガン遺児家庭は物心両面で破壊的影響をこうむっている事実をあきらかにした。ほかにインフォームド・コンセントの問題や患者家族が医師や医療機関にたいしてもつ不信感、不満感などもあきらかにされた。

この調査はのちに思いがけない拡がりを示すことになった。前出の西本征央が慶応義塾大学医学部におけるかれの講義に玉井をまねき、かれの運動経験を喋らせた。これに感激した医学生たち二十数人があしなが育英会の事務所を訪れ、かれらに仕事を手伝わせてほしいと頼んだ。玉井は、ガン遺児家庭の事例調査をやらせることにして、その調査をおこなっている最中の私にかれらへのインストラクションをおこなわせた。私は、医療においては医師にとっての真実と患者にとっての真実があり、二つの真実はしばしば異なること、調査は患者の真実をとらえねばならぬことを教えた。たとえば、病名の告知にかんする医師にとっては当然の正確な発言が、患者とその家族にとっては不当で残酷な発言となることがある。

医学生たちは、ガン遺児家庭を訪れ、長い闘病期間の苦悩と疲労、死という喪失体験による悲哀、それらにともなう医師や医療にたいする不信と不満が、なまなましく語られるのを聞くことになった。それは、不断、かれらが大学病院において医師対患者の権威―従属関係のなかにいては、けっして聞くことができない真実の声であった。医学生たちはみな、素晴らしい出来栄えの事例報告を書いてきた。かれらは医師にとっての真実とは異なる患者の側の真実をさまざまな具体的事実のなかで学んだようであった。その患者の真実を医師になってからも忘れないようにしますと書いた者もいた。私は玉井と、医学教育は、このような患者家族の事例調査を必修科目にするべきだと話しあった。

2　虹の家

一九九五年一月一七日午前五時四六分、阪神淡路大震災が発生した。マグニチュード七・二、死者は同月内に確認されただけで五〇九二人。のちに兵庫県監察医務室は二六〇〇体の検死結果によって、死者たちの九〇％以上が圧死、窒息死、頭部外傷、頸椎骨折などにより即死、ないしは一五分以内に死亡したと発表している。地震を原因とする死者は、地震のあとも時間の経過につれて増加していった。被災者たちは劣悪な生活環境におかれ、そのなかで高齢者、病弱者などの死亡があいついだ。また、救助活動による過労や医療の不充分さによって急病死する例も少なくなかった。大災害に心をうちひしがれた自殺者も出た。神戸市の公式資料は、二〇〇〇年一月一二日現在で、死者六四〇〇人、重症者八五九三人、軽傷者三万一四九九人、家屋の全壊、全焼一一万一一三棟、半壊半焼一三万七二八七棟と記録している(フェニックスプラザ、阪神淡路大震災復興支援館『激動の記録、兵庫県南部地震と活断層、防災の知識』)。

この大震災の第一報に接して、玉井義臣が最初に考えたのは、被災地域に居住する遺児奨学生たち、「あしながさん」たちで、死者は出たのだろうか、被災した者はどれほどいるだろうかということであった。かれは、一月二一日には、その確認のために、あしなが育英会職員の樋口和広、田中敏の二人を神戸に送りこんだ。まだ、被災地の鉄道網が完全には復旧していなくて、かれらは新大阪からは電車を乗りつぎ、電車がないところは歩いて神戸に入った。かれらは、その日から、崩壊したビルや焼失した家屋の跡がまじる市街を三日間で五〇キロメートル以上歩きまわって、遺児奨学生たち、「あしながさん」たちのひとりひとりの住所をたずねて、かれらの安否を確認していった。

同じ一月二一日、東京のあしなが育英会では理事会が開催され、玉井から、樋口たちの派遣が報告され、震災遺児への奨学金特例措置、震災遺児激励募金などの提案が可決された。玉井は、最初、震災遺児への支援を高校生、大学生への奨学金の貸与をつうじてのみ考えており、小・中学校生徒や学齢未満児をふくむ全遺児への支援が提案されると、ためらうようであった。会の財政基盤がその支援のための負担にたえきれるだろうかと、かれは言った。そのころ、前述のつくられたスキャンダルが報道されており、それによって、かれはいくらか弱気になっていたのかもしれない。しばらく論議したあと、若手理事の今井靖はつよい口調で発言した。「(全遺児支援を)必要ならば、やりましょうよ、金が足りなくなったら、また募金で集めればよいじゃないですか」。今井は、慶応大学自動車部員で全日本学生自動車連盟の委員長をつとめ、学生募金運動でめざましい働きをし、玉井に推挙されて安田生命に入社した、いまは中堅クラスのひとりである。この今井の発言で論議の大勢は一気に決まった。ただし、全震災遺児支援の基本方針が一度決まると、玉井は、その後、あしなが育英会神戸事務所設置、震災遺児ローラー調査、数次の震災遺児激励募金、震災遺児の心のケアの充実、そのケアの拠点としての虹の家建設まで、みごとな運動の指導ぶりをみせた。このたてつけの力業によって、つくられた一過性のスキャンダルはたちまちどこかに消しとんでしまった。

二月一〇日、樋口たちは神戸市内の御影工業高校に活動拠点を設け、その日から被災地のすべての学校をまわって、震災遺児のリストを作成、提供してほしいと依頼した。ところが、多くの学校は生徒のプライバシーの保護を理由にして、この依頼を拒否してきた。玉井はその報告をうけて、二月一五日から震災遺児をさがすローラー調査に踏みきった。すなわち、東京の育英会本部で新聞各紙に掲載された阪神淡路大震災による全死亡者名簿から、子どもの父母である可能性をもつ二〇歳以上五九歳以下の男女の名簿をつくり、そのひとりひとりの住居、住居跡あるいは避難先をたずね、家族や隣人たちに会って死者の遺児の有無を確かめ、遺児がいるとわかればさらにその遺児に会いにゆき、住所までをつきとめるという方法である。調査員は、育英会職員のほかに、全国各地からやってきた同会の遺児奨学生のボランティア、さらには「大震災被災地の人びとを応援する会」の一般学生と市民のボランティアが加わった。この調査は三月半ばに完了したが、震災遺児五〇四人の氏名、住所が確認された。延べ八八一人のボランティアが一七〇〇余世帯を訪問調査した成果であった。

四月一日、あしなが育英会神戸事務所が開設され、樋口が所長代理として実質的責任者となり、八木俊介が所員として赴任してきた。神戸事務所は、それから、震災遺児と震災遺児家庭にたいする心のケアの拠点となり、これに関西在住の交通遺児・病気遺児の大学奨学生のボランティア・グループ、阪神大震災遺児と共に生きる会が協力することになった。震災遺児を励ますつどいは、一回目は三月中に有馬温泉でおこなわれていたが、第二回は八月に入ってから海水浴場がある香住町でおこなわれた。そこで遺児たちのひとり、小学校五年生の秋元雄仁が「黒い虹」の絵を描いた。かれは、月と星が散りばめられた夜空に緑、青、赤、黄の四色の虹を架け、のち赤い部分を黒く塗りつぶした。その絵は、父親が圧死した遺児の荒涼とした心理の象徴であった。雄仁は、のちにこの絵に詩をつけた。

「かすみのつどい」で絵をかきました。
「きれいなにじ」をかきました。
青と黄色のにじをかきました。
月をかいて、空をくろくぬりました。
ぼくをたすけてくれた、お父さんのことは、
夜におもいだします。
よくこわいゆめをみます。
いつもおねえさんが、大きいこえでおこして
たすけてくれます。
学校でともだちに、よくどつかれ
いじめられます。
でもブランコやスベリだいが大好きです。
べんきょうはきらいだけどしゅくだいは

ちゃんとしていきます。

お父さん、てんごくにいてください。

なぜ、雄仁は赤の部分を黒く塗りつぶしたのか。遺児たちに大震災にかかわる絵を描かせると、赤は、しばしば死者たち、負傷者たちが流した血の色であり、生き埋めになった人びとを焼き殺した焔の色である。それで雄仁も赤をきらったのか。かれの父親は生き埋めになって五時間後に遺体となって掘り出された。雄仁自身も生き埋めになり、九時間後に助け出された。少年は倒壊した家屋の下敷きになり、暗闇のなかに閉じこめられ、恐怖心から泣くことができず、声も出せず、そのため救援隊の呼びかけに応答できず、救出がおくれたのであった。救出されたあとも、かれは目を大きく見開き、はげしく震えつづけながら、ながいこと口がきけなかったという。この体験は、以前から少しあったかれの吃音癖をはなはだしくひどくした。かれが震災後に転校した小学校でいじめに会っているのは、その吃音のせいらしい。樋口によれば、香住のつどいで遺児たちに描かせた絵のほとんどが、心理的ＳＯＳを発していると解釈される。

あしなが育英会は、九五年・九六年の恒例の調査の主題を震災遺児家庭の震災体験と生活実態として、その企画と結果分析を私の調査チームにゆだねた。またしても、日本の社会学ではいっさい先例がない主題の調査である。私は、九五年は事例調査に徹して、主題の全体的把握につとめることにした。その調査は、体験としての家族の死にはじまる八つのトピックスをめぐって、質問は最小限におさえつつ、インタビューイーに一時間半から二時間にわたって自由に喋らせ、それを録音しておこし、くわしく分析するという方法をとった。最終的には一七〇世帯の震災遺児家庭で事例調査がおこなわれた。そこでえられた知見は、翌年の九六年、三三五世帯の全震災遺児世帯を対象に調査票をつかった郵送調査で統計的に確認された。

両年度の調査があきらかにした膨大な事実のうち、家族の死にかんする心理の特性にかぎって、四つだけ紹介する。(1)震災による死は、直前までふつうに生きていた人間を不意に襲う死であり、同じ死の危険に直面している家族のそばで起こる。これらの死は、その死を真近で目撃あるいは感得した人の心を深く傷つける。死別にともなう悲しみ、さびしさの一般的感情にくわえて、納得できないという感情、怒り、無力感がつよい。(2)震災による親の死は、子どもをかばって、あるいはかばおうとして、また子を気遣いながら迎えた死が多い。阪神淡路大震災は早朝に起こったので、その事例が増えたのだろう。典型的な例は、親が子どもの身体のうえに覆いかぶさり、落下物の直撃をうけて死んでいる。このような親の死にかたは、生き残った子どもに、すまない、私のために親を死なせたという罪悪感、自責の念をもたせる。(3)震災遺児の心の傷のうち、(1)、(2)で指摘したもの以外に多くみいだされるものは、生き埋め体験にもとづく暗闇や閉所にたいする恐怖症、火の熱や炎の色への生理的嫌悪感、建物や大地のわずかなゆれにたいする恐怖症などがある。これらは年少の子どもに広く存在するが、年長の青年にもまれではなく、しかも、ばあいによっては生涯にわたって遺児を苦しめると予想されていた。震災後五年目の調査によっても、これらの感情が忘却されていない例が多い。(4)家族の死を心理的に受容することができない事例が多くみられた。その死の事実をいちおう認知しているのだが、完全に現実として受容することができない。残された家族のなかでその死を話題にすることが避けられているのは、その典型例のひとつである。家族の死について残された者たちが話し合い、悲しみを表現し、共有するところから心理的回復がはじまる(副田義也、加藤朋江、遠藤恵子「死別体験の博物誌―一九九五年一月一七日・神戸」副田編『死の社会学』岩波書店、二〇〇一年所収)。

神戸事務所によるつどいの経験にもとづく報告とわれわれの調査の結果分析の報告にもとづき、玉井とかれのスタッフは、震災遺児への支援の機軸部分は心のケア、心の傷のいやしであることを認識した。その方法としては、つどいでつくりあげてきた自分史語りがあると、かれらは考えた。自分史は自己表現と自己認識をつうじて、心のケアと成長を達成する。

そのころ、玉井は、アメリカ合衆国オレゴン州ポートランドに一九八二年に創設されたダギー・センターという親と死別した子どもたちの悲嘆教育施設の活動を新聞報道とテレビ番組で知った。さまざまな死因で親を亡くした子どもたちが、その施設にかよってきて、活動をする。かれらは、年齢別、親の死因別などにより、一〇人から一二、三人の小集団にわけられ、親との死別の記憶を語りあい、自分の悲哀などを創造的に表現するために絵を描いたり、短い劇を演じたりする。輪になってすわり、たがいに手をとりあい、いっしょに泣くこともある。それらの活動をつうじて、子どもたちは自分は孤独ではない、仲間がいるのだと実感することができる。

ダギー・センターの小集団活動とつどいの自分史語りとは同じことをやっていると、玉井は思った。震災遺児のために、自分史語りの場となる施設をつくるべきだ。そこにダギー・センターのように、専門家のスタッフや市民・学生ボランティアをおこう。神戸事務所の樋口からは、遺児たちからの心のSOSに答えることができるデイ・ケア・センターをつくりたい、秋元雄仁のような子どもがいつ来ても安心することができる駆け込み寺のような施設にしたいという提案が送られてきていた。黒い虹を描いた子どもは、美しい虹の表現をとりもどすべきである。そのケア・センターの愛称は、虹の家、レインボー・ハウスにしよう。

九五年の私たちがやった震災遺児家庭調査の結果のプレス発表は一〇月一八日におこなわれたが、玉井は、その席でレインボー・ハウス構想を発表した。ついで一二月二日には臨時理事会をひらき、レインボー・ハウスの設立を正式に決定し、「千円レンガ」という寄付の募集をはじめた。これは建設費として、レンガ一個分千円を寄付してもらうというものである。先述の調査結果は報告書にまとめられるまえに、一部があしなが育英会編、副田義也監修『黒い虹――阪神大震災遺児たちの一年』(広済堂出版、一九九六年)として単行本化され、五万部を完売した。その書物のなかで、玉井は、さきの構想をいっそう具体的に述べている。あけて九六年の春、第五二回あしなが学生募金がおこなわれたが、それにさきだって募金事務局は同年中の募金金額をレインボー・ハウスの建設資金として寄付することを決定した。五月末から六月にかけて、玉井は、のちに虹の家のスタッフとなる事務局員たちを心の癒し米国調査団としてまとめ、自ら引率して、ダギー・センターで見学・研修させている。九七年一月には新成人の遺児大学奨学生たちが全国で虹の家建設緊急募金をおこない、二月には六四組の一流芸能人によるマザー・グース・コンサートが開催され、それぞれ約一五〇〇万円を虹の家のために寄付した。これらが華々しく報道されるたびに千円レンガなどの一般寄付が伸びた。この年四月にはレインボー・ハウス建設小委員会が発足し、以後、一〇〇回以上の会議がおこなわれて、九八年三月には設計図が完成している。三月二八日、レインボー・ハウス起工式、九九年一月九日から一二日にかけて竣工式、その時点でレインボー・ハウス建設費のための寄付金は一四億一四五三万円(振込件数二万九四四五件)に達しており、必要額に五〇〇〇万円弱が不足というところまできていた。

レインボー・ハウスは、玉井とあしなが育英会運動が産みだした傑作のひとつである。それは神戸市東灘区本庄町の一角に建つ瀟洒な五階建ての建物である。その設計哲学の基本原則は、遺児たちの「落ち着ける場所」、「安全で安心できる場所」とされ、具体的なキー・ワードは「家」であった。それは倒壊した家屋の下敷きになって、親と死別しなければならなかったかれらの心がもとめるものである。レインボー・ハウス全体は四つのゾーンで構成される。第一は癒しゾーン。ここでは遺児たちが遊んだり、学んだり、つきあいながら、傷ついた心をいやされてゆく「癒しのプログラム」のために一二の部屋が用意されている。火山の室は、壁と床に赤いマットを敷きつめ、サンドバッグをつるし、それらを打ったり蹴ったり、体をぶっつけて、ストレスや怒りを発散させる室である。おもいの室は丸い小部屋で、天窓から光がさしこみ、遺児や母親はそこでひとりになって、死者の遺影や遺品と対話し、泣くことができる。第二はボランティアゾーン。レインボー・ハウスの活動を支えるボランティアの養成、会合、休養、さらにはかれらの心の癒しのための四部屋がある。遺児たちの心の傷の癒しにとりくむボランティアは、その仕事によって心が傷つくことがあり、かれらにも癒しが必要になるのだ。第三は学生寮ゾーン、二五室、食堂、大浴室。第四は共用ゾーン、事務室、館長室など。建物全体はバリアフリーが徹底している。

レインボー・ハウスには、震災遺児家庭の遺児、母親、父親が年間とおして延べ約二五〇〇人、ファシリテーターと呼ばれる心のケアのボランティアが年間延べ約五〇〇人、集まってくる。遺児たちの心のケアのための主要なプログラムはグループ・タイムと呼ばれる小集団活動で自分史語り、家族史語りを機軸にしている。遺児たちは、幼児のグループから中学生以上のグループまで年齢別にまとめられて、それぞれの活動内容はかなり異なる。ほかに遺児たちの学習活動、レクリエーション活動がつどいや教室としておこなわれている。また、一年間のレインボー・ハウスにおける実践経験は、親へのアプローチの成否が遺児の心のケアに当初予想していたより大きく影響することをあきらかにした。談話室などにおける遺児家庭の母親たち、父親たちのインフォーマル・グループの活動は、かれらの来館の動機づけとなり、それが遺児たちをレインボー・ハウスになじませている。また、二〇代の青年期の遺児たちの心のケアも新しい活動課題となっている。

3　「あしながさん」群像

玉井義臣は、交通遺児育英会が発足して一〇年目の一九七九年に「あしながおじさん」制度を創設して決定的な成功をおさめた。同会におけるこの制度の最盛期には、「あしながおじさん」の寄付によって、会の収入の半分以上がまかなわれたことは、さきに述べたとおりである。交通遺児育英会は民衆の自助団体の性格を次第に強めていった。一九九三年に玉井はあしなが育英会を発足させるとき、その性格を意識的に継承して、「あしながさん」制度が財政装置の機軸となるように組織を設計した。このねらいは、そのとおりに実現している。あしなが育英会の収入構造の歴史的推移のラフ・スケッチによって、まず、それを確認しておこう。

(単位：円)

震災遺児募金	「虹の家」募金	「医師」口	かけはしさん
7,858,414			
423,886,623	135,547,402		
174,552,880	674,987,334		
28,695,550	310,586,114		
20,829,871	309,298,541	5,572,138	27,778,777
14,625,431	17,700,115	373,762	149,145,518
670,448,769	1,448,119,506	5,945,900	176,924,295
4.6	9.9	0.1	1.2

あしなが育英会は、それにさきだった災害遺児の高校進学をすすめる会、病気遺児の高校進学を支援する会の時代の分をあわせると、一九九九年度までに一四五億九七六九万円余の寄付金を集めている。そのうち、「あしながさん」の寄付は七六億七四五八万円余で、これは全寄付金額の約五三%にあたる。このほか、めぼしい寄付の範疇は、一般寄付(街頭募金をふくむ)四二億八二七三万円余、約二九%、「虹の家」募金一四億四八一一万円余、約一〇%、震災遺児募金六億七〇四四万円

表 41　あしなが育英会の年度別寄付金額一覧表

年度	寄付金総合計	災害あしながさん 病気あしながさん	災害一般寄付 病気一般寄付	ファイトがん 遺児募金
1987	221,453,232		221,453,232	
88	331,023,573	160,528,744	170,494,829	
89	558,714,649	320,500,627	237,622,029 591,993	
90	602,817,889	325,191,266	137,335,849 140,290,774	
91	809,867,238	290,074,376 221,253,395	131,504,751 167,034,716	
92	1,048,337,262	254,792,905 435,063,727	132,777,711 225,702,919	
93	1,168,301,587	813,254,010	355,047,577	
94	1,230,596,064	823,105,334	399,587,316	45,000
95	1,769,406,345	808,006,725	399,821,073	2,144,522
96	1,761,251,001	774,427,620	136,477,567	805,600
97	1,448,890,155	721,683,618	350,942,242	36,982,631
98	1,897,891,711	729,534,590	545,177,114	259,700,680
99	1,749,145,051	997,165,010	530,868,838	39,266,377
寄付金総累計	14,597,695,757	7,674,581,947	4,282,730,530	338,944,810
上記の百分比	100.0	52.6	29.3	2.3

余、約五%、ファイトがん遺児募金三億三八九四万円余、約二%などである(表41)。以上から、「あしながさん」制度が、あしなが育英会の財政装置の機軸として機能していることはあきらかであろう。

しかし、「あしながさん」制度による年間の寄付金額には上昇と下降がある。その金額は、あしなが育英会が発足した一九九三年には八億一三二五万円余で、翌九四年には八億二三一〇万円余で最高値を記録するが、その後の三年間は対前年で減少する下降線をたどる。すなわち、九五年八億八〇〇万円余、九六年七億七四四二万円余、九七年七億二一六八万円余。不況の深刻化を基本的原因としているにちがいない、この下降線に玉井は危機感をつのらせていた。私は提案して、九八年に恒例の社会調査の主題を『あしながさん』の活動と意見」とし、樽川典子、藤村正之を中核メンバーとする最大規模の調査チームを編成して、この仕事にとりくんだ。われわれの中間報告段階の知見の一部をすぐにつかって、同年、玉井は制度の活性化にとりくみ、下降を押しとどめ、わずかな上昇を実現させた。ただし、全寄付金額はその年度に最高値を記録したので、全寄付金額を重視する観点に立つと、「あしながさん」制度による寄付金額とほかの範疇の寄付金額との関係をさらにくわしく検討してみる必要がある。しかし、その検討は、本格的なあしなが育英会史の課題であろう。ここでは、九八年調査のデータの一部をつかい、「あしながさん」のプロフィールのラフ・スケッチを提示し、それと八五年の『あしながおじさん』の体験と意見」のデータの一部を比較対照して、かつての「あしながおじさん」と最近の「あしながさん」はどこで変化しているか、また、新旧の「あしながさん」の意識特性はどこで共通しているか、などを、みておきたい。

一九九八年八月現在、あしなが育英会に「あしながさん」として登録されている人びとの総数は二万七八〇二である。このうち、前年の九七年に寄付の入金があったものは一万二〇七七で、これはさきの登録総数の四四・一%にあたる。この約二万八〇〇〇人の「あしながさん」が、あしなが育英会の財政の半ばを支えてきているのである。かれらの概況をまずみておこう。性別では男性四三・六%、女性五六・四%、である。初回入金時の年齢構成をみると、四〇歳代二四・七%が最頻値であり、ついで三〇歳代一八・〇%、五〇歳代一四・二%である。大人の小計は五六・九%となる。二〇歳代一三・三%、一〇歳代三・三%、若者の小計は一六・六%である。六〇歳以上は一二・二%である。居住都道府県では首都圏への集中が目立っている。東京都三二・三%、神奈川県一四・七%、千葉県七・九%、埼玉県七・九%、以上の小計は六二・八%におよぶ。ほかの府県では、大阪府四・六%、兵庫県四・二%、愛知県三・四%、福岡県二・二%がめぼしいところである。

「あしながさん」のひとり当りの平均寄付額は、紹介ずみの九七年のデータによれば、この年の「あしながさん」の寄付金額は七億二一六八万三六一八円、寄付した「あしながさん」の人数は一万二〇七七人であるから、その金額をその人数で除すると、五万九七五六円となる。この年、ひとりの「あしながさん」は年間約六万円、毎月の送金であれば月額約五〇〇〇円を寄付したことになる。われわれの今回の調査では、九八年の寄付金額を訊いているが、それは、三万円未満三一・八％、三万円以上六万円未満三三・三％、六万円以上一〇万円未満一八・五％、一〇万円以上一九・三％と分布する。三万円未満の寄付者の比率は低い年齢階層、低い社会階層にゆくほど上昇し、一〇万円以上の寄付者の比率は高い年齢階層、高い社会階層にゆくほど上昇する。

すでに述べたように、交通遺児育英会で「あしながおじさん」制度が発足したころは、ひとりの「あしながおじさん」がひとりの遺児奨学生に毎月奨学金相当分の金額を同会をつうじて贈るということが原則となっており、のち、「短足おばさん」の出現によって、毎月贈る金額のみが奨学金相当分を下まわることがあるという例外がみとめられるようになった。これにたいして、あしなが育英会の「あしながさん」制度では、さきの原則はきわめて一部の「あしながさん」に意識されるにとどまっている。大多数の「あしながさん」は、特定のひとりの遺児奨学生を援助しているとは考えておらず、贈る金額についても奨学金の金額の全部あるいは一部であるというような対応関係を意識していない。この点では、あきらかに、八四年の「あしながおじさん」と九八年の「あしながさん」のあいだでは意識の変化が生じている。

かつての「あしながおじさん」制度では、特定の見知らぬ遺児に学資の援助をするということがロマンティックな魅力として強調されていた。それは、その命名が由来する、ウェブスターの小説『あしながおじさん』の魅力でもあった。これにたいして、現在の「あしながさん」制度では、未知の援助対象としての遺児

表42　「あしながさん」になるときの気持ち(M. A.)×年齢，階層帰属意識

	(N)	遺児を応援したい	社会参加をしたい	不平等なくしたい	やりがいあること	育英会に親しみ
合計	(6,090)	95.2	53.9	39.4	31.8	22.5
29歳以下	(214)	97.7	75.7	51.4	39.3	28.0
30歳代	(886)	95.8	61.5	44.9	35.0	18.6
40歳代	(1,652)	95.5	61.5	45.5	35.4	23.5
50歳代	(1,735)	96.1	57.2	42.2	32.3	24.0
60歳代	(852)	94.7	41.2	29.5	28.3	21.8
70歳代	(695)	92.1	28.2	19.4	20.9	20.7
上	(409)	96.8	57.0	38.6	34.2	26.9
中の上	(3,299)	95.9	55.9	40.7	33.4	22.0
中の下	(1,676)	94.3	52.0	38.8	30.4	23.0
下	(399)	93.7	48.6	38.6	29.1	23.3

個人との人間関係の魅力より、「あしながさん」の援助活動自体の魅力が人びとを惹きつけている。それを「あしながさん」になるさいの動機、意志のありかたでたずねた。

「あなたが『あしながさん』になろうと思われたとき、つぎのような気持がありましたか」と訊いて、複数回答をみとめて、回答してもらった。「災害遺児・病気遺児・震災遺児とその家族を応援したい」九五・二%、「社会参加やボランティア活動をしたい」五三・九%、「社会の不平等をなくしたい」三九・四%、「やりがいのあることをしたい」三一・八%、「育英会の行事などに親しみがもてる」二二・五%、平均回答数は二・四個であった。

「あしながさん」は、災害遺児・病気遺児などの進学を援助したいと思ってなるのであるから、遺児とその家族の応援型が九割を超すのは当然であろう。ほかは社会参加型が約五割、不平等是正型が約四割、自己実現型が約三割となる。これらは、「あしながさん」活動が当事者に感じさせる魅力の構成を示している。なお、社会参加型と自己実現型の比率は、「あしながさん」になった年が新しいほど、若い年齢層ほど、そして高い階層になるほど上昇する(表42)。

「あしながさん」になることを志す人びととの主要な人格特性としては、現在の幸福感と過去の不幸体験がある。

「あしながさん」の多数は現在の自分自身を幸福であると意識しており、「あしながさん」になることはその幸福の一部をほかの人びとにわかつことであると考えている。それは、八四年の調査によっても、九八年の調査によっても確認されてきた。それでは、かれらは、なにを理由として自らは幸福であると判定するのか。主な理由を三つまでの重複回答を許して訊くと、「人並みのくらしをしていること」五一・〇%が最頻値であり、ついで「自分が健康であること」四三・九%、「家族が健康であること」四〇・二%、「家族のあいだが良好であること」三九・八%などがくる。この理由の上位四位をみると、「あしながさん」の多数部分の幸福はつつましやかな庶民の幸福、高望みをしない足るを知る者の幸福であることがわかる。かれらは、人並みの生活水準でくらし、自分と家族が健康で、家族が仲良くしていれば、幸福なのだ。幸福の理由として、「比較的ゆたかなくらしをしていること」をあげた者は、わずかに一四・三%しかいなかった。

「あしながさん」のつつましやかな幸福感の性格についてもう少し分析をつづけよう。現在の自分の生活が何によってもたらされたと思うかという設問がある。「どちらかといえば、誰かに生かされてきたので、いまの生活があるとおもう」四八・五%、「どちらかといえば、これまでの自分の努力があったので、いまの生活があるとおもう」二九・五%、「どちらともいえない」一七・三%。現在の自分の生活の成り立ちについて、他人からの恩恵によるとみるものの比率が、自分の努力によるとみるものの比率を上まわる。

また、助け合いについての設問がある。「私は、周りの人たちに支えられてきたので、誰か別の人の支えになりたい」六三・六%、「私は、とくに誰かに支えてもらった訳ではないが、誰かの支えになりたい」一九・五%、「私は周りの人たちに支えられてきたので、その相手の支えになりたい」五・六%。この結果を、恩の思想の文脈で言いなおせば、六九・二%のものが身近な他者から恩をうけたと自覚しており、六三・六%は施恩者以外の人びとに報恩をしたいと願っており、五・六%は施恩者自身に報恩をしたいと願っているということになる。

以上を総合してみると、「あしながさん」の多数派が幸福であるとみる自身の生活は、どちらかといえば他人のおかげによるものであり、だからかれらも別の他人に恩返しをしたいと考えていることになる。「あしながさん」の寄付活動の性格を判定させたばあい、それを「恩返し」とみなす回答例は八四年調査でも九八年調査でも一六%台で、かならずしも多くない。しかし、前記の二つの設問の回答結果を全体としてみれば、恩返しの思想は「あしながさん」の広い範囲の行動原理になっていることがわかる。

「あしながさん」になった動機の遠因としては過去における不幸の体験があげられることが多い。自分が不幸な体験をし、それによって悩み苦しんだからこそ、他者の不幸な体験を見逃せず、「あしながさん」となって、他者の苦しみ、悩みをいくらかなりと、救済・予防しようというのである。それは八四年調査でも九八年調査でも確認されている。今回の調査では、「あしながさん」になったことに関係する不幸の体験を八つあげて、該当するものいくつに○印をつけてもかまわないという方法で答えてもらった。全体では五九・九%が「あしながさん」になったことに関係した不幸の体験があったとしている。かれらがあげたその不幸の体験の比率の合計は一〇一・〇%になる。概括的にいえば、約六割の「あしながさん」が、ひとりあたり平均一・七個の不幸体験をあげたことになる。その種の体験が「とくにない」は三三・三%、であった。

八つの不幸の体験を比率の高さの順位であげてみる。(1)「大事な家族・親せき・友人と死別したこと」一七・九%、(2)「奨学金や学費の支援をうけたこと」一五・五%、(3)「貧しい家庭で育ったこと」一三・七%、(4)「母子家庭・父子家庭で育ったこと」一〇・七%、(5)「希望の学校にゆけなかったこと」七・九%、(6)「大

表 43　「あしながさん」になることに関係した不幸体験(リコード)×年齢別，性別，階層別

	合計	勉学の苦労	病気やけが	死別	貧困	その他	とくにない
合計	5864	26.4	12.3	19.2	22.1	17.9	35.8
上	389	22.8	10.0	17.7	15.4	13.1	46.3
中の上	3167	26.0	12.1	18.3	19.8	17.5	37.6
中の下	1629	27.9	12.7	20.6	25.0	19.3	32.4
下	397	29.2	15.9	22.4	34.3	21.2	25.2

病・大けがをしたこと」七・〇％、(7)「苦学したこと」六・五％、(8)「大事な家族・親せき・友人が大病・大けがをしたこと」五・二％。ほかに「その他」一六・七％があった。なお、奨学金や学費の支援は、それによって進学が可能になったとみれば幸福の体験という見方も成立するが、半面において、教育費が不足していた、貧しい家庭で育ったという事実があり、それらは不幸の体験と認識されているので、ここでの選択肢のひとつとした。

八つの不幸体験をそのままみていると、回答の比率が散らばりすぎて、全体の傾向がつかみにくい。そこで回答者をあらためて六グループに再編成し、それぞれの比率をもとめた。

(1)「勉学の苦労体験」＝「奨学金や学費の支援をうけたこと」、「苦学したこと」、「希望する学校にゆけなかったこと」のうち、ひとつ以上を選択したもの、二六・四％。

(2)「病気・けが体験」＝「大病・大けがをしたこと」、「大事な家族・親せき・友人が大病・大けがをしたこと」のひとつ以上を選択したもの、一二・三％。

(3)「死別体験」＝「大事な家族・親せき・友人と死別したこと」を選択したもの、一九・二％。

(4)「貧困体験」＝「貧しい家庭で育ったこと」、「母子家庭・父子家庭で育ったこと」のひとつ以上を選択したもの、二二・一％。

(5)「その他」＝「その他」を選択したもの、一七・九％。

(6)「とくにない」=「そのようなことはない」を選択したもの、三五・八%。

この六グループの比率を標本の基本的属性との関連を検討するとき、(1)から(5)までのグループの比率が、低い階層にゆくほど上昇するという規則的変化が発見された。表43をみられたい。「勉学の苦労体験」、「貧困体験」のばあい、それらの比率の変化の少なくとも一部は、低い階層の世代的再生産の事実を示していると理解される。これにたいして、「死別体験」、「病気・けが体験」の比率の変化のばあい、大事なひととの死別や自他の大病・大けがなどの不幸の体験が、低い階層にゆくほど、「あしながさん」になることを促す影響力をつよめるという事実を示している。つまり、不幸体験は貧しい人びとにおいてほど、他者への同情と支援を促す力をつよめるのである。この理解は「勉学の苦労体験」や「貧困体験」の一部でも適用可能かもしれない。

4　心のケアと地球社会のケア

一九九六年四月一日、あしなが育英会は会則の変更をおこなった。それは、同会が運動をつうじて変化させてきた会の性格を、会則レベルで表現・確認しつつ、そのいっそうの徹底をめざすものであった。新しい会則の注目するべき変更部分は、その第三条と第四条にみいだされる。

「(目的)

第三条　本会は、広く社会からのフィランソロピー(やさしい人間愛)精神に基づく支援によって、保護者等が死亡し又は著しい後遺障害が存する者の子等(以下、遺児という)のうち経済的理由によって修学困難な者等に奨学金等の貸与又は給与を行うとともに、遺児への教育指導と心のケアを行い、もって「暖かい心」、「広い視野」、「行動力」、「国際性」を兼ね備え人類社会に貢献するボランティア精神に富んだ人材を育成することを目的とする。

(事業)

第四条　本会は前項の目的を達成するため、次の事業を行う。

(1)遺児に対する奨学金及び一時金の貸与又は給与

(2)遺児に対する教育指導

(3)遺児及びその家族に対する心のケア

(4)学生寮及び心のケア施設等の設置並びに維持運営

(5)遺児の海外留学研修支援及び海外の遺児の日本留学研修支援

(6)本会の目的の達成を支援するボランティア活動の育成及び助成

(7)講演会及びシンポジウムの開催、調査並びに研究

(8)その他本会の目的を達成するために必要な事業」

主要な変更点の第一は、あしなが育英会の活動の対象をすべての遺児としたことである。第三条で「保護者等が死亡し又は著しい後遺障害が存する者の子等」＝「遺児」として、親の死亡あるいは後遺障害の原因を特定していない。会則の目的の規定からみるかぎり、交通遺児育英会の活動対象は交通遺児であり、それまでのあしなが育英会の活動対象は災害遺児と病気遺児であった。同会の成立の歴史的経過の説明から知られるように、この災害遺児、病気遺児は交通遺児とは区別される範疇であった。これらにたいして、一九九六年度からのあしなが育英会は、両育英会のそれぞれの活動対象をあわせて対象にするということを、会則レベルで宣言したのであった。それは、交通遺児育英会の発足時に玉井たちが語った全遺児救済の理念へのようやくの到達であった。

主要な変更点の第二は、あしなが育英会の活動の方法に「心のケア」をつけくわえたことである。第三条では、その方法として、(1)経済的理由によって修学困難な遺児には奨学金などの貸与または給与、(2)すべての遺児への心のケア、(3)すべての遺児への教育指導、の三つをあげている。また、第四条では、心のケアの対象を「遺児及びその家族に対する心のケア」として、遺児のみから遺児とその家族に拡大している。これも会則の目的の規定からみるかぎり、交通遺児育英会の活動方法は、経済的理由によって修学困難な交通遺児への「奨学金の貸与等」であり、それまでのあしなが育英会の活動方法は、経済的理由によって修学困難な災害遺児、病気遺児への「奨学金の貸与及び教育指導」であった。これらにたいして、九六年度からのあしなが育英会は「心のケア」を新しくくわえ、さらに教育と心のケアにかぎっては、その対象を経済的状態を問わず、すべての遺児としたのであった。

これらの変更の含意を二点で指摘しておく。

第一。全遺児を対象とするのは、運動の現状分析に即していえば、教育運動体として機能不全の状態に落ちこんだ交通遺児育英会が長期にわたって更生する見通しが成立しないとみて、あしなが育英会が災害遺児、病気遺児にたいする教育運動にあわせて、交通遺児にたいする教育運動をも引きうけようとすることである。その実態をいえば、あしなが育英会のあしなが学生募金の首都圏における活動家たちの主力の一部は、現在にいたっても心塾の交通遺児奨学生たちである。玉井が塾長の地位を退いて七年、林田が塾頭を辞めて三年たっても、かれらの教育的影響力は塾生の先輩—後輩関係をつうじて継承され、塾生たちのボランティア活動を支えている。また、あしなが育英会の夏のつどいに、交通遺児の元奨学生たちがリーダーとして多数参加している。かれらは、自分たちの精神的故郷は、変質した交通遺児育英会でなく、かつて親しんだスタッフ、同輩がはたらくあしなが育英会であるという。これらの実態に立脚して、あしなが育英会は全遺児の教育を組織目標として明確にかかげるにいたったのであった。

第二。心のケアをつけくわえたのは、運動の歴史的展開に即していえば、あしなが育英会が阪神淡路大震災による震災遺児への支援活動にとりくんだ経験の産物である。また心のケアを必要とする震災遺児はどの経済階層にもみいだされたので、心のケアと教育は経済的状態とかかわりなくすべての遺児を対象とすることになった。さらに言えば、時代のムードをつたえるマジック・タームとして、心のケアあるいは癒しなどの言葉が多用されており、玉井はその流行語をなにほどか意識していたかもしれない。さきにかれの交通遺児観が遺児軟弱説から、遺児は社会から恩をうけ社会に恩返しをする存在であるという見方に推移したと言ったが、ここで遺児は心に傷を負い、心のケアが必要な存在であるという三番目の遺児観が登場することになった。ただし、かれは、恩返しをする存在であるという遺児観と心のケアを必要とするという遺児観を、たがいに排斥するものとみず、並用している。それにしても、遺児軟弱説と心のケアを必要とする遺児という見方とは、遺児の同一の属性にたいする拒否と受容という正反対の発想のようにみえるが、どうだろうか。

ところで、率直にいえば、あしなが育英会の全遺児救済の理念は、思想として充分に体系化され、精練されているとは言いがたい。玉井は、母親と交通事故によって死別するという原体験をもち、そこから出発して独自性のつよい評論活動をおこない、その仕事に基礎づけられて、交通遺児救済の理念を思想としてかなり説得力のあるものに仕上げていた。それは、日本社会のモータリゼーションを機軸とする高度成長がうんだ犠牲者たちの社会的救済の理想であり、転じてはモータリゼーション批判、成長信仰批判から、現代文明批判にまでおよぶものであった。しかし、かれは、災害遺児救済の理念、病気遺児救済の理念を、かつての交通遺児救済の理念ほどの思想的説得力をもつものに仕上げていない。

あしなが育英会は、震災遺児家庭の調査を二年つづけたあと、一九九七年、ガン遺児家庭の調査を私を主査としておこなった。その調査の中間報告のデータを材料として、あしなが育英会編、副田義也監修『お父さんがいるって嘘ついた――ガン・闘病から死まで 遺族たちの心の叫び』(広済堂出版、一九九七年)が刊行された。そこに収録された多くのケース記録が病気遺児家庭の社会的救済の必要を切実に訴えている。玉井はその書物に「長いあとがきにかえて――愛してくれてありがとう」を寄稿して、愛妻との死別体験をくわしく語っているが、それは愛と死の個人的物語に終始するにとどまり、玉井の母との死別体験のように社会運動を推進する社会思想を産出する体験となっていない。調査スタッフの女性研究者たちのひとりは言ったものである。「あの長いあとがきは、詩集にでもして、別に刊行するべきだったと思いますけど」。おそらく、玉井は、才能に恵まれた社会運動家の直感によって、あしなが育英会の運動が、その運動目標において、相対的に貧しい社会階層の遺児たちへの奨学金の貸与から、すべての遺児たちのための教育と心のケアに比重をうつすべきだと洞察しながら、それを思想的・理論的に充分に結晶する方法を見出せないでいるのだろう。

この状況のなかでも、あしなが育英会の運動は展開しつづけている。その多様な側面から、私がみるところ最重要とみられる二点のみをあげておくことにしたい。

その第一は、自死遺児と自死遺児家庭の心のケアへの重点的とりくみである。自死遺児とは両親の一方が自殺して残された遺児であり、自死遺児家庭とは両親の一方が自殺して残された母子家庭、父子家庭である。ただし、少数ではあるが、ひとり親家庭の親が自殺して、残された遺児が孤児になった例もある。一九九九年夏の山中湖のつどいで、私は傍聴させてもらった班の「自分史を語ろう」で、二人の自死遺児の自分史を聞き、つよい衝撃をうけた。一〇月に入ってから、あしなが育英会事務局の小河光治、西田正弘、柳瀬和夫は、私が工夫した推計手法によって、わが国では、前年の一九九八年の一年間で自死遺児が一万一七七九人、あたらしく生じたという推計を発表し、ひろい範囲の社会的関心を集めた。かれらは、あわせて、年間に生じる自死遺児数が近年増加しつづけていること、父親たちの自殺の原因では深刻化する不況を反映して経済生活問題、すなわち、事業の不振、倒産、失業などが増加していることを指摘した。私は、二〇〇〇年三月に論文「自死遺児について」(真生会社会福祉研究所『母子研究』第二〇号、のち前掲『死の社会学』に収録)を発表し、九八年現在の日本社会に存在する自死遺児の全数は一二万三四九一人と推計されるとした。また、自死遺児を苦しめる心理的問題として、(1)親から遺棄され、愛情と保護を暴力的に打ち切られた心理的ショック、(2)親の自死のシグナルを感知しつつ、その自死を防止することができなかった自責感、罪悪感、(3)自死は忌まわしい死、恥ずかしい死であるという通念によって生じる恥しさの心理、(4)残されたもうひとりの親も死ぬのではないか、自分も自死する運命にあるのではないかという恐怖感があると指摘した。

小河たちは、四月に入って、自死遺児文集編集委員会・あしなが育英会編、『自殺って言えない――自死で遺された子ども、妻の文集』を刊行した。一一人の自死遺児と六人の自死遺児家庭の母親が、それぞれに父親あるいは母親の自死による死別体験をつづっている。さきに言及した四つの類型の苦悩がなまなましく述べられ、自死の現場の目撃体験の凄惨さはそれによる心の傷の深さをつよく印象づける。この文集の刊行と内容を紹介するプレス発表には、在京の全新聞社、全放送局の記者たちが出席した。その席で、玉井は、自死遺児をはじめとするすべての遺児のための心のケアと教育の施設として、東京レインボー・ハウスを二年以内に建設すると発表した。前年の秋、九八年における自死遺児の出現数の推計を発表してから、この問題についての報道例が増えていたが、それは、この文集の刊行によって目立って加速されることになった。これを読みたいので送ってほしいという、あしなが育英会あての申込みは、プレス発表後一ヶ月で八〇〇〇件を超えている。

その第二は、遺児と遺児家庭にたいする物心両面での支援の国際的なひろがりである。虹の家の構想のヒントがアメリカ合衆国のダギー・センターにあったこと、玉井がスタッフをつれて同センターで見学・研修をおこなわせたことはさきに述べた。その後、かれは、同センターの所長やカウンセラーを招いて、虹の家の職員やファシリテーターに連続講義をおこなわせている。しかし、玉井としては、あしなが育英会にはつどいの自分史語りなど独自に開発してきた心のケアの技法があるので、ダギー・センターが虹の家に一方的に教える関係はありえないとして、あしなが育英会と同センターが対等の立場にたった業務協力協定を締結している。

一九九八年は、コロンビア、トルコ、台湾と各国で大震災がつづき、震災で親と死別した子どもたちが多数生じた。(これらの国々には遺児という概念がないので、まず、このように言っておく。)玉井は、その都度、それぞれの国の震災遺児の救済をめざす募金活動を日本の主要都市であしなが育英会の職員たちと奨学生のボランティアたちにおこなわせ、かれらから選抜された若者たちを使節団として寄付を相手国の政府にとどけさせ、あわせて心のケアの必要を説かせている。この働きかけによって、台湾では台中県豊原市に神戸の虹の家をモデルにした「彩虹屋」が二〇〇〇年四月に完成、開所した。あしなが育英会と「彩虹屋」の経営主体である中華児童暨家庭扶助基金会は「活動協力に関する宣言文」を出し、七月には「彩虹屋」のスタッフ三〇人が虹の家で技術指導をうけた。また、あしなが育英会とトルコのコジャエリ大学財団のあいだでも、震災遺児の心のケアにかんする業務提携が結ばれている。さらに、コロンビア、トルコ、台湾の震災で親と死別した子どもたちが、八月に虹の家が主催する震災遺児たちのつどいに参加している。

遺児と遺児家庭の物心両面での支援の国際的なひろがりは震災遺児にかぎられたことではないと、玉井は考えている。玉井が交通遺児育英会で専務理事であったころ、宇井純が、同会は東アジア諸国の交通遺児の支援に積極的にとりくむべきだと主張していたのは、すでに紹介した。最近では玉井は、コソボ、ルワンダなどの内戦地帯に内戦による多数の遺児がうまれているはずだといい、その救済活動の可能性を、現地に樋口和広を送って歩かせ、調査させている。さらには、アフリカ諸国にはエイズによる遺児が百万単位でいるはずで、その救済活動も考えたいという。それに備えてか、あしなが育英会の優秀な中堅職員がこのところ、NPO、ボランティア活動、カウンセリングなどの学習のため、あいついで、アメリカ各地の大学院に留学している。この社会運動家の想像力は、ついに地球規模ではばたきはじめたようである。しかし言葉の違い、宗教の違い、文化の違いを、あしなが運動はどうやって乗り越えてゆくのか。私としては、それは非常に困難だと思うが、まったく不可能だと断定する気持にもならない。私は、ひとりの社会学研究者として、その運動の世界社会におけるこれからの展開をも、なるべく正確にみとどけ、理解することに努めたい。

XIV　社会運動の社会学への示唆

現代日本の社会学には社会運動論という分野がある。社会学のなかでその分野の位置づけ、その分野の主要な研究動向の紹介などは、ほかの文献にゆずる。* ここでは、前章までのわれわれの仕事は、その社会運動論の実証研究の一例とみなすことができるというところからはじめたい。自らの寡聞による誤りを恐れずにいえば、その種の実証研究のうちでも、ひとりの社会運動家とかれが指導した社会運動を、これほどくわしく論じた例はかつてなかった。この達成は、同時代の社会運動の社会学にたいして、多くの示唆を提供することができる。ただし、それをゆきとどいた形式で述べるのは、この章に予定されている紙幅の数倍を必要とするであろう。ここでは、それらから主要な三点のみをとりあげ、かいつまんで述べるにとどめたい。

＊(内外の社会学における社会運動研究の歴史と現状については、つぎの文献がくわしい。片桐新自『社会運動の中範囲理論――資源動員論からの展開』東京大学出版会、一九九五年、とくに1章、2章、3章)。

1　社会運動家への注目

社会学の専門研究者ではないけれども社会運動に関心をよせる教養人の読者には、思いがけない事実であろうが、現代日本の社会運動の社会学では、社会運動家という概念が一般的にはつかわれていない。二、三の実例をあげるところからはじめよう。

現在、刊行されている社会学辞典でもっとも大部で収録語数が多いものは、編集代表・森岡清美、塩原勉、本間康平『新社会学辞典』(有斐閣、一九九三年)である。総ページ数は一七二六ページ、総項目は約六〇〇〇。「項目採用の基準としては、まず、ほぼ一五〇年の歴史をもつ社会学がこれまで蓄積してきた用語のなかで、現在なお生きているものはすべて採用した」といわれている。また、心理学など隣接諸科学の用語のなかで、現代の社会学でもちいられているものも採用したともいわれている。この辞典のなかに、「社会運動」は独立項目として採用され、事項索引によれば、ほかに他項目の解説文中で二一回登場している。また「新しい社会運動」も独立項目として採用され、他項目の解説文中で一一回登場している。これにたいして「社会運動家」は独立項目として採用されておらず、事項索引でもひろわれていないので、他項目の解説文中の登場頻度もたしかめようがない。要するに、この辞典では、社会運動家という言葉は、現代社会学の用語ではないとされているのである。

社会学の社会運動論のうち定評がある文献のばあいはどうだろうか。同世代の社会学者の著作としては、塩原の『組織と運動の理論』(新曜社、一九七六年)を例としてみよう。このなかでも、私が見るかぎり、「社会運動家」の用例はない。私ならばその言葉をつかうと思われるところで塩原がつかうのは、たとえば、「指導者」(前掲書、三三八ページ)や「リーダーシップ」(同、三四四ページ)である。そうして、かれは、それらについてはきわめてわずかしか論じていない。つまり、私の言葉でいいなおせば、塩原の社会運動論においては、一般的には、社会運動家は些細な関心事でしかないようである。ただし、例外として、前掲書の「16章　膨脹期の宗教運動における思考様式と組織原理」では、創価学会の牧口常三郎、戸田城聖、池田大作という三代の指導者の思想にかんするくわしい論議があることには留意しておきたい。

次世代の社会学者の著作としては、片桐の前掲の著作を例としたい。この著作でも、私がみたかぎり、

「専門化したフルタイムの運動家」(前掲書、一八ページ)という例外的用例をのぞくと、「社会運動家」の用例はない。私ならばその言葉をつかうと思われるところで、片桐がつかうのは「指導者」(同、二九ページ、八一ページなど)と「指導者集団」(同、八二ページ)などであり、かれ自身の主張する見解によれば、運動組織の成員は、指導者集団―活動家―支持者―賛同者に四区分される。ただし、片桐も、指導者および指導者集団について多くを論じていない。その主内容はつぎの二点である。(1)運動の初期段階ではカリスマ的指導者が必要とされるが、運動が組織的に安定し、長期にわたって存在するようになると、より実務家的な指導者が必要とされるというE・ホッファーの命題が紹介されている。(2)かれがいう指導者集団は、J・D・マッカーシーなどが言う専従幹部と専従スタッフをあわせたものであるが、かれ自身はその幹部とスタッフの区分は運動組織では明確でないことが多いとみている。また、マッカーシーたちは、「専従」(professional)という言葉に「給料を受け取る」という意味あいをこめているが、それはかれの指導者集団では不可欠の属性とされない。

このような同時代の社会学の状況のなかで、私は、社会運動家という概念を重用して、本書を執筆した。そのかぎりでは、本書の方法は反時代的であるというほかはない。ただし、前章までをお読みいただいた読者は、玉井義臣という社会運動家とかれが指導した交通遺児育英会およびあしなが育英会の社会運動が時代の刻印をまぎれもなく受けていること、かれとその運動を論じるにあたって社会運動家という概念は不可欠の重要な道具であったことを納得してくださるであろう。私は、もっとも時代的な主題にとりくむために、きわめて反時代的な方法をとらざるをえなかったのである。ただし、ここまでのところ、私は、社会運動家の概念をことさら定義してこなかった。読者がその言葉によみとる意味をおおまかに想定して、それを当てにして叙述を進めてきた。

そこで問題は二つある。すなわち、⑴同時代の社会学者たちは、社会運動を論じるにあたって、なぜ、指導者やリーダーシップの概念をつかって、社会運動家の概念をつかわないのか。また、なぜ、指導者やリーダーシップをわずかしか論じないのか。⑵私は、本書を執筆するにあたって、社会運動家という概念に執着したのだが、そこにどのような意味を読者が読みとるであろうと期待したのか。その意味はなぜ指導者などの概念に盛れないのか。第一の問いにゆきとどいた回答をおこなうのは、別の機会の仕事としたい。いまは、その回答のために、つぎの覚え書きをするにとどめる。ひとつには、欧米の社会運動論の影響があるのではないか。ヨーロッパ育ちの「新しい社会運動」論とアメリカ育ちの資源動員論は多くの対照的性格をもつが、指導者よりは運動に参加する民衆やかれらの組織に関心をよせる点では共通している。いまひとつには、わが同僚たちが研究素材とした社会運動の影響があるのではないか。その多くが比較的短い時間域で展開した小規模な市民運動であり、そこには大型の社会運動家はいなかったし、いる必要もなかった。

第二の問いへの回答により多くの紙幅をつかいたい。結局は前章までの仕事の意味を再確認することになるのだが、私は、玉井やかれの部下たちの働きかた、生きかたをみて、かれらを指導者と呼ぶより、社会運動家と呼ぶほうが適切であると思った。かれらも、かれら自身を社会運動家と自己規定していた。私は、その言葉に、有給の専門職業人であって、運動の戦略、戦術を決定する能力、社会的洞察力や運動の参加者を惹きつける人格的魅力、人格のスケールの大きさ、深さをもつ者などの意味を託した。現代の社会学、心理学などのパーソナリティの理論には、これらの能力、魅力にたいする学問的関心が皆無にちかい。G・W・オルポートがつくったパーソナリティの古典的定義を考えてみても、それは特性、態度、習慣的反応などを下位概念とするものであり、乱暴に要約すれば行為の諸傾向の集合とでもいうべきものである（G・W・オルポート、詫摩武俊ほか訳『パーソナリティ』誠信書房、一九八二年、二二一、二五〇―二五五ページ）。このような理論を基礎にすれば、指導者にかんしても、多くのばあい、精々、K・レヴィンがかつておこなったように、民主的指導者と専制的指導者というような常識的分類にとどまらざるをえまい(K・レヴィン、猪股佐登留訳『社会科学における場の理論』誠信書房、一九五八年、二〇六―二一〇ページ)。

私は、すぐれた社会運動家がもつ前述の能力や魅力を一元的・学問的に表現することができないのは、社会学、心理学などにおいて民主主義的人間観の民衆志向、平等志向のしばりが強すぎるからではないかとも、考えた。そうしてやや古風な日常用語である、人物の「器量」という言葉が私が求めているものに比較的ふさわしい表現のように思った。その結果、本文中で器量、器量人という言葉が多用されている。また、玉井の人格的魅力については、カリスマ性、父性、遺児性などと分析的な説明も試みてみた。

なお、玉井やかれの部下たちが、かれら自身を社会運動家と規定し、指導者などと自称しないのは、考えてみれば当然のことである。社会運動家という言葉には、運動に使命感をもって没入する態度が感じられるが、指導者という言葉には、それは感じられず、追従者＝被指導者に一定の行為を教示するという印象がつよい。はなはだしいばあい、スポーツの指導者といえば、競技の第一線を退いたコーチ役のことである。こ の点では、日本語の指導者と英語の leader では語感にいくらかのズレがあるのではないか。leader には先頭にたって人びとを導くという意味がこめられているが、指導者にはその意味がないか、あってもわずかである。社会運動の社会学では、leader を指導者とやや無雑作に訳してしまったのではないか(玉井が有望な若者を運動にさそうときに「いっしょに(運動を)やろう」と言うのを常としたことの意味を深く考えたい)。また、玉井やかれの部下たちにとって、社会運動家とは、その完成形態では、かれら自身がそうであるように、有給の専門職を意味している。指導者という概念には、有給か無給か、プロフェッションかアマチュアかを曖昧にしているところがあり、これも、かれらがこの概念を自らにたいしてつかわないひとつの理由になっていよう。

私が社会運動家たちにかんしておこなった論議から、三つの論点をとりあげ、理論的一般化や論議の発展の見込みなどを覚え書きしておく。

第一。社会運動家の器量が成立する過程の必要条件は、玉井のばあい、母親の交通事故死をふくむ個人的体験と高度成長期のモータリゼーションを機軸にした時代の本質の出会い、それに基礎づけられた交通評論家としての学習と制度改革への発言である。約言すれば、体験と時代の出会いにもとづく学習。その過程の十分条件は、かれの個性を形成した条件群の全体であるから、それらをリスト・アップすることはできない。かれの部下である運動家たちのばあいでも、運動参加者としての遺児奨学生たち、「あしながさん」たちのばあいでも、さきの三者の連関はみいだされる。そのような行為主体の集合的行為として、われわれは、交通遺児育英会、あしなが育英会の社会運動をとらえてきたのであった。

第二。私は、運動組織における社会運動家のナンバー・ワンとナンバー・ツーの役割関係にふれ、それぞれが必要とする才能・資質に違いがあること、組織やナンバー・ワンにとって良いナンバー・ツーと悪いナンバー・ツーの区分などを論じた。論議の具体的内容を一々くり返さないが、これは、大規模な運動組織の論議では最重要のトピックスのひとつである。二〇世紀の社会運動史の著名な例でいえば、中国共産主義革命運動における毛沢東と周恩来、キューバ共産主義革命におけるフィデル・カストロとチェ・ゲバラ。これらの壮大な歴史的事例に対比すれば、私の論議の素材はきわめて可憐なものであるが、それでも、ナンバー・ワンvsナンバー・ツーの問題を提示している。

第三。私は、玉井とかれの部下たちの関係にふれて、戦略を設定する社会運動家と戦術を駆使する社会運動家を区別し、前者に誤りがあっても、後者はそれを批判・訂正することができない事態があったとした。

ここまでは事実の叙述である。そのさきにあって考えなければならない課題は、戦略を担当する社会運動家と戦術を担当する社会運動家はどこでわかれるのかということである。この問いへの答えをさがすにあたって、軍隊組織における将軍と将校の育成にアナロジーをもとめることはつよい誘惑を感じさせる。下士官と兵卒を指揮する隊付き将校、司令部で働く参謀将校は、軍の学校の教育などをつうじて養成される。しかし、一軍を率いる将軍、将の将たる存在は、そのための天与の資質と能力をもつ者を軍人のなかから発見して、その成長をまつしかない。なお、この戦略担当の社会運動家と戦術担当の社会運動家の区分が必要であるとする立場に立てば、専従幹部と専従スタッフの区分が運動組織では明確でないという片桐の主張には首をかしげる。

本書における私の仕事は、すくなくともある種の社会運動を理解するさいには、それを第一義的に社会運動家たちが主導する集合的行為としてとらえなければならないということを示唆している。同時代の社会学における社会運動論では社会運動家論はかぎりなく不在にちかい。そのような理論枠組ではとらえきれない社会運動がある。社会運動の全体に適用される枠組をつくろうとすれば、社会運動家という存在にあらためて注目するべきである。

2　制度の創出とライフ・スタイルの創出

すでにわずかにふれたように、現代社会学における社会運動論の代表的なものは、アメリカ育ちの資源動員論とヨーロッパ育ちの「新しい社会運動」論である。前者の説明の素材としては、アメリカの公民権運動が、後者のそれとしては、ヨーロッパの環境運動がよくつかわれる。しかし、両者の研究対象は共通しているものが多く、六〇年代後半以降では環境運動、女性運動、平和運動、それにのちに力を失う学生運動の四つがある。それらは一九世紀以来、マルクス主義理論が重視してきた労働運動にたいして、非労働運動と一括され、市民運動ととらえなおしてもよい。長谷川公一はかつて、これら二つの理論のそれぞれの全体を紹介し、その統合の必要を主張した(長谷川「資源動員論と『新しい社会運動』論」社会運動論研究会編『社会運動論の統合をめざして』成文堂、一九九〇年、三—二八ページ)。その仕事に関心をもつ読者は上記の文献に直接あたられたい。私は、その仕事において、長谷川が指摘した、比較的な傾向性において、アメリカの社会運動は社会制度の改革を志向し、ヨーロッパの社会運動は成員のライフ・スタイルの変革を志向するという対照に注目する。かれは、この対照を、社会運動のもつ利害志向性と価値志向性、手段性と表出性、社会変革志向性と自己変革志向性などにおきかえた。

長谷川の指摘にヒントをえて、市民運動の二つの目標は制度の創出とライフ・スタイルの創出であるといおう。玉井義臣が主導してきた交通遺児育英会とあしなが育英会の社会運動の成果も、この分析枠組で整理することができる。論議をわかりやすくするために、運動において創出がめざされた制度とライフ・スタイルを網羅的にあげるのは避けて、やや恣意的な選択になるかもしれないが、主要なもの九つに限定してリスト・アップしてみよう。その創出に失敗したケースは、事項のあとに(失敗)をつける。

〈制度〉

1 交通遺児の奨学金制度
2 交通遺児の授業料減免制度
3 自賠責保険の限度額の引き上げ
4 母子家庭の母親の雇用促進法(失敗)

5　自損事故保険制度
6　心塾
7　「あしながおじさん」・「あしながさん」制度
8　災害遺児・病気遺児の奨学金制度
9　虹の家

〈ライフ・スタイル〉

1　遺児軟弱説により勧められたライフ・スタイル(どちらかといえば失敗)
2　学生募金活動
3　ゆっくり歩こう運動(失敗)
4　心塾生のライフ・スタイル
5　「あしながおじさん」・「あしながさん」運動
6　恩返し運動
7　調査活動
8　自分史を語ろう
9　いやしとグリーフ・ワーク

この二とおりのリスト・アップをしてまず気付かれるのは、いくつかのばあい、ある制度を創出すれば、それに見合うライフ・スタイルが創出されるということである。リストのなかのわかりやすい例でいえば、心塾という遺児大学奨学生たちのための学生寮制度をつくれば、心塾生たちのライフ・スタイルがうまれる。

また、「あしながおじさん」制度をつくれば、「あしながおじさん」運動というライフ・スタイルがうまれる。さらにいえば、虹の家という制度をつくれば、いやしとグリーフ・ワークのライフ・スタイルがうまれるなど。

制度のリストについてコメントをくわえる。九つの制度は、第一義的利用者が遺児および遺児家庭であるもの＝1、2、6、8、9と、かならずしもそうでないもの＝3、4、5、7にわかれる。後者のなかでは、4は母子家庭一般が、3、5、7は国民一般が利用することができるものである。この利用、利用者といわれているものは、運動からの受益、受益者と運動にたいする参加、参加者に二分される。それによれば、7をのぞく八つの制度は第一義的には受益・受益者のための制度であり、7のみが参加・参加者のための制度である。また、遺児と遺児家庭は、九つの制度すべてで最終的には受益者となるが、その受益の具体的内容は、1、2、3、4、5、7、8が所得保障あるいはその代替であり、6、9が教育保障、心のケアの保障である。なお、リスト中の交通遺児の奨学金制度の創出は交通遺児育英会の設立と、災害遺児、病気遺児の奨学金制度の創出はあしなが育英会の設立とひろげてとらえなおすことができる。

これらの制度の創設のうち、1、2、4、8は、政治的葛藤をともなった。なかでも、4では交通遺児育英会が労働省とはげしく抗争したが敗北し、8では同会と災害遺児の高校進学をすすめる会が総務庁、文部省、自民党および日本船舶振興会と長期にわたって抗争し、勝負そのものは痛み分けにおさまったが、それが玉井が同会から追放される一因となったのは、先行する各章でくわしく述べたとおりである。玉井と交通遺児育英会は、特定の政治体制を理想としてかかげその実現のために社会変革をめざす政治運動とは、無縁の存在であった。かれのかつての部下たち、教え子たちで国会議員、地方議員になった者は、自民党、民主党、社民党に散らばっている。しかし、玉井と交通遺児育英会は特定の制度の創設という政治的イッシューをめぐっては、時の権力とのきびしい抗争を辞さなかったし、その抗争がかれらの運動史の展開の大きな要因となっている。

ライフ・スタイルのリストについてもコメントをくわえる。九つのライフ・スタイルは、生活行為の主体が遺児および遺児家庭であるもの＝1、2、4、6、7、8、9と、かならずしもそうでないもの＝3、5にわかれる。前者のうち、2、6、7では、遺児が運動への参加者となる。後者は、国民一般からの参加者のライフ・スタイルである。なお、九つのライフ・スタイルの創出は、すべて広義の教育活動とみなせる。

これらのライフ・スタイルの創出のうち、3の失敗の原因として、玉井は、当時の不況の深刻化にあわせて、自動車メーカーが広告を出すことをつうじてマス・メディアを牽制し、それによって、ゆっくり歩こう運動への好意的報道が抑制されたことをあげていた。この前段には、運動初年度における玉井と日本自動車工業会の欠陥車問題キャンペーンおよび一〇億円の寄付をめぐる対立があった。また、1と4では、めざされたライフ・スタイルの創出にたいして、制度上の第一の受益者である交通遺児が抵抗したという事実が興味深い。寡聞による誤りを恐れずにいえば、このような事実は、これまでの社会運動の実証研究では報告されていない。1は、一定程度の成功をおさめ、遺児エリートの育成には貢献したが、のちに玉井たちが意識的にとりさげたので、どちらかといえば失敗と判定した。4は、遺児たちの抵抗を押し切って、玉井たちが理想視したライフ・スタイルが創出された。

制度の創出とライフ・スタイルの創出の両面から、交通遺児育英会の運動を四半世紀ちかくにわたって観察すれば、つぎのようにいえる。同会は、交通遺児のための奨学金制度などをつうじての進学機会の保障、つどいなどをつうじての教育機会の保障では、一貫して成功し、進歩もしてきた。しかし、その活動の範囲の外部にまで運動を拡大して、新しいライフ・スタイルや新しい制度を創出しようとすると、自動車メーカーや政府各省庁と抗争しなければならず、押し返されて、従来の活動の範囲に封じこまれるのであった。その代表例が、ゆっくり歩こう運動、母子家庭の雇用促進法の制定運動の失敗である。これらにたいして「あしながおじさん」の制度とライフ・スタイルの創出は、運動の拡大の例外的成功であった。しかし、「あしながおじさん」への恩返し運動という新しいライフ・スタイルが災害遺児の奨学金制度という新しい制度の創出をめざしたとき、同会は政府、自民党と後戻りのしようがない対決関係に入らざるをえなかった。その悲劇的結末にはすでに述べたとおりである。

しかし、この運動の展開過程をより中立的観点からみればつぎのようにもいえる。玉井義臣が主導する社会運動の組織名が、一九六九年に発足したものは交通遺児育英会であったのに、約四半世紀のちの九三年に発足したものはあしなが育英会であるというところには、それぞれの運動が大衆に向かっておこなう印象操作における強調点の変化が象徴的にあらわれている。交通遺児育英会は、交通遺児という運動の受益者を強調したネーミングである。あしなが育英会は、「あしながさん」という運動の参加者を強調したネーミングである。四半世紀たらずのあいだに、日本社会において、死別遺児救済の社会運動は、第一義的には、社会問題を解消する受益者本位を訴えるものから、自己実現を志向する参加者本位を訴えるものに変化したのである。その背後には、救済の制度から参加のライフ・スタイルへの比重の推移が透視される。玉井は、七九年に交通遺児育英会に「あしながおじさん」制度を創設して、決定的な成功をおさめ、この社会運動の歴史的変化の最初の徴候に直面したのであった。以後、あしなが育英会の発足にいたるまでのかれの悪戦苦闘は、かれが新しい社会運動を主導する社会運動家としての自己を確立するための試行錯誤の過程であったということもできるのである。

3　社会運動のライフ・サイクル

社会学にライフ・サイクルという概念がある。それは、人間がひとつの世代で完結する一生の漸次的な変化のなかにみいだされる規則的な変化である。ひとりの人間の一生は、生物学的な加齢によって基本的に規定されるとともに、年齢に結びついた役割と出来事、および歴史的事件によって造型される。出生、成長、成熟、老衰、死亡の過程に制約された規則的な推移は、一組のライフ・ステージとして把握されることもある。わかりやすいライフ・ステージの一例として、乳児期、幼児期、少年期、青年期、壮年期、中年期、老年期などがある。なお、対象の一生をとらえようとするライフ・サイクル、ライフ・ステージという概念は、生命をもっておらず、生活をいとなんでいる訳でもない対象に拡大されて、宗教教団のライフ・サイクルだとか、商品のライフ・サイクルなどが論じられた例がある(森岡清美「ライフサイクル」前掲『新社会学辞典』一四五七ページ)。

交通遺児育英会とあしなが育英会の社会運動の展開過程をみてくると、社会運動あるいはその運動の担い手としての運動組織にもライフ・サイクルがあり、それは社会運動の社会学の重要なトピックスのひとつであると思われる。しかし、同時代の社会学者たちの社会運動論のなかには、その事項への言及例はほとんどない。わずかに、塩原が前掲の著作で、資源動員論の前身である集合行動論の社会運動論を論じて、そこでは、(1)「運動のライフ・サイクル」と「制度化のライフ・サイクル」がかさねあわされて、ながめられている、(2)「運動のライフ・サイクル」は「進化主義的ナチュラル・ヒストリー観」によって理解されている、と指摘した例がある(前掲書、二三五、二四一ページ)。(1)は、社会不安にもとづく社会運動はその不安を解消する社会制度を創出するので、運動が展開する時間域と制度が形成されるそれが等しいとみられているということか。塩原はこれについては、運動が出会うはずの敵対者が無視されているのが現実に反すると批判している。(2)は、社会運動が低次元のものから高次元のものに自然成長的に進化し、それが社会の進歩につながるという考えかたである。たとえば、「世直し」の暴動が組織的階級運動に進化する。塩原はこれについても、特定の形態の運動を誘発する場は、他の形態の運動の出現や発達を阻害するので、その進化はありえないという。また、運動がもたらした制度化の過程自体が新しい社会不安をひきおこすことを見逃しているという批判もしている。

われわれが考える社会運動のライフ・サイクルは、塩原によって言及されたものとは異なる。冒頭にいった人間の一生に共通する出来事、出生、成長、成熟、老衰、死亡、あるいは、乳児期にはじまり老年期におわる一連のライフ・ステージの類似物が、社会運動あるいは社会運動組織の歴史的過程にもみいだされるのではないか。一九六九年にはじまり現在にいたる交通遺児育英会の歴史で考えてみよう。

(1)誕生＝一九六九年の同会の創立である。誕生にいたるまでの前史として、六七年、六八年の二年間にわたる交通事故遺児を励ます会の活動がある。

(2)成長期＝一九六九年から心塾が完成した七八年までの一〇年間である。この期間を成長期とみるなによりもの根拠は、この期間をつうじて奨学生数が一度の小さい例外をのぞいて対前年で増加をつづけたという事実にある。同会の事業の基幹部分は奨学金の貸与事業であったが、その事業にたいする社会的ニーズが増大をつづけ、それを原動力として同会は成長していった。また、二番目に重要な事業である奨学生教育もこの間に発展をつづけ、理想の教育の拠点である心塾を建設するにいたった。奨学生の質もこの時期でもっとも高かった。

(3)成熟期＝一九七九年から八八年までの一〇年間とみたい。その期間、奨学生数は一度の例外をのぞいて五〇〇〇人台で推移し、会財政は「あしながおじさん」制度の成功によって潤沢であり、安定していた。奨学生教育は、心塾生を中核とする運動エリート集団が推進する社会への恩返し運動によって独自の成熟ぶりに到達し、災害遺児育英制度の設立をめざすことになった。ただし、財政分析をしてみると、八六、七年ごろには可能性レベルでは黒字倒産していたという思いがけない判断にゆきつく。成熟期のさいごの三年では体調不良の兆候がはじまっていた。増えつづける黒字や基本財産、合計財産は、上昇する血糖値、増加する体脂肪や体重のようなものであった。

(4)老衰期＝一九八九年以降。この年からは、奨学生数が一度の例外もなく、対前年で減少をつづけることになる。同会の奨学金貸与事業への社会的ニーズは減少の一途をたどるのである。この老衰期をいつまでとみるか。二つの見方があろう。ひとつは、九三年、玉井が同会の専務理事を辞任するまでとみる。それまでは、奨学生数は減少をつづけても、つどい、心塾などによる奨学生教育は高水準を維持していた。この見方によれば、九四年以降の同会は死亡状態にある。いまひとつは、ともかく同会は存立し、奨学金の貸付と返還の業務をおこなっているのであるから、老衰期は現在までつづいているとみる。

しかし、いずれの見方をとるにせよ、交通遺児育英会の社会運動の老衰期がもつ基本的特徴は、奨学生数のたえざる減少である。その主要原因は、交通事故による成人の死者数の減少、少子化の進行、自動車事故損害補償制度の水準の向上という、長期にわたる三つの傾向であるとすでに言った。これらのうち、第一のものはいくらか、第三のものはおおいに、交通遺児育英会の運動の成果である。その運動は自らが老化する原因の一部をつくりだしてきたのである。

一般化して言えば、社会問題の解決や予防をめざす社会運動は、その課題の遂行に成功する程度におうじて、自らの社会的必要の程度を低下させてゆく。問題が完全に根絶されてしまえば、その解決・予防にとりくんできた運動は社会的に不要となる。そのような状態がちかづいてくるとき、社会運動の主体、それは運動に従事してきた個人でも組織でもよいが、その主体には二つの基本的選択肢がある。すなわち、新しい問題を発見・措定して運動を再生させるか、そのような手だてを講じないで運動を衰弱させて終結にみちびくか。

この一般的な判断枠組によっていえば、玉井が、一九八三年以降におこなった交通遺児育英会の内部に新しく災害遺児育英制度を設けようとした運動と一九九三年におこなった交通遺児育英会とあしなが育英会を合併させようとした運動は、運動の再生路線として、つぎの三つの理由によって肯定されるべきである。(1)交通遺児育英会という基本的に民衆の自助によって特徴づけられる独自の体質をもつ運動団体が、社会運動のライフ・サイクルの制約を超えて再生することに、社会的意義があるから。日本社会はボランティア運動、NGO運動を重視する段階に入っているが、その段階において交通遺児育英会が発展しつづけることには主導的意味があった。(2)交通遺児育英会に集まってきて献身的にはたらいている若い運動家たちに、将来にわたって、仕事と生活の機会を保障することができるから。かれらの大多数は学生時代から運動のなかで訓練されてきた人材であったが、かれらに自己実現の機会をあたえることは、かれら自身にも、社会にも有意義なことであった。(3)交通遺児育英会の社会運動は、それに参加する学生・生徒たちに社会参加、他者への奉仕、他者への愛を体験させる機会であったから。くわしくは言わないが、現代日本の青年文化は肥大化した自己愛によって特徴づけられ、その病理的結果はしばしば自分の内部へのひきこもりと、他者への反社会的な攻撃である。そのような青年文化に対抗する試みとして、同会の運動は評価されるべきであった。

とくに一九八三年からはじまった第一の運動は、交通遺児育英会が社会運動のライフ・サイクルにおいて成熟期の只中にあったとき、玉井がその成熟期の終りから老年期の到来までを見通して、運動の再生の条件を準備しようとしたものであり、社会運動家としてのかれのすぐれた先見性、洞察力を証明している。これは惜しむらくは、国庫助成に固執するというかれの判断ミスによって、みのらなかった。そのミスにたいする批判はすでに述べたとおりであるが、それは、かれの先見性そのものを否定するものではない。また、一九九三年の第二の運動も、交通遺児育英会が運動体として再生するということだけにかぎっていえば、正しい。ただし、これは組織運営者としての玉井の非力さによって目的を達成しなかったし、それが不成功におわったことが、かれが、あしなが育英会を拠点とする社会運動家として復活する条件となった。したがって、結果論としていえば、この不成功をよしとする見方もありうるが、それはさきの運動の基本的方向の正しさを否定するものではない。

なお、公平さを欠かないためにいえば、ひとつの社会運動がそのめざした社会問題の解決に成功してから、運動の終結を自ら選択するということは一概に否定されるべきではあるまい。その社会問題と類似する、あるいは関連が深い社会問題がみあたらない、また/あるいは、運動を担った組織や諸個人がその終結に同意しているという条件があるとき、運動の終結はむしろ望ましい選択である。

金木正夫がアメリカに留学する直前、私と雑談をしていて、「あしなが育英会の寄付行為に、二五年後には会を解散するとか、目的を達成したら会を解散するとかいう規約を入れておくのはどうでしょうかね」といったことがある。そのとき、かれの念頭にあったのは、社会運動のライフ・サイクル上では老年期末期にある交通遺児育英会が、巨大な資産をもち天下りの元高級官僚たちやその取り巻きに支配されているいたましさであったことは確かである。運動の終結の条件と方法が明確に規定されていれば、そのような惨状は避けられるのではないか。それから、金木はつづけた。「しかし、この会で献身的にはたらいている人びとの立場を考えたら、そういう規約をつくる訳にはゆきませんね」――「そうだね」と私は応じた。社会運動を長期的、本格的に展開しようとすれば、優秀なプロフェッションとしての社会運動家たちが必要である。かれらにはたらいてもらう以上、運動組織になるべく永続性を保障する必要があるだろうと、私たちは話し合った。

あとがき

1

本文で言及された最後の時期は、あつかわれたトピックスによってまちまちであるが、もっともおそくて、一九九九年か二〇〇〇年かであった。その後の玉井義臣とあしなが育英会の社会運動の展開について、くわしい記述はほかの機会にゆずるしかないが、目につきやすい話題を三つだけ紹介する。

第一。天皇、皇后両陛下の虹の家(レインボー・ハウス)訪問。

二〇〇一年四月二四日、阪神大震災の復興状況を視察するために兵庫県を訪問中の天皇、皇后両陛下が、あしなが育英会の虹の家を訪問された。育英会側は、会長の玉井義臣と館長代理・八木俊介以下のスタッフがお迎えした。二階の「癒しのゾーン」では、震災遺児一六人とボランティアら七人が不断と同じように、地震ごっこ、お葬式ごっこ、質問カードなどの心のケア・プログラムをおこなっていたが、子どもたちの自然の姿を見ていただくために、カメラマンもいれず、お付きの方も二人だけにして両陛下にお入りいただいた。「火山の室」など狭い室では、子どもが遊んでいるところに、先導役の八木をともなって両陛下だけが入られた。火山の室で皇后は、サンドバッグによじ登った遺児に「回していい？ もっと回していい？」と呼びかけながら、バッグを回して遊び相手をつとめられた。

一階のレインボー・ホールでは、七〇人余の震災遺児たち、ひとり親など保護者たち、ボランティアたちが、両陛下をお迎えした。全員で「友だちになるために」を合唱。合唱後、両陛下は遺児たち、保護者たちのひとりひとりに、レインボー・ハウスでの活動やいやしについて質問をされ、励まし、慰めの言葉をかけられた。両陛下の訪問時間は一時間八分、そのなかに一〇分間の休憩が予定されていたが、両陛下は遺児たちとの交流につよい関心を示され、休憩はとりやめとなり、一一分延長しての一時間一九分の訪問となった。この延長は異例のことであるという。お見送りのさい、皇后が八木にいわれた。「今日は胸がいっぱいになって、言葉がうまく出なくてごめんなさい。これからも子どもたちをよろしくお願いします」。八木はお答えした。「はい、震災遺児といっしょに、一所懸命生きてまいります」。

第二。阪神タイガースの全選手のヘルメットにあしなが育英会のステッカー。

阪神タイガースは、二〇〇二年の全試合、ヘルメットにあしなが育英会というステッカーをはり、戦った。黒いヘルメットの側面に白い文字であしなが育英会とかかれている。テレビ中継で阪神の打者が打席に入るたびに、画面にその文字があざやかであった。これは二〇〇二年から就任した星野仙一監督の発案に、球団フロントと全選手が賛成したものである。星野は遺児たちにいう。「ぼくも生まれるまえに父を亡くし、母、姉とがんばってきた。とにかく負けるな。みんなも夢をもって、勇気を出して、まえに進もう」。あわせて阪神タイガースの選手たちは甲子園球場のなかであしなが育英会のために募金をおこない、球団も独自の口座をつくってあしなが募金をし、ホーム・ページであしなが育英会を紹介している。これはプロ野球界でははじめての球団をあげてのボランティア活動、社会貢献となった。

あしなが育英会事務局長・林田吉司はつぎのように語っている。いままでいろいろキャンペーンをはってきたが、今回の阪神タイガースのヘルメットのステッカーほど、あしなが育英会の名前を全国に一気にひろめたものはない。春から夏にかけて、あしなが育英会のホーム・ページへのアクセスは前年の三倍になっている。寄附者は従来は首都圏に集中しがちであったが、(それは本文でもふれられている)、それが全国にひろがる傾向を示しており、これは阪神効果とみてよいだろう。また、あしなが育英会の奨学生の遺児たちは、タイガースのヘルメットのステッカーをみるたびに、自分たちは社会から認められている、自分たちを心配してくれる大人たちが沢山いると感じることができる。この心理的効果は大きい。さらに、以前からあしなが育英会を知ってはいたが、阪神が応援しているのであれば信頼してよいだろうとかんがえて、自分たちも支援したいと申し出てくれる企業、とくに外国企業が増えてきた。

第三。国際的な遺児の連帯を進める交流会におけるニューヨークのテロ遺児、アフガンの戦争遺児の出会い。

あしなが育英会は、二〇〇〇年から毎夏、レインボー・ハウスで、遺児の国際的連帯のための交流会を開いている。これまで、日本の病気遺児たち、震災遺児たちと、台湾やトルコの震災遺児たち、ウガンダのエイズ遺児たちが交流してきた。二〇〇二年の第三回交流会は八月四日から一一日にかけての八日間でおこなわれたが、そこにニューヨークからのテロ遺児とアフガンからの戦争遺児が参加した。欧米の通信社は日本の民間団体による両者の出会いをいっせいに大々的に報道した。一〇歳のウォルターは、二〇〇一年九月一一日の世界貿易センターに乗っ取られた旅客機が突入するテロルで、父親を失った。かれは、事故のショックで右目が完全に失明、左目はかすかに見えるだけである。一三歳のサルダールは、カブール近郊に住んでいるが、両親は内戦で亡くなり、かれ自身も一年半まえに地雷で左足をふきとばされている。

ニューヨークからは七人の遺児が、アフガンからは九人の遺児が参加した。自分史を絵画で表現させれば、アメリカの子どもは崩れ落ちるツイン・タワーを描き、アフガンの子どもは米軍機、燃える爆心地、父親の死体を描いた。かれらの母国は言語と宗教が異なり、それぞれの正義をかかげて政治的に烈しく対立している。しかし、交流会の進行につれて、子どもたちは急速にうちとけていった。ある日、サルダールはウォルターの肩を抱いて「ハロー・トモダチ」と話しかけた。二人はやがて遺児たちの活動の中心人物になっていった。最終日の自分史の時間、遺児たちは親を失った体験をこもごもに語りあう。テロル、戦争、エイズ、地震。すべての子どもたちが泣き、慰めあっていた。エイズ遺児たちの来日の世話をしたあしながウガンダ担当の岡崎祐吉は、会場の報告をしめくくっている。

「世界に数千万の遺児。今年の七カ国・地域九一人の交流から、さらに輪が広がり、やがて地球の全遺児たちが、『連帯』し『自助』できる日まで。『可能性は無限大』の言葉を信じて」。

2

本書の成立過程について覚え書きしておきたいことは多々あるが、それをできるかぎりしぼりこんで、以下をいうにとどめる。

私が本書の執筆をおもいたった時期は、もう正確に記憶していないが、一九九二年か九三年ころであったとおもう。その話題が玉井義臣と山本孝史、私の三人が酒を汲んでいた席ではじめて出て、それは山本の交通遺児育英会事務局長時代の終りちかいころで、九三年六月にはかれが衆議院議員選挙に立候補するために退職したのだから、というのが推論の根拠である。実際に執筆にとりかかったのは九七年に入ってからであったとおもうが、いつものことながら、当時はこの仕事の仕上がりの予定をずっと早くみこんでいた。九八年三月に私は前任校の筑波大学を定年で退任するのだが、それにさきだって、九七年秋に同僚たちを相手に喋った「半生を語る」では、本書を九八年中には刊行するつもりなどといっている。しかし、実際に第一次草稿のすべての執筆がおわったのは二〇〇〇年に入ってからであり、その後、修正をくり返す期間がつづき、現行の形態の草稿が完成したのは昨二〇〇二年の晩秋のことであった。以上のいきさつから、私の気持のなかでは、本書は構想から完成まで一〇年、実際の執筆期間にかぎって六年をついやした仕事と感じられている。

執筆にあたっての材料・情報は大きく三つに区分される。(1)玉井義臣、かれの部下としてはたらいてきた若い運動家たち、交通遺児育英会の大学奨学生出身で各界で活躍している人びと、玉井と親しかった言論人たちや友人などに私がインタビューした記録。インタビューは、ほとんどが九〇分以上のもので、ときに一時間くらいのものがまじり、ひとによっては二度、三度とくりかえし話を聞いた。この長時間インタビューをうけてくださった方々は二六人におよぶ。御名前は後掲する。(2)一九七四年から昨年二〇〇二年まで二九年間にわたって、交通遺児育英会、あしなが育英会が毎年一、二本、合計で三六本、私を主査として実施してきた調査報告と、その仕事に従事しつつ自然とえることになった玉井と交通遺児育英会、あしなが育英会の社会運動にかんする内幕情報。これらの調査は毎年、数人の同学の共同研究者の協力をえて遂行された。共同研究者は全部で二九人におよぶ。御名前は後掲する。(3)『交通遺児育英会二十年史』、『心塾十五年史』をはじめとする両育英会が刊行してきた公式の年史記録、「君と581〜2271」、「NEWあしながファミリー」などの両育英会の機関紙、『交通犠牲者』、『示談』などの玉井義臣の著作にはじまり、両育英会の理事会記録から予算・決算報告、衆議院・参議院の関連する委員会の会議録、各種の官庁統計と民間統計、社会学・経済学などの学術文献から遺児たち、その親たちの作文集まで。これらは例示するだけで、完全なリスト・アップは紙幅の制約ゆえに不可能である。直接に引用したものは本文中で出所を明示しておいた。

長時間のインタビューに応じてくださったつぎの方々に心からのお礼を申し上げる。(五〇音順、所属は原則として現在、ときにインタビュー時)。青木公(元朝日新聞社)、伊藤正孝(故人、朝日新聞社)、岩見琢郎(元読売新聞社）、宇井純（元沖縄大学）、大西雅代、小河光治（あしなが育英会）、金木正夫（ハーバード大学）、工藤長彦（あしなが育英会）、桜井芳雄（桜井接骨院）、桜沢健一（警察庁）、下村博文（衆議院）、玉井義臣（あしなが育英会）、天野聡美（画家）、津田康（元毎日新聞社）、西田正弘（あしなが育英会）、西本征央（慶応義塾大学）、林田吉司（あしなが育英会）、樋口和広（元あしなが育英会）、藤村修（衆議院）、山北洋二（あしなが育英会）、山田洋美、山地一男（不動産業自営）、山本孝史（参議院）、由衛辰寿（朝日新聞社）、吉家義雄（元読売新聞社）、吉川明（交通遺児育英会）の二六氏。

両育英会から私に委託された調査において共同研究者として協力してくださったつぎの方々にも心からのお礼を申し上げる。阿部俊彦（あしなが育英会）、石田佐恵子（大阪市立大学）、石元洋子（つくば市社会福祉協議会）、岩崎美智子（鳴門教育大学）、遠藤惠子（城西国際大学）、岡本多喜子（明治学院大学）、樫田美雄（徳島大学）、加藤朋江（城西国際大学）、株本千鶴（椙山女学園大学）、小高良友（東海女子大学）、小林捷哉（故人、白梅学園短期大学）、嶋根克己（専修大学）、嶋根久子、鍾家新（明治大学）、副田あけみ（東京都立大学）、竹中直（聖徳学園幼児教育専門学校）、樽川典子（筑波大学）、時岡新（筑波大学）、中山慎吾（鹿児島国際大学）、野島正也（文教大学）、畠中宗一（大阪市立大学）、半田結（東北公益文科大学）、黄順姫（筑波大学）、藤崎宏子（お茶の水女子大学）、藤村正之（上智大学）、牧園清子（松山大学）、真鍋祐子（国士舘大学）、山田等（弘前学院大学）、吉田恭爾（故人、筑波大学）の二九氏。

本書を執筆しつつ、私は、その草稿にもとづいてつぎの講義をおこなった。一九九七年度、筑波大学の「新社会運動論」、山口大学の「社会学特殊講義」、九八年度から二〇〇二年度までの各年度の金城学院大学の「福祉社会学II」。これらの講義の機会をあたえてくれた各大学、および、これらの講義を聴き、レポートなどで若い感受性にもとづく反応を示してくれた学生諸君にも感謝する。さらに一九九七年度の筑波大学大学院博士課程の社会学演習、およびその後身というべき九九年度からの副田研究室の月例研究会・日曜ゼミナールでは、本書の九つの章をできあがるたびに朗読・報告させてもらい、討論してもらった。同ゼミナールの成員は前出の共同研究者でもあった遠藤、加藤、株本、鍾、時岡の五氏である。討論時における各氏の発言のうち秀逸なものの数点は、本文中につかわせてもらった。五氏に感謝する。

なお、最後になったが、副田研究室の先代の秘書・角田小夜氏と現在の秘書・陶山節子氏にあつくお礼を申し上げる。角田氏は、長時間インタビューの起こし作業を自らも担当し、管理もしてくださった。陶山氏は、資料の収集について私のとめどない注文に応じつつ、私の手書き原稿のすべてをパソコンで入力してくださった。また、ひびき法律事務所・田中健一郎弁護士にあつくお礼を申し上げる。田中氏は本書の校正刷りを通読してくださり、法と裁判にかんして、多くの貴重な教示をあたえられた。岩波書店の高村幸治氏にもあつくお礼を申し上げる。高村氏は本書のような地味な大作の出版を推進してくださり、また私の原稿を入念に再度通読し、記述にさいしての公平な配慮の必要に注意を喚起してくださった。

皆様、どうもありがとうございました。

二〇〇三年二月

副田義也

副田義也(そえだ・よしや)
1934年生まれ．社会学者．東京大学大学院社会科学研究科修士課程修了．筑波大学社会科学系教授を経て，現在，同大学名誉教授．博士(社会学)＝東京大学．
著書に，『死の社会学』(編著)，『福祉社会学宣言』『福祉社会学の挑戦――貧困・介護・癒しから考える』『日本文化試論――ベネディクト“菊と刀”を読む』『生活保護制度の社会史』『教育勅語の社会史――ナショナリズムの創出と挫折』『家庭教育ノート』『世界子供の歴史――現代』『マンガ文化』など，多数．

あしなが運動と玉井義臣――歴史社会学的考察

2003年3月26日　第1刷発行
2016年4月26日　第3刷発行

著　者　副田義也《そえだよしや》

発行者　岡本　厚

発行所　株式会社 岩波書店
〒101-8002 東京都千代田区一ツ橋2-5-5
電話案内 03-5210-4000
http://www.iwanami.co.jp/

印刷・理想社　カバー・半七印刷　製本・三水舎

ISBN 4-00-022013-6　　Printed in Japan